JN314204

WIZARD

株式売買スクール

オニールの生徒だからできた
1万8000%の投資法

Trade Like an O'Neil Disciple
How We Made
18,000% in the Stock Market
by Gil Morales, Chris Kacher

著　者　ギル・モラレス
　　　　クリス・キャッチャー
監修者　長尾慎太郎
訳　者　スペンサー倫亜

Pan Rolling

Trade Like an O'Neil Disciple : How We Made 18,000% in the Stock Market
by Gil Morales, Chris Kacher

Copyright © 2010 by Gil Morales, Chris Kacher. All rights reserved.

Japanese translation published by arrangement with John Wiley & Sons International Rights, Inc.

【編集部より】
本書掲載のチャートは特に明記がないかぎり、出所はすべて「eSignal, Copyght 2010」です。

【免責事項】
　この本で紹介してある方法や技術、指標が利益を生む、あるいは損失につながることはない、と仮定してはなりません。過去の結果は必ずしも将来の結果を示したものではありません。
　この本の実例は、教育的な目的でのみ用いられるものであり、売買の注文を勧めるものではありません。

監修者まえがき

　本書はギル・モラレスとクリス・キャッチャーの著した"Trade Like an O'Neil Disciple"の邦訳である。両著者はかつてオニール社のポートフォリオマネジャーとして働き、キャッチャーが1996年～2002年に上げたパフォーマンスは１万8000％以上であった。本書は、彼ら２人が行ったトレードを振り返りながら、ウィリアム・オニール流の運用手法を紹介した解説書である。これまでに『マーケットの魔術師』や『オニールの成長株発掘法【第４版】』（共にパンローリング）などで紹介されてきたように、オニールの運用手法はCANSLIMと呼ばれる銘柄スクリーニング法に基礎を置いた成長株投資（グロース投資）である。

　運用の世界では、バリュー投資についてはベンジャミン・グレアムやウォーレン・バフェットらが確立した「安全分析（Security Analysis）」が、定番の手法として認知されているが、グロース投資についてはこれといって決まったものがあるわけではない。それはバリュー投資がマーケットの定常状態に依拠しているのに対して、グロース投資が非定常状態をとらえるものであるゆえに運用プロセスをハードシステムに落とし込むのが極めて困難だからである。だが、そうした状況下にあってオニールの運用手法はグロース投資のシステムとして最右翼のひとつといえる。トラックレコードを見てみると、オニール社は、前世紀末のITバブルを見事にとらえたし、その後のバブル崩壊も見事に乗り切っている。ほとんどの「成長株投資」と称するものが実態は後付けの講釈にすぎず、かつマーケットの下落期には全滅となるなかで、オニール社の実績は極めて稀有なことである。

　また、本書を読んでいて大変興味深いのは、ウィリアム・オニールのマネジャー（経営者もしくは管理者）としての行動とその能力の高

さである。資産運用会社がビジネスを継続するために必要なのは、組織としての超過収益獲得能力よりもむしろマネジメントである。ポートフォリオマネジャーの代わりはいくらでもいるが、会社組織を適切に管理できる経営者（マネジャー）は少ない。そして、これは個人投資家の運用においても同様に成立する命題である。一時的にマーケットの動きにうまく追随することができる投資家は多いが、そのほとんどは投資活動を長期間継続することができない。トレードを一種の安定的な事業として考えないからだ。本書に記載された優れた経営者としてのウィリアム・オニールの行動はだれにとっても参考になると思われる。

　翻訳にあたっては以下の方々に心から感謝の意を表したい。翻訳者のスペンサー倫亜氏は丁寧な翻訳を実現してくださった。そして阿部達郎氏にはいつもながら丁寧な編集・校正を行っていただいた。また本書が発行される機会を得たのはパンローリング社社長の後藤康徳氏のおかげである。

　2012年8月

長尾慎太郎

「だれかに本を捧げる行為というのは、最高の愛情表現のひとつである。人生で何か夢中になれることや心に秘める内なる情熱を探し求めるすべての人々に対して、そして特に私が親しくしている人々——それがだれかは言わなくても分かってもらえるだろう——に対して、本書を捧げる」──クリス・キャッチャー

「私の人生は遊園地のバンパーカーに乗っているようなものであるが、その同乗者であるリンダ、クレア、アレックスと、私をそのバンパーカーのゲームに出してくれた両親のボブとアイリーンに、本書を捧げる」──ギル・モラレス

監修者まえがき 1
まえがき 11
序文 15
謝辞 19

第1章　優れた投資法が生まれるまで——オニールの投資法　21

準備と学習と練習　23
株は安値ではなく高値で買え　25
ナンピン買いについて　27
損切りは素早く　28
利食いはゆっくり——勝ちトレードを継続させる　29
増し玉　30
大型株で機関投資家が保有する銘柄を買う　32
チャートパターン　34
リバモアとオニールの提唱するピボットポイント　37
仕掛けのタイミング——買い時と売り時　38
感情と予測　40
個人的な見解やニュースや耳寄り情報　42
トレードのしすぎ　43
オニールの手法——テクノファンダメンタリズム　45
まとめ　46

第2章　クリス・キャッチャー博士が7年間で1万8000％を超える利益を得た方法　47

投資の世界に入る　48
1996年——2000年問題の関連銘柄でボロ儲け　52
1997年——アジア通貨危機を乗り越える　58
1998年——マーケットが急上昇する直前の士気喪失　60
1999年——バブルの拡大　64
2000年——バブル崩壊　69
2001年——失敗に終わった空売り　73
2002年から現在——揉み合い相場とポケットピボットの誕生　75

第3章　ギル・モラレスが株式市場で1万1000％を超える利益を出した方法　81

起伏の激しい幕開きから黄金期へ突入　83
ロケットのような急上昇　84
1000％増の達成　89
オラクルがバブルに突入　91
忍耐と集中　95
ついに出た離陸許可　96
ベリサイン——スープの薬味　99
思考を無にして待つ　103
天井に近づく　106
成功の極意　108
秘密の極意　111

第4章　失敗に学ぶ　　　　　　　　　　113

エゴを抑えることが成功のカギ　115
失敗に学ぶ　121
問題と状況把握と解決策　170
結論　199

第5章　トレードの極意　　　　　　　　　201

キャッチャー博士の研究所――ポケットピボットの利点　202
ポケットピボットの特徴　206
ポケットピボットの定義　207
ポケットピボットと従来のブレイクアウトの買いポイントとの違い　209
ポケットで買う　213
ポケットピボットを使った底値買い　229
継続的なポケットピボット――10日移動平均線を利用する手法　234
買ってはならない欠陥のあるポケットピボット　239
移動平均線を使った売りシグナル　247
キャッチャー博士の研究室――主導株が上に窓を空けて寄り付いたところを買う　249
10日移動平均線と50日移動平均線を使った売りの手法　259
ここまでのまとめ　263
結論　274

第6章 弱気相場に乗る方法——すぐに使える空売りの手法　275

空売りの黄金ルール　276
空売りのセットアップ　283
ロケット銘柄の空売り　320
結論　325

第7章 キャッチャー博士のマーケットダイレクションモデル　327

マーケットのタイミングを計る　328
チャートで見るシグナルの例　338
モデルの秘密を盗むことはできるか　350
タイミングモデルについて寄せられるよくある質問　352
結論　375

第8章 オニールの十戒　377

よくある誤解　378
エゴを抑制することが生き残る道　380
第一戒──「自己を見失ってはならない」　384
第二戒──「恐怖におびえて行動してはならない」　386
第三戒──「敵から学ぶことのほうが友人から学ぶことよりも多い」　387
第四戒──「常に自分の犯した失敗を分析してそれを正しながら、学ぶことや自己改善をやめてはならない」　388

第五戒──「保有銘柄について話してはならない」　388

第六戒──「株価が天井を付けても有頂天になってはならない」　389

第七戒──「最初に週足チャート、そして次に日足チャートを使い、日中足チャートは無視しなければならない」　389

第八戒──「まずは大化け株を見つけ、次にそれを大量に保有する方法を見つけなければならない」　390

第九戒──「一夜をともにする相手を慎重に選ぶこと」　390

第十戒──「常に異常なほどの集中力を維持しなければならない」　391

結論　393

第9章　ウィリアム・オニールと実践に挑んだ日々　395

1997～98年　396

1999～2000年　414

2001～02年の大不況　446

2003～05年の強気相場　460

まとめ　476

第10章　トレードは生きること、そして生きることはトレードすること　477

エド・スィコータ──世界中のトレーダーを助けたある手法　480

エックハルト・トール──最高のトレードをして最高の

人生を送るには心の平穏と充足感が不可欠である　484
エスター・ヒックス──引き寄せの法則　494
ジャック・キャンフィールド──自分の能力を最大限に
　引き出す方法　496
心理チェックリスト──自分自身に問いかけるべき質問　498
最後に　503

付録──キャッチャー博士が選ぶ50冊　　　　　　505

まえがき

　ウィリアム・オニールはマーケットの熱心な研究家であると同時に、今最も成功しているトレーダーの一人である。私はオニールと共に南メソジスト大学に通ったが、そのころから彼はチャートを研究していた。その後アラスカに移り住んでも、彼はずっとチャートを研究し続けて、マーケットに対する理解を深めていった。そして19世紀までさかのぼってマーケットの歴史を研究し、その研究成果をもとに、投資家がより高い確率で成功するためにはどうしたら良いかという助言を行ってきた。

　さらに、自らの持つ知識をプロ、一般を問わずあらゆる投資家へと発信するために、オニールは何百万ドルという自己資金を投じて、『インベスターズ・ビジネス・デイリー』紙やそのほかの事業に対する助成を献身的に行ってきた。

　私がそのような素晴らしい人物に巡り会ってから、もうすでに60年という月日がたつ。私の投資スタイルはオニールのそれとは多少異なるが、根本的には同じである。1962年6月（オニールに出会ってからちょうど10年になろうかというとき）に、私はウォール街を初めて訪れて、ウィリアム・T・ゴールデンに会った。NYSE（ニューヨーク証券取引所）上場企業のコーネル・リンダー・アンド・カンパニーのニューヨーク支部経営責任者であったゴールデンは私にこう言った。「わが社では、売り上げと収益が伸びている株式や転換社債を中心に買っている。そういった投資対象を見つけて、損失を少なく抑えておけば、すべてがうまくいくだろう」

　そのような賢者の言葉を聞けたのは私にとって幸運なことだった。私はその言葉を自らの投資スタイルの基本として過去50年間を乗り切った。

実はその言葉の本質的な意味は、大筋でオニールのCAN-SLIMと同じなのだ。
　オニールのことを「単なるテクニカルアナリスト」と呼ぶ者がいるが、それは間違っている。ファンダメンタルズ分析、チャートパターン、マーケットのトレンド、栄枯盛衰する業界の変遷、そして経済の状態などをしっかりと踏まえたうえで投資をするのが、オニールの投資スタイルである。また、分散投資を中心とする現代のポートフォリオ理論を好まず、一握りの銘柄に集中させてポートフォリオを組み立てることが多いのも特徴である。オニールの投資ポートフォリオは、百パーセント現金化されていたこともあれば、わずか１～２銘柄に絞られていたこともある。
　本書の共同著者であるギル・モラレスとクリス・キャッチャーは、ウィリアム・オニール・アンド・カンパニーのポートフォリオマネジャーとして成功するかたわら、オニールからさまざまなことを学んだ。本書でCAN-SLIM投資法の利用法を読者に分かりやすく説明しながら、２人が独自に開発したオニール戦略を微調整したものも紹介されている。
　彼らの成功がオニールの投資哲学や理念によるところが大きいことは明らかである。しかし、すべての投資家が優位性を常に模索しているのと同じように、彼らもまた独自の指標や法則を生み出しており、それを本書で明らかにしている。
　オニールと仕事をしていたときの話やその後独立したあとはどうしたかという話だけではなく、彼らの出した利益と損失、そしてマーケットの状況の変化に合わせて微調整した手法も、すべて本書につづられている。ウォール街は大きなカジノである。バレエ『白鳥の湖』に登場する黒鳥の計画が失敗に終わるように、最高の計画をも狂わす事態が起こる場所なのである。
　キャッチャー博士とモラレスの両氏は、オニールとCAN-SLIM投

資法から多くのことを学んだと何度も公言している。そして多くのオニールファン同様、投資における成功率を上げるツールを提供してくれたオニールに深い感謝の意を示している。

　だが何よりも重要なことがある。それは、彼らがオニールと同じようにトレードをすることは不可能であることを実証している点である。これはウィリアム・オニールがマーケットに対する独自の感覚を持ち合わせていることに起因する。しかし、オニールの原則を理解することができれば、投資家としての成功率を上げることは可能である。

　私は本書に魅了された。これから何度も読み返して、自分の投資成績を向上させるつもりでいる。

フレッド・リチャーズ
www.adrich.com
www.stratinv.net

序文

　成功を収めた投資家として名高いウィリアム・オニールは、株で利益を得る方法を世界中の個人投資家や機関投資家に教えてきた。その数を正確に知ることはできないが、10万人か、あるいはそれをはるかに超えているのは間違いない。多くの人が、オニールとオニール・アンド・カンパニーが投資家のために開発した投資法や投資ツールの恩恵を受けて、経済的自立を果たしてきた。著者たちも例外ではない。世界中に数多くの百万長者が生まれた背景にはウィリアム・オニールの功績があることを保証してもよいくらいだ。ウィリアム・オニール・アンド・カンパニーで社内ポートフォリオマネジャーとして働いた経験を持つ著者は、オニールの戦略と専門知識を学んで利益を得た個人投資家や機関投資家を数多く見てきた。著者たち自身も、オニールの投資法を学び実行してきたおかげで、マーケットにおいて多くの利益を得ている。そのためオニールの影響力を自らの経験から実感している。

　著者たちはウィリアム・オニールのもとで働き、極限状態のなかリアルタイムで取引をしながら、オニールからさまざまなことを学んできた。本書はそれを明確に世に示すために執筆したものである。しかし、あらかじめご理解いただきたいことがある。ウィリアム・オニールとウィリアム・オニール・アンド・カンパニーは本書の内容を公認しているわけではない。したがって、われわれの解釈や見解が、オニールやウィリアム・オニール・アンド・カンパニーのそれとは異なる可能性がある。本書は、ウィリアム・オニール・アンド・カンパニーの社内トレーダーとして学んだ経験をもとに、著者たち自身のトレード法を説明するものである。また、本書はCAN-SLIM投資法について説明するものでもない。CAN-SLIM投資法については、オニール

の代表作である**『オニールの成長株発掘法』**（パンローリング）をはじめとするオニールの書籍を読むこと、そして『インベスターズ・ビジネス・デイリー』紙や http://www.investors.com/ を参照することをお勧めする。これらの書籍や紙面やウエブサイトには、オニールの投資法について詳しく取り上げられたチュートリアルや教材が大量に掲載されている。そのような書籍やツールをぜひともうまく活用していただきたい。

　本書は、著者が世界最高の投資家と言っても過言ではないオニールと共有した素晴らしい経験について記すものである。この目で見たオニールの天才的能力について、洞察を交えながらつづっていく。著者たちが記録した当時の投資日記を引用しながら、1990年代後半から2000年代前半のマーケットを追っていく。そこには、信じがたいほどのオニールの才能が披露されている。マーケットのわずかな変化を見抜くことができるオニールは、「探り出す、あるいは調査する」という意味を持つラテン語の speculari という言葉を生まれつき持っている。そのようなオニールの思考を、当時のマーケットを例に挙げながら、著者たちが見たとおりに、段階を追って説明していくことが本書の狙いである。オニールの投資法は主に株式市場に動的なアプローチをしていくものである。それは野獣のように動的に変化する株式市場にはちょうどよい、理屈の通った攻め方であろう。「静的」投資法である長期保有戦略では、2000～02年、および2008年のような荒々しい弱気相場では簡単に大金を失いかねないことがすでに証明されている。しかしオニールの投資法はマーケットと同様に動的である。われわれ人間は気まぐれで弱点を持つ生き物である。そこで、投資家は自分のトレードを観察しながら、自分のちょっとした「思いつき」で、それに対応した「ちょっとしたルール」を作るべきである、とオニールは提唱している。そのちょっとしたルールとは、自分の投資法を補完する決まり事や弱点を封じ込めるための境界線を置くこと、あるいは自

分の長所を生かすためのルールなどである。長年オニールの投資法を実践してきた著者たちも、年月を重ねながらそのようなちょっとしたルールを数多く生み出してきた。それはオニールの投資法を根本から変えたとか、好きなルールだけを断片的に選んで使っているという意味ではない。そうではなく、自分たちのトレードの良しあしを長年かけてマーケットから効果的に学んだ結果、オニールの投資法に対する著者たち独自のアプローチを強化するために、ちょっとしたルールや補足的な戦略を考えたということである。そんな「思いつき」のひとつに、株価がベースからブレイクアウトして明らかに高値を更新した時点で買うのではなく、もっと早い段階で買うための新しいルールがある。また、特に大化け株の場合、株価が「最も抵抗の少ない場所」をブレイクして大きく上に窓を空けた時点で買うためのルールも考えた。本書では、著者たちが成功したトレードのルールに加え、統計と実践で検証された効果的で洗練された「補完的投資法」を伝授していく。

　著者たちはこれまでに数多くの過ちを犯してきた。読者がわれわれと同じ過ちを犯さないように、そして時間や資金をむだに使ったり惨めな思いをしたりしないように、その過ちについても解説していく。

　著者たちにとってトレードとは投資の旅というだけでなく、精神の旅と言ってもよく、その過程はまるで人生の縮図とも言えるものだった。1996年1月から2002年12月の7年間で1万8241.2％の利益を達成するということは、毎年110.5％の利益を生み出すということである。しかし、そのような結果を達成するまでには、資金が大きく減少したことも何回かあった。1999年の第2～3四半期には50％近いドローダウンを食らったこともある。なお、第2章～第3章で取り上げる利益は個人口座で得たもので、ウィリアム・オニール・アンド・カンパニーで運用していた口座のものではない。

　本書では投資用の口座資金や利益をもとに、著者のこれまでの成功やパフォーマンスを解説していくが、実は究極のトレードとは利益を

得ることではなく、エックハルト・トールが語る「今この瞬間の力」について理解することなのである。ごく普通の人生を送る人々には信じられないようなスリルを求めてとても危険な行為をするスポーツ選手にも共通したことが言えるだろうが、われわれトレーダーが快感を味わうのは、トレードが成功したときではなく、今という瞬間にどっぷり浸っているときなのである。リアルタイムでマーケットとかかわりながらその瞬間に集中していると、ある種の流動性と平穏がわれわれの体に浸透していく。サーファーが海で力強い波に乗るには、生死を賭けるほどの集中力が必要になる。そのような激しい経験のなかで目の前の問題に集中せざるを得ないとき、人は今現在しか見えなくなる――昨日の問題や明日への不安などを心配する代わりに、今この「瞬間」だけが存在するのである。15メートルを超える大波、つまり海水で作られた「死の壁」に果敢に挑むサーファーを理解できない読者は、おそらくそのような波に乗ったことがないのだろう。そのような波に乗る快感を「ゾーン」にはまったと言ったりする。サーフィンやハンググライダーやロッククライミングなどは危険な行為であっても、人間は快感を求めて、まるで飛んで火に入る夏の虫のように引き込まれてしまう。われわれはトレーダーとして、精神面のこの現象を理解し、それに共鳴している。この現象は、単に今この瞬間と「ひとつになりたい」という精神的な欲望であり、それ以上でも、それ以下でもない。これこそがトレードで成功を収めるための神髄なのである。

2010年6月2日

ギル・モラレス

クリス・キャッチャー博士

謝辞

　本書の制作に携わった関係者諸君に感謝の意を表すことはもちろん重要である。しかし同時に、本書がウィリアム・オニールやオニールの関連事業による支援や支持、そして協力を受けずに執筆・制作されたことを書き記すことも重要であろう。本書は著者独自の研究結果について述べたものである。しかし多くの人々がかかわっていることに違いはない。そのなかでも特に、たぐいまれな技術をもって本書に掲載するチャートを作成してくれたマイク・スコット、素晴らしいチャートとデータを提供してくれたイーシグナルの関係者、執筆中に多くの面で支えてくれたレイチェル・ヘイン、そしてケビン・マーダー諸氏に心からのお礼を述べる。

　同様に、キャッチャー博士の母である栄子大谷キャッチャー――アメリカで最初の日本人女性ファイナンシャルコンサルタント――には日本語版テキスト全般のレビューをしてもらった。感謝の意を表したい。

第1章

優れた投資法が生まれるまで
──オニールの投資法

The Evolution of Excellence : The O'Neil Trading Method

　われわれはポートフォリオマネジャーとしてウィリアム・オニールの下で資金を運用した経験がある。そこで学んだのは、オニールの思想体系がリチャード・ワイコフやジェシー・リバモアら先人の哲学に由来している部分が大きいということであった。マーケットについて語るとき、ワイコフとリバモアの書籍を読んで理解しないままウィリアム・オニールを完全に理解することはできない。伝説的な相場師であるジェシー・リバモアの技法や哲学は、エドウィン・ルフェーブルの名著『欲望と幻想の市場──伝説の投機王リバモア』（東洋経済新報社）やリバモア自身が執筆した**『孤高の相場師リバモア流投機術』**（パンローリング）に記されている。そのリバモアの技法や哲学がウィリアム・オニールとオニール・アンド・カンパニーのポートフォリオマネジャーのトレード手法に大きく影響しているのは明らかである。『ジェシー・リバモアズ・メソッド・オブ・トレーディング（Jesse Livermore's Methods of Trading）』を執筆したリチャード・ワイコフはリバモアについて早々と本にした人物である。ワイコフは著書で常識的な投資の哲学だけではなく多くの格言を紹介し、それらはウィリアム・オニールの書籍や投資の哲学にもたびたび登場している。ニコラス・ダーバスは、有名な**『私は株で200万ドル儲けた』**（パンローリング）のなかで、「ボックス」と名づけたある概念について述べ

ているが、これもオニールの「チャート上のベース」に通じる概念である。つまり、通常の調整時にその銘柄の値動きが正常であるか異常であるかを判断するということである。

　ワイコフやリバモア、そしてダーバスらの有名な投資家が提唱してきた手法が、「オニール流」投資法の重要な基盤となっている。オニールの手法はそういった先人の投資家の考えをもとに作られたのだ。オニールは先人の手法を丹念に探しだしてはそれらを分析し、そして目録を作った。それを数々の「モデル・ブック・スタディー」で検証し（われわれもこの制作に貢献するという幸運に恵まれた）、歴史に基づいた成功株発掘法として発展させたのである。機関投資家が買うパフォーマンスの優れた主導銘柄を、過去の相場サイクルから厳選することで、オニールはそのような大化け株に共通する重要な特徴を見つけだした。その核となる部分がオニール独自の銘柄選択術を生み出し、それがのちに投資家の間でCAN-SLIMという名で知られるようになったのだ。オニールはリバモアやワイコフを初めとする投資家たちの考え方からヒントを得ているため、当然のことながらその投資法は彼らのそれと深い関係がある。だからといってオニールがただ単に先人の手法をマネしたわけではないということは、ウィリアム・オニール・アンド・カンパニーの元ポートフォリオマネジャーであるわれわれが断言する。歴史に名を連ねた素晴らしい投資家の考え方をもとにして、彼らの投資の過程を一段と明確にすることで、オニールはより高い水準の投資法へと昇華させている。つまり、オニールは株式市場で利益を得るためのアプローチを分かりやすく具体化すると同時に、実践で使える公式へと発展させたのである。

　オニールと先人たちに共通する点は、哲学や心理学といったものを自身の存在を超越するマーケットに当てはめて、包括的な考えにまとめ上げていることである。オニールはかつてこう言った。「これは私が作ったシステムではない。マーケットが作ったシステムなのだ。そ

れはマーケットの実際の動きがシステムの基礎になっているからである」。この言葉からうかがえるように、オニールは観察を通して得た常識的なルールを応用することで市場を理解する、という基本的な作業の延長線上に自分の研究があると考えている。それは株式市場を形作る、小さな無数の事実をすべて理解する行為であり、それ以上でもそれ以下でもない。オニールが先人の研究をどのように利用して発展させていったかを探ることは、とても有益である。それは本書の主題のひとつであるだけでなく、オニールやリバモアやワイコフのマーケットに対するアプローチを研究するわれわれの基礎を作り上げる作業でもあるのだ。

準備と学習と練習

「ただ気に入っているからという理由で株を買ったりしてはならない。きちんと調べてその銘柄にまつわる状況を理解するのだ」——ウィリアム・オニール著『オニールの成長株発掘法』（パンローリング）

マーケットには金儲けの万能薬などけっして存在しない——というのがオニールが投資を考えるうえでの大前提である。人間というものは複雑な生き物であるため、「オニール流」と呼ばれる投資法にも、また別の投資法にも実にさまざまな種類がある。だからこそ、株式市場で成功する投資家になりたいのならば、時間と努力を費やして研究をすることが不可欠であるとオニールは主張している——「人間の性（サガ）というものが障害となり、プロも素人も実にマーケットの九割の人々が、とにかく準備不足なのである」（『オニールの成長株発掘法』より）。

まったく努力をしなくても株式市場で最高の結果を出せるような魔法の方程式を探している投資家が多いことを、オニールはいつも嘆い

ていた。**『オニールの相場師養成講座』**（パンローリング）のなかで、1999年のドットコムバブル市場の時期に個人投資家が台頭したことについて、オニールはこう述べている――「投資家でも、アドバイザーでも、しっかりした投資ルールと投資原則を学ぶために時間を割こうとしなかったために、ほとんどの人が2000〜2002年の下げ相場で痛手を被った。その人たちは90年代に大した勉強もせずに金儲けができる方法を見つけたと思いこんでいたが、耳寄りな情報や宣伝文句やホラ話に踊らされていただけなのだ」。

マーケットに手を出すのは簡単でも、医療や法律の分野、あるいはプロ野球となるとそう簡単にはいかない、と多くの投資家が考えるだろう。しかしオニールは『オニールの成長株発掘法』のなかで「極めて優れたブローカーや助言サービスというのは、極めて優れた医者や弁護士や野球選手と同じくらいに限られている」と指摘している。これはリチャード・ワイコフが著書『ハウ・アイ・トレード・アンド・インベスト・イン・ストック・アンド・ボンド（How I Trade and Invest in Stocks and Bonds）』で語った鋭い視点とそうかけ離れていない――「人がある分野で有能になるのは普通、長期にわたる鍛錬と準備を続けてきた結果である。例えば医師ならば、大学に行き、診療所に勤務し、救急車に乗り、病院で働き、そして数年間の準備期間を経て初めて医者と名乗る。ウォール街の場合、同じ医者がまずは投資家と名乗り、それから投資の勉強を始める」。

投資とは重労働である。法律や医療やソフトウエアのデザイン、そして映画制作やほかの専門的な職業と同じように、投資家にもそれなりの準備と専門性が求められる。かつてリバモアは、友人や知人が相場で儲ける方法を教えてくれと言い寄ってくることを嫌っていた。無口だったリバモアが「彼らの質問には耐えがたいものがある」と感じ、次第にぶっきらぼうに「分からない！」と答えるようになったという。**『孤高の相場師リバモア流投機術』**（パンローリング）にリバモ

アは次のような言葉を記している——「そもそも、投資と投機を科学的に研究してきた人間に対して、そんな質問が適切と言えるだろうか。『弁護士業や外科手術で手っ取り早く金を稼ぐにはどうすればよいですか？』と素人が、弁護士や外科医に尋ねるのと同じことである」。

　常に前向きな考え方を持つオニールは勤勉と継続なしには成功はあり得ないと投資家に念を押す一方で、努力を惜しまなければ成功は手に入るとも述べている。そして『オニールの成長株発掘法』のなかでも理想を追求することを勧めている——「自分自身に対する希望を捨てなければ、アメリカンドリームを手に入れることも夢ではない」。しかし同時にオニールはワイコフと同じ主張もしている。これはワイコフが著書『ハウ・アイ・トレード・アンド・インベスト・イン・ストック・アンド・ボンド』で述べた一文である——「額に汗することなく近道ができると考えている人がいるならば、それは悲しいかな、過ちである」。

株は安値ではなく高値で買え

　リバモアと同じように、オニールも努力をせずに株式市場に臨む投資家の姿勢を嫌っている。そのような姿勢では、一獲千金を狙う簡単な方法を選んで投資する結果になるからである。「安い」とされる銘柄を買う行為などはこの最たるものである。昔からあるこの安値のワナにはまることはいとも簡単であった。株価が前日よりも下がったら「安売り」されていると考えるような、根強い消費者気質から抜け出せない新米の投資家が多いからである。そのような考えに至るのは、個人投資家が自らを最後の消費者だと考えているからかもしれない。しかし本来ならば投資家というものは、なんらかの原産物や完成品を買ってそれに磨きを掛けたうえで、さらに高値で売るという事業をしているという自覚を持たなければならない。『オニールの成長株発掘

法』に赤いドレスと黄色いドレスの話があった。黄色いドレスよりも赤いドレスのほうが売れ行きが良かったので、店の主人は赤いドレスを追加で買ってさらに高い値段で売るために、あまり売れない黄色いドレスを店の在庫（つまりポートフォリオ）から処分しようと価格を下げた、という話である。

　この赤いドレスと同じようにオニールは、**史上最高値で飛ぶように売れている銘柄を買うことを勧めている**。その理由は簡単だ。「真のリーダーは、新高値かその近くから大きな動きを開始するもので、安値や高値からかなり下がったところからではない」（『オニールの成長株発掘法』）。人と反対の行動を起こして高値を更新した株を買うことは非常に効果的な投資法である。しかし高値で売られている株を買うことを恐れている大衆には、そのような行動は理解できない。『オニールの成長株発掘法』のなかで、オニールはその理由についてこう述べている――「株価が高すぎてリスクが高そうに見える銘柄はさらに値上がりし、株価が安く割安に見える銘柄はさらに値下がりする傾向にある」。たいていの場合、マーケットは投資家の思惑どおりには動いてくれない。したがって、大衆が高値を更新している銘柄を買うことをためらっているようなときには、それがまさにその銘柄を買う絶好のタイミングである可能性が高いことになる。

　オニールだけではない。ジェシー・リバモアも安値を付けた株よりも高値を付けた株を好んで買っていた。著書の『孤高の相場師リバモア流投機術』でこう助言している――「値が上がりすぎているという理由で株を売ってはならない。逆に、前の高値から大幅に下落しているという理由で株を買ってはならない。その下落には、おそらく十分な理由があるはずだ。たとえ現在の価格が安いと思われたとしても、まだまだ高い可能性があるのだ」。

ナンピン買いについて

　新米の投資家や努力をしない投資家がよく犯す過ちと言えば、まさに安い株を買おうとする行為だろう。オニールと先人たちが避けてきたもうひとつの過ちは、「ナンピン買い」である。「ナンピン買いは、大きな損失を出して資金を凍結状態にしてしまう。ナンピン買いをする投資家は、100ドルで買った株が90ドルに下がったら前よりも安くなって、さらにお買い得になったと考える」とリチャード・ワイコフは述べている。

　個人投資家を顧客に持つ株式ブローカーは、自分が勧めた銘柄の値が下がると、高い金額で買わせてしまったその責任から逃れるためにナンピン買いをして、自分の判断を正当化しようとすることがある。個人投資家の間では、これが「ドルコスト平均法」と呼ばれ、投資信託の一般的な買い手法として広まっている。これについては知っている読者も多いだろう。しかしオニールに言わせれば、これはけっしてやってはならない行為なのだ。『オニールの成長株発掘法』のなかで次のように語っている――「それよりもさらにまずい行動があるとしたら、責任から逃れようと顧客に『ナンピン買い』を勧めることだ。もし私がこんな助言を受けたら、私はすぐに口座を閉じて、もっと賢いブローカーを探すだろう」。

　ジェシー・リバモアもナンピン買いについては同じ考えで、厳しい言葉を残している――「最初のポジションで損が出ている場合、増し玉をするのは無鉄砲なことである。けっしてナンピンをしてはならない。この考えを心の内に深く刻み込んでおこう」(『孤高の相場師リバモア流投機術』)。リチャード・ワイコフは**『スイング売買の心得』**(パンローリング)のなかでさらに深く言及して、「『ナンピン』をするよりも『買い乗せ、売り乗せ』をしたほうがよい」と言い残している。そしてもちろんオニールもナンピンを強く批判し、逆に利益を出して

いる銘柄を増し玉することを強く推奨している。

損切りは素早く

ジェシー・リバモアは『孤高の相場師リバモア流投機術』のなかで、「相場が予想と反対の動きをしたらどこで売るかを常に明確に決めておくべきである。そして自分のルールに必ず従うことだ。資金を10％以上も失うことなどけっしてあってはならない。損失はそれを取り戻す苦労を考えれば、二重の意味で高くつく。私はトレードをする前に必ず損切り価格を決めている」と語っている。**オニールも株を買ったら必ず7〜8％下落した時点で自動的に損切りすることを推奨している**。その主な理由はリスクから身を守るためである。マーケットで大きな損失を被ることは投資資金に打撃を与える。オニールの提唱する最大損失を6〜7％にする、あるいはリバモアの提唱する10％でも、必ず損切りすることが株式市場で生き残るためには絶対に不可欠である。リバモアは、「早いうちに小さな損切りをするのは賢いことだ——利益は自然と生まれてくるが、損失は自然には消えないからである」と語っている。

『スイング売買の心得』のなかでリチャード・ワイコフはこう助言している——「第一の防衛線はストップ注文だ——これはトレードと同時か直後に置く。もし初期の段階でリスクを限定することができなかった場合には、毎日あるいは週2日といった間隔で、必ず保有株を点検し、損の出ているものは全部成り行き注文で売り払うようにすること。そうすれば、持ち株はすっきりした状態になり、手仕舞う時機が来るまで、利の乗ったトレードをそのまま継続しておくことができる」。損切りを「防衛線」として使うという考え方はオニールの考えと共通している。オニールは『オニールの成長株発掘法』のなかで、「ほぼすべての投資家が損失を膨らませるという深刻な過ちを犯す」と述

べ、その理由を「状況が悪化し始めたときに素早く損切りをしないでいると、その後の売買判断をするときに必要となる自信がいとも簡単に失われてしまう」からであると説明している。大きな損失を出すと、株式市場で儲けて資金を増やすために用意した資金が減ってしまうだけでなく、精神的な余裕がなくなり、投資家にとって極めて重要な自信という要素をも失ってしまうことになりかねない。

オニールやリバモアやワイコフは、損失は投資という行為の一部にすぎず、あとで大きな痛みを伴うくらいなら今小さな痛みを味わったほうがよい、と考えているのである。その理由についてオニールは、「**株式市場で大きく勝つための一番の秘訣は、毎回正しい判断を下すことではない。間違った判断を下したときにできるだけ損失を抑えることなのだ**」(『オニールの成長株発掘法』)と語っている。

利食いはゆっくり──勝ちトレードを継続させる

オニールの手法は基本的にはトレンドフォローである。上昇トレンドが来たらマーケットに身を任せて、できるだけ長い間その波に乗って上昇分を利益として得るのである。オニールにとって、大化け株を買うことは投資の過程のわずか半分にすぎない。大化け株の大きな上昇から利益を得るためには、その銘柄を買ったあとにどのような行動を取るかがカギになる。リバモアの言葉どおり、「じっと我慢して正しい決断を下す」ことができる人間は少ない。オニールが株式市場で大きな利益を出せるのは、大化け株が上昇する間、じっと待ち続けて正しい判断を下しているからである。リバモアは『孤高の相場師リバモア流投機術』のなかで、「初期の少額の損失を受け入れる」ことを賢い行為とし、「利益が目減りしてもそれで身を滅ぼすことはないが、損が膨らめば悲惨なことになる」と分析している。正しい判断を下すためにはリバモアのこの基本原則を守る必要がある。株式市場で

は、利益が出るまで時間をかけて株を見守ることができなければ、大きな利益を上げることなどできないのである。

　『オニールの成長株発掘法』のなかで、「損切りは素早く、利食いはゆっくり」することをオニールは勧めている。その理由は、「投資の目的は正しい判断を下すことだけではなく、正しい判断を下して大きく儲けること」だからである。手早く利益を上げようとすると、投資家はずっと目を光らせて次のトレードについて考える必要がある。このような考え方で相場に臨んでも落ち着かないだけでなく、オニールが目指す理想の投資法とはまったくかけ離れてしまう。われわれの経験上、大化け株をつかむこと以上に簡単に大金を儲ける方法などない。なぜなら、腰を据えてあまり考えなければよいからである。全資金をつぎ込んだ保有銘柄が思惑どおりに上昇しているのならば、実際には何もすることはない。単にその銘柄が大化け株へと成長していくのを見届けるだけである。われわれはこれを「ゾーンにはまった状態」と呼んでいる。これは精神状態について語ったリバモアの考え方に由来している――「**おれが大きく儲けられたのは、けっしておれの頭脳によるのではなく、マーケットに腰を据えてじっくりと居座ったからなのだ**」（『欲望と幻想の市場――伝説の投機王リバモア』）。

　リチャード・ワイコフも『スイング売買の心得』のなかで、損切りは素早くするが大化け株は見守るべきという考え方を紹介している――「思うように稼げていない？　それは、投機的なトレードで２ポイントしか利益を上げていないのに、損をほったらかしにしておくせいだ。それを逆にしようではないか。リスクは１～３ポイントほどに限定して、利益を伸ばしなさい」。

増し玉

　大化け株を正しく扱うには、ポジションサイズを適切にしておくこ

とが重要である。平均的な利益を望むだけならば、ポジションを少なめにしておけば保有株は株価指数と同じような動きをする。ポジションを多くすることは、クローゼットインデックスと変わりない。投資信託のマネジャーの多くは100〜200以上の株を資金の１〜２％以下で買ってポートフォリオを作る。オニールの嫌う方法である。**大きな利益を狙うのならば、強い上昇トレンドを見せている銘柄に資金を集中させることが絶対に必要である**。それなのに資金の１〜２％でポートフォリオ全体を構成するなどかなりの腰抜けのすることである、というのがオニールの考えである。弱い動きをしている銘柄を排除しながら強い動きをしている銘柄を増し玉していくというオニールの手法を使えば、投資家は自然と強気相場で正しい銘柄に集中して投資することになる。著者たち自身も現在、信用枠いっぱいの200％でわずか２銘柄に全資金を投入している。つまり口座にある資金と同じ額が、それぞれのポジションに使われているということになる。これこそが相場で大きく儲ける方法であり、保有株を最大限に利用するための神髄なのである。

　このような理由から、オニールは分散投資を避けている。そして分散投資は「無知を穴埋めするためのヘッジ」であると言ったジェラルド・ローブの見識に同意している。そして『オニールの成長株発掘法』のなかで、分散投資をしないためには強気相場で保有している銘柄について熟知することであると語っている――「分散化をすればするほど、一つひとつについて知らないことが多くなる。多くの投資家が過剰なほどの分散投資をしている。最高の結果とは、集中化を行ってよく熟知した少数のカゴに卵を入れて、それを注意深く見守ることで達成される」。

　オニールはポジションの集中化には２つの目的があると考えていた。投資家が保有する銘柄が大きく上昇したときに最大の利益を得ることがひとつ、そしてもうひとつは、同時にいくつものポジションについ

て把握しようとするよりも、少ない「卵」に集中することで精神面の負担を減らすことである。『孤高の相場師リバモア流投機術』の一節から、リバモアの考えも同じだったことがうかがえる──「マーケット全体に手を広げるのも危険だということも覚えておこう。つまり、同時にあまり多くの銘柄に関心を持つべきではないということだ。多くの銘柄を追うよりも、少数の銘柄を見守るほうがはるかに簡単である」。

　オニールがよく「すべての赤ん坊にキスをする必要はない」と言っていたとおり、マーケットに存在する株をすべて所有する必要はない。オニールのそのような考え方は『オニールの成長株発掘法』のなかでひとつの基本的な概念としてまとめられている──「**勝つ投資家の目標とは、小さな利益を出す株を十数銘柄保有することではなく、大きな利益を出す株を１～２銘柄保有することである**」。

大型株で機関投資家が保有する銘柄を買う

　株式市場で大化け株をつかむには、機関投資家が資金をつぎ込んでいる銘柄を買うのが近道である。オニールは、現代の投資信託やヘッジファンドや年金基金やほかの「機関投資家が集まり」がリバモアやリチャード・ワイコフの時代の共同出資やトラスト（企業合同）に近いものと考えている。機関投資家が株を大量に買い集めることで株価は大きく上昇する。それを利用しようというのがオニールの手法である。調査能力や成長株発掘に優れた、賢い機関投資家の行動を追うことこそ、個人投資家のするべきことなのである。オニールは『オニールの成長株発掘法』のなかで次のように主張している──「株価を押し上げるには大きな需要（＝買い）が必要だ。株式市場において最大の需要源となるのは間違いなく機関投資家であろう。投資信託、年金基金、ヘッジファンド、保険会社──などである。多くの機関投資家

による保有が成功する銘柄の必須条件ではないが、少なくともある程度は欲しいところだ」。さらに、「(本気で取り組む投資家ならば、)少なくとも、業界トップクラスの業績と確かな手腕を持つポートフォリオマネジャー1～2人によって保有されている銘柄を探す」ことも助言している。

　情報通の投資家がどこに資金をつぎ込んでいるのかを知ることがオニールの投資法の主軸となっている。そして機関投資家が保有している銘柄の質を知るべきだという意見も、『ハウ・アイ・トレード・アンド・インベスト・イン・ストック・アンド・ボンド』のなかでワイコフが書き残した助言と同じなのである――「機関投資家による保有や自社株買い、共同出資、あるいは大衆などが、ある特定の銘柄や業界に集中しているかどうかを知ることが重要である。複数の機関投資家が買いポジションを持っているのは、近い将来に株式市場の状況に目立った変化が起こると予想しているからである。また自社株を買っているのは、その企業の経営状況が何かしら改善する見込みがあるからである。共同出資が行われるときというのは、通常はある特定の銘柄あるいは複数の銘柄について、一般にはまだ知られていない情報が前向きな影響を与えているからである」。

　成功している世界最大級の機関投資家に助言を行ってきたオニールであるからこそ、機関投資家による保有の意味についてこのような深い洞察ができたのである。この発見は「大化け株の原理（The Big Stock Principle）」と呼ばれ、どのような相場サイクルでも利用できるオニール投資法の基礎となった。どの銘柄がある特定の経済を主導しているのか、そして機関投資家がポートフォリオを組み立てるときに資金をどこにつぎ込んでいるのかを知ることが、その相場サイクルを攻略するカギとなる。機関投資家が特定の銘柄に資金をつぎ込むとき、その銘柄は途方もない上昇の原動力を得て「大化け株」へと変わっていく。これがオニール流投資法を支える大きな柱である。

チャートパターン

　社交ダンサーで有名なニコラス・ダーバスはその著書『私は株で200万ドル儲けた』のなかで、自身が「ボックス」と名づけた概念について解説している。これはオニールが「ベース」と呼ぶものである。オニールはこの概念をさらに発展させた。揉み合い時期、つまりさまざまな形のベースを鮮やかに分類し、「上昇型ベース」「取っ手付きカップ」「ダブルボトム」「正方形型」「平底型」「上昇後に現れた狭いフラッグ」などの名前を付けた。これらのベースはすべて大化け株に現れる。上昇トレンドでさらなる押し上げが見られるような中期から長期の価格上昇でこのようなベースが現れ、価格の自然な揉み合いが続いていることを示すのである。

　オニールのベースと同じように、ダーバスの「ボックス理論」もダーバスが自ら株式のチャートや表を観察や研究した結果として生まれたものである。これはダーバスの『私は株で200万ドル儲けた』のなかの一節である――「株の動きは必ずしも完全にでたらめなものではないことを理解し始めた。株は風船と違って、どんな方向にでも飛んでいくというものではない。株は磁石に引き寄せられるように上のほうへ、あるいは下に向かってトレンドを描く。ひとたびトレンドが形成されれば、そのトレンドは持続する傾向がある。トレンドを描く株式は一連のフレームのなかで変動しており、この枠ひとつひとつをわたしはボックスと呼んだ。価格というのはほぼ常に高値と安値の間を行き来している。この上下変動を取り囲む領域がフレーム、つまりは『ボックス』だ。このボックスが、わたしには非常にはっきりと見えるようになった」。

　オニールは「ボックス」や「ベース」の細かい構造についてさらに厳密に定義し、それぞれの形や期間、そして調整期間の規模について詳しく研究している。オニールは次の点でダーバスと共通の認識を持

っている――「チャートパターンとは、初期の価格上昇後に形成される調整と揉み合いの期間のことである。これらのベースを分析するには、価格と出来高の変化が正常か異常かを診断する技術を身につける必要がある」(『オニールの成長株発掘法』)。

　ダーバスの「ボックス理論」はオニールの研究した大量のチャートパターンと比べると未発達な初期バージョンでしかない。ダーバスはボックスに最低限必要とされる長さを測ることも、短いものよりは長いボックスのほうが好ましいと定義するようなこともしなかった。またボックスの大きさや期間などを調べて、共通する重要な特徴を見つけるということもしなかった。それは著書『私は株で200万ドル儲けた』でも語っている――「時折、ある銘柄が何週間も同一ボックス圏内にとどまっていることがあった。ボックスのなかであるかぎりは――つまり、下方のボックスに落ち込まないかぎりは――それがどんなに長期に及ぼうが気にはしなかった」。

　この極めて単純な「ボックス理論」の枠を超えて、この現象に過去の例を当てはめることが重要であることをオニールは認識していた。オニールは、ある相場サイクルにおける主導銘柄が形成するチャートパターンは、その後も別の相場サイクルでマーケットを牽引する銘柄となって繰り返し現れることに気がついた。例えば、アメリカ・オンライン(AOL)の株価が1998年に50日移動平均線まで大きく下落した動きが、かつての大化け株のシンテックスが1965年に見せた動きに似ていた(オニールはこのことをある公開討論会で発表している)。つまり、シンテックスは1998年のアメリカ・オンラインの「歴史的模範例」だったのだ。オニールはこの貴重な模範例に基づいてアメリカ・オンラインの扱い方を考え、その結果として巨額の利益を得たのである。なぜそれをわれわれが知っているかというと、その様子をオニールのすぐそばで実際に見ていたからである。

　もちろん、模範例の考え方はジェシー・リバモアの『孤高の相場師

リバモア流投機術』から派生したとも考えられる。リバモアは、「値動きのパターンは繰り返されていると確信している。少しずつ形を変えながら、何度も何度も繰り返されているのだ。これは相場が人間によって動かされているからである——そして人間の本質が変わることはないからである」と語っている。オニールもこう言っている——「人間の本性は変わることなく、歴史は繰り返されるのだ」(『オニールの相場師養成講座』)。ワイコフも**『相場勝者の考え方』**(パンローリング) のなかで、これについて独自の見解を述べている——「ある意味で、チャートの解釈は楽譜の解釈に似ている。楽譜の場合には、作曲家の着想や芸術表現を正確に読み取ろうとする。それと同じように、平均株価や個別銘柄のチャートには、相場を売買する大衆や、ある銘柄を手がける仕手筋が抱く考え方や希望や野心や目的が現れている」。

オニールのことを「テクニカルアナリスト」と軽蔑的に呼ぶ者がいる。まるでオニールが投資の世界ではテクニカルアナリストのごとく嫌われ者であるかのように。しかしオニールはチャートの印刷を自動化する方法を考え出した先駆者であるが、チャートが株価予測に役立つことを示したのは彼が最初ではない。『相場勝者の考え方』のなかで、ワイコフはまる1章を費やして「なぜチャートが必要か」という問いに答え、そして株価チャートを見ることの利便性について次のようにまとめている——「ティッカーは株式相場の推移を長い帯状のテープに記録する。チャートは同じ推移を別の形に変えて記録する。過去の値動きを使って先を読もうとするには、こちらのほうが便利で価値が高い——無限の価値があるといってもよい」。

オニールがテクニカル分析とチャートを利用し始めたのは、機関投資家が組織的に株を買い集めていく動きを探るためだった。オニールはチャートを機械的に利用するのではなく、個人的な意見が入り込む余地のないもの、そして大口投資家である機関投資家の動きを把握するツールとして利用したのだ。ワイコフは『チャーティング・ザ・ス

トック・マーケット、ザ・ワイコフ・メソッド（Charting the Stock Market, The Wyckoff Method）』のなかで、投資家がチャートを研究するのは「株式の動きを解釈するためにマーケットを動かす要因を明らかにするため」と言及した。そういう意味ではオニールはワイコフと似ているのかもしれない。

リバモアとオニールの提唱するピボットポイント

　オニールの投資法において正しいポイントで買うことは重要な要素である。オニールのピボットポイントの概念はリバモアのピボットポイントからヒントを得ている。リバモアはほかにも反転ピボットポイントや継続的ピボットポイントという考え方を唱えていた。**オニールの提唱するピボットポイントは、主に価格がブレイクアウトして新高値を更新したときの買いポイントのことで**、これはリバモアが継続的ピボットポイントと呼んでいるものと同じである。また、**調整や弱気相場のあとにマーケットが上向きになった上昇日のことをオニールはフォロースルー日と呼んでいる**が、これはマーケットのトレンドが弱気相場から強気相場へと反転したことを意味するリバモアの反転ピボットポイントの考え方と似ている。ジェシー・リバモアの『孤高の相場師リバモア流投機術』とウィリアム・オニールの『オニールの成長株発掘法』には、**ピボットポイントとはリスクと利益のバランスが投資家に最も有利に傾いている買いポイントである**と書かれている。そしてそのような条件が整ったピボットポイントに価格が到達したときに株を買うことを提唱している。

　ピボットポイントが現れるのを待つには忍耐が必要である。リバモアは、ピボットポイントが発生したことを示すシグナルが出るまでは、行動を起こさないように努力していた。その忍耐こそが成功をもたらすからである。リバモアは『孤高の相場師リバモア流投機術』のなか

で次のように語っている——「"ピボットポイント"と呼ぶポイントに相場が達するのを辛抱強く待ってからエントリーしたときには必ず、そのトレードは成功した。なぜか？　それによって、変動初期の絶好のタイミングで、まさに取引を開始できたからである」。オニールも『オニールの成長株発掘法』のなかで、「**常に勝ち続ける個人投資家になるためには、この正確なピボットポイントまで価格が上昇するのを待って買わなければならない**」と述べている。オニールとリバモアが考える正しい買いポイントとは「最も抵抗線の少ない場所」なのである。つまり、その銘柄が何の制約や障害もなく価格を上昇させることができる状態のことである。

　正しい価格で買うというのは、大きな上昇が始まる時点で銘柄を買うということである。例えば、50ドルで取引されている銘柄のピボットポイントが55ドルである場合、この55ドルが最も抵抗線の少ない場所なのでそこまで価格が上昇するのを待たなければならない。オニールもリバモアも、価格が50ドルからピボットポイントの55ドルまで上昇するときに利益を得ようとは考えていない。両氏が狙っているのは価格が55ドルから100ドルへと上昇する大きな値動きだからである。『オニールの成長株発掘法』でオニールは語っている——「**あなたの投資目的は最安値で買うことでも、底付近で買うことでもなく、成功する可能性が最大になる正しいタイミングで買い始めることにある。これはつまり、あなたが株に手を出す前に、価格が狙いのポイントまで上昇していくのを、じっと待つことを学ばなければならないことを意味する**」。本書の第6章では、このピボットポイントについてさらに深く説明していく。

仕掛けのタイミング——買い時と売り時

　オニールやリバモアの考え方によると、ピボットポイント、つまり

相場で仕掛ける正確なタイミングとは利益を得る可能性が最大になったときに買うことを意味している。それはトレンドが形成されるのを待ってからその波に飛び乗ることである。ジェシー・リバモアが『孤高の相場師リバモア流投機術』のなかである有名な言葉を残している——「**成功するトレーダーは常に最も抵抗の少ない場所で買っている。トレンドに従っているのだ。トレンドは友だちである**」。

オニールとリバモアの両氏とも、相場には仕掛けのタイミングと手仕舞いのタイミングがあると断言している。人間は相場のタイミングを計ることはできないので、常にマーケットに全資金を投じることで上昇を逃さないようにしたり、株価指数を上回る結果を目指すのが王道である、という考え方が一般的である。しかし両氏はそのような通説とは異なる立場を示している。オニールは、そのような通説は愚かなものだと激しく反論し、次のように書き記している——「**マーケットのタイミングなんて測れるものか、そんなことを言う人に耳を貸してはならない**。そのような考えは、ウォール街やマスコミ、および自分がマーケットのタイミングを計れた試しがないから他人にもできるわけがない、と思いこんでいる人たちによって受け継がれている巨大な妄想にすぎないからだ」。さらにこうも述べている。「『マーケットの動きを予測するのは絶対に不可能でだれにもなし得ない』——このような誤った思い込みは、元はといえば40年以上前に投資信託のマネジャー数人がマーケット予測に挑戦して失敗に終わったことから生まれた迷信だ。市場が底を付けて上昇し始めたという判断を、個人的な見解や感情に頼って下したためである。市場が底を付けるときの報道はどれも否定的になる。だから彼らも、当然のごとく行動を起こすことをためらった」(『オニールの成長株発掘法』)。

銘柄を選択したりマーケットのタイミングを計るにあたって個人的な見解などは当然のことながら必要ない。そこでわれわれは自分たちの投資法に客観性を取り入れる方法を探ってきた。第7章で詳しく紹

介する「キャッチャー博士のマーケットダイレクションモデル」は、ナスダック総合指数とS&P500種指数の価格と出来高の変化をもとにキャッチャー博士が作ったタイミングモデルである。まだ初期段階だったこのモデルが現在の進化形に至るまで、われわれは1991年からこのモデルを使ってトレードを成功させてきた。このモデルはオニールのCAN-SLIM投資法のM（Market Direction＝株式市場の方向）にヒントを得ている。キャッチャー博士のマーケットダイレクションモデル、そして現在のマーケットのタイミングを知らせるシグナルについて詳しく知りたい読者は、http://www.virtueofselfishinvesting.com/ をご覧いただきたい。ギル・モラレスのトレンドのタイミングに関する研究も、http://www.gilmoreport.com/ に掲載されている。

感情と予測

　相場を見てトレードするということは、今現在を生きるという意味で「禅」の行為に似ている。マーケットが将来どのような動きをするのかを考えて不安になったり、過去に下手なトレードをしてしまったことを思い出して動揺したりするのではなく、今現在の出来事に集中して、マーケットが絶えず示しているサインをリアルタイムで受け取りそれに反応するべきなのである。**マーケットの方向を常に正確に予測することができた者などだれもいない。しかし成功する投資家になるうえで、そのような能力はまったく必要ない。成功する投資家というのは、相場を毎日観察し、その動きに応じて行動を起こすものである**。マーケットを予測しようとすると、どうしても合理的に分析をしようと考えすぎてしまい、その結果として損失を出してしまうことがある。投資家は、自分が正しいと考えたある結論を導き出しても、マーケットが思惑と反対の方向に動いてしまうと自分の過ちを認めることができなくなる。いくら実際の価格や出来高の動きから自分の考え

が間違っていると分かる状況にいても、過ちを認めるのは難しいことである。マーケットがこれからどのように動くのかを予測するのではなく、マーケットが今現在どのように動いているかにもっと注目するべきなのだ。リバモアは『トレード・ライク・ジェシー・リバモア(Trade Like Jesse Livermore)』のなかで次のように述べている――「マーケットの次の動きを予測しようなどと考えてはならない。単にマーケットが示しているサインだけに注目すればよいのである」。

　リバモアと同じようにオニールも、投資家はマーケットの将来の動きを知る必要はなく、現在の動きのみを知っていれば良いと説いている。『オニールの成長株発掘法』のなかで、「**市場の将来の動きを予測したり言い当てることが株式市場の熟練者への道ではない。過去数週間で実際に市場で何が起こって、現在は何が起こっているかを知って理解することが正しい道なのだ**」と述べている。ワイコフも、マーケットが示す新たなサインをリアルタイムで評価しながら常に現在に注目するべき、という考え方に固執していた。『スイング売買の心得』からの一節である――「相場の先行きについて（いい加減な根拠で）ご宣託を立て、あとになって、言ったとおりに相場が動いたと強弁する者は多いが、私はその仲間ではありません。相場は私に今日という日とちょっと先の未来に何が起こりそうか示してくれます――それだけ分かれば十分です。相場はよくコースを変えるものだから、ずっと遠い先のことまで教えてもらえるとは思っていません。コースに従ってポジションを変えればよいだけのことです」。

　ワイコフの言葉からは、投資家は感情を排除するべきであるという考え方が見えてくる。リバモアは、**恐怖心と希望こそが感情に任せて行動する投資家に破滅をもたらす二大元凶である**と考えていた。これは恐怖心を抱いたあとに希望を持つという意味ではない。正しいタイミングで恐怖心や希望を抱くことができないことが、破滅へつながる原因であろうとリバモアは推測している。そして『孤高の相場師リバ

モア流投機術』のなかで、「投機というビジネスに希望と恐怖を持ち込めば、2つを混同して相反するポジションをとりかねない」と説明している。オニールはリチャード・ワイコフの言葉を借りて言っている。**恐怖心を抱かずに、そして損失に対して感情的にならずにいるための極意とは「安心して眠れるまで売ってしまうことだ」**と。

個人的な見解やニュースや耳寄り情報

　極秘の耳寄り情報を教えてくれ、とだれかに頼まれたら、「耳寄り情報なんかに頼るな」と言うとよい。耳寄り情報に耳を傾ける投資家は大金を失う。その情報をくれた人物が裏で何かをたくらんでいるかもしれない。あるいは、その人物は正しい情報だと思いこんでいたとしても、実はそのすべてが事実ではないかもしれない。ジェシー・リバモアが『孤高の相場師リバモア流投機術』で記したように、「**マーケットはけっして誤らないが、個人の見解はしばしば誤る**」ものなのである。

　マーケットは、過去に報道されたすべてのニュースを最終的に判断する審判者なのである。少なくとも大きな競売市場である株式市場においてはマーケットが一番賢いのである。価格はいろいろな銘柄との相対評価で変化するため、マーケットがその銘柄に対して示している評価、つまり現在の価格をそのまま信じるほうがよっぽど信頼できるはずである。

　オニールは『オニールの成長株発掘法』のなかで、「時間を掛けて勉強し、学び、確信を持って投資をせずに、だれかが言ったことをもとに苦労して稼いだ資金をリスクにさらそうとする人が多い。その結果、多くの資金を失うリスクを抱えるのだ。耳にするうわさや耳寄り情報は、とにかく真実ではないことがほとんどなのだ」と記している。専門家の見解ですら例外ではない。オニールは「2000年9月になって

も、CNBCのアナリストが口をそろえて80～90％も下落しているハイテク銘柄を買い推奨し続けたのも、そういう理由からだろう」と語っている。リバモアの言葉を借りるならば、「**個人的な見解は間違っていることがほとんどだが、マーケットが間違えることはけっしてない**」のである。

それでも、一般の投資家の多くは簡単な投資法を求めている。オニールは『オニールの成長株発掘法』第3版のなかで、「一般の投資家の弱点は他人の助言に頼っていることだ」というワイコフの言葉を引用している。多くの投資家はだれかに答えを教えてもらえばよいと期待している。これまでわれわれがもっとも頻繁に聞かれた質問と言えば、「どの銘柄を保有していますか？」だろう。そのような質問をしてくる人は、たいていマーケットについての知識をほとんど持たず、必要な下調べも行っていない。だから自分の投資判断にまったくの自信を持てないのだろう。このような病気の特効薬は熱心に勉強することしかない。ワイコフは『相場勝者の考え方』でこう記している──「株式市場の科学を理解することができれば、ニュースが自分の手法に関係ないことが分かるので、朝刊の見出しを気にすることもなくなる。マーケットの熟練者はティッカーに示される動きを1人の人間のものだと考えることができる。つまり、すべてのトレーダー、投資家、銀行員、共同基金、機関投資家、そしてそのほかのマーケットの参加者がすべてひとつになってそこに現れている、と考えるのだ」。

トレードのしすぎ

勝てる投資戦略を生み出して優れたパフォーマンスを長年出し続けた経験豊富な投資家でさえも、トレードのしすぎというワナに陥ることがある。資金を投じずに待機しているべきときなのにトレードをしてしまったり、早すぎるタイミングで売った株をまた数日後に再び買

ってしまったり、さらにそのような買いと売りのパターンを繰り返してしまったり、ということが新米・熟練にかかわらず投資家にはある。

　山奥に暮らしているために３日前の古くなった買い気配値の情報しか入ってこないある投資家のことを、ジェシー・リバモアが書き残している。その投資家は年に数回だけブローカーに連絡して取引の注文をする。まったく孤立しているこの投資家が長期にわたってマーケットで目覚ましい成功を収めていることを知った人々は心から驚いたという。どうして成功したのかと聞かれると、その男は、「『私は投機が本職なんです。もし混沌としたなかで小さな変動に心を乱され続ければ失敗するでしょう。だから冷静でいられるように、相場から離れた場所にいたいのです。真の変動は始まった日には終わりません。本物の動きが終わるには時間がかかりますからね。山のなかに住んでいますから、価格が進展するのに要する時間を十分に費やせる状況にあるのです』」と語ったという（『孤高の相場師リバモア流投機術』）。

　ワイコフもこの考え方に同感で、「迷うときは何もしないのがよい。半信半疑の状態で相場を仕掛けてはならない。十分な確信が得られるまで待ちなさい」と『スイング売買の心得』のなかで語っている。さらに、「そういう訳で、自分の判断結果や現在のポジションについて、こうした不確かな要素を感じ取ったら、身辺をすっかりきれいにして、観察する側に回ろうではないか。そうすれば、有名なトレーダーであるディクソン・G・ワットが書いているように、『心はすっきり、判断はばっちり』だ」と言っている。

　オニールも、何もしないことこそが最善の道になる場合があることを認識しており、『オニールの成長株発掘法』のなかで詳しく言及している――「ベースやブレイクアウトや投資手法がもはや機能しないという意味ではない。タイミングや銘柄選択が間違っているということだ。弱気相場での価格と出来高のパターンは不完全で、不安定で、人の目を欺くものだ。市場全体が力を失っている――だから辛抱強く

待ち、研究を続け、来るべき強気相場に備えて準備万端にしておくしかない」。オニールの言葉どおり、悪い状況のときには身を引いて賢く辛抱することが投資家の大金を守る術なのである。

オニールの手法——テクノファンダメンタリズム

　オニールのことを「テクニカルアナリストにすぎない」と批判する者がいる。しかしオニールの手法を本当に理解していれば、それが間違っていることは分かるはずである。オニールの手法は、まずテクニカル分析を利用することで、ある銘柄がベースを形成しながら買い集めされて正しい買いポイントに来ていることを判断する。そして次に、その銘柄が過去に大化け株となった銘柄が持つ特徴を備えているかどうかをファンダメンタルズ分析を使って判断する。つまりテクニカル分析とファンダメンタルズ分析を統合した手法なのである。ニコラス・ダーバスはこれを「テクノファンダメンタリズム」と名づけた。そしてその意味について、価格の動きを見ながらボックス（オニールの言うベース）のなかで正しい値動きをしていたかを判断すると同時に、収益の増加を伴って価格がボックスから上にブレイクアウトするときの買いポイントを決めることができる投資法、と説明している。ダーバスの『私は株で200万ドル儲けた』からの一節である——「株式は収益力という主人に仕える奴隷だというのは事実だと思った。したがって、どんな銘柄でもその動きの背後には無数の理由があるだろうが、注目するのはただ一点だけに絞ろうと決心した。それは収益力の改善、あるいはその見込みがあるかどうかということだった。そのためにはテクニカル分析とファンダメンタルズ分析のそれぞれの手法を結合する必要があると考えた。銘柄の選択は市場におけるテクニカルな動きに基づくが、その銘柄を買うのはファンダメンタルズを根拠にして収益性の改善が認められる場合に限ることにしようと考えた」。

オニールはチャートの見た目が良いからという理由だけで株を買ったりなどしない。過去の模範例を研究した結果と照らし合わせてファンダメンタルズ分析を行い、過去の勝ち銘柄が持つ典型的な特徴をその銘柄も示しているかを必ず確認しているのである。

まとめ

　われわれは100年以上もさかのぼって多くの相場サイクルを詳しく研究してきた。そこで明らかになったことは、ジェシー・リバモアやリチャード・ワイコフやニコラス・ダーバスらが提起した課題を、オニールが引き継ぎ、そして洗練させているということである。人間の本質は変わらない。だからわれわれは投資について語り続け、成功や失敗、そして発見について語り継いでいくのである。銘柄の分析や投資心理について考えるという行為、そのすべてがわれわれに深い学びをもたらす。その学びはけっして難しい理屈ではないため、これらの手法を使って成功を収めることがだれにでもできるはずである。しかしこの技術を習得するには学習と努力を続けなければならない。われわれ著者はそのような素晴らしい先人らと肩を並べるほどの投資家ではない。それでも、オニールの元ポートフォリオマネジャーであり、個人投資家としても成功を収めてきたわれわれならば、オニールの手法にさらなる独自の付加価値を与えることができると信じている。当然のことながら、マーケットが進化するに伴いオニールの手法やその応用方法も進化していくだろう。そのため、われわれのようなトレーダーがその手法を進化させ改善し続けなければならない。しかし基本となる哲学的な要素、つまりオニールの手法のエートス（精神）の部分は永遠に変わらないのである。

第2章
クリス・キャッチャー博士が7年間で1万8000%を超える利益を得た方法

How Chris Katcher Made Over 18,000 Percent in the Stock Market Over Seven Years

　投資法をどこかで学んでそれを使っていれば、いずれは株式市場でそれなりの利益を出すことができるだろう、そして時には1年で3ケタの利益を出すことだってできるかもしれない——そう想像するのはたやすいことである。しかしそれを実践するのは思うほど簡単ではない。わずか1年間で1000%を超えるほどの信じられないような利益を達成したとか、7年間で1万8000%といった巨額の利益を得たと主張する投資家の話を聞くのは面白い。しかし、そのような成績や数字を生み出したという話を聞いても、たいていの投資家は車の助手席に座る傍観者のような気分でこう聞きたくなるのではないだろうか——「一体どうやったらそんなことができるんだい？」と。この第2章と次の第3章では、われわれがどのように株式市場で大きな利益を上げたかを解説していく。われわれが買った銘柄や仕掛けたときのマーケットの状況、そして、そのときのわれわれの考えや判断を、実際の順序どおりに説明していこう。

　相場で大きな利益を上げたわれわれの経験をたどっていけば、その過程がそれほど複雑ではないことに気がつくはずである。結局のところ、正しいときに正しい場所にいるために努力をする、それだけなのである。正しいときとは、主導株が大きく上昇を始めるその瞬間のことである。これを実行するには、技術とほんの少しの運が必要である。

しかしその運は、自ら正しいときに正しい場所にいることで生み出されるものなのだ。資金の大部分を主導株を買うことに使えたら、もう考えることはなくなるので、あとは座って時間が過ぎるのを待つという単純な作業をこなせばよい。上昇の波を見つけ、その波を捕まえて、そして連れて行ってくれるところまでどこまでもその波に乗っていくのである。そういう意味では、投資はサーフィンに似ている。適切な投資を行えば、サーフィンと同じように爽快な気分になれるのである。

筆者のクリス・キャッチャー博士とギル・モラレスがそれぞれトレードで最大の利益を上げた経験をこの第2章と次の第3章を通して語っていく。当時の行動や考えなどをリアルタイムで追っていくために、チャートに解説を入れている。大きな強気相場や絶好のチャンスが訪れたときにわれわれの立場に立ってトレードをすることがどのようなものだったのか、そして大きな利益を得て経済的な自立を果たす気分はどのようなものだったかを、少しでも読者に伝えられることを願っている。

投資の世界に入る

「千里の行も足下より始まる」──老子

私はあるとき、ウィリアム・オニールとその弟子であるデビッド・ライアンが投資で長期にわたり素晴らしい成績を残し、そして相場サイクルを上回る結果を何回も達成したことを知った。そしてそれ以来ずっと、いつかオニールの下で働きたいと思っていた。**『オニールの成長株発掘法』**(パンローリング)を1989年に初めて読んだとき、私のマーケットに対する考え方はがらりと変わった。ファンダメンタルズ分析とテクニカル分析の両方を利用するオニールのハイブリッドな投資法、そしてマーケットの方向を判断するCAN-SLIM投資法のM

（Market Direction＝株式市場の方向）は、どちらも強く共感できるものであった。

　私の旅はここから始まった。1989年以降、私はマーケットを理解しようと多くの時間を費やした。この初期の研究で、マーケットの予測ができそうな経済指標をいくつももとにして、計量経済学的なタイミングモデルを多く生み出した。しかしそこから学んだことは、そのような指標のほとんどが長くても15年しか使えないということだった。つまり、マーケットが変化してしまえば、これらの指標が持つ予測能力も失われてしまうのである。15年という短い期間では、研究材料とするには情報不足であることに気がついた私は、当たり前のようにそれから数年の間、純粋に主要な指標の価格と出来高の変化だけを研究するということを繰り返しながら、マーケットダイレクションモデルを発展させようとしていた。やがてチャートを解読する技術を身につけた私は、マーケットのタイミングをつかむには価格や出来高の変化が最も重要な要素であることに気がついた。そこで個別銘柄とその市場のデータを、時間をかけて詳しく調べることで、どのような条件や状況が価格を押し上げるのかを学ぼうと必死になった。

　このように研究を重ねた結果、私の取引口座はプラスの軌道に乗り始めた。それだけではない。その数年後にはウィリアム・オニール・アンド・カンパニーでの採用が決まった。私のマーケットに関する知識の深さにオニールが注目してくれたのである。そこでポートフォリオマネジャーとして6年間勤めた結果、自らの研究のために会社のあらゆるリソースを自由に利用しても良いという許可を得ることができた。「1998年版モデル・ブック・スタディーズ」というオニールが注力している研究があったのだが、オニールと一緒にその研究のかじを取る機会にも恵まれた。株式市場の研究者という立場からオニールの右腕として働いていた私は、当然のことながら自分の研究で発見したことをオニールに報告していた。オニールに「重要な発見をしたとき

には時間を気にせずにいつでも電話をしてきなさい」と言われていたので、夜遅くに電話をしたことも何回かある。私はマーケットに対する自分の情熱をオニールと分かち合っていた。専門だった核物理学から投資の世界へと転身したのだが、その決断はまさに大正解だったのである。人生で本当に情熱を持てるものを見つけて、その夢を実現するために必要な行動を取っていけば、周りの環境もその夢に向かって改善されていくものである、というのが私の持論である。

「1998年版モデル・ブック・スタディーズ」は、1992～98年の大化け株を調査するプロジェクトだった。私はこれまで、1920年代までさかのぼっておよそ20の相場サイクルを調査し、それぞれの相場サイクルで現れた大化け株について研究してきた。それぞれの銘柄を詳しく研究しながら、ファンダメンタルズ指標とテクニカル指標のうちどの指標が最も高い確率でその銘柄の成功を予測できていたかを調べた。そして大化け株に共通している一連の指標の組み合わせを発見したのである。

さらに、上昇トレンドでも下降トレンドでもマーケットの行く正しい方向を判断できるようにと、マーケットダイレクションモデル（これについては第7章で詳しく述べる）を作成し、それに改良を重ねてきた。このモデルは強気相場も弱気相場も毎回必ず見極めてきたので、私はマーケットで最初に成功した1991年当時からどのような厳しい状況でも常に使い続けてきた。過去にさかのぼって検証してみた結果、このモデルは主な株価平均を大きく上回った。詳しい検証を始めた1974年以降の年間平均利益は＋33.1％である。このモデルの信頼性を確かめるために、1920年代と1930年代を検証してみると、主要な株価平均を軽く上回る結果が出た。このモデルは、主要な株価平均の価格と出来高の変化を統計に基づいて数式化したものをコア構造に使っている。また、シグナルの強さに応じていろいろな要素を加味することができるという変動性もその構造に兼ね備えている。例えば、主導

株の値動き、市場心理と精神状態を示す指標、株価指数連動型上場投資信託（ETF）の選択、ポジション数、レバレッジの度合いなどがこれに含まれる。

　このモデルを作った数年後のある日、1960年代後半からウィリアム・オニール・アンド・カンパニーで働いて1999年の定年退職を目前に控えていたあるセールスマンが私のオフィスを訪れた。そしてウィリアム・オニール・アンド・カンパニーによって発行された、1968～99年の市場判定に関する分厚い本を原本のまま譲ってくれたのだ。その１冊１冊を私は詳しく眺めながら、ウィリアム・オニールが出した買いシグナルと売りシグナルをチャートに描いていった。するとオニールが一度たりとも強気相場や弱気相場を見誤ったことがないという事実が見えてきたのだ。これによって、主要な指標の価格と出来高の変化を利用してマーケットのタイミングを判断するというオニールの手法が正しいことがさらに証明されたわけである。と同時に、主要な指標の価格と出来高の変化を統計学に基づいて公式化しようとしている私の研究がいかに重要であるかにも、改めて気がついたのである。

　私は弱気相場では傍観者になり、逆に上昇トレンドになったら業界をリードする株を買いながら、注意深くマーケットのタイミングを計っていった。その結果として利益が＋１万8241.2％になったのである。これは、1996年１月から2002年12月の７年間、毎年＋110.5％の利益を出したことを意味する（ちなみに私の口座は４大監査法人の１つKPMGによって監査されている。税金を支払うために私の口座には多額の資金がトレードされずに現金のまま残っていたが、その分はこの利益率の計算において控除されなかった。税金分を口座にそのままにせずに毎年初めに引き出して投資資金を少なくしていれば、利益率はさらに大きくなっていたはずである）。私のルールは、独自に考え出したものでもウォール街が決めたルールでもない。単に、マーケットの実際の値動きと一流銘柄の実際の値動きに基づいて作られたル

ールである。ここからは年ごとに細かく見ていこう。

1996年──2000年問題の関連銘柄でボロ儲け

　1996年第1四半期は相場の揉み合いが続いてトレンドがほぼない状態で、私の利益も微々たるものだった。このようにトレンドがなく、不安定で価格の変化も少ないときこそが最も難しいといつも感じていた。こういった状況では、価格が上下に細かく変動するたびに小銭が泡のようになくなり、小さな損失が重なって、いつの間にか大きく膨らんでしまう可能性が大きい。小さな損失を出しやすいこのような時期でも、投資家は大きな痛手を負うことは避けなければならない。

　そのようなとき、1996年3月中旬にアイオメガなどの優良銘柄がブレイクアウトを始めたことに気がついた（**図2.1**）。アイオメガは小型ハードディスクドライブなどの携帯型ストレージ分野において市場を独占していた。ハードディスクドライブの携帯性を効果的に売り込んだ最初の企業であったため、当時ほとんど競争のなかった分野において先発者利益を獲得していたのである。アイオメガがブレイクアウトしたとき、直近四半期のEPS（1株当たり収益）は16セントで700％増、売り上げも287％増を記録していた。その前の四半期に当たる1995年9月のEPSはわずか3セントだったので、それが16セントになったことは利益が大きく上昇したことを示していた。さらに売り上げも、過去6四半期の間に－2％、2％、16％、60％、138％、287％と加速的に増加していた。

　アイオメガのベース（揉み合いの時期）は、価格上昇のための美しい踏み台となったわけである。マーケット全体が揉み合っているなかで調整している銘柄はもうほとんどなかったのだが、3月18日にアイオメガが上に窓を空けて高値を更新すると、私はいつもどおり取引口座の25％を一気にこの銘柄につぎ込んだ。

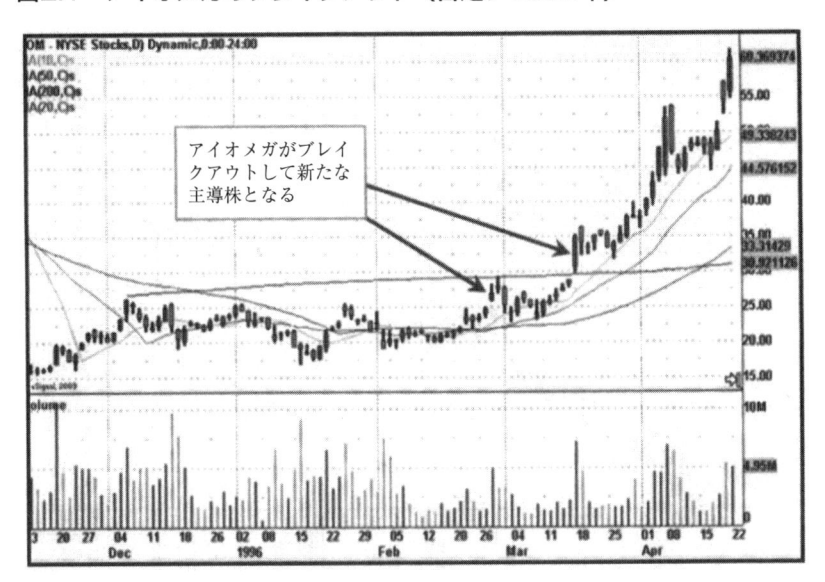

図2.1　アイオメガのブレイクアウト（日足、1996年）

アイオメガがブレイクアウトして新たな主導株となる

　ベースからブレイクアウトしている株を買うときは、強くて構造がしっかりとしている正しい形のベースであるほうがそのブレイクアウトが成功する可能性が高くなる。以前、私はウィリアム・オニール・アンド・カンパニー発行のデイリー・グラフというチャート集を持ち歩き、チャートに印を付けながら、しっかりとした構造のベースと欠陥のあるベースの違いを学んだ経験がある。原始的なやり方かもしれないが、チャートの解読技術を高めたいと願うすべての投資家にこの方法を勧めたい。マーケット全体の方向が重要なカギとなっていることが分かる。例えば、弱々しい下降トレンドでは、最も好調な銘柄が適切な形の取っ手付きカップやダブルボトムなどのベースの最初の左半分を形成し始めることが多い。そして好調な銘柄はまるでバネのように動き出す。相場の上値が軽くなると、バネから解放されたように調整時期に形成してきたベースからブレイクアウトして、これまで我

慢してきたうっぷんを晴らすような勢いで高値へと急上昇するのだ。

　４月になりベースからより多くの主導株がブレイクアウトを始めると、私は増し玉をした。そして４月半ばにはすでに信用枠いっぱいで投資をして、保有する12～18ポジションが３月後半から６月にかけて上昇するのを喜んで見ていた。付け加えて言うと、買う銘柄数やポジション数、そしてリスクの許容度は昔から変わっていなかった。口座にいくら資金があるかは関係なかったのである。わずかな資金で口座を運用していた1996年も、ウィリアム・オニールのもとで大金を動かした1999年以降も、上昇トレンドの相場では、だいたい12～18ポジションを保有するのが私のスタイルだった。そして１つの銘柄に口座全体の15～25％の資金をつぎ込み、価格が上昇を続けて論理的な買いポイントが現れるたびに最初のポジションに２回３回と、時には４回と増し玉をしていった。そうでなく、売りシグナルが点灯すれば、持ち株の少なくとも半分を売るか、またはテクニカルに良いベースを作り、それからブレイクアウトしようとしている優れた早く上昇する株を買うために、持ち株の全部を売ってそれらを買う資金にする。

　1996年６月の初夏、マーケットが天井を付けたころには、私の口座の資金は初年来比＋72％になっていた。その後数日にわたり、保有していた銘柄のすべてで売りシグナルが出始めたので、私はすべて売った。アイオメガについては10日移動平均線を売りシグナルの目安として考えていたので、10日移動平均線のやや下で売ると決めていた（**図2.2**）。アイオメガは５月22日に高値を更新すると、５月28日には大商いを伴って10日移動平均線を下回って下落した。利食いはその日の安値、つまり36.31ドルのわずかに下ですると決めていたので、翌日にその水準まで株価が下がったところで手仕舞った。おそらくこの銘柄の天井は３日間大商いで上昇して高値を更新していたときだったのだろう。1996年当時の私は、天井でうまく手仕舞えるほど天井についてよく理解していなかった。また、上昇中に売るよりも下落中に売る

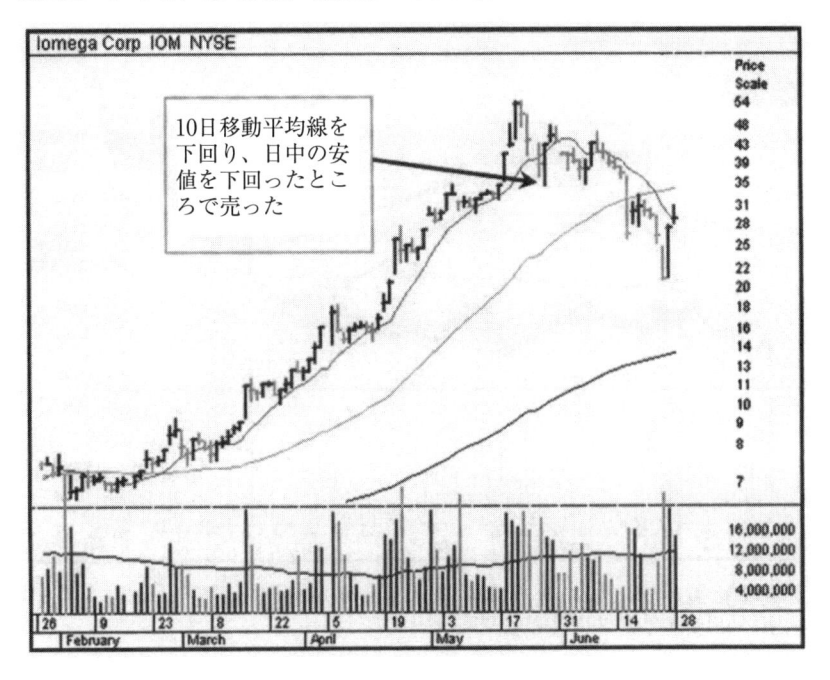

図2.2 アイオメガの天井（日足、1996年）

[10日移動平均線を下回り、日中の安値を下回ったところで売った]

ほうが自分のトレードスタイルに合っていたこともあり、10日移動平均線を好んで使っていた。

付け加えて言うと、早期に上昇する銘柄は10日移動平均線付近が支持線となることが多いことに気がつき、それを利用して売値を決めていたのである。動きが鈍い銘柄や変動の激しい銘柄の場合には、50日移動平均線を売り時の目安としていた。価格が50日移動平均線を下回ると、その銘柄は売りを待つスタンバイ状態に入ったと位置づけて、売りか継続かを判断するのである。この売り戦略については第6章で詳しく説明する。

その後の6月半ばには、私はすでに資金を100％現金化していた。小規模な金融危機が迫っていることなどはもちろん知らなかったが、自分の決めたルールに従った結果である。保有銘柄に対する思い入れ

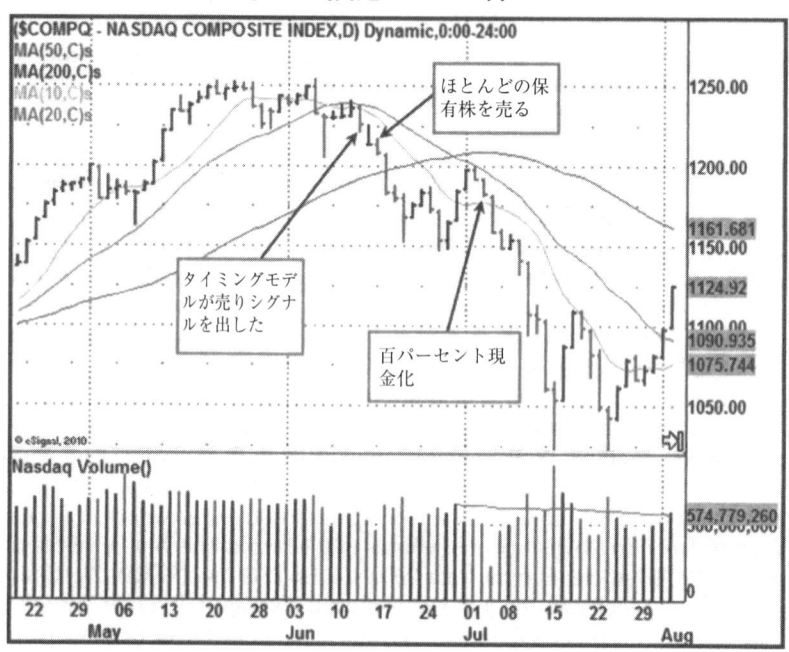

図2.3　ナスダックは移動平均線を下回って下降トレンドになり、1996年7月に底を付けた（日足、1996年）

が強くなりすぎると天井を付けたのに売り手仕舞いすることができなくなってしまうことがあるが、そんなワナにはまらないためにも当然のことなのだが、ルールに従うことが重要なのである。買うときはファンダメンタルズとテクニカルの両面を分析するが、売るときにはテクニカルだけで判断する。つまり、テクニカル分析を売りの最終判断の方法とするのである。

　図2.3を見ると、ナスダック総合指数は6月6日に付けた高値から－19.6％も下落した。私がすでに手仕舞った銘柄には不安定な銘柄が多く、そのような銘柄はさらに大きな調整に入ってしまった。しかし、私はそのような被害からは逃れることができた。大きな調整前に持ち株をすべて売って、現金にしていたからだ。

　マーケットは最終的に7月に底を打つまで下落を続けた。それから

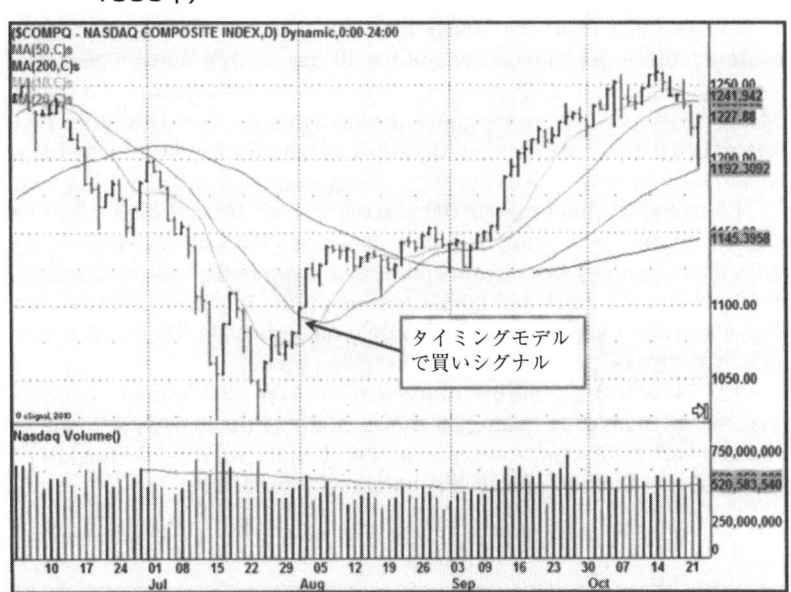

図2.4　8月1日にタイミングモデルで買いシグナル（ナスダックの日足、1996年）

間もない8月1日、私のタイミングモデルが買いシグナルを点灯させた（**図2.4**）。そして好調だった主導株がしっかりとしたベースからブレイクアウトしていることにも気がついた。これはマーケットに新たな強気の風が吹き始めていることを示す良いサインである。好調株が最初にブレイクアウトすることは多いが、それが買いシグナルと同時に起こった場合、これは大変前向きなサインである。そこで私は買ってくれと言わんばかりのこれらの銘柄を再び本格的に買い始めたのである。

1996年12月になると、迫り来る西暦2000年問題（俗に言うY2K問題）がマーケットを騒がせていた。年号が1900年代から2000年に変わるときにコンピューターシステムが問題を起こさないような解決策を講じた企業は、投資家から注目を浴びた。騒ぎ立てられている企業に

うわさ話だけを頼りに資金をつぎ込んではならないが、TSR（TSRI）やジーテル（ZITL）やアクセラレート（ACLY）などの企業は、時計の針が2000年1月1日を打つときに起こりうる障害を避けるために、その対策案をしっかりと話し合っていた。川下業界に属するこれらの銘柄が適切なベースからブレイクアウトをするのを見て、私は迷わず買った。このトレードで私の個人口座の資金は＋100％以上になり、最終的に1996年は＋121.57％で終えた。小さな損失を埋めるには大きなホームランを1～2本打つだけで十分なのである。基本的に、ファンダメンタルズがしっかりとしている銘柄を正しいピボットポイントで買い、そしてマーケットが下落を始めたら現金化するという手法に従っていれば、強気相場であれば1年で100％という素晴らしい利益を達成する可能性は大きい。弱気相場であっても小さな損失を埋めてくれるだけのホームランを1～2本は打てるかもしれない。

1997年──アジア通貨危機を乗り越える

　1997年の第1四半期のマーケットは下降トレンドだった。4月には知り合いのポートフォリオマネジャーの間でイラ立ちが高まり、その年はもう敗北宣言をしかねないほどの厳しい状況だった。私はといえば、自分のタイミングモデルが売りシグナルを出していたので資金のほとんどを現金化していた。買いを考えられるような銘柄など、ほぼ皆無と言ってよかった。ところが4月22日、私のタイミングモデルが買いシグナルを出したのだ（**図2.5**）。1月上旬に発生して以来の買いシグナルだった。時期を合わせるように、ファンダメンタルズが好調な銘柄が堅固なベースからブレイクアウトし始めた。

　私は最も好調だった銘柄をいくつか買った。そして株価が上昇を続けるのを見守りながら、パフォーマンスの優れない銘柄を売ってはその資金でブレイクアウトをしている別の好調株を買った。私は実に効

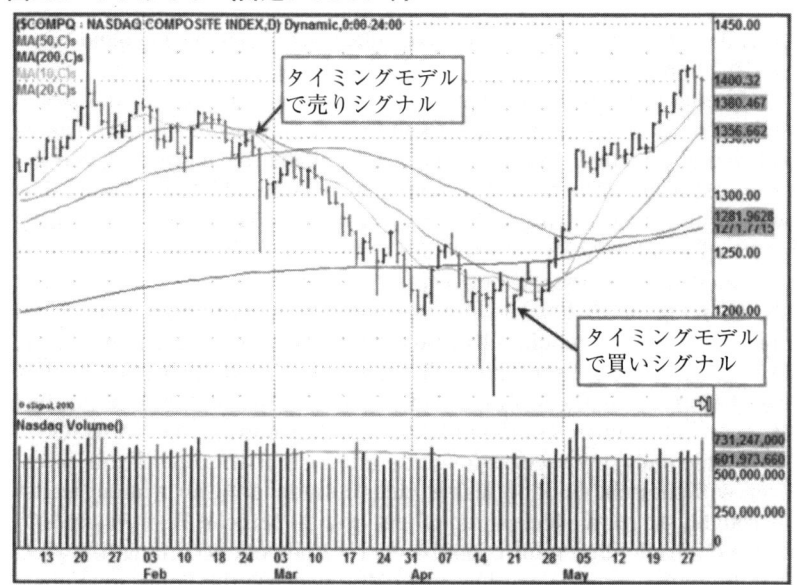

図2.5　ナスダック（日足、1997年）

[チャート内注記：タイミングモデルで売りシグナル／タイミングモデルで買いシグナル]

率的に、自分の余資を好調株へと移させていたのだ。マーケットの上昇トレンドは10月まで続いた。ところが10月17日には、私の保有している銘柄が突如として売りシグナルを出した。驚く間もなく、そのわずか数日後にはマーケットが内部崩壊を始めた。アジアに端を発する通貨危機が引き金となって株価の大暴落が起きたのだ（図2.6）。通貨危機もマーケットの大暴落も、まったく予想していなかった出来事だった。幸い私はいつもどおり売りシグナルに従って保有株を手仕舞った。そのためマーケットが大打撃を受ける数日前には、すでに資金を現金化して守ることができたのである。ナスダックが天井から－16.2％も下落したなかで、私は天井から－6.5％下落した時点で手仕舞うことができたのである。

　1997年の私の勝率は最低だった。損失で終わったトレードが利益を出したトレードの約4倍もあり、勝率は20％だった。それでもマーケ

図2.6 アジア通貨危機時のナスダック（日足、1997年）

タイミングモデルで売りシグナルが出たので、急落する前に資金をほぼ現金化して、ナスダックが－16.5％下落するのを尻目に－6.5％の時点で手仕舞うことができた

ットが暴落する前に打ったホームランが大きく効いて、ギリギリのところで３ケタ利益を確保することができた（私の計算では102％だがKPMGによると98％だった）。この例からも、私の投資法では勝ちトレードの数は重要ではないことがお分かりいただけるだろう。１回の勝ちトレードでどれだけの利益を出せるかのほうがずっと重要な要素なのである。ちなみに、ほかの強気相場での私の勝率はだいたい50％前後で落ち着いている。

1998年──マーケットが急上昇する直前の士気喪失

　1998年の第１四半期は利益を伸ばして終わった。しかし７～10月上旬は非常に難しい時期だった。７月半ばにマーケットが天井を付けた

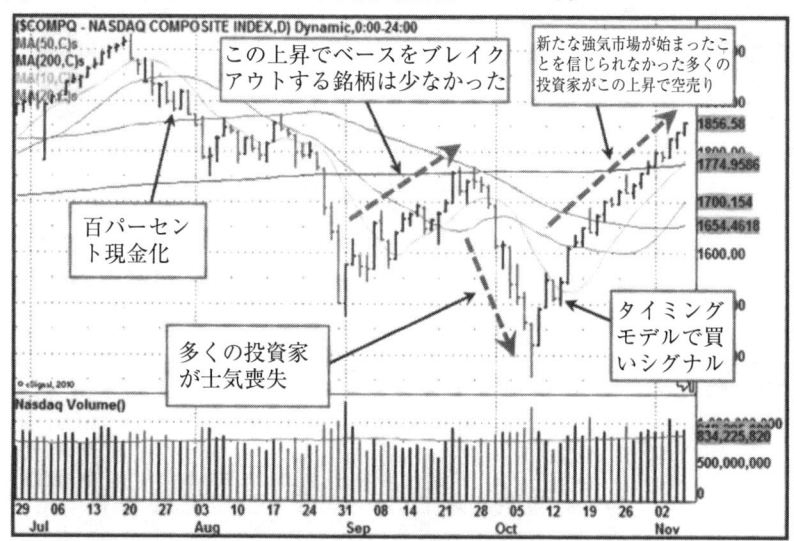

図2.7 ナスダックの1998年の底(日足、1998年)

図中の注釈:
- この上昇でベースをブレイクアウトする銘柄は少なかった
- 新たな強気市場が始まったことを信じられなかった多くの投資家がこの上昇で空売り
- 百パーセント現金化
- 多くの投資家が士気喪失
- タイミングモデルで買いシグナル

直後、私の保有株に売りシグナルが出た。そこで私は天井からわずか数日後には資金をすべて現金化した。その後、9月のマーケットは弱々しく上昇していた。しっかりとしたベースからブレイクアウトしている優良銘柄はほんの少しだったので、9月にはほとんど何も買わなかった。しかし多くの投資家は、その上昇が続くと思いこんで買っていた。ところが10月になるとマーケットは激しく急落したため、多くの投資家が自信をなくした。年初から見て損失になった投資家も多かった。**図2.7**を見ると、10月9日に大きく上昇し、その数日後の10月14日に私のタイミングモデルが買いシグナルを出したことが記されている。このあと、イーベイ(EBAY)などの優良銘柄がしっかりとしたベースからブレイクアウトしていることに気がついた。イーベイはIPO(新規公開)株のなかでも最も興味深いもので、そのビジネスモデルは最高峰のものだった。そしてヤフー(YHOO)の検索エンジン

図2.8 イーベイのIPOのUターン（日足、1998年）

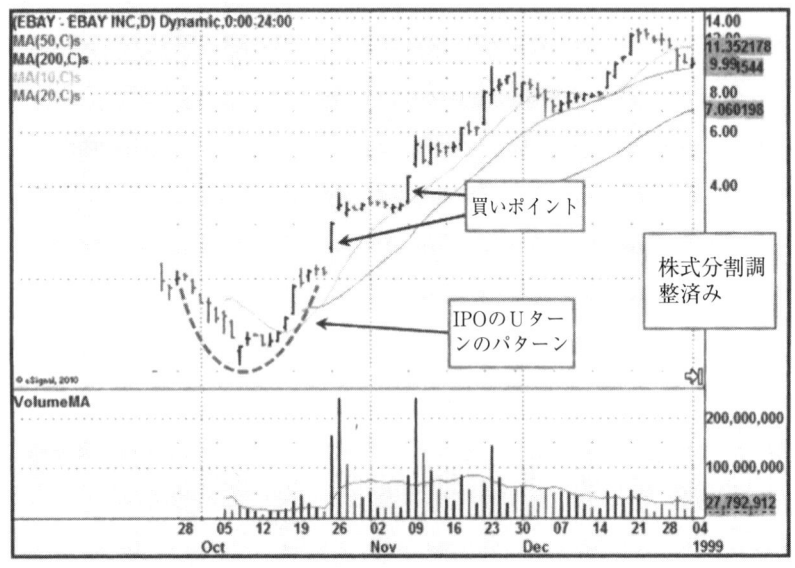

（チャート内注記：買いポイント／IPOのUターンのパターン／株式分割調整済み）

サービスやアマゾン・ドット・コム（AMZN）のオンライン小売業と同じように、イーベイにはその事業分野で先発者利益があった。イーベイのIPOは9月24日だった。優れたビジネスモデルがあったにもかかわらず、長引く弱気相場のせいでナスダックは－33.1％も下落していた。そのためイーベイの株価も半分以下に落ち込んだ。最強のビジネスモデルを持っていたイーベイですら、マーケットのほかの銘柄と一緒に大きく売り込まれたのだ。これはファンダメンタルズがいくら良くても、マーケットで勝つための要素としては半分にすぎないことを示している良い例であろう。深刻な弱気相場においては、どんなにファンダメンタルズが良好な銘柄でも株価は下落してしまうのだ。

　マーケットが底を打つと、その直後に私のタイミングモデルが買いシグナルを出した。そしてそれからわずか数日でイーベイにも買いシグナルが出た。10月26日、イーベイの株価は大きく上に窓を空けて寄

り付いた（**図2.8**）。私はこのような動きを「Uパターン」と呼び、ギル・モラレスは「IPOのUターン」と呼んでいる。このUパターンが現れるのはまれで、最強の大化け株に見られる現象である。このような銘柄はあまりにもすごい勢いで上昇するので、取っ手付きカップの取っ手を形成する余裕もない。ベースの長さも4週間かそれ以下のことがよくある。イーベイが上に窓を空けて寄り付いたところで、私は最初のポジションを買った。そして株価が10日移動平均線まで押して再び反発したところで増し玉をした。経験上、大化け株は大きく上昇をする前に一瞬息をつくかのように10日移動平均線まで押して、そこから再び上昇することが多い。

　多くの投資家は7月に始まった過酷な弱気相場によって完全に士気を喪失してしまっていたため、10月にマーケットが上向きになっても懐疑的になっていた。極端な例だが、11月にマーケットがロケット噴射のように急上昇したときに空売りを続ける投資家までいたほどだ。しかしマーケットの上昇が続いたことで、買いに消極的だった投資家も空売りポジションの買い戻しを始めたり、自分の判断が間違ったことを認めて買いに転じる動きが出てきた。しかし、この時点での買いは遅すぎた。ブレイクアウトの時期はすでに終わっていたからである。大化け株というものは、新しい上昇トレンドが始まってすぐの時期に最初にブレイクアウトすることが多い。そのような銘柄はより大きな利益をもたらしてくれる。イーベイはその優れた例だった。

　1998年の第4四半期は相当の利益を得ることができた。ハイテク業界がマーケットを牽引するなか、先発者利益を持つ有利な立場にある銘柄はそれぞれの分野でよく競合他社を大きく引き離し、真のマーケットリーダーになった。私は素晴らしいビジネスモデルを持っていてファンダメンタルズが強い銘柄を探し出し、そのなかで先発者利益を持つ銘柄を調べた。そのようにして銘柄をひとつひとつ詳しく調べることで、優良銘柄を厳選していったのである。そんな厳しい私の眼鏡

にかなって選ばれた数銘柄には、それぞれに自分で買いシグナルの水準を決めておいた。株価がその買いシグナルに達したら、すぐに私のソフトウエアがシグナルを送る仕組みになっていた。

1998年の第4四半期はうれしい問題が発生した。というのは、しっかりとしたベースからブレイクアウトする優良銘柄があまりにも多くて、私の余資が追いつかなくなってしまったのだ。そして、より早くブレイクアウトしそうな銘柄を買う資金を確保するために、このとき保有していた約14～17銘柄のうちどれを売るかを考える必要性に迫られてしまったのだ。

1999年──バブルの拡大

投資で成功するには、マーケットのファンダメンタルズ面の変化に気がつくことが重要である。マーケットが過去に見せたことのない動きをしていても、そのことに気がつく必要がある。1990年代後半は収益の数値に変化が見られた。ネット関連銘柄は大きな利益を上げた割には、収益はゼロに近かった。株の潜在能力を測るにあたって収益は最も重要な要素のひとつである。さらに私は収益ゼロの銘柄の実力を測るには、売り上げ増加率が役に立つことに気がついた。その銘柄のファンダメンタルズ面を理解することが有効であるのと同時に、ウォール街がその銘柄に対してどのような印象を持っているのかを知ることができれば、投資信託やヘッジファンドや年金基金などの価格の上昇につながる機関投資家の資金の流れを理解することができる。このようなファンダメンタルズ面の変化が相場を左右しているのである。ファンダメンタルズとテクニカルの主な要素はどの相場サイクルでも重要になるため、私の投資戦略の核になっている。しかしなかには短命な要素もある。投資家はマーケットを詳しく観察しながら、新たな要素を利用して利益を得たり、あるいは特定の要素が予測的な価値を

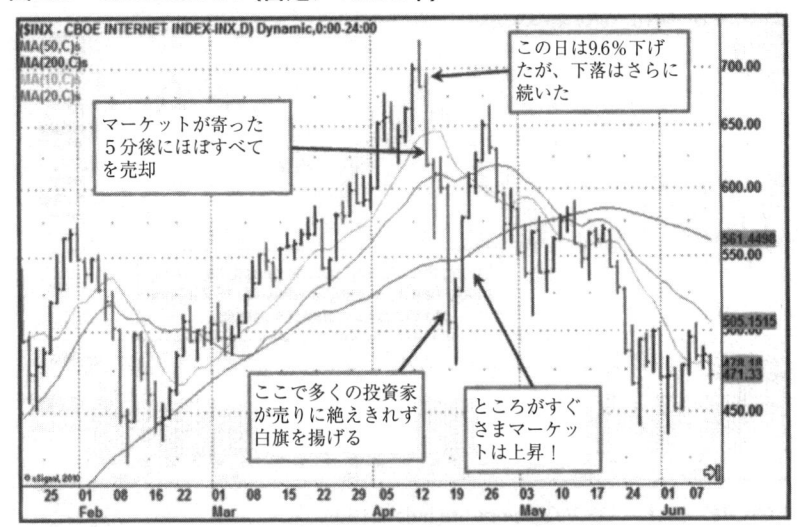

図2.9　CBOEのINX（日足、1999年）

（チャート内の注釈）
- マーケットが寄った5分後にほぼすべてを売却
- この日は9.6％下げたが、下落はさらに続いた
- ここで多くの投資家が売りに絶えきれず白旗を揚げる
- ところがすぐさまマーケットは上昇！

失ったことを見定めなければならない。これは投資家の手腕にかかっている。そのような細かい調整がされていないのに利益を出せるとうたっているような投資法は、言葉ばかりで中身を伴っていないため注意が必要だ。１～２回の相場サイクルなら良い結果を残せるかもしれないが、マーケットの変化についていくためには細かい調整が欠かせない。

　1999年の第１四半期は、インターネットがハイテク業界のあらゆる分野に影響を及ぼしていた。そのため買いシグナルが出たのはハイテク銘柄ばかりだった。私はいつも、株価やマーケット全体が出すサインを自分なりに解釈して投資するかどうかを決めている。インターネット分野の業績を測る指針となるシカゴ・オプション取引所のインターネット指数（INX）というものがある。この指数は４月13日に急落するまでは上昇トレンドだったので、私はこれを信用枠いっぱいで取引していた（**図2.9**）。しかし、このときすでに多くのネット関連銘

図2.10　インフォスペース（日足、1999年）

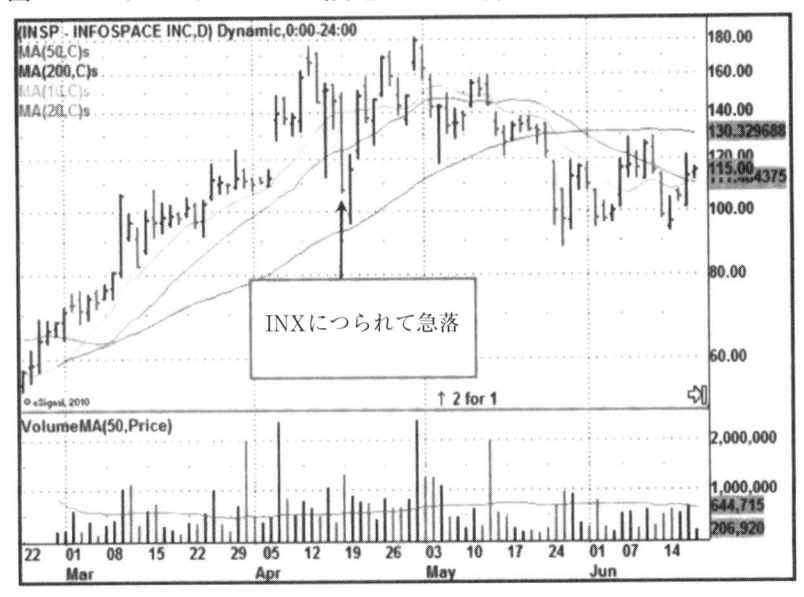

柄が大きく上昇したあとに下落を始めたり、あるいは下落を予感させる兆候を見せていた。INXが急落する前日の４月12日には、複数の企業が社名にドットコム（.com）を新たに付け加えることを発表し、株価を２倍以上も上昇させるなどの動きがあった。このような極端な買い行動を見た私は、ネット分野に目先天井が近づいているのではと考えた。そんなとき、４月14日の寄り付きの直前に保有銘柄の多くが前日の終値からわずかに下に窓を空けて下落しそうなことに気がついた。マーケットの寄り付きから数分たっても、安く寄った始値から上昇することはできなかった。この状況とこれまでの様子を合わせて考えた結果、私は、マーケットが開いた数分後に売り注文を出したい銘柄を一覧にして担当のトレーダーに渡した。保有している16銘柄のうち14銘柄を売ることにしたのだ。こうして私はマーケットに投じていた200％の資金を約35％にまで効率良く減らしたのである。INXは、私

図2.11　ナスダック（1999年）

[チャート内注釈] このちゃぶついた期間はあまりにも不安定だったため、タイミングモデルは過去最悪のドローダウン（−15.7％）を記録

が売り注文を出した約20分後に大暴落を始め、そのわずか数分前には私が手放したばかりの銘柄も引きずられるように下落していった（**図2.9**）。その日、INXは最終的に−9.6％で引けた。

このとき、それまで優良だった銘柄がINXの２倍の下落を見せた。**図2.10**のインフォスペース（INSP）のチャートを見ると、この銘柄がものすごい速さで急落した様子が分かる。インフォスペースの株価はわずか６日で天井から約50％も急落し、半値になってしまった。

タイミングがすべてのカギを握っている。変動が激しい銘柄はなおさらである。そのような銘柄はダイナマイトと同じなので細心の注意を払う必要がある。特に、ポートフォリオがひとつの業界に集中している場合は注意しなければならない。もしも私が警告サインを見たときにすぐに売っていなかったら、1999年の第１四半期に出した利益のほとんどを失っていただろう。寄り付きから20分以内にポジションの大部分を売ることができたのも、重要なポイントである。当時は、ど

の銘柄でも1日の平均出来高の10％までしか保有しないと決めていた。2010年現在は、時代が変わったこともあり、1日の平均出来高の5％までとルールを変え、さらに少ない出来事に振り回されることの少ない中・大型株を中心に買うようにしている。

1999年の第1四半期は幸運だったが第2～3四半期についてはそうはいかなかった。私のタイミングモデルが初めて主要な株価平均を上回った1991年以来、最も難しい年となってしまったのだ（図2.11）。タイミングモデルは−15.7％という過去最大のドローダウンを記録し、私の個人口座も−50％ほどの損失を出すという最悪の結果になった。KPMGの監査では−30％ということだったが、実際の損失はそれよりも大きい−50％近くになったはずである。このような差が生じたのは、税金分の資金を置いていた口座では大きな取引を避けていたからである。だから、私のトレード資金は実際の口座の残高と比べてかなり少なかったのである。KPMGの報告よりも私の計算のほうが大きな損失になったのはこのためである。同じ理由で年間利益もKPMGの報告と比べると私の計算のほうが大きくなった。もちろん、私はKPMGの算出方法に従ったが、最初からそのような違いが生じることまで想定することはできなかった。

いずれにせよ、トレンドを形成しないまま激しく上下するマーケットに、多くのトレーダーは疲れ果ててしまった。しかしそれも10月で終わり、マーケットはいよいよ本格的に上昇トレンドを再開した。幸いにもこの年の第2～3四半期のような大暴落はめったに起こらないので、それは救いと言えるだろう。

そうは言っても、マーケットの良しあしにかかわらずいつでも勝てる戦略を持つことはとても重要だ。私は独自の戦略で1991年から生き残ってきた。その経験が、1999年の第2～3四半期という不安定な相場に直面しても、この戦略で生き残れるという自信につながった。この期間に限らず、私はマーケットのことを考えて不安で眠れなくなっ

たということはこれまで一度もない。重要なのは利益や損失を出した理由を常に明確にしておくことである。私のタイミングモデルにはマーケットの様子が反映される。1999年の第2～3四半期のように、このモデルで利益がなかなか出せないときは、いつもとは何かが違うと察するきっかけになる。このときのマーケットは不安定で強いトレンドもなかった。トレンドフォローはこういった時期に弱い。しかしマイケル・コベルが『**トレンドフォロー入門**』（パンローリング）で書いているように、マーケットはトレンドを生成しやすい傾向がある。この本をすべての投資家に推薦する。ビル・ダンやジョン・ヘンリーのようなCTA（商品投資顧問業者）が素晴らしい投資成績を残しているのは、マーケットがトレンドを生成するからである。彼らは25年以上にわたり成功を収めただけでなく、現在もその成功を継続している。株価が大暴落をする時期があるのもトレンドフォローのひとつの側面である。だからこそマーケットの良しあしにかかわらず、勝てる戦略を持つことがとても重要なのである。そうすれば、トレンドのない難しい時期に損失を出しても、マーケットが好転すればそれを穴埋めするのに十分な利益を出すことができる。これはダンやヘンリーやオニールをはじめ、成功しているほかのトレンドフォローの投資家が証明している。

2000年――バブル崩壊

1999年後半、セレラ・ジェノミクス（CRA）がヒトゲノムのマップに関する重要な発表をした（**図2.12**）。するとバイオ技術の関連銘柄は急上昇し、そのまま2000年初めまで大きく上昇を続けた。ハイテク銘柄と同じように、バイオ技術銘柄の多くがほとんど利益のない状態だったことから、この上昇はマーケットの見解に後押しされたものであったことがうかがえる。利益どころか売り上げすらなかった企業

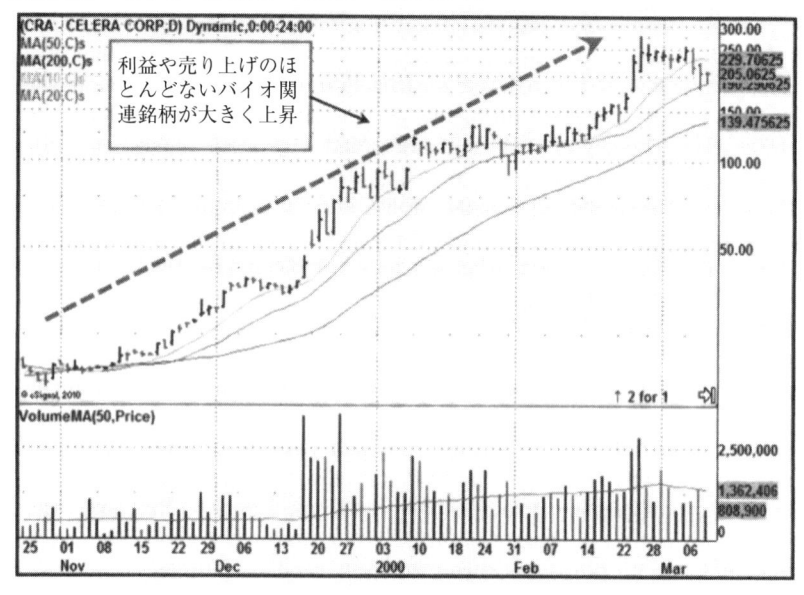

図2.12 セレラ（日足、1999〜2000年）

利益や売り上げのほとんどないバイオ関連銘柄が大きく上昇

も多かった。企業の状態を測ることができるようなファンダメンタルズ分析の公式を私は持っていなかったので、ハイテク銘柄から学んだマーケットの見解が株価に及ぼす影響をバイオ技術にも当てはめてみた。もしファンドを運用する機関投資家が、ある企業について潜在能力を強く感じていて、それが理由でマーケットの見解が大きく好転しているのだとしたら、それは機関投資家の資金が大量にその銘柄に流れることを意味している。つまり、その銘柄の価格や出来高に影響を与える可能性が高いということだ。ナスダック総合指数などの平均株価が－40％近くも下落したこの2000年に、私が株を買って3ケタ利益を上げることができたのは、この考え方があったからである。

　2月後半、マーケット全体が天井を付けようかというころ、バイオ技術銘柄はクライマックストップを形成した。そしてその直後の3月10日にマーケット全体も天井を付けた（**図2.13**）。その後、保有株が

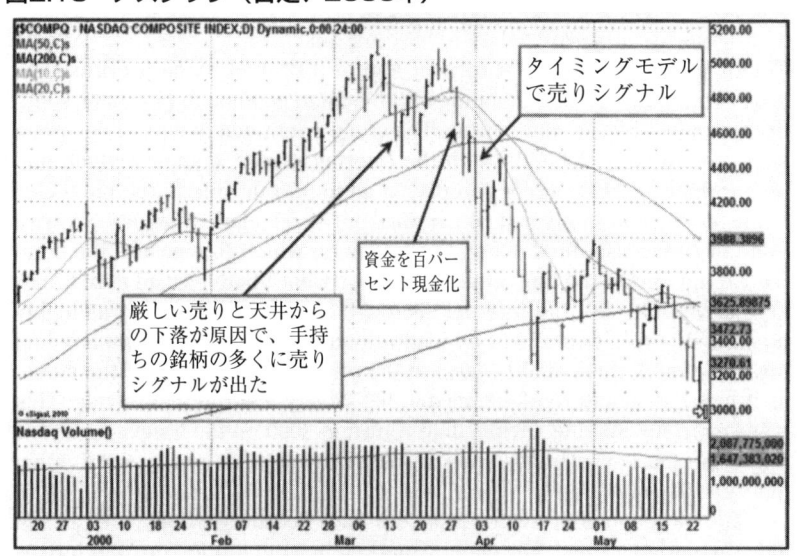

図2.13　ナスダック（日足、2000年）

ひとつ残らず売りシグナルを出したので、私はすぐさま信用取引から手を引いて利食いをして、資金を現金化した。それ以降はたまに少量の売買をしただけだったので、第１四半期に得た利益をほとんど失わずにすんだ。トレードをしすぎないということはとても重要なことである。マーケットの風向きが怪しいときには、余計なことはせずに資金を現金化して傍観者になったほうがよい。しかし熟練の投資家ですらトレードを適量にとどめておくことはなかなかできない。マーケットの動きがほぼ正常になったと感じたとたんに、待ってましたとばかりにマーケットに舞い戻っていきたくなるものだ。じっと待っているだけよりも、何かしていたいのである。たとえそうであっても、マーケットの動きがどうもおかしいと感じたならば、何もせずに待つほうが賢明である。私の経験上、これは「言うは易く行うは難し」なのだが、肝に銘じておくべきことである。

　マーケットの動きが怪しいときには傍観者になったほうがよい理由

がもうひとつある。１年間に10銘柄を買うトレーダーがいるとする。そのトレーダーは最も有利だと思える銘柄を買っていき、やがて買った銘柄がそれぞれ10％の利益を出したとする。そのような銘柄を見つけるたびに、そのトレーダーが口座の資金を全額投資したとすると、口座は１年で＋159％になる。現実にはリスク管理をしなければならないため、仮に１回の取引の上限を口座にある資金の25％までとしても、１年間でその口座は＋40％になる。もちろん、大化け銘柄を見つけるには豊富な経験が必要になる。それに必ず勝てるという保証はどこにもない。しかし例えば2006～09年のように、大きな利益を得ることのできるチャンスが訪れることもある。2006年後半から2007年は絶好の買い時だった。2009年９月上旬、スパイダー・ゴールド・シェア（GLD）が絶好の株価パターンを形成すると、それにつられて金関連の個別銘柄にも買いのチャンスが訪れた。この時期にはまるで教科書どおりのパターンがほかにもたくさんあり、投資家は利益を出す大きなチャンスに恵まれた。これは今だから分かる後講釈として言っているのではない。この絵に描いたような見事なチャンスを実際に自分がつかみ、そこから生み出された利益をこの目で見たからこそ話せる私の経験談である。

　ちなみにオニールも、マーケットの動きが怪しいときには手を出さないほうである。絶好のチャンスが訪れたときに正しい銘柄を正しいタイミングで買う――それだけで大金を得ることができるのである。マーケットの方向を判断する私のタイミングモデルは、そのようなチャンスが訪れるとほぼ必ず買いシグナルを出すことができる。万が一、すぐにシグナルが出なくても、複数の主導株がしっかりとしたベースからブレイクアウトした数日後くらいまでには、遅くても買いシグナルを出してきた。上昇トレンド以外でも利益を増やしたいという投資家は、第６章で取り上げる空売りの手法を学ぶとよいだろう。

2001年──失敗に終わった空売り

　2001年2月、私はパワーシェアーズQQQトラストシリーズ1（QQQQ）の空売りポジションに増し玉をした。利益がどんどん膨らむのを見た私は、このトレードを「モデナトレード」と呼ぶことにした。当時、世間で最も注目を浴びていたであろうフェラーリ・モデナの新車は、原価にかなりの利益が上乗せされて25万ドルで売られていた。つまり、1回のトレードで50万ドルの利益を出すことができれば、国税や地方税、およびほかのもろもろの税金を支払ってもこの車が買えたのだ。私はモデナトレードで60万ドルの利益を出したのだが、実際にはこの車を買いはしなかった。フェラーリを所有することは私の長年の夢だったが、重要なのは車を所有するという行為そのものではなかった。買おうと思えばその車が簡単に所有できる、という事実が大切だったのだ。だから実際にモデナを買う必要はなかった。この資金を手元に残してマーケットに再投資するほうが、私にとってはより大きな喜びだったのだ。オニールのもとで働きながら学んだことは、マーケットで手に入れた利益でぜいたくをしてはならない、ということだった。

　3月になると、私は同じQQQQを再び空売りした。前回と同じようにポジションを増し玉していくと、利益はいつしか100万ドルを超えるまでになっていた。ところが私はそこで欲をかいてしまったのだ。マーケットが大きく口を開けてさらに下落して金融危機でも起これば、今は100万ドルの利益が200万ドルになるぞ、と考えてしまったのだ。私はレバレッジを最大限に使って空売りをしていた。しかし、大暴落のあとにありがちな上昇については考えてもいなかった。4月5日、マーケットは大きく上に窓を空けて寄り付き、大引けまで上昇を続けた（図2.14）。私は大引けでようやくポジションを手仕舞った。わずか1日で、なんと100万ドル以上を失ったのだ。このトレー

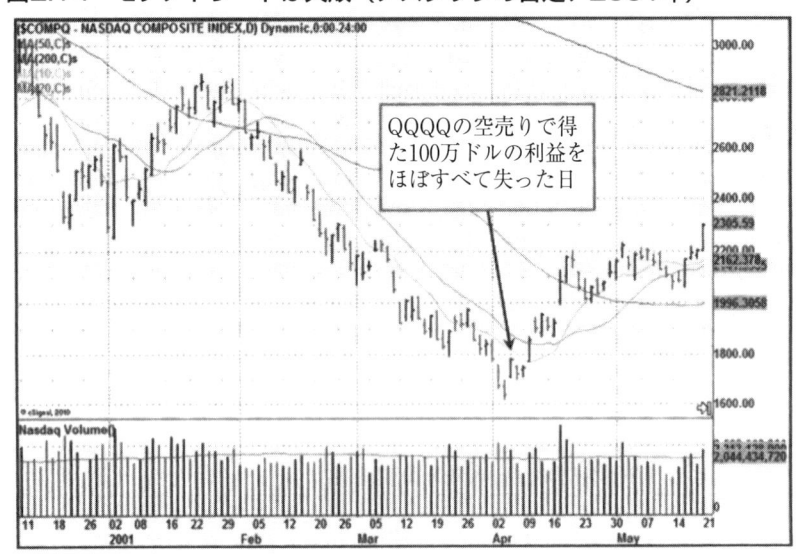

図2.14　モデナトレードは失敗（ナスダックの日足、2001年）

QQQQの空売りで得た100万ドルの利益をほぼすべて失った日

ドで、100万ドル以上あった私の利益は約10万ドルにまで減ってしまった。私のオフィスにやってきたギル・モラレスは、私と握手を交わしながら「それは大変ひどい目に遭ったね」と言った。私がそのトレードをしているスリルを、まるで自分のことのように楽しんだのだそうだ。このとき、ジャック・シュワッガーが『新マーケットの魔術師』（パンローリング）で書いたビクター・スペランデオとの対話が頭をよぎった。ある日スペランデオはバーに行くと、バーテンダーに「一杯くれ。今日1日で10万ドル稼いだだけだよ」と言ったという。バーテンダーが、それにしては浮かない顔ですね、もっと喜んでもいいんじゃないですか、というようなことを言うと、スペランデオは「もっとも、その1時間前には80万ドル以上儲けていたんだ」と告白した、という逸話である。

　この年は、それ以降もいくつかトレードで損失を出したが、それほど大きな動きはなく終わった。

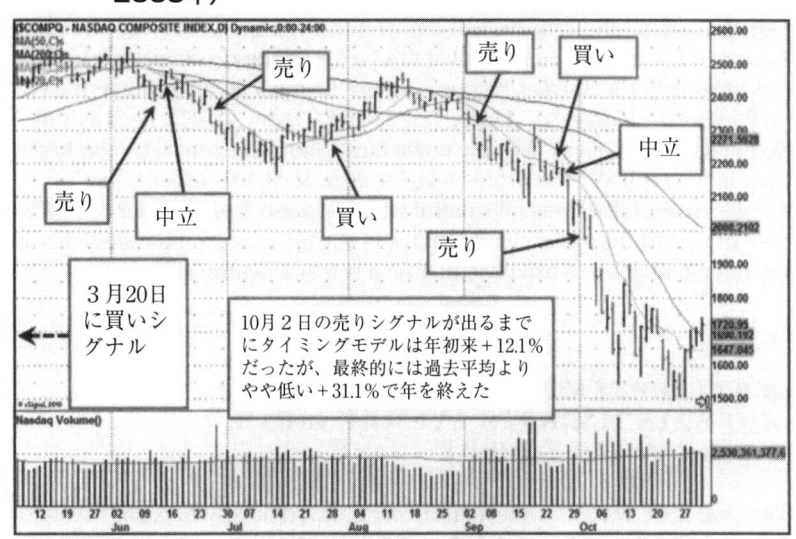

図2.15 2008年後半の「スローモーション」暴落（ナスダックの日足、2008年）

2002年から現在──揉み合い相場とポケットピボットの誕生

　2002年もあまり大きな出来事はなく、私はほぼ全期間で資金を現金化して傍観していた。この時期に多くのファンドが破綻したのを覚えている。多くの投資家が損失を出した2001年に続き、2002年もまた厳しい年で、生き残った投資家はほんのわずかだった。ナスダックは70％以上も下落して、異常な売られ過ぎになっているように感じられた。そこで私はQQQQを長期投資して少しだけ買うことにした。マーケットがさらに下落することも考えたが、歴史を振り返ると、売られ過ぎると必ず再び大きく上昇してきた。1907年の大恐慌のあとも、90％も下落した1929年の世界恐慌のあとも、さらに19世紀にさかのぼって振り返っても、マーケットが大暴落したあとには、必ず上昇しているのである。

2002年はこの1回のトレードで得たわずかな利益だけで、それまで出していた小さな損失を穴埋めすることができた。損失を少なく抑えることができたのは、資金を現金化して守りながらほとんどの期間を傍観者として過ごしたからである。しかし、私のタイミングモデルが売りシグナルを出していたので、そのときに空売りをいくつかしておけば、なかなかの利益を出していただろう。同じような反省はほかの年にもあった。そこで2009年に、弱気相場のときには現金化するという固定観念を捨てることにした。そして売りシグナルが出たら主要な指標を空売りすることにした。そのように考えを改めるきっかけとなったのは、2008年の金融危機のさなかにも私のタイミングモデルが優れたパフォーマンスを見せたからだった（**図2.15**）。このモデルの2008年の利益は＋31.1％で悪くないのだが、このモデルの年間の平均利益である33.1％には至らなかった。しかし株価が上昇を始めるフォロースルー日の定義を調整した結果（これについては第7章で詳しく説明する）、2008年の利益は＋38.8％にまで改善された。私はどちらかというと慎重派なので、「最悪の場合」の＋31.1％の例をチャートに示しておく。

　私のタイミングモデルの検証は、1974〜2006年までさかのぼって行われた。買いシグナル（B）が出たらナスダックを100％買い、売りシグナル（S）が出たら同じくナスダックを100％売る。シグナルがないとき、つまり中立（N）ならば100％現金を保有する。この検証の結果、年間平均で＋33.1％の利益が達成された。1991年以降、私はタイミングモデルを実際に使ってきた。そしてこのモデルが買いシグナルを出しているときには個別銘柄を買うことで、私個人の取引口座も会社の取引口座も大きな利益を達成することができたのだ。

　私のモデルが最も苦戦したのは2007年だった。過去36年間でパフォーマンスが特に優れなかった年は2年ほどだが、2007年はそのうちの1年となってしまった。結果的に私のモデルは10.9％の損失を出した

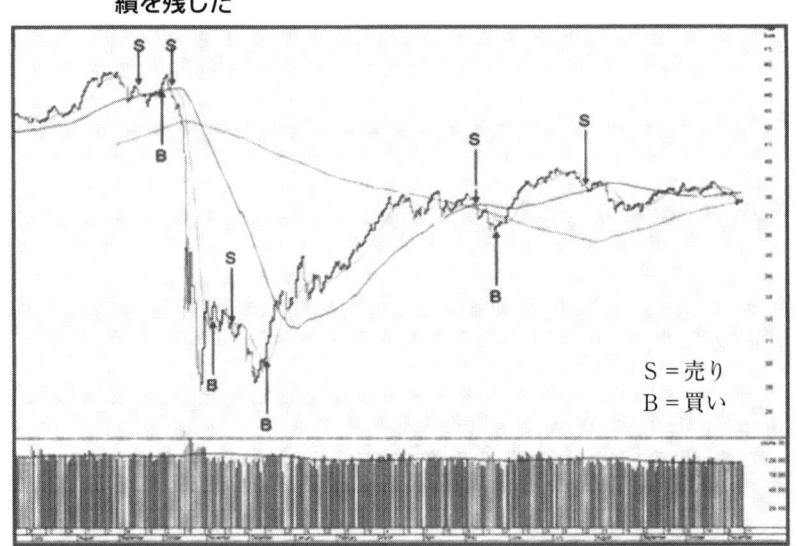

図2.16　1987年の暴落時、タイミングモデルは市場を大幅にしのぐ成績を残した

のだが、その原因を探ってみると、価格と出来高に基づくシグナルが頻繁に外れたからであると分かった。この年は売り抜け日が大量に発生してもマーケットの下落につながらないことが多く、逆にジリジリと安値を切り上げていた。住宅バブルの崩壊が終わりに来ていたこと、ファイナンシャル・セレクト・セクター・SPDR・ファンド（XLF）が示していたように金融危機が迫っていたこと、そして始まったばかりの不景気という複合的な要素が絡み合っていたことが原因かもしれない。幸い2007年のような年は非常にまれである。総合的に考えると、私のタイミングモデルは幾度もの相場サイクルのなかで正しい方向性を常に示していた。1987年の株価暴落時とその直後に、私のタイミングモデルがどのような動きをしたかを見ると非常に面白い（**図2.16**）。

　2004年1月から2006年8月に見られた、マーケットが圧縮されたような横ばいの動きは、トレーダーにとって新たな挑戦となった（**図2.17**）。そのため、私のマーケットダイレクションモデルの利益は主

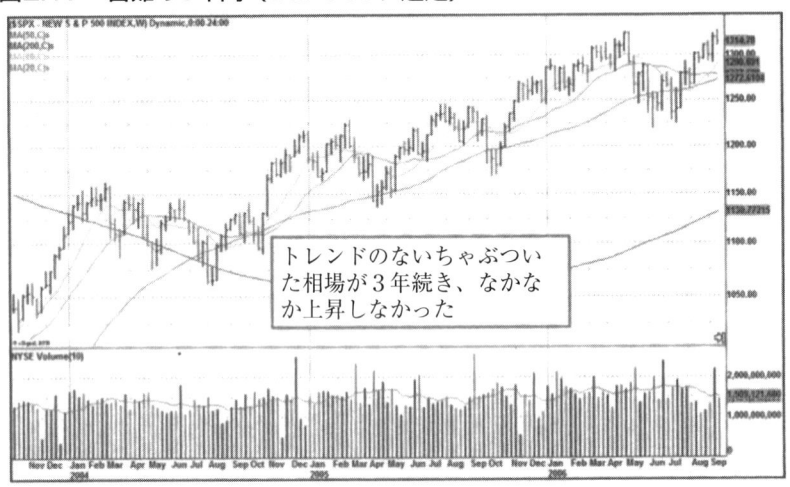

図2.17　苦難の3年間（S&P500、週足）

> トレンドのないちゃぶついた相場が3年続き、なかなか上昇しなかった

要な株価平均を上回ったものの、モデルのこれまでの年間＋33.1％という成績は下回ってしまった。

　この年はたしかに難しかったが、苦難を乗り越えたトレーダーは強くなれるものである。2005年後半に、私は自らの手法を大きく改良した。価格がベースからブレイクアウトする直前に最初の買いができるように調整したのである。私はこれを「ポケット買い」と呼んでいる（これについては第6章で詳しく説明する）。この改良版の手法は現在でもうまく機能している。さらに1970～90年代の過去のマーケットにおいても素晴らしいパフォーマンスを記録している。これについて詳細に記したリポートが『ギルモ・レポート』の購読者向けに発行されている（http://www.gilmoreport.com/）。この新しい手法ならば、2004～07年のような揉み合い市場で安値を切り上げていくような相場でも、さらに2006年9～11月や2007年9～10月のような短い上昇トレンドに現れる絶好のチャンスの時期でも、今まで以上に良い結果を残すこと

ができるであろう。

　過去を振り返って思うことだが、1990年代に自分が今の知識を持っていれば、私の利益はもっと大きくなっていたことだろう。トレーダーはマーケットの研究者である。常に学びながら改善・改良を重ね、そして進化することをやめない、そんな研究者なのである。この学びの旅はこれからもずっと続くことであろう。

第3章
ギル・モラレスが株式市場で1万1000％を超える利益を出した方法

How Gil Morales Made Over 11,000 Percent in the Stock Market

「行動の結果を気にしてはならない――行動そのものだけに注意を払うのだ。結果は自然についてくる。これは効果的な精神修行である」
――エックハルト・トール著『さとりをひらくと人生はシンプルで楽になる』（徳間書店）

　私が投資ビジネスに初めてかかわったのは、1991年にメリルリンチのビバリーヒルズ支店で金融コンサルタントの見習いとして採用されたときだった。ロサンゼルスに住んでいたのだが、当時の2000ドルという給料では、流れ弾に当たる心配のないような地域にはとても住めなかった。そこで、新米ブローカーとしてもう少し軌道に乗るまではと、仕方なく両親と住むことにした。実際には両親と住むのもそれほど悪くはなかった。成人した私が両親と同居するのは、大学卒業後に経験した赤の他人との同居生活とさほど変わりはなかった。両親の場合は夜通し宴会をすることもなかったし、電話代を押しつけて逃げられることもなかったので、それならまだましだった。

　それに、ビバリーヒルズは夢のような仕事場だった。女優ジェイミー・リー・カーティスが交通ルールを無視してロデオ通りを横切るのを、運転中の1991年式のダッジ・コルトではねそうになるなんて、世界中のどこを探してもビバリーヒルズくらいだろう。それだけではな

い。メリルリンチのビバリーヒルズ支店のビルの１階にシャーパー・イメージという小洒落た電化製品店が店舗を構えていて、そのオフィスが同じビルの最上階２階を陣取っていた。ある日の午後のこと、私はオフィスから６階下って地下３階の駐車場に降り立った。すると私の車をふさぐように巨大なリムジンが止まっていた。そこで私はリムジンのドアまで歩み寄り、少し開いていた窓のすき間から、なかに乗っていた人物に車をどけてもらえないだろうかと頼んでみた。するとどうだろう、その人物とはマイケル・ジャクソンで、付き人にシャーパー・イメージで買い物をしてもらっているところだったのだ。そして彼は、「僕はリムジンを動かせないんだ」とあの静かで哀調を帯びた声で私に言った。車を出せなかったことで少し不機嫌になった私は、仕方なくオフィスのある上階へ戻っていった。私を見た助手が「帰るんじゃなかったんですか」と聞いてきたので、私は「帰りたいのにマイケル・ジャクソンのリムジンに車をふさがれていて帰れないのさ」と答えた。

　すると助手は仲間と連れ立ってキャーキャーと叫びながら階段を下りて行ったのだ。マイケル・ジャクソンはきっと困ったに違いない。私は駐車場から車を出したかったのに、そんな騒ぎになってしまっては事態が悪化したようなものだった。いずれにしても、それがビバリーヒルズの日常だった。駆け出しの株式ブローカーとしての私の生活には娯楽の要素もあったわけだ。私は新米ブローカーだったので、この世界で足がかりを得るために新しい顧客を獲得しながら、延々と続く厳しい仕事をこなさなければならなかった。それでもこの業界に魅了されて心から仕事を楽しんでいたので、不満をもらしたりはしなかった。見習いブローカーの多くは２年と続かなかったが、私は幸運にもその壁を乗り越えることができた。

　1991年当時、私は自分で投資するほどの資金を持っていなかった。しかし、顧客のために株を買い、オニールの手法を使って初めて成功

を収めたことはよく覚えている――1991年にソレクトロン（SLR）を、そして1993年にはピクシス（PYXS）を買ったのだ。ソレクトロンを200株ほど成り行きで買うための注文書を書いたとき、まだ駆け出しで未熟だった私の手は震えていた。1993年に母方の祖母が他界し、相続金として3000ドルを受け取ったとき、私は初めて自分だけの投資資金を手に入れた。それから２年ほどかけてその資金を少しずつ増やしていった。預金と、そして1994年半ばにペインウェバーに転職してからブローカーとして稼いだボーナスを積み立てることで、1995年には資金をさらに数千ドル増やすことができた。そこでマーケットが1994年後半になって方向転換を始めたときに、いよいよ投資を始めたのだ。記念すべきその日は1994年12月14日で、フォロースルー日のお手本のような値動きが確認され、マーケットに新しい上昇トレンドの風が吹いた日だった。

起伏の激しい幕開きから黄金期へ突入

　マーケットは新しい上昇トレンドに入ったにもかかわらず、私の投資成績のほうは散々なスタートになった。1995年４月といえば、マーケットの上昇トレンドが確認されてすでに５カ月もたっていた時期なのに、私の口座資金は30％も目減りしていた！　私のトレードは、目の前にある川の流れに乗ろうとしても、すぐに転覆してしまうボートのようだった。イライラを感じ始めていたが、幸いにも私は頭に来ているときこそ最高の集中力を発揮できるタイプだった。そこでもっと努力をしなければと、デイリー・グラフのチャート集をこれまで以上の集中力でくまなく調べあげることにした。毎週土曜日は朝からマリナ・デル・レイにあるオニールの事務所に出向き（1997年に私はそこで働くことになる）、プレス機で印刷されたばかりの冊子を直接受け取った。あのときの刷りたてのインクの香りは今でも脳裏に焼き付い

ている。私にとってはまさにアロマセラピーだったのだ。

　そのような努力が実ったのだろう。私はある企業を見つけたのだ。それは mpegエンコーダーやデコーダー、そしてコーデック製品を開発しているシーキューブ・マイクロシステムズだった。1995年にこの企業が販売していたのは、当時まだ新しかった動画を圧縮してインターネット上での送受信やコンピューター上での閲覧を可能にする重要な実現技術だったのである。このときのシーキューブの四半期の収益は、700％、1100％、375％と３連続で増加していた。直近の四半期の売り上げは101％増で、純利益は18.6％増と過去最高を記録した。ROE（株主資本利益率）も15.7％と好調に最高で、業界内で13位という優良銘柄だった。この銘柄は、私が求めていたファンダメンタルズの特徴をすべて併せ持っていた。

　当時の私は買いポイントについてあまりこだわっていなかった。価格が長期にわたる揉み合いからブレイクアウトして高値を更新したら買う、という単純なルールを持っているだけだった。シーキューブのときもこのルールに従って、1995年５月16日に高値が更新されたときに買った。図3.1は1995～96年のシーキューブの週足チャートである。この時間枠ではベースの形成はやや不明瞭だが、同じ時期の日足チャート（図3.2）を見ると取っ手付きカップの形が現れている。私が使っていたオニールのデイリー・グラフは日足チャートだったので、この取っ手付きカップがブレイクアウトしたときにうまく買うことができた。価格が取っ手の高値である24ドル強をブレイクしたため、適切な形の取っ手付きカップを買っているという判断を下したのである。

ロケットのような急上昇

　図3.2と図3.3を同時に見てみると、取っ手付きカップに現れた買いポイントが分かるだろう。図3.3では、私が買った取っ手付きカッ

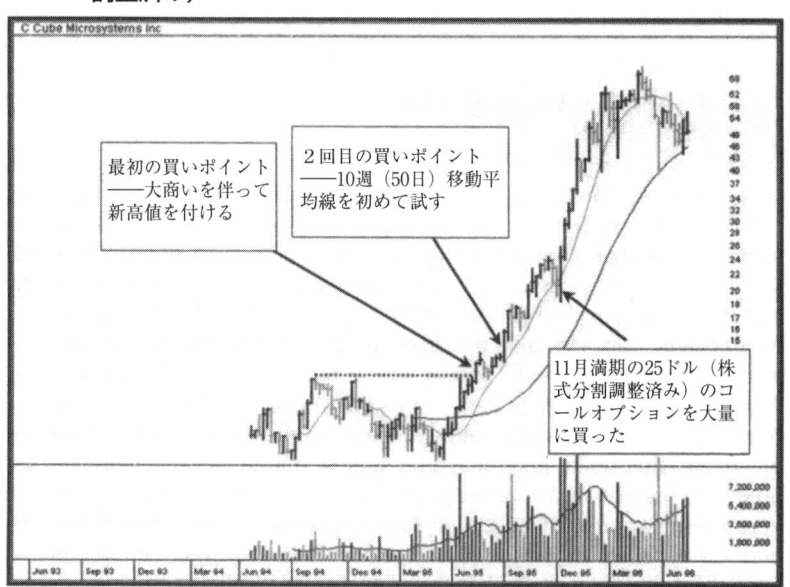

第3章　ギル・モラレスが株式市場で1万1000%を超える利益を出した方法

図3.1　シーキューブ・マイクロシステムズ（週足、1995年、株式分割調整済み）

（チャート内注記）
- 最初の買いポイント——大商いを伴って新高値を付ける
- 2回目の買いポイント——10週（50日）移動平均線を初めて試す
- 11月満期の25ドル（株式分割調整済み）のコールオプションを大量に買った

プのピボットポイントから新高値へとブレイクアウトしていることが分かる。その後、価格は5週間ほどかけてブレイクアウトした価格まで押し、再びジリジリと上昇しながら買いポイント2へと到達した。**図3.1**の週足チャートに示されているように、ここは価格が10週移動平均線を試したときでもあった（**図3.1**の週足チャートは1対2の株式分割調整後なので価格が半分になっている）。当時は日足チャートばかり見ていたのでこの事実に気がついていなかったのだが、小さな取っ手付きカップ型からのブレイクアウトに見えるので、ここも買いポイントだと考えてよいと判断した。今になって考えれば、この買いポイント2に見られた値動きはポケットピボットの条件に当てはまる（ポケットピボットについては第4章で詳しく説明する）。シーキューブはその後、階段を上るように49ドル前後まで上昇した。その後、9月後半から10月前半にかけて、価格は50日移動平均線まで急落

図3.2　取っ手付きカップ型か？（シーキューブ・マイクロシステムズの日足、1995年）

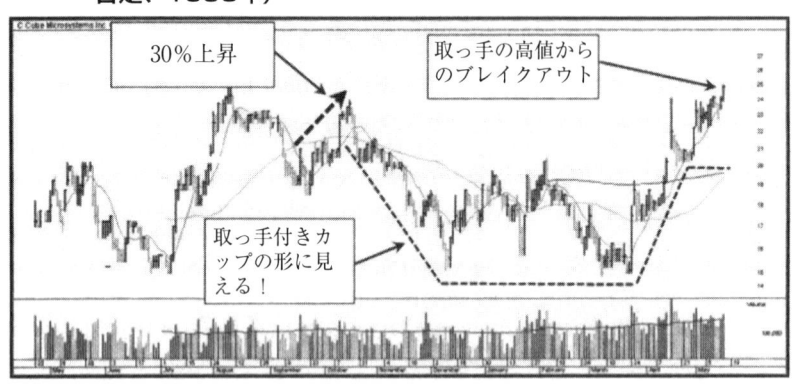

[30％上昇]
[取っ手の高値からのブレイクアウト]
[取っ手付きカップの形に見える！]

した。それに動揺したある顧客が私に電話をしてきて、どうしてシーキューブが49ドルの高値で引けたときに利食いしてくれなかったのか、と文句を言ったのを覚えている。しかしこの銘柄は5月半ばに初めてブレイクアウトをして以来、50日移動平均線まで押したのはこのときが初めてだったのだ。つまり、これは増し玉をするチャンスだと私はにらんでいた！　私は顧客に、ここは絶対に増し玉だと伝えた。しかし、このとき私はすでにシーキューブ株を買っていたので、増し玉するほどの資金が口座に残っていなかった。そこで価格が約37ドルのときに、11月に満期を迎える権利行使価格が50ドルのコールオプションを1.50ドルのプレミアムを支払って大量に買っておいたのだ。

　それからどうなったかは、**図3.3**を見てのとおりである。株価は打ち上げられたロケットのように上昇し、11月には95ドル（株式分割調整後）に、そしてコールの価値は45ドルになっていた。利益があまりにも大きくなって欲が出るのを恐れた私は、株価がまだ上昇している最中にコールを手仕舞った。それでも私の取引口座は500％以上も増えていた。数万ドルだった私の資金は数十万ドルという単位になり、

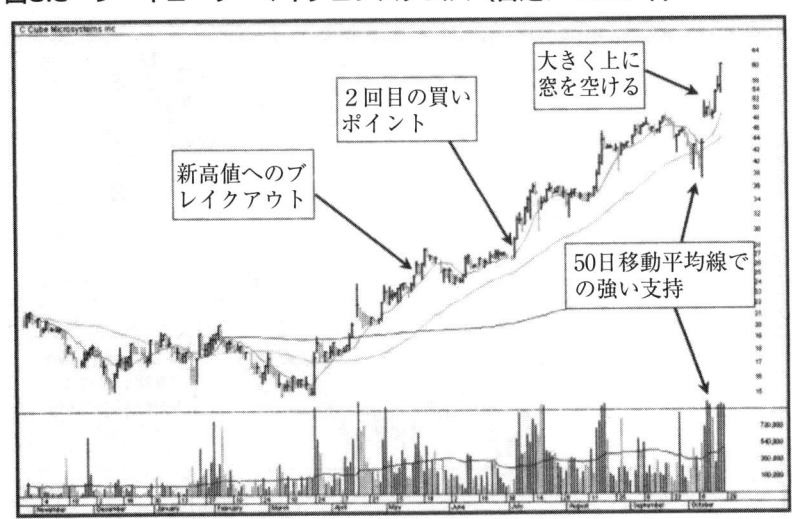

図3.3　シーキューブ・マイクロシステムズ（日足、1995年）

（チャート内ラベル）
- 新高値へのブレイクアウト
- 2回目の買いポイント
- 大きく上に窓を空ける
- 50日移動平均線での強い支持

年初来比で30％減だった口座は年末には500％増で終わったのだ。

　シーキューブを売るのはそれほど大変ではなかった。年末が近づくにつれて株価は不安定な値動きをしていた。クライマックストップの天井で売ることはできなかったが、それに近い価格で売れたので十分な利益を得ることができた。最終的に、シーキューブは典型的なヘッド・アンド・ショルダーズ・トップ（三尊型）を形成した（**図3.4**）。1996年夏に価格がこのネックラインを切って下にブレイクし、本格的な下落が始まった。これについても第4章でより詳しく話すことにしよう。この銘柄は株式市場における私の初恋の相手と言える。今でもこの銘柄を見返すたびに、あのときのようにうまく立ち回ることができるだろうかと考えてしまう。当時の私でもチャートのベースについてはある程度知っていたので、シーキューブが取っ手付きカップを形成したと「認識」して、そこからブレイクアウトしたときにこの銘柄

図3.4　シーキューブ・マイクロシステムズ（週足、1995～96年）

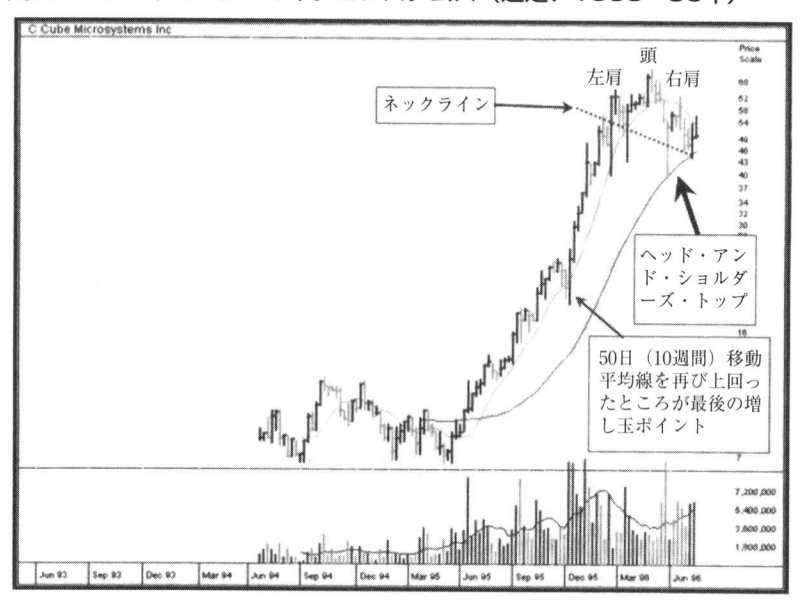

チャート内ラベル:
- 左肩、頭、右肩
- ネックライン
- ヘッド・アンド・ショルダーズ・トップ
- 50日（10週間）移動平均線を再び上回ったところが最後の増し玉ポイント

を買うべきであることくらいは分かった。単純なルールに従ったことと、価格が49ドルから50日移動平均線のすぐ下の37ドルまで慌ただしく下落したときにも冷静でいられたことが、コールオプションを大量に買うという機転を利かせることができた要因だろう。比較的経験が浅くて恐れを知らなかったことも、シーキューブで大きな利益を得る結果につながったのかもしれない。また、この銘柄の事業についても詳しく調べて、この企業がパソコンやインターネットで動画を閲覧・送信するための重要な実現技術を持っているという事実を知っていたことも、この銘柄を買う大きな理由となっている。1999年のハイテク銘柄のように急成長を遂げるような分野では重要な実現技術を持っていることが株価を大きく上昇させる材料になり得る、ということをこのシーキューブのトレードから学んだ。

このトレードからはもうひとつ深い意味を持つ重要な教訓を学んだ。それは、たとえ口座の資金が30％減った1995年のような状況であっても、粘り強く不屈の精神を持っていれば、年末には500％増という結果を成し遂げることも可能、ということである。私はこの経験から、たとえマーケットで一時的に敗北しても、そこから回復することができるのだと分かった。それが自信につながり、そしてその自信がその後いろいろな場面で役に立った。投資家であれば、何をやってもうまくいかない難しい時期というものを経験するだろう。しかしオニールがかつて私に教えてくれたように、素晴らしいトレーダーを作るのは結果として利益を残すことではなく、ボコボコに打ちのめされた難しい状況からでも立ち直る力を持つことなのである。

1000％増の達成

1999年に起きた華やかなネットバブル、と聞くと株式投資家が１年中パーティーのように盛り上がった年を想像するのではないだろうか。しかし現実はそれとはかけ離れたものだった。**図3.5**が示すように、この年は９月までナスダックがダラダラと揉み合うようにゆっくりと安値を切り上げながら上昇し、10月初めにやっと高値を更新した。この間、ナスダックは高値を更新してはすぐに反転するという動きを繰り返し、投資家にとっては難しい時期だった。価格は思ったように上昇してくれず、やっと高値を付けたかと思うとすぐさまきびすを返すかのように下落しては投資家たちを振るい落としていった。1999年10月半ばのマーケットの展望は、けっして明るいものとは言えなかった。

ナスダックは壊れた階段を上るような動きであっても一応は上昇していたのでまだましだったが、ダウのほうは1999年９月に安値を更新し、1999年10月になると200日移動平均線すら下回りそうな下落ぶり

図3.5　ナスダック（日足、1999年）

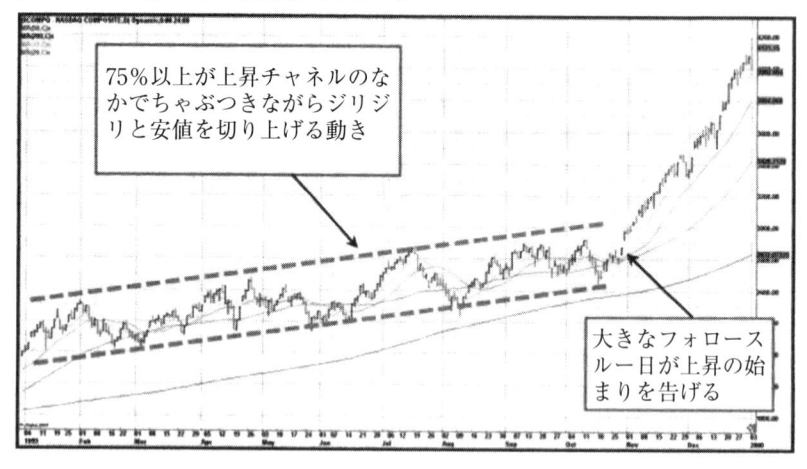

> 75％以上が上昇チャネルのなかでちゃぶつきながらジリジリと安値を切り上げる動き

> 大きなフォロースルー日が上昇の始まりを告げる

だった。クリス・キャッチャー博士も私も、この両手で平手打ちをするような相場に困り果ててしまい、マーケットに対してかなり業を煮やしていた。こんな状況だったので、おそらく下降トレンドに入るのではと予想していた。われわれはこの年の２月初めから相当な打撃を受け続けてきたので、そのような弱気な見方になってしまったのも無理はない。しかし実際には、ナスダック（**図3.5**）とダウ（**図3.6**）にはダイバージェンスという興味深い現象が起きていた。**図3.5**ではナスダックが安値を切り上げながら上昇チャネルを描いている。このように、ダウが下落するなかでナスダックが安定して上昇しているのは、重要なダイバージェンスだったのだ。これはつまり、マーケットで次に上昇するのが少数派であるハイテク銘柄であることを暗示していたのだ。ナスダックが揉み合いながらも上昇してダイバージェンスを描いたという事実は、マーケットの難しい値動きの裏に隠れながらもネットバブルがゆっくりと確実に成長していることを示すサインにほかならなかった。

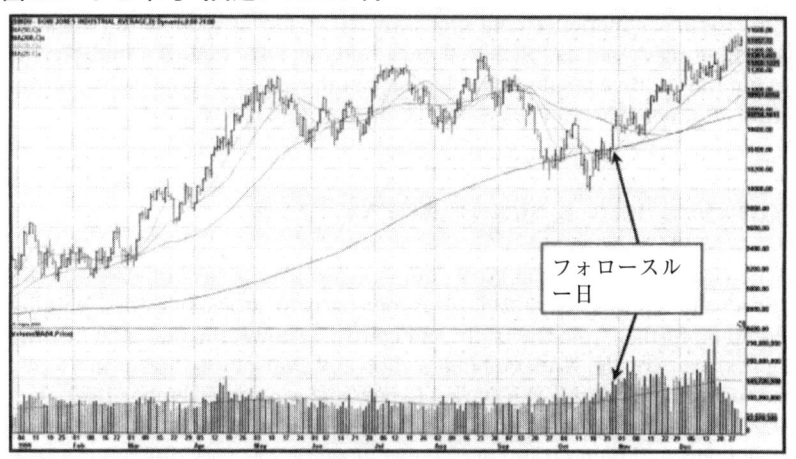

図3.6 ダウ平均（日足、1999年）

フォロースルー日

オラクルがバブルに突入

　そして予想どおり、10月28日に大きなフォロースルー日が発生して、マーケットは新たな上昇トレンドに突入した。大型株にマーケットが引きずられて大暴落するだろうと予測してから、わずか7日後のことだった。この時点で、マーケットは下落するだろうと予測していたことなど窓の外へ放り投げるかのように忘れ去り、私はすぐに頭を買いモードへと切り替えた。買いを疑う余地など何もなかった。フォロースルー日が発生したのは、マーケットが上昇したからだ。われわれはそれに従って頭を切り替えるのみである。もちろん、これから史上最大の強気相場の波がやってきて、**図3.5**にあるような輝かしい上昇の流れに乗ってロケット飛行さながらの気分を味わうことになるなど、そのときはまだ知るよしもなかった。私が買い候補に選んでいた銘柄は、どれも数週間前から準備を整えていて、点火すればすぐにでも発射できる状態だった。オラクル（ORCL）もそのうちの1つだった。

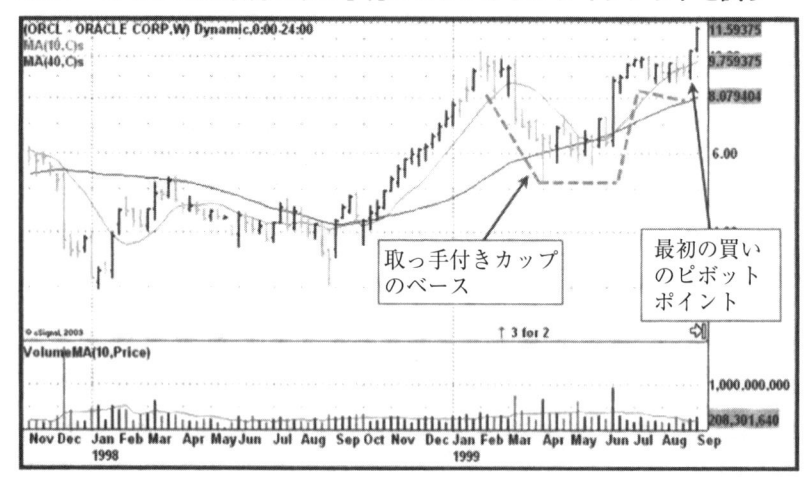

図3.7　オラクルが最初の取っ手付きカップからブレイクアウトを試す

この銘柄は1999年９月にすでに取っ手付きカップからブレイクアウトしていた。マーケット全体でフォロースルー日が発生するずっと前のことだった。**図3.7**はオラクルのチャートだが、株価は株式分割調整後のものなので、たとえ10ドルとなっていても調整前の実際の価格は40ドルだったことに注意してほしい。

　オラクルの日足チャートを見ると（**図3.8**）、この初期のブレイクアウトがよく分かる。取っ手付きカップの取っ手で６週間ほど揉み合ったあと、高値へとブレイクアウトしたこの形は、まさにお手本どおりのピボットポイント、つまり買いシグナルだった。出来高も平均以上と多く、ブレイクアウトを支える好材料となっていた。しかし私はこのブレイクアウトを何もせずに見守っているだけだった。オラクルの四半期ごとの収益を見ると収益増加率が減少しており、それを否定的に考えていたからだ。四半期の収益増加率はそれぞれ58％、43％、33％と下がり続け、直近の四半期は23％とさらに下がっていた。直近の四半期の売り上げ増加率は13％だった。CAN-SLIMのルールに当

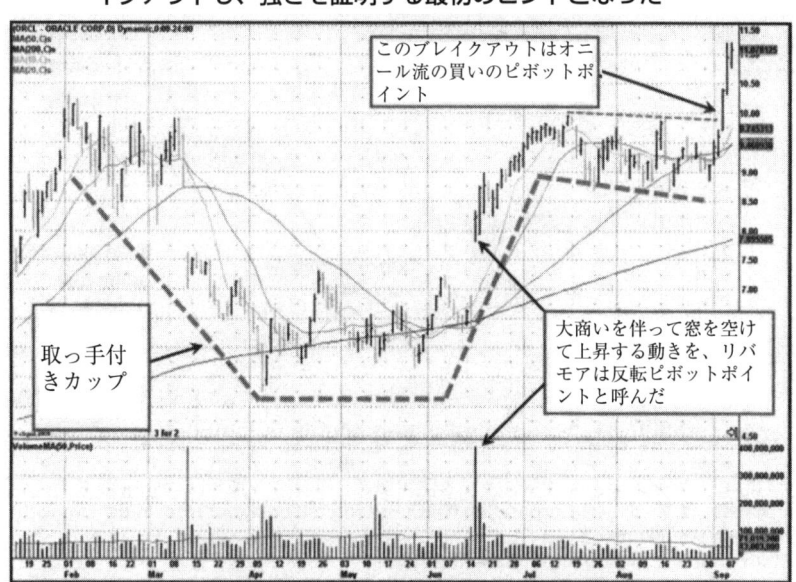

図3.8 1999年9月にオラクルが取っ手付きカップ型のベースからブレイクアウトし、強さを証明する最初のヒントとなった

- このブレイクアウトはオニール流の買いのピボットポイント
- 取っ手付きカップ
- 大商いを伴って窓を空けて上昇する動きを、リバモアは反転ピボットポイントと呼んだ

てはめると、売り上げ増加率は20%は欲しいところだ。これと、さらにマーケット全体がまだ調整時期にあってフォロースルー日が発生していなかったことを理由に、私はオラクルのこのブレイクアウトを無視していた。しかし実際には、表では見えないことが裏で起こっていたのだ。

オラクルの最高経営責任者であるラリー・エリソンは1995年に初めて「ネットワーク・コンピューティング」という概念を生み出し、1997年にオラクル全額出資のネットワーク・コンピューターという子会社を設立した。アプリケーションをコンピューターごとにインストールして常駐させるのではなく、ウエブベースのアプリケーションを作って、ユーザーがウエブ上のネットワークサーバーからアクセスできるような方法をエリソンは考えたのだ。エリソン率いるオラクルが生み出したのは、情報家電としてのコンピューターの初期構想であっ

た。これは当時としてはかなり進んだ考え方だったが、急速な成長を遂げるハイテク業界では、日々実現に近づいている技術でもあった。オラクルが生み出したこの概念が進化して、現在のクラウドコンピューティングという概念が紹介されたり、アップルのiPhoneやリサーチ・イン・モーションのブラックベリーのような携帯型のハイテク家電が生まれたのだ。オラクルはインターネットの台頭に合わせて整備されたインフラを利用したアプリケーション開発の先導者であると考えられていた。1999年の強気相場の特徴は流動性が高いことだった。1998年にLTCM（ロング・ターム・キャピタル・マネジメント）が破綻したこと、および西暦2000年を迎えるときに西暦の変化に対応していないコンピューターが世界中で大混乱をきたすと騒がれた「2000年問題」が迫っていたことが相まって、FRB（連邦準備制度理事会）が金融緩和政策を行ったという事実がその背景にある。流動資産をもてあましていた機関投資家たちは投資先を探し求めていた。彼らが流動性のある市場を求めた結果、インターネットの発達で恩恵を受けそうな大型企業へと資金が流れた。そのような企業は流動性も企業の質も高いうえに急速に成長する可能性があったからである。オラクルもそのひとつだった。収益増加率はたしかに減少していたのだが収益そのものは高く、ROEも38.8％という高い数値を示していた。機関投資家は、高い利益が長い間続いている大型企業を好むので、その目安となるROEを参考にすることが多い。ROEから企業の安定性や信頼性、そして実体の伴っている収益を増やす力があるかどうかや、経営の健全性などを知ることができる。オラクルはこれらの条件をすべて満たしていたのだが、私はすぐにはそのような全体像を正確につかむことはできなかった。最終的にオラクルに対する考え方を改めて当銘柄を買うに至るまでには、実に2カ月近くもかかってしまった。

忍耐と集中

　オラクルはもともと、マーケットが1999年10月後半に底を付けてから再び上昇に転じるかなり前の9月上旬にすでにブレイクアウトしていた。この最初のブレイクアウトはまだ買いを考えるには早すぎた。この9月初めのブレイクアウトは取っ手付きカップ型のベースからだったのだが、そのベースの上で株価は6週間ほど揉み合いながら別のベースを形成した。一気に上昇するほどの力が株価になかったということは、収益が増えていないからまだ最適の買い時ではないと考えた私の判断が正しかったことを示していた。私はこの銘柄をウオッチリストに入れて、最初のベースの取っ手部分の上に6週間にわたる別のベースが形成される様子を観察した。

　ベースの上に作られるベースはとても強力な形である。本来ならばブレイクアウトして上昇するだけの力を持つ銘柄なのに、上昇トレンドや強気相場がまだ始まっていないなどマーケットの環境が整っていないがために、ブレイクアウトしても伸びずに揉み合いながら別のベースを形作っているからである（**図3.9**）。このような銘柄は少しずつ上昇する力を蓄えながらマーケット全体が強気になるのを待っている。さらにオラクルの場合は9月初めに最初のベースからブレイクアウトした直後、2つ目のベースを形成中に価格が急落している。チャートを見れば明らかだが、これは振るい落としで、その後、価格は大商いを伴ってすぐにベースの高値付近まで上昇し、高値引けしている。この動きから安値付近に支持線があることが分かった。これは機関投資家がこの下落を利用してオラクル株を大量に買ったことを示す重要な手がかりなのだ。その後、オラクルは6週間にわたり揉み合いを続けた。12ドル付近で一度ブレイクアウトをしてダマシに終わり、50日移動平均線を切るかというところまで下落した。この最初のブレイクアウトがダマシになったのはオラクルに問題があったからではない。

図3.9　オラクルは取っ手付きカップ型のベースからブレイクアウトしたあとに６週間かけて別のベースであるベースの上のベースを形作りながらマーケット全体が強気相場になるのを待っていた

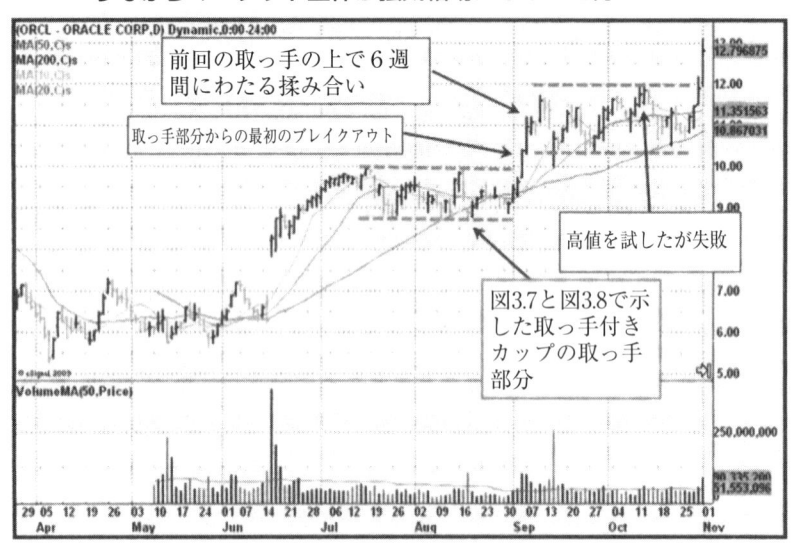

ただ単に、マーケット全体が上昇基調になっていなかっただけである。この例は、最も抵抗の少ない場所をブレイクするまでは待たなければならないとするリバモアの考え方を裏づけるものである。オラクルに関して言えば、銘柄の準備が整っていてもマーケット全体の環境が整わずに、上昇の「離陸許可」がなかなか出なかったということになる。

ついに出た離陸許可

　10月後半にやっとマーケット全体が上昇を始めると、オラクルも続くように２つ目のベースからブレイクアウトした（**図3.9**）。これが適切な買いポイントとなった。最も抵抗の少ない場所をブレイクアウトしてすべての条件を満たしたオラクルは、やっと自由に価格を上昇させる許可を得たわけである。

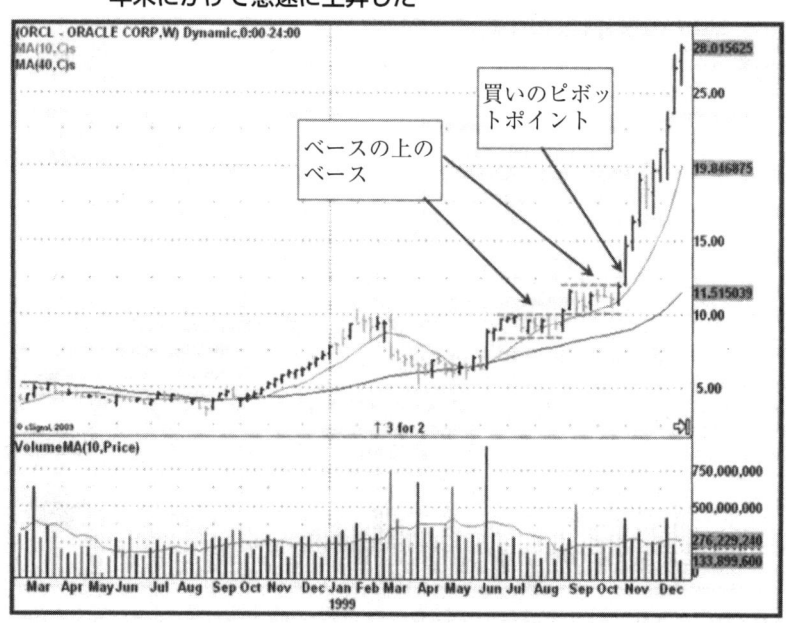

図3.10　ベースの上のベースからブレイクアウトしたオラクルは1999年末にかけて急速に上昇した

（チャート内注釈：ベースの上のベース／買いのピボットポイント）

　オラクルの週足チャート（**図3.10**）を見てみよう。ベースの上に形成された2つ目のベースに注目してみると、最初に価格が下落した週が大商いだったことが分かる。このような大商いは週足チャートや日足チャートで現れるので、常に注意深く見ておく必要がある。この大商いと、ベースの上のベースという強い上昇のパターンが10週間（50日）移動平均線に沿って形成されたことはとても前向きな材料であると私は考えた。そこで2つ目のベースが6週目に入ると、小さなポジションを建て始めた。やがてマーケットが上昇トレンドに入り、オラクルが2つ目のベースの高値からブレイクアウトすると、価格は一直線に上昇を始めた。

　1999年11月中旬には、オラクルの株価は2倍になり、私は最高の波に乗っている気分だった。この11月の動きは日足チャートで確認でき

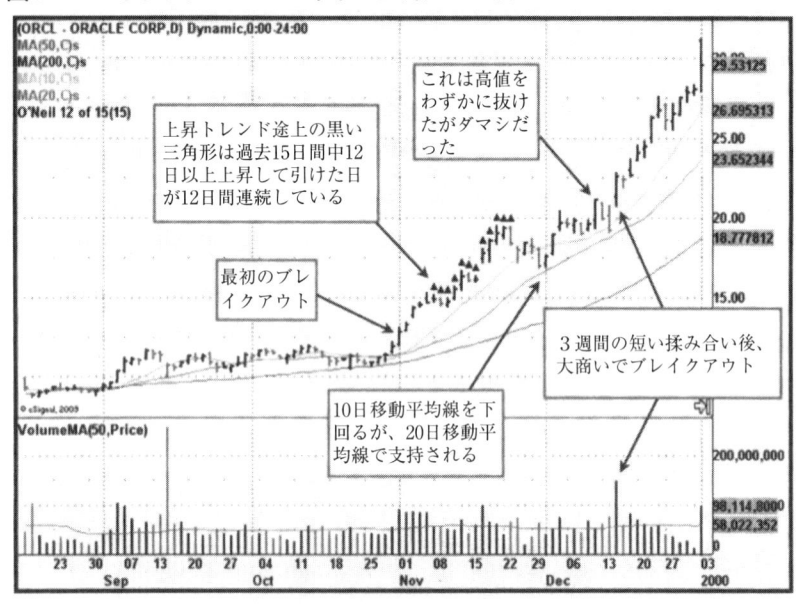

図3.11　オラクルは1999年末の上昇途上の押しで買いシグナル（日足）

　る（図3.11）。足の上にある黒い三角形は、株価が過去15日間中12日以上で上昇して引けたことを示している。最初の深い押しと揉み合いに入る前に、この三角形が12日間連続して現れたことに注目してほしい。株価が過去15日間中12日以上も上昇して引けるということは、非常に強い上昇の力が働いているということで、重要なポイントである。こういうときは、ベースからブレイクアウトして急上昇をしたあとに揉み合いに入っても再び高値を更新してブレイクアウトする可能性があるので、これからの動きをよく見守る必要がある。積極的に増し玉をするチャンスとなるからである。オラクルは10月後半にブレイクアウトしたあとに15日間中12日以上も上昇して引けた日が12日間連続して現れた。その後、株価は10日移動平均線の下まで下落したが、20日移動平均線で支持され再び上昇している。この3週間ほどの短い揉み

合いを抜けたところが、２回目の大きな買いポイントとなった。私はここで積極的に増し玉をすることができたのだ。おかげで、12月から年末にかけての次の大きな上昇の波にも乗り続けることができたのである。

ベリサイン──スープの薬味

　オラクルの例からも分かるように、マーケット全体がまだ調整中にもかかわらずブレイクアウトしそうな気配を見せる銘柄は、マーケットが上昇トレンドに入ると大化け株に変わることが多い。オラクルは質の高い大型株の部類に入る銘柄だった。そこで今度はIPO（新規公開）株を買ってポートフォリオにバランスを持たせようと考えた。私は急速な成長を遂げているインターネット業界で大きく成長する可能性を秘めているような、注目されている新しい企業を探し始めた。

　1999年、私とクリス・キャッチャー博士はハイテク銘柄に共通しているある事実に気がついた。それは新しい株の場合は収益が多いからといって必ずしも上昇するわけではなく、収益が少なかったり、ほとんどない銘柄でも年間を通じて強い動きを見せることが多いということだった。ほとんどの場合、収益増加率ではなく売上高増加率が株価上昇の重要な原動力になっていることを発見したのだ。インターネットは急速に発展した社会現象だったので、これはある意味納得できる話だった。インターネットがビジネスの慣習を変えたのだ。世界中にある膨大なデータの保管場所や情報源へのアクセスが容易になると、一般市民の日常生活でもインターネットが普及していった。オンラインバンキング、オンラインショッピング、ソーシャルネットワーク──そういったもろもろの日常やビジネスの慣習が大きく変わっていることを、マーケットは正確に感じ取っていたのだろう。そしてこの新しい現象のなかで、利益を上げる可能性が最も高い企業を浮き彫

図3.12　1999年８月後半の小さな黒三角形は過去15日間中12日以上上昇して引けたことを示しており、新高値も更新しているので勢いのある証拠（ベリサインの日足、1999年）

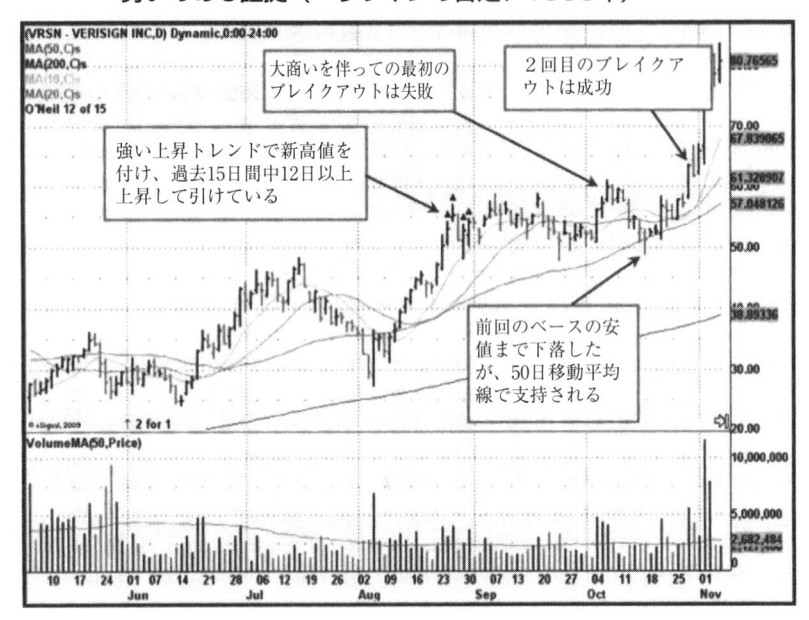

りにしてくれるような指標をわれわれに示してくれたのかもしれない。それがどの企業もあまり振るわない収益増加率ではなく、売上高増加率だったということだ。

　1999年10月後半にマーケットが上昇トレンドに入る前に、すでに上昇を試した個別銘柄がいくつかあったが、私はそのなかでも特にベリサイン（VRSN）に注目していた。この銘柄は８月後半に新高値を付け、上昇に対する強い勢いを示した。その後も高値を更新し続け、チャートには15日中12日以上連続で上昇したことを示す小さな黒い三角形が現れ始めた（**図3.12**）。

　ベリサインは電子認証やセキュリティー関係の製品を通して安全なオンライン取引を可能にするなどの、とても可能性のあるサービスを提供していた。これはネット通販の中心となる実現技術だった。こ

の技術があったからこそアマゾン・ドット・コム（AMZN）やプライスライン・ドット・コム（PCLN）のような大物企業が生まれ、やがてそれらがこの業界を牽引する事実上のリーダーとなったのである。ベリサインはIPO直後の決算で損失を出したが、その後はEPS（1株当たり収益）が1株当たり2セントと利益に転じた。利益としてはないも同然だったが、売上高増加率のほうは11四半期連続で最低でも3ケタ成長を記録していた。ここでも、収益よりも売上高増加率のほうが大きくなっている。ハイテク銘柄のマニアならばベリサインはもちろん買いだったろうが、急成長中のネット通販のセキュリティー分野を牽引している銘柄ということで、機関投資家の資金も流れ込んだ。ベリサインの2000年の推定年間EPSは1株当たり25セントで、PER（株価収益率）は240倍と予測されていた。ところがベリサインが2000年3月に天井を付けたとき、株価は予想を上回る963倍にもなっていたのだ！ 2000年の推定年間EPSが25セントだったことを考えると信じられない話だが、2000年が終わった時点で計算してみると、ベリサインの実際のEPSは1株当たり72セントだった。これは1999年にアナリストが懸命に予測した数値のほぼ2倍である。

　ベリサインが最初にブレイクアウトしたのは、1999年10月初めのことだった（**図3.12**）。しかしすぐに売られて価格は50日移動平均線まで下落し、そこでようやく支持された。この最初のブレイクアウトで買っていたらすぐに損切りを強いられていたところだった。しかしここで重要なのは、チャートからも分かるように、このブレイクアウトが、マーケット全体がまだブレイクアウトする前、つまり新たな上昇トレンドに入る前に起きたという点である。

　次のブレイクアウトは10月28日で、マーケット全体の上昇と同時に起こり、買いポイントとなった（**図3.13**）。リバモアの言う最も抵抗の少ない場所からついにブレイクしたことになる。ベリサインは前回60ドルを試して失敗したが、その60ドルからのブレイクアウトに成

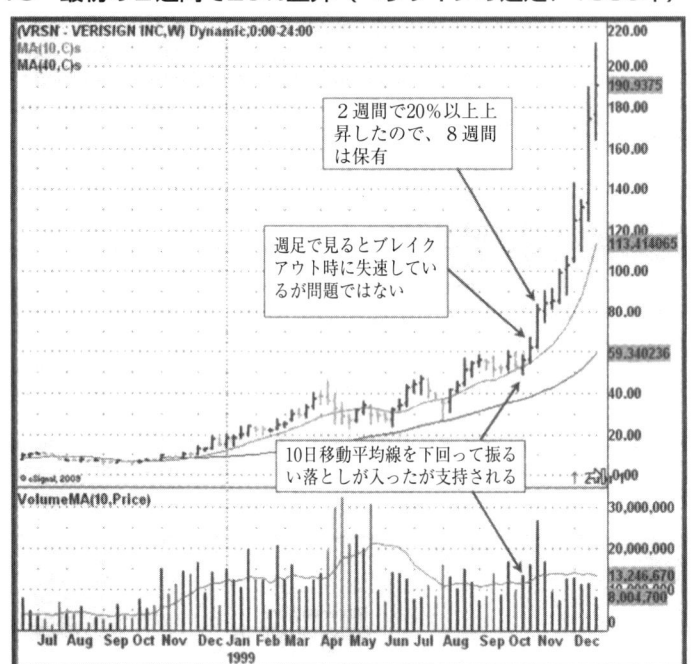

図3.13　最初の２週間で20％上昇（ベリサインの週足、1999年）

チャート内注釈：
- ２週間で20％以上上昇したので、８週間は保有
- 週足で見るとブレイクアウト時に失速しているが問題ではない
- 10日移動平均線を下回って振い落としが入ったが支持される

功しただけでなく、今回は出来高も伴っていた。マーケット全体もすでに上昇トレンドに入ったことが確認されていたので、ようやくマーケットとベリサインの足並みがそろったことになる。このことからも、トレードの成功率を高めるには、ブレイクアウトして高値を更新しているからとか、最も抵抗の少ない場所をブレイクしたから、というようなテクニカルな条件だけに基づいて考えるのではなく、マーケット全体の様子も観察しながらすべての条件が整ったことを確認することが重要だと言える。すべてのカモが１列に並ぶのを待つのと同じである。そのなかの１羽が、この場合はマーケット全体の上昇だったのである。

　オラクルのときと同じように、ベリサインも10月後半にブレイクアウトしてから２週間で20％という急上昇を遂げた。おかげで次の戦略

は明確になった。というのも、「ピボットポイントからブレイクアウトした銘柄が３週間以内に20％上昇したならば、損切りを強いられないかぎりは８週間、その銘柄を保有し続けなければならない」というオニールの基本ルールがあったからだ。ベリサインは２週間で20％上昇したので、そのまま年末まで保有し続ければよい。その前にベリサインを売らなければならない唯一の状況とは、価格が最初の買いポイントの60ドル付近まで大暴落して損切りを強いられる場合だけだったので、私は安心してこのトレードを見守ることができた。ここまで来たらあとは、ただじっと待って考えすぎないことだった。つまりリバモアの語る「じっと待って正しくある」ことのできる「卓越した者」に少しでも近づくことだった。

思考を無にして待つ

　私は、ベリサインがトレンドの波に乗って10日移動平均線に寄り添うように触れながら140ドル付近まで急上昇する様子を観察した（**図3.14**）。ベリサインの日足チャートを見ると、最初に60ドル（株式分割調整後）でブレイクアウトしてからわずか２カ月で、なんと200ドル以上も上昇しているではないか！　ベリサインは上昇中ずっと10日移動平均線の上を推移していた。10日移動平均線に沿って株価が上昇しているからといって、いつでも増し玉をしてよいというわけではないのだが、ベリサインの場合は１回だけ、株価が100ドル弱から140ドルまで急上昇（５日で40％以上の上昇）したあとに糸が切れたかのように下落した。140ドル付近で下落した辺りの出来高に注目すると、週平均と比べて少なくなっている。ベリサインの株価が60ドルから上昇し続けたことを考えれば、このようにクライマックスの天井のような形が現れ、その結果、下落が起こるのは当然のことである（リバモアもこれを「通常の反応」と呼んでいる）。多くの投資家が、60ドル

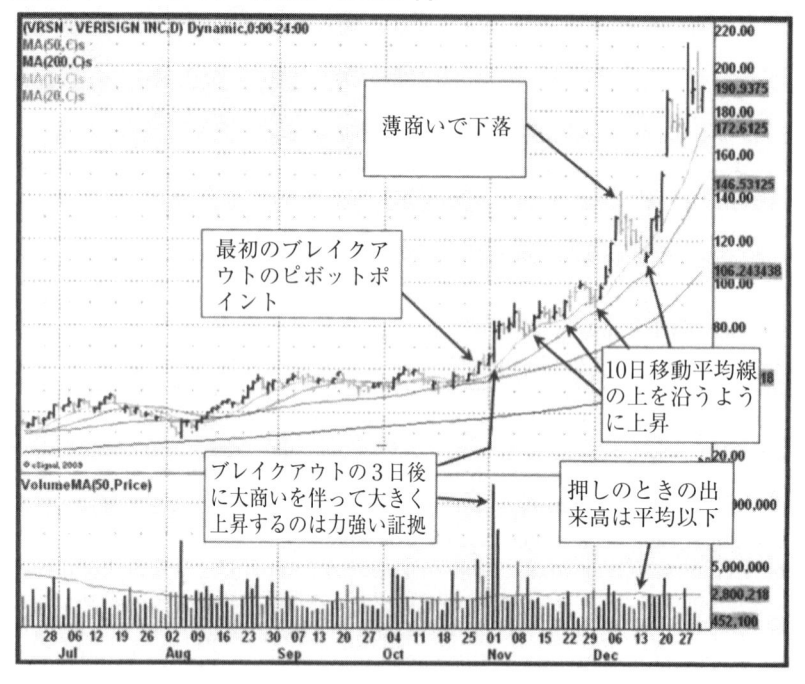

図3.14　ベリサイン（日足、1999年）

（チャート内の注記）
- 薄商いで下落
- 最初のブレイクアウトのピボットポイント
- 10日移動平均線の上を沿うように上昇
- ブレイクアウトの３日後に大商いを伴って大きく上昇するのは力強い証拠
- 押しのときの出来高は平均以下

から140ドルへ上昇した時点でもう十分だと考えて、欲が出る前に利食いをしたのだろう。ここで気になる点は、その下落が十分に上昇したあとではなく、わずか５週間ほどしかたっていないときに起こったということだった。ブレイクアウトから３週間以内に20％上昇した銘柄は８週間持ち続ける、というルールに従っていた私は、この下落を見てもそのまま保有し続けた。この８週間ルールに従うならば、この銘柄は少なくとも年末までは売ってはならない——良い表現が思い浮かばないが、単に「バカのように持ち続ける」だけなのである。

　私は長年、ローソク足チャートを好んで使ってきた。その理由は、ローソク足から重要な手がかりが学べるからだった。1999年12月前半にベリサインが140ドルの高値から下落したとき（**図3.15**）、価格は４日間も下落し続けた。下落を始めて５日目などは下に窓を空けて寄

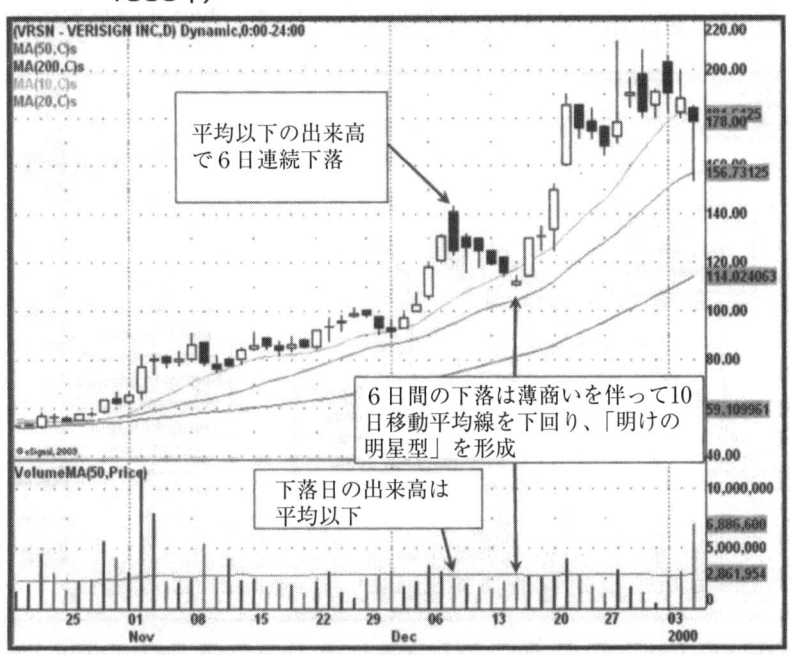

図3.15 「明けの明星」のような買いシグナル(ベリサインの日足、1999年)

り付き、10月後半に60ドル付近でブレイクアウトして以来、初めて10日移動平均線をも下回った。しかし価格は20日移動平均線の上をずっと推移していた。これは注目すべき点である。そのすぐ翌日、ベリサインは上に窓を空けて寄り付き、「明けの明星型」を形成した。このパターンは、5日目の下落でできた短いローソク足を「星」に見立てて、6日目に上昇した長大線のローソク足を夜明けに星が昇る姿として見るものだ。この「明けの明星」パターンは強い上昇を示している。ベリサインのようなすでに強い上昇トレンドにある銘柄の場合、ここがさらに増し玉をするべきポイントであることは明らかだった。あとは年末に高値で引けるまで株価が上昇するのをただじっと見守るだけだった。

図3.16　2000年3月の天井に向かって最後の上昇（オラクルの日足、1999～2000年）

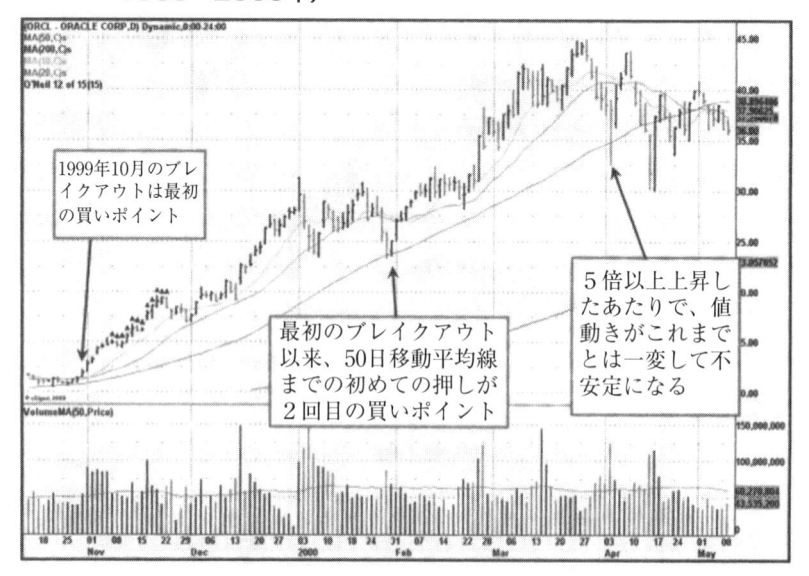

[1999年10月のブレイクアウトは最初の買いポイント]

[最初のブレイクアウト以来、50日移動平均線までの初めての押しが2回目の買いポイント]

[5倍以上上昇したあたりで、値動きがこれまでとは一変して不安定になる]

天井に近づく

　ベリサインもオラクルも、2000年の第1四半期は上昇し続けたが、警告を示すシグナルもいくつか出始めてそろそろ手仕舞いが近いことを知らせていた。特に2000年3月になると、大型の主導株の多くがクライマックストップの天井を形成するときのような上昇の動きを見せていた。**図3.16**にあるように、オラクルの株価は2000年1月に短期間でダブルボトム型のパターンを形成した。そしてダブルボトムの右側の安値は50日移動平均線に触れたあと、反発して上昇している。1999年10月後半にこの銘柄がブレイクアウトをして上昇し始めてから、株価が50日移動平均線まで下落するのはこれが初めてのことだった。これは教科書どおりの2回目の買いポイントだった。株価は移動平均線の上で上昇しながら2000年2月に高値を更新した。しかし3月にな

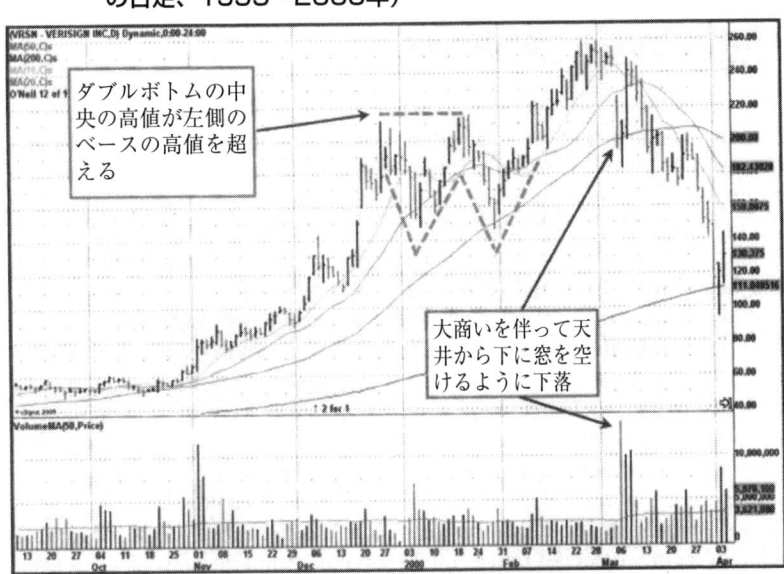

図3.17 不完全な後期ステージでのベースは失敗に終わる（ベリサインの日足、1999〜2000年）

（チャート中の注釈）
- ダブルボトムの中央の高値が左側のベースの高値を超える
- 大商いを伴って天井から下に窓を空けるように下落

ると値動きが不安定になってきた。3月後半に株価が30％以上も下落すると、その後すぐに再び高値にまで上昇した。このような乱高下はこれまでのオラクル株の値動きとは明らかに違っていた。

　このころ、ベリサインは不完全なダブルボトムのベースを形成していた（**図3.17**）。「W」の真ん中の高値が左側の高値を上回っていたのである。正しいダブルボトム型ならば、真ん中の高値は左の高値よりも低くなるはずである。つまりこれは失敗の形であると考えられる。特に株価が大きく上昇したあとにこのような失敗の形が現れたら、下落が近いことを示している場合があるので要注意である。ベリサインの場合、この不完全なダブルボトムのベースから上にブレイクアウトしたあと、株価は25％ほど上昇したが最終的には反転して天井を付けた。そして3月前半には大商いを伴って高値から下に大きく窓を空けて下落した。それだけでこの銘柄の上昇が終わったことを知る手がか

りとしては十分だった。

成功の極意

　1999年に1000％以上の利益を上げたとき、明確に分かったことがある。私がここまで利益を出すことができたのは必ずしも私の考えによるものではない——それを理解することは投資家として最も重要なことかもしれない。1999年10月から2000年3月のネットバブル時期に私が乗った波は、最大級のものだった。しかしこの巨大な上昇の波が現れる前は、私やウィリアム・オニールを含め、だれもそんなことが起こるとはみじんも感じていなかった。1999年10月半ばの相場でやる気をなくしていた時期だったにもかかわらず、マーケットに転機が訪れるとわれわれはすぐに自分たちのルールに従ってマーケットの新しい波に乗った。そして機関投資家が好みそうな銘柄を買ったのだ。私が1009％（これが正確な数字である）の利益を得ることができたのは、私が天才だったからではない。ただ単に、目の前に波が来るのが見えたから、それに飛び乗っただけのことなのだ。その波がどれほど長く続くのかも、どれほど大きくなるのかもまったく分からないままに。そして、最初のブレイクアウト後のピボットポイントから3週間以内に株価が20％以上も上昇したら最低でもその銘柄は8週間は保有し続けなければならない、という明確なルールに従った。それが私を引き留める首輪となり、ポジションを保有し続けることができたのだ。この8週間ルールの有効性はこれで証明されたと言える。

　サーファーが波に飛び乗ると、その波が消えて終わるか、あるいはボードから落ちるまで、サーファーはあきらめようとしないだろう。投資家としてするべきことは、まずは基本的なルールや手法に従って主導株を見つけることである。そしてそのような銘柄を見つけたらそれを監視する。そしてカモが一列に並ぶように条件がすべてそろ

ったら、「最も抵抗の少ない場所」からブレイクアウトしたところでその銘柄を買うのである。1009％という利益が達成できたのは、最も適切な位置で最も適切な時期に行ったまさにタイミングが良かったのだ――史上最大級のバブル市場で大化け株を２銘柄もつかむことができたのだ。もちろん、ウィリアム・オニールがかつて私に教えてくれたように、株価の上昇は強気相場の大きさや期間次第であることを忘れてはならない。そういう意味では運に左右される部分もたしかにあるのだが、それでも大化け株を見つけてそれを正しい時期に買うのはそれぞれの投資家の腕次第なのである。つまり、自らの運を切り開くためには努力を怠ってはならないということである！

　もうひとつ特記するべき点は、1009％を達成するのに分散投資は必要なかったことである。オラクルとベリサインの２銘柄だけで十分であった。真の強気相場であればきっと同じことが言えるであろう。大化け株を１～２銘柄見つけて、正しいタイミングで買うことができれば、どんな強気相場であっても大きな利益を上げることができるだろう。オラクルとベリサインの場合はファンダメンタルズに多少の難点があったにもかかわらず、買った。インターネットブームのさなかでこれらの銘柄がどのような役割を担っているかを理解することが、この銘柄が機関投資家も買うような大型株となることを予測するうえで不可欠だった。これは重要な点である。最強の業界のなかから最強の銘柄だけを選ぶように、と助言したリバモアの真意がここにあるのである。

　また、ベリサインのときのように、その銘柄のパフォーマンスを理解することが成功には必要不可欠である。この銘柄は1999年の第３四半期の時点で１株当たりわずか２セントの利益しか出していなかった。しかし標準的なCAN-SLIM投資法のファンダメンタルズの要件ではない部分に注目して、われわれはこの数字を評価した。株価を上昇させるのはEPSではなく、売上高増加率であることに気がつくことがで

きたからこそ、ベリサインで利益を上げる結果につながったのだ。この発見がベリサインの可能性を判断する決定打となったのである。さらにベリサインの例からも、PERが株価の上昇を予測する材料としては適していないことが分かっただろう。PERは上昇とは関係ない。それは歴史という事実が証明している。

　1999年の終わりに始まったネットバブル市場から学んだ最も興味深いこと——それはだれもあのバブル市場の到来を予想できなかったことである。あのような大きな強気相場は、だいたいだれも予想していないときに訪れるものである。だからマーケットの環境が整っていないからといって完全に無視してはならないのである。株式市場の移り変わりは非常に早い。だから絶対に油断することなく、常に柔軟でいなければ、人生最大のチャンスを逃すことになりかねない。

　最後の教訓として私が伝えたいのは、1995年や1999年に私が使った基本的な投資法は、それを学ぶ時間と努力を惜しまなければ、どんな投資家でも自分のものにすることができるということである。けっして魔法などではない。私が考える成功する投資とは単純なものである。まずはマーケットを引っ張っている大型株の波に乗る。そしてその波にできるだけ長く乗り続けることだけである。私にできたのだから、だれにでもできるはずである。私は1999年に1009％儲けよう、などと最初から考えて投資したことはない。最終的な結果がどうなるかなどもちろん分からなかったが、「最も抵抗の少ない場所」をブレイクアウトするための条件を満たしたときに、利益を得るための手段を講じただけである。それがたまたま、当時の私が経験した最大の強気相場だったということだ。つまり私が投資家としてしたことは、抵抗線をブレイクアウトしたときに買って、あとはマーケットの波に乗っただけ、ということになる。

秘密の極意

　第２章～第３章では、マーケットで大きな利益を得る過程をひとつずつ追ってきた。難しい理論など何もないことに驚いた読者もなかにはいるかもしれない。投資家にとって重要になるのは、まずまずの強気相場の存在と、しっかりとした買いと売りのルールを持つことである。小さな市場平均の値動きを追って、それを上回る結果を出してマーケット以上の利益を達成しようなどと考える必要はない。そんなことをすると常に正しい予想をしなければならなくなるだけだ。それよりも、正しいタイミングを探して、あとはじっくりと腰を据えて待っているほうがよい。そして大化け株をつかんだときには、ただ座り続けて考えすぎないことである。この２点がマーケットで大きな利益を得るための重要な材料である。

　投資家として何に気を配るべきなのか、読者が少しでも理解できたならば本望である。マーケットの銘柄選択にオニールの手法を使うのであれば、ほとんどの大化け株は強気相場であなたの目の前に見えるはずである。強気相場で勢いのある主導株を探すことは難しくはない。ほとんどの場合、正しい２回目の買いポイントが現れるのを注意深く観察して見つけることができれば、それがリスクの低い買い時になる。あとはマーケットの流れに身を任せるだけである。大きな利益を出していて集中力を全開にして正しい判断をしているときというのは、実はこれが簡単に思えてくるので不思議なものである。難しいのはそこにたどり着くことなのだ。その方法を次の第４章から説明していく。

第4章
失敗に学ぶ

Failing Forward

「ほかの多くの投機家と同じように、私も確実なタイミングまで辛抱強く待てなかったことが何度もある。私は常にポジションを抱えていたかったのだ。『君ほどの経験がありながら、なぜあえてそうしたんだ?』と聞かれるかもしれない。その問いに対する私の答えはこうだ。『私は人間であり、人間の弱さを私も持っている』」──ジェシー・リバモア著『孤高の相場師リバモア流投機術』(パンローリング)

人間が投資をするかぎり、その過程で必ずと言ってよいほど過ちを犯す。なぜだろうか? それは人間だからである。簡単な質問ではないが、答えは単純である。これは投資に取り組むにあたっておそらく最も大きな問題だろう。たったひとつの小さなミスが失敗につながることもあれば、いくつものミスが重なって失敗につながることもある。大きいミスだろうと小さいミスだろうと、それらが雪だるま式に膨らんでしまうと、最終的には大きな痛みを伴う最悪の結果になってしまう。何かに失敗したら、その結果についてどの程度の傷を負ったかを評価する必要があるが、これは苦痛を伴う作業である。しかしそれを行うことで前向きにすべてを一新することができる。自らの過ちの元凶を理解して初めて、それらを正すことができるのだ。

本章では、われわれが犯した大きな過ちを振り返っていく。困難に

直面したときにわれわれがどのようなことを考え、そしてどう判断を下してきたかを、当時のチャートを見ながらひとつずつ分析していく。過ちを犯してもそれをマーケットから学んだ価値ある教訓と考えることができるように、知識を増やしながら解決方法を考えていく。われわれは同じ過ちを二度と繰り返さないように新しい手法を生み出し、そこから利益を得た。その方法についても紹介する。ミスをしたことで新しいトレード手法が生まれたことも多かった。その一例がポケットピボットである。また、「大化け株の原理」とわれわれが呼んでいる概念についても、より深く理解することができるようになった。トレーダーにとってミスが命取りなのではない。自分の手法のどこに修正を加えたり調整したりする必要があるのかを学ぶには、自分の犯した過ちを振り返ることが一番である。過ちを犯すことも偉大なマーケットの流れの一部であることを受け入れることができれば、挫折しても乗り越えることができる。つまり長期的には、ミスをしても、そこから学んでその経験を生かすように仕向けることができるのである。

　トレーダーであるかぎり過ちを犯すことは避けられない──投資の世界で確実なものがあるとするならば、その事実くらいだろう。マーケットで利益を生むことはできる。マーケットで富を築くこともできる。さらに富とは関係なしに、投資をやっていて良かったと思うことだってあるかもしれない。しかしその過程で、あなたは必ず過ちを犯す。その過ちは一度かぎりのものかもしれないし、スランプにはまって二度三度と起こるものかもしれない。もう何をしてよいのかまったく分からない状態を「トレーダーのスランプ」と呼んでいる。まるで自分が投げたブーメランが円を描いて戻ってきて、自分の頭やもっと痛いところを強打するかのように、何をやってもうまくいかないときというのはトレードをするたびに失敗に終わる。ウィリアム・オニールがよく話していた「こてんぱんにやられる状態」というものは、こういうときに実感するのである。

われわれもそのような時期を経験した。そこから導き出した結論は、最高のトレーダーと平均的なトレーダーを隔てる壁は失敗やスランプからしっかりと立ち直ることのできる能力を持っているか持っていないかである、というものだ。トレードをするには勇気と回復力と粘り強さが必要である。こういった特性が「こてんぱんにやられる状態」に直面したときに投資家を救ってくれるのである。たとえベテランと呼ばれるような投資家でも、例外なくそれを経験している。それはリバモアが指摘したように、結局われわれは人間以外の何者にもなれないからである。プロやアマを問わず、人間の弱さを捨てることができるかどうかが、投資家にとって最大の課題となることだろう。

エゴを抑えることが成功のカギ

皮肉なことに、成功そのものが失敗の最大の原因となる場合がある。矛盾していると思うかもしれないが、100％以上の利益を出して初めて株式市場で大きな成功を収めてしまうと、自分が投資の神になったかのような錯覚に陥ることがある。しかしこれはエゴが生み出した錯覚で、非常に危険である。トレーダーであるかぎり、エゴとの戦いが終わることはない。それは、エックハルト・トールの言葉を借りれば、「エゴは常に自分を見失うことを警戒している。それは真実なんかよりも自分自身のほうが重要だから」なのである。われわれがトレード日記を記録していたころ、ウィリアム・オニールはよく「真実を敵に回してはならない」と言っていた。エゴに振り回されるようなトレーダーは真実を敵に回すことになる、と警告していたのだ。

1990年代後半のバブル時代には、自分はすべてを知り尽くした無敵トレーダーである、と思い上がる投資家が市場に蔓延していた。彼らはバブル市場の天井近くでうまく保有株を売って大金を稼いだ。しかし、その成功が彼らの多くを破滅へと導いた。彼らのなかには「成功

したのは自分の才能によるものだから、おとぎ話の魔法の杖のようにちょっとその才能を一振りしておまじないをかけるだけでまた同じような成功が収められる」と信じる投資家が多くいたのだ。自分は金儲けの天才だと信じた投資家の多くが、成功をたたえる「記念品」としてスポーツカーや別荘や自家用ジェットの共有権などを買った。それだけでなく、今のROI（投資収益率）を５年、10年、15年後と継続すればどれほど金持ちになっているかを想像したのである。1999～2000年にウィリアム・オニール・アンド・カンパニーを辞めて自分の店を開いたり、ポートフォリオマネジャーとして独立開業した投資家がいた。もちろん、自分はマーケットのことをすべて理解したという信条のもとに下した決断だったのだろう。しかし彼らのマーケットでの経験は10年に満たないどころか、ひとつの相場サイクルのほんのわずかな期間にすぎなかったのである。

　マーケットで大きな成功を収めると、ディズニーの名作映画『ファンタジア』に出てくる魔法使いの弟子のようになってしまうのかもしれない。これは半人前の魔法使いであるミッキー・マウスがほうきに魔法をかけて大失敗してしまう、という有名な話である。ミッキーはほうきに自分の代わりに仕事をさせる魔法をかけた。するとほうきは仕事を始めてくれたので、ミッキーは気をよくして眠りについてしまう。しかし、実は魔法など効いていなかったのだ。勝手に動き出したほうきを止めることができないミッキーは自分の力のなさに気がつくのである。ミッキーは自分の実力を過大評価してしまったがために、最終的にはほうきが生み出した大きな被害に悩まされる結果になる。同じように、マーケットでちょっとした成功を収めるのは危険が伴うことなのだ。ウィリアム・オニールはわれわれにこう教えてくれた――「マーケットで大金を稼ぎ始めると、自分が何かすべてを理解したような気持ちになるだろうが、実際は何も分かっていないということを忘れてはならないぞ！　何もかも分かっているのは、投資家で

はなくマーケットのほうなのだ！」。これは投資の本質であり真実である。すべてを理解しているのは投資家ではなく、マーケットのほうなのである。そのマーケットが示すサインの読み方とマーケットの動きを学ぶのが、投資家の仕事なのだ。

　つまり問題なのは、マーケットで大金を稼ぎ始めると、マーケットについて理解したと勘違いしてしまうことなのである。何か知っているとすればそれはマーケットのほうなのに、自分がマーケットを超越した存在だと思いこんでしまうのだ。そしてマーケットに向かって次はこう動くべきだとか、これが起こるべきだとか言ってみたりする。それではマーケットと純粋な対話をしているとは言えない。純粋な対話とは、マーケットを毎日欠かさず観察して、マーケットの示すサインを読み取るという作業である。マーケットに命令したところで、すべてを牛耳っているのはマーケットである。そんな投資家には、マーケットが喜んで手痛い教訓を教えてくれるだろう。いくら合理的にマーケットを予測しようとしても、未来を正確に言い当てることなどだれもできない。その良い例が「根拠なき熱狂」である。これは1997年にアラン・グリーンスパンが言った有名な言葉である。この言葉を受けて、多くの投資家が株価の上昇には正当な理由がなく「根拠なき熱狂だ」と信じ込み、マーケットの天井を期待していた。ところが実際にはその３年後までバブルははじけず、結果として投資家は大きな損失を出して、多くの機会損失が生まれた。トレーダーとして成功すればするほど、マーケットに自分の考えを押しつける傾向が強くなっていったことを示す良い例である。

　マーケットで大きな利益を得ると、もうひとつ別の問題が起こる。われわれの住むこの社会では、人の所有物を見てその人の成功度を判断する傾向がある。だからこそ、マーケットで大きな成功を収めてエゴの塊になっているようなトレーダーというのは、現代のそのような物質主義の文化に後押しされて、大きなワナにはまってしまう可能性

がある。『トレーダー』という雑誌の表紙を見ると、浪費や物質主義という浅はかな概念がトレーダーの動機になっているという現実が垣間見える。豪邸やスポーツカー、自家用ジェット、高級ワイン、高級時計などの物が成功の証しとしてトレーダーの間で崇拝され、そしてトレーダーとして目指すべき理想の姿として提案されている。われわれはこの考えには断固として反対である。エゴを満たすことがトレードをする動機であってよいはずがない。真のトレーダーであれば、単純に大化け株をつかんで「ゾーンにはまった」ときこそが、最も心穏やかになり、最高の満足感を得られる瞬間であるはずだ。つまり、成功するトレーダーになることの本当の意味とは、トレーダーとしての腕を磨くことで至福の喜びを感じること、それに尽きるのだ。究極の目的はお金ではないということである。たしかにトレーダーとして成功すれば裕福になる。それはほかの職業でも同じことだ。しかしわれわれが投資家たちに願うのは、トレーダーとしての腕を磨くことに喜びを覚え、そしてそこに満足することの喜びを見いだしてほしいということである。そのような倫理観を持った結果として、マーケットで成功して大きな利益を手に入れることができればよいのである。そして、もし実際に投資で大儲けをすることがあるならば、物質主義に走って物に埋もれて人生を複雑化するのではなく、その裕福さを利用してできるだけシンプルな人生を送ってほしい。ヘンリー・D・ソローが『ウォールデン　森の生活』(小学館)のなかで、「人はそっとしておけるものが多ければ多いほど、豊かなのです」と述べている。これは究極の真実である。

　マーケットで何百万ドルも稼いでトレーダーとして成功を収めたとしよう。まるで当たり前とでも言うようにせっかく築いた富と引き換えにいろいろなものを手に入れても、その所有者になるどころか最終的には物に所有される運命をたどるだけだろう。本当にそれだけの価値があるのかどうか、自分に問いかけてみてほしい。このような「オ

ニール流」の倫理観を持っていれば、長期にわたりトレーダーとして成功しても生き残れる資質を手に入れることができる。そうすればどのような職業であっても、物質主義やエゴから遠ざかることができるだろう。それが最終的にあなたの自己崩壊を防ぐことにつながるのである。

　エゴを満たす手段として投資をするのは惨事を招く行為である。このような物質主義的な倫理観を持ってしまうのは、投資の本質を理解していないからである。海の大波に乗るサーファーは、自分はただ波に乗る存在であることを知っている。同じようにわれわれ投資家も、自分自身が波ではないことに気がつく必要がある――われわれはただ波に乗るだけである。われわれにできるのは波の大きさや長さを判断することで、できるだけ長くその波に乗り続けること、それだけなのだ。波の大きさや長さを決めるのは、波であってわれわれではない。世界中の素晴らしい波に乗る経験豊富なサーファーたちは、つつましさをけっして忘れない。彼らは海の持つ力と、その大本である絶大な自然の力に対して、深い尊敬と畏怖の念を持っているのである。われわれも投資家としてマーケットの持つ力とその大本である絶大な自然の力に対する尊敬の念を持つべきである。リチャード・ワイコフの言うとおり、マーケットとは大衆の心理そのものである。マーケットの動きに秘められた教えを理解することで、マーケットでの波乗りを最大限に楽しむことができるのである。サーファーと同じで、エゴを満たすことばかり考えていると、大きな力を誤って判断したり見失ったりしてしまう。そのようなトレーダーはマーケットの力によって一撃を食らわされ、エゴから生まれた間違った投資判断ともども、一発退場を強いられるはめになる。トレーダーであれば、このような偉大な力の存在を認め、そしてその力の前で投資をするときには謙遜心を忘れてはならない。

　ウィリアム・オニールはよく、膨らんだエゴほどトレーダーを崩壊

させるものはない、と言っていた。オニールを見ていると、トレードの勝敗で判断を変えたり、大きな利益が出ているからといって興奮することなどけっしてない。マーケットが大きく上昇してみんなが興奮しているときにオニールに電話をしても、オニールはほとんど無関心だった。実際、1998年後半にわれわれが保有していた銘柄がすべて信じられないくらいに急上昇したことがあった。電話口で、保有株がどれほど急騰しているか、そしてどれだけの利益が出ているかを興奮しながらオニールに話すと、それを静かに聞いていたオニールは、ハァーと長いため息をついて（憤慨のため息である）、ぶっきらぼうに「そんな株の話など聞きたくない」と言って、無愛想に電話を切ってしまった。映画『ウォール街』のなかで主人公のゴードン・ゲッコーが「投資の最初のルールは興奮してはならないということだ。判断力が鈍るだろう！」と言っていた。同じメッセージをオニールなりに伝えようとしていたのかもしれない。

　エゴを封じ込めるには考えるだけでは足りない。自分の感情やそれが自分の生理学にどのように影響を与えているのかを観察しなければならない。呼吸が浅く速くなってはいないか？　心臓の鼓動は？　手は汗ばんでいないか？

　今の自分には力がみなぎっているか？　それともイラ立ちを感じるか、高揚しているのか、希望を感じるか、あるいは不安を感じているのか？　このように感情的な要素に目を向けることで、感情に埋もれないようにするのだ。エックハルト・トールの著書『人生が楽になる

　超シンプルなさとり方』（徳間書店）は、この問題について詳しく解説されている（これについては第10章で詳しく取り上げる）。トールは、感情というものはわれわれが思考の行き着く先に作り上げてしまう落とし穴である、と説明している。現在に集中し、そのような感情の落とし穴に落ちかけていることに気がつくことができれば、イラ立ちのようなマイナスの感情であろうと、喜びからくる興奮のような

プラスの感情であろうと、その瞬間を生き抜くことでエゴを葬り去ることができるのである。

エゴを葬り去るには投資の動機を理解することも必要である。主に物質的な欲求を満たす手段としてのみトレードを考えてしまうと、そこにエゴが生まれるすきを与えてしまう。もちろん、努力が実ったことを喜ぶことに何の悪いところもないのだが、自分を見失ってはならない。ウィリアム・オニールならば、「われを忘れては元も子もないぞ！」と言っただろう。

最後に、マーケットに対して健全な尊敬と畏怖の念を常に持ち続けることを肝に銘じてほしい。マーケットを動かす力は、われわれ人間よりもはるかに強く、そして偉大である。だからわれわれができる唯一のことは、その偉大な力の動きに同調する形で利益が出せるような投資判断をしていくことなのである。人間は非力な生き物である。マーケットのような偉大な力をコントロールすることなどできるわけがない。抵抗すれば必ず自己崩壊を招く。それを避けるには、海に住む魚のように、われわれもマーケットという潮流と一緒に泳ぐしかないのである。

失敗に学ぶ

われわれはこれまでに19年間マーケットで投資をしてきたが、そこで犯してきた過ちの数は相当なものである。なかには大きな失敗もあった。マーケット全体の方向を見誤っていたこともあれば、ベースの構造を見誤っていたこともある。失敗から学んだことでわれわれの手法が大きく進化したこともある。ここからは、19年という投資人生を振り返り、特に重要だった過ちを取り上げる。そして、その経験からわれわれが導き出した解決策や教訓について検証していく。

自信過剰が引き起こした失敗例──ギル・モラレスに学ぶ

　第3章ですでに述べたように、私は1995年に大きな利益を出して有頂天になっていた。生まれて初めて十万ドルを優に超える大金を手に入れたのだ。そして映画『ウォール街』のゴードン・ゲッコーの言葉のように、「そのときは世界中のお金をすべて手に入れたような気分だった」のだ。

　大金を手に入れただけでも十分自分を見失うほどの出来事だったのだが、私のエゴを膨張させるような出来事が実はほかにも起こった。ペインウェバー（現在はUSBファイナンシャルサービスの一部）のブローカーとしてマーケットで成功した私は、会社でも順風満帆だった。私は新たな「大物プロデューサー」として抜擢され、センチュリーシティーのツインタワーの30階にある、床から天井まで窓で張り巡らされた大きな新しいオフィスを与えられたのだ。このビル街はカリフォルニアのビバリーヒルズとサンタモニカの間に割り込むように作られ、高級高層マンションが立ち並ぶことで知られていた。いろいろな意味で、センチュリーシティーは粋な都会だった。東側にある薄汚いロサンゼルスからは13キロ近くも離れていたし、「バレー」と呼ばれるサンフェルナンドとウエストロサンゼルスを隔てる丘陵地帯には金融や法律や芸能業界などの富裕層が住んでいる。そこは世間が言う高級地だったのだ。

　利己的な物質的主義と身勝手が許される──いや、それどころか美化される産業がひとつだけあるとすれば、それは証券業界だろう。「本物の」メルセデス・ベンツを所有しているのは自分だ、などというくだらない話題でブローカーが熱く言い争う場面など、ほかにどこで見られるだろうか？　また、ブローカーたちは立派にあつらえられた服を着こんでは気取って歩く傾向があった（私はこれを「クジャク症候群」と呼んでいた）。ブローカーたちは皆、身につけているスーツや

シャツやネクタイ、そして靴などを度がすぎるほど誇りに思っていた。ハンカチの折り方からそれをスーツの胸ポケットに入れる向きまで、はたまたネクタイの結びが二重になっているかどうかとか、カフスボタンは純銀かなど、大して重要ではない服装に関する細かいことにまで相当の気を配っていた。会社ではよく3〜4人のブローカーが集まって、互いのオーダーメードのスーツを褒め合っている光景を見かけた。その仲間に入らないようなブローカーはバカにされた。あるブローカーなど、「ブローカーからスターへ転身」などとうぬぼれたことを言いながら、私のメガネを見て笑っていた。なんとも奇妙な気分だった。私はメガネについては実用性を重視していたので、まさかそのメガネが私のファッション性を判断するものさしになったり、あるいは社会における（少なくともブローカー間における）私の価値を計る基準になるとは、夢にも思っていなかったからである！

　しかし、それが金融業界で「接客」販売をするブローカーの文化だったのである。この業界に入ったばかりのころ、ある営業部長に聞いた話だが、新米の自称「金融コンサルタント」が大きな家や高級車を買って、大きなローンを背負うようになってくれば、彼らはそのような生活水準を維持しようと躍起になる。それが懸命に働く動機につながるので、顧客に商品を売って、売って、売りまくるという姿勢が生まれる、という理論があるらしい。底なしの物欲が彼らの励みとなっているのだ。そんなブローカーたちによって販売プロセスが活発化するというわけだ。この基本的な構図が当時の証券業界の文化だったような気がする。自分の価値をくだらない物質主義を通してしか表現できないために、ブローカーたちは販売成績を上げる必要性に迫られる。そのように物欲に縛られながら販売をする営業陣を作り出すことが、経営者側のひそかな目標とまではいかずとも、望むところであったのだろう。

　まるで毒入りシチューに放り込まれた気分だったが、そんな環境で

私のエゴも大きく膨らんでいった。私は自分のことをリバモア級の熟練投資家だと思い込み、これまで使ってきた投資の手法に自分の「勘」を働かせてもうまくいくだろうと考えるようになった。前年にシーキューブ・マイクロシステムズ（CUBE）のみで500％以上の利益を上げたという事実が、私の投資家としての能力を証明しているではないか。『**オニールの成長株発掘法**』（パンローリング）に100％や200％稼いだ投資家の話は出てきたが、１年間で500％以上も稼いだ投資家なんて聞いたことがなかった。だから自分は特別な才能に恵まれた投資家なんだと確信していたのだ。残念ながら、マーケットのほうは私のそんな才能などは気にもせず、私の膨れ上がったエゴに手痛い打撃を与えてやろうと準備を進めていたようだ。

ルミシスの教訓

　1995年11月、ルミシス（LUMI）という新興企業が株式を公開した。画像をデジタル化する技術を医療業界に提供していたこの企業を、私は高く評価していた。動画を圧縮し、インターネットを通じて家庭のパソコンへと送ることを可能にしたシーキューブ・マイクロシステムズの技術のように、ルミシスの技術も革新的なものだと感じていたからである。ルミシスは新しい技術で、医師や医療関係者がレントゲンなどの医療画像によって効果的にアクセスする方法を提供した。つまり、革新的な新製品を作り出す可能性を秘めた企業だったのだ。こいつは大化け株になるに違いない——私はそう確信していた。

　ルミシスが株式を公開した1995年11月は、まだシーキューブのトレードに没頭していたころだったので、ルミシスが最初のベースを形成するのを規律を持って待つことはそれほど難しくなかった。しかし1996年４月になってもベースは完成しなかった。そのころにはすでにシーキューブのトレードも終わっていたので、私は新しい銘柄にあち

第4章　失敗に学ぶ

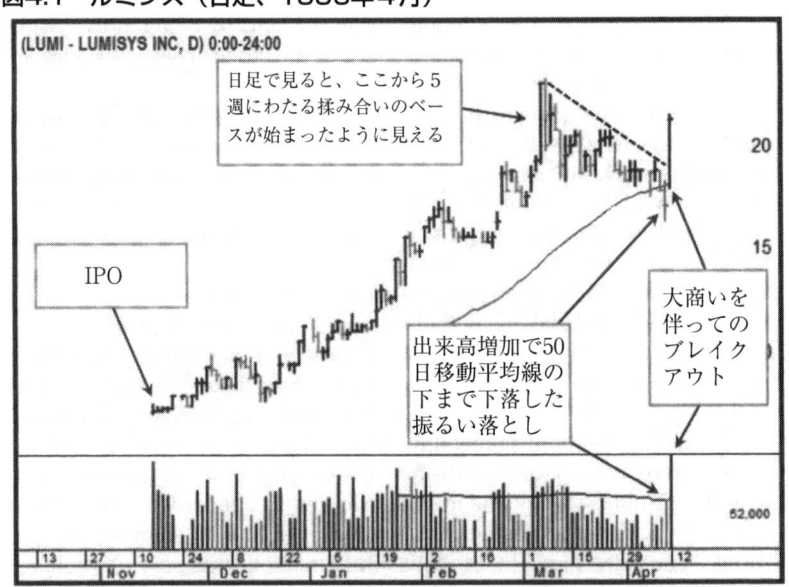

図4.1　ルミシス（日足、1996年４月）

らこちらと手を出しては良い結果を得られずにいた。私は1996年当時、チャートは主にデイリー・グラフを使っていたので日足チャートを見ることが多かった。**図4.1**は1996年４月のルミシスのチャートで、５週間のベースと思われる形からブレイクアウトして急上昇をしているところだ。私はこの会社の製品にほれ込んでいたので、大商いを伴っての完璧なブレイクアウトと思われる時点で買うことに迷いはなかった。ところが、私が思っていたほど完璧な結果にはならなかった！

ルミシスの1996年４月の日足チャート（**図4.1**）を見ると、価格がトレンドラインからブレイクアウトしたときの出来高は11月のIPO（新規公開）以来最多となり、目を見張るものがある。さらにこのブレイクアウトは、出来高が増加しているのに価格が50日移動平均線を下回ったあとに起こっている。私はこれを、「振るい落とし＋３」の買いシグナルだと考えた。つまり、価格がベースの安値である18ドル

125

付近に下落し、そこから上昇に転じたことで「振るい落とし」となり、18ドルの支持線から3ポイント上昇したところ、つまり21ドルが買いポイントとなる、というルールである。このルールでは、価格が21ドルを超えれば買いシグナルが点灯するのである。ルミシスの場合、トレンドラインからのブレイクアウトと「振るい落とし＋3」の買いシグナルが点灯していたことになる。だから、このブレイクアウトは強力なものであると私は考えた。すでにこの銘柄については先入観があったことと、この企業の製品自体にほれ込んでいたこともあって、やや過信気味でこの銘柄をブレイクアウトで買ったのだ。

失敗の連鎖

このトレードで私が犯した最初の過ちは、この銘柄がテクニカル面での条件を整えていて、さらに良い製品を抱えているからという理由で、良いトレードになるだろうと最初から先入観を持っていたことだろう。ある企業の事業や製品について調査をし、それを参考にして大化け株になりそうかどうかを判断するのは問題ないが、その判断をもとに基本的な銘柄選択やトレード手法まで変えてはならない。ある銘柄を買うときには、自分の投資法に基づく銘柄選択の条件をどれほど満たしているかをまず考える。その後、その企業について調査をした結果、大化け株になりそうな理由があれば、その可能性を最大限に引き出すための行動に出るのである。しかし、調査して得た知識のために、自分の投資のルールをねじまげるようなことがあってはならない。自分の投資手法には逆らわないことだ。つまり、まずは自分のルールに基づいて買いのシグナルが出たことを確認する――そのようなシグナルがないかぎりは、その銘柄の事業に熱を上げてはならないのだ。私はルミシスを買う前から、すでにこの銘柄にほれ込んでいた。つまり、最初からトレードは失敗していたも同然だったのである。本末転

倒の典型的な例である。

　この銘柄に対してすでに過大すぎる自信を持っていた私がさらに勢いづいてしまった理由がある。2つの買いシグナル——トレンドラインからのブレイクアウトと振るい落としを伴う買いのセットアップ——が発生したのだ。これを見た私は、大商いを伴って上昇した価格が高値を更新するに違いないと思い込んでしまった。このような先入観を持っていたので、私はこの銘柄を積極的に買った。今思えば、自分の愚かさにあきれてしまう。ルミシスの昔のチャートを見返すとその愚かさがさらに浮き彫りになる。過去の失敗を反省するときに最もつらいのは、自分がなんとバカげた投資判断をしたかを思い知らされることではないだろうか。

　ルミシスのブレイクアウトを別の日足チャートで見てみると（**図4.2**）、当時私が見落としていたこの銘柄の欠点がほかにもあったことが分かる。1つ目はこのベースの深さだ。50日移動平均線を下回った株価が再び上にブレイクしてベースの高値に近づいたとき、急速に上昇した分の調整がないままベースの底から一気に上昇している。2つ目は、私が積極的になってしまったことである。1日の平均出来高が12万株ほどしかなかったのに、大量のポジションを買ってしまったのだ。実は50日移動平均線をブレイクしたあとの値動きは短期トレードならばかなりの勝算があった。もしこのブレイクアウトに今述べたような欠陥があると気がついていれば、すぐに売って利食いすることもできただろう。しかし実際はそうはしなかった。私はシーキューブ・マイクロシステムズのような大化け銘柄を再びつかんだものと信じ切っていた。それを疑う気持ちはみじんもなかったので、あとはこの銘柄をずっと保有し続けて株価が大きく上昇するのを待つだけだと思いこんでいたのだ！

　ルミシスの週足チャート（**図4.3**）を見るとさらなる事実が明らかになる。ベースの週を数え始めるのは、価格が上昇して引けた週では

図4.2　底から一気に上昇（ルミシスの日足、1996年）

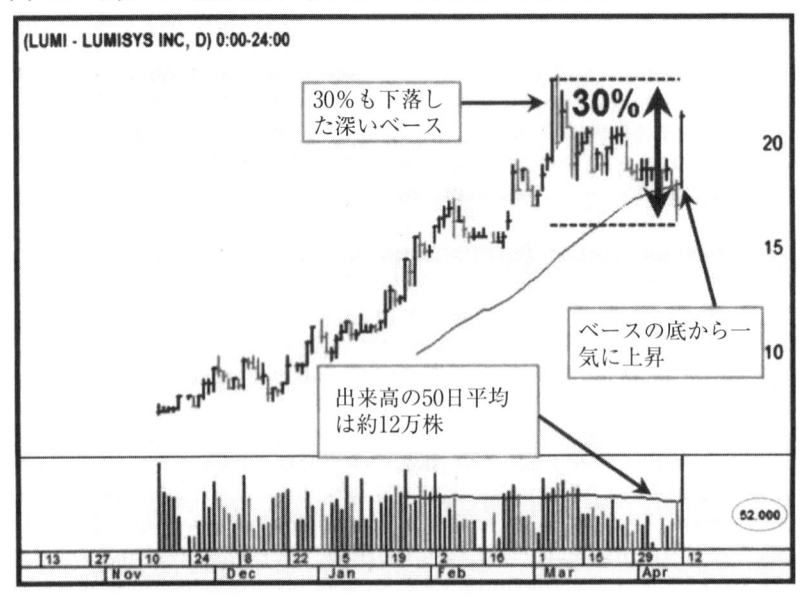

チャート内ラベル：
- 30%も下落した深いベース
- 30%
- ベースの底から一気に上昇
- 出来高の50日平均は約12万株

なく下落した最初の週からである。日足チャートでは5週間にわたるベースに見えたが、週足チャートを見ると実際には3週間しかなかったのだ。また、5週間のなかで上昇していた2週間は長大線で、しかもその週はちょうど値幅の真ん中で引けていることも注目すべき点であった。1995年11月のIPOから1996年4月までの上昇分がこのベースの長さでは適切な調整がなされていない。価格は3倍以上になったので、ベースは少なくとも6週間という期間を形成しなければ、それまでの上昇の動きをきちんと調整することはできないだろう。つまり、たとえルミシスのベースが5週間だったとしても、第1段階のベースとしては、やはり短すぎたということだ。一般的に、2つ目のベースからのブレイクアウトならば5週間のベースでもよいのだが、1つ目のベースからのブレイクアウトはもっと時間が必要だ。中期的で大きな株価の上昇には、それなりの準備が必要だからである。特に、株価

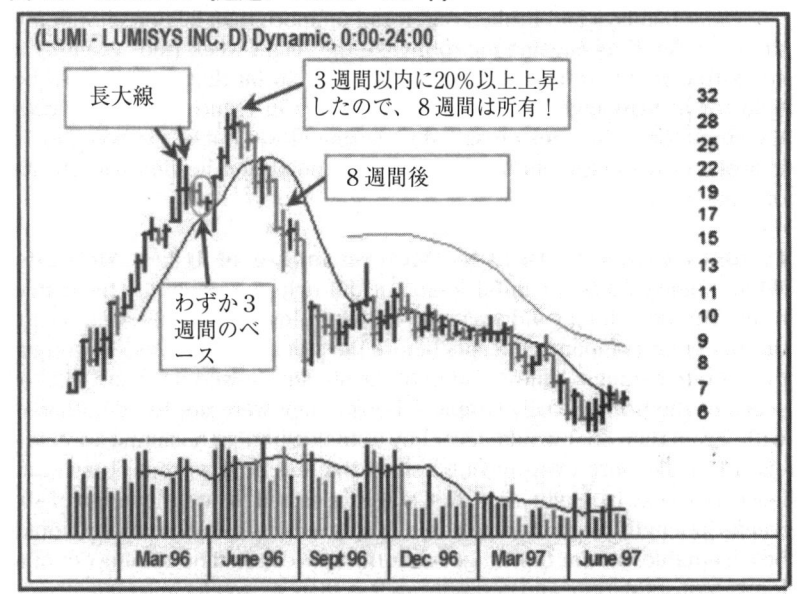

図4.3　ルミシス（週足、1996～97年）

が最初のベースを形成する前に急上昇をしている場合には当てはまることだろう。

　ルミシスはブレイクアウトしたあとに、わずか3週間で20％も上昇した。そこで、「ブレイクアウトしたあとにそれほど素早く、しかも大きく上昇するような銘柄は最低でも8週間は持ち続けなければならない」という「8週間ルール」に従うことにした。8週間、この銘柄を持ち続けた結果どうなったか？　最初のブレイクアウトのポイントを切るところまで下落して、私は損切りを余儀なくされ、その後IPO時の水準まで下落していった（図4.3）。

ようやく理解できたオニールの手法

　ルミシスでは手痛い教訓を学ぶ結果に終わったが、このトレードの

おかげで私は自分の投資手法を少しだけ洗練させることができた。まずは、自分の銘柄選択の条件を満たしていないのに、その銘柄にほれ込んだり、あるいはその企業に何か素晴らしい長所がないかと考えたりするのをやめた。週に１回、デイリー・グラフで調べるまでは銘柄にこだわらないのだ。これを実行してからは、週足チャートで最低でも６週間にわたる適切なベースを形成している銘柄を確認するまでは、けっして株を買うことはなくなった。また、１つ目のベースは最低でも６週間にわたっていることを条件とした。２つ目のベースについては５週間と少し短くても良しとしたが、１回目のベースにはより長い揉み合いが必要なので、６週間以下のものはすべて選択肢から外した。

　８週間のルールに従ったことで損切りを余儀なくされた問題については、特に何も対策は立てなかった。そもそも、短すぎる不適切なベースを最初から避けていれば、８週間ルールを適用する状況にすらならなかったからだ。さらに、ルミシスは流動性が低く売りたくてもなかなか買い手がつかなかったことから、出来高が１日に30万株以下の銘柄は買わないというルールも新たに作った。ルミシス株が暴落し、この銘柄を必死になって売りさばこうとしていたときのことは、今でもけっして忘れられない。私は多くの顧客にもこの銘柄を買っていたので、まずは彼らの株から先に売らなければならず、それが事態をさらに悪化させた。売り注文を出すにしても、外部のマーケットメーカーに注文を出さなければならなかったので買い気配が付かず、毎回注文が通るまでに数分もかかっていた。この経験は私にとってかなりの衝撃だったので、もう二度と商いの少ない銘柄は買うまいと心に誓ったのである。

　1996年当時、30万株という数字は１日の平均出来高としては受け入れられる最低水準だった。しかし最近では、最低でも35～50万株はないと買わないことにしている。できれば100万株の単位で取引されているような銘柄を買うことにしている。ルミシスで失敗したあと、い

ろいろと分析をしてみた。最初は商いが少なかったのに大化けした過去の銘柄を調べてみたのだ。そこから分かったことは、最初は商いが薄くても、マーケットの主導株に成長したころには１日の平均出来高も大幅に増加していた、ということである。通常は１日の平均出来高を見れば、どのような投資家がその銘柄を取引しているのかが予想できる。機関投資家が多く保有しているような銘柄は流動性が非常に高く、トレードも活発になりやすい。つまり、１日の平均出来高が多ければ多いほど、機関投資家が多く保有しているので株価が下がりにくいということだ。また、ある銘柄が大化け株に成長する時期が近づいたかどうかを判断する材料として、IPO後に機関投資家がその銘柄に興味を持ち、その結果として出来高が増加するかどうかを見定めればよいのだと考えた。機関投資家による強い後押しがあるということは、株価がそろそろ大きく上昇するという予測を立てることができる。これはルミシスの経験を通して得た重要な発見である。ルミシスによる損失も、高額な授業代と考えれば支払った価値はあったのかもしれない。

　ひとつの株が主導株へと成長し、さらに機関投資家の後押しを得ることで１日の平均出来高を増やした例を具体的に見ていこう。**図4.4**は2006～07年のクロックス（CROX）の週足チャートである。出来高を示す棒グラフの中心を横切る折れ線は出来高の10週移動平均線である。機関投資家がクロックス株に群がり始めたことで、この折れ線が少しずつ上昇しているのが分かる。大きく増加し続けていた出来高が、2007年４月にさらなる増加を記録した。これは2007年の強気相場でクロックスが主要なマーケットリーダーとなり、急速に株価を上昇させた時期と一致している。

図4.4　クロックス（週足、2006〜07年）

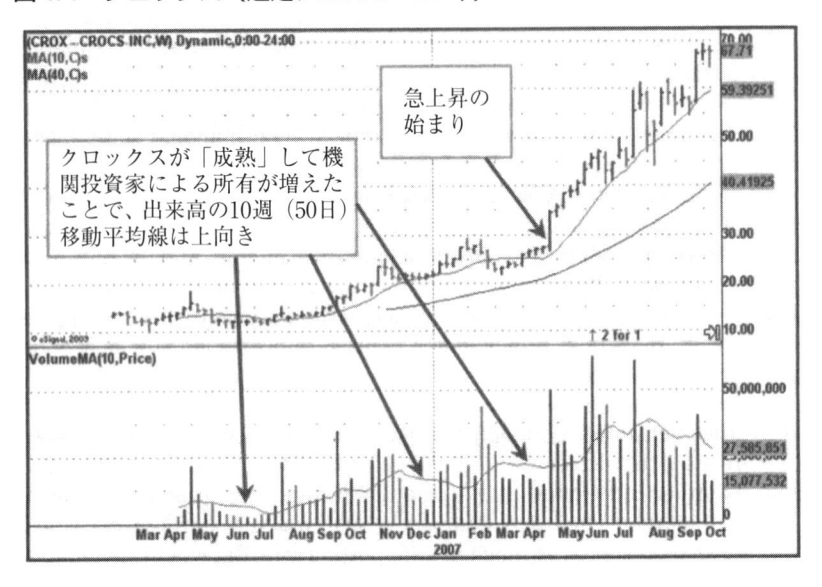

[チャート図：クロックス（CROX）週足チャート。注釈「急上昇の始まり」および「クロックスが「成熟」して機関投資家による所有が増えたことで、出来高の10週（50日）移動平均線は上向き」]

「大化け株の原理」の誕生

　ルミシスの失敗は、のちの「大化け株の原理」を考え付くきっかけになった。私はその後２年ほどかけてようやくオニールのこの手法の基本原理を理解し始めた。景気や相場サイクルにかかわらず、そのときの経済状態のなかで最先端を担う企業が大化け株の核となる。それは新たな業界や経済発展などの経済の重要な原動力になる。そしてそのような重要な地位にある企業なら、その規模や相場サイクルにかかわらず、機関投資家が必ず買う。そのようにして買われた銘柄は、たとえ正真正銘の主導株ではないにしても、長期にわたり機関投資家のポートフォリオの中心になる。数多くの相場サイクルのなかから、サイクルごとにわずかではあるが例を挙げるとすると、1970年代のピック・Ｎ・セーブやタンディー、1980年代のインテル（INTC）やマイ

クロソフト（MSFT）、1990年代のアメリカ・オンライン（AOL）やシスコ・システムズ（CSCO）、2000年代のアマゾン・ドット・コム（AMZN）やアップル（AAPL）やグーグル（GOOG）、バイドゥ・ドット・コム（BIDU）やリサーチ・イン・モーション（RIMM）などがある。これらの銘柄には機関投資家の資金が多く流れ込んだ。強気相場ならぜひ保有したい銘柄だと言えよう。このように機関投資家に大量に買われた銘柄は下落しにくいので、たとえ売られてもある種の保険のように機能する。その理由は、機関投資家が買った価格が理論的な押し目の水準となることが多いからである。

「大化け株」の重要な特徴は、1日の平均出来高が十数万株ではなく数百万株という単位になることである。どこぞの老婦人の投資クラブがマイクロソフト株とAT&T株を2株ずつ買っているのとは異なり、マーケットを動かしているのは大玉を振る機関投資家の資金である。個人投資家のあなたは、この川の流れのど真ん中に飛び込むのが得策である。そうするには「大化け株」を保有するしか道はない。どのような相場サイクルであっても同じである。ルミシスの失敗という痛い経験をしたからこそ、出来高の少ない銘柄はけっして大化け株にはなれないのだと言うことに気がついた。そしてこの「大化け株の原理」を発見することができたのである。

チャールズ・シュワブ（SCHW）の株価が急上昇していたとき、私はこの銘柄を大量に保有していた（**図4.5**）。1998年12月、私はウィリアム・オニールから1本の電話をもらった。1998年の強気相場で急成長していたアメリカ・オンライン（AOL）はオニールのお気に入りだった。AOLについては面白い裏話がある。私はオニールの助手としてよくワークショップに参加していた。オニールはいつも話をどんどん進めながら、過去の相場に現れたいろいろな主導株について参加者に説明していた。まるで記憶を呼び起こすかのようにさまざまな情報を提供するなかで、AOLのことをアメリカン・オンラインと呼

図4.5　チャールズ・シュワブ（週足、1998～99年）

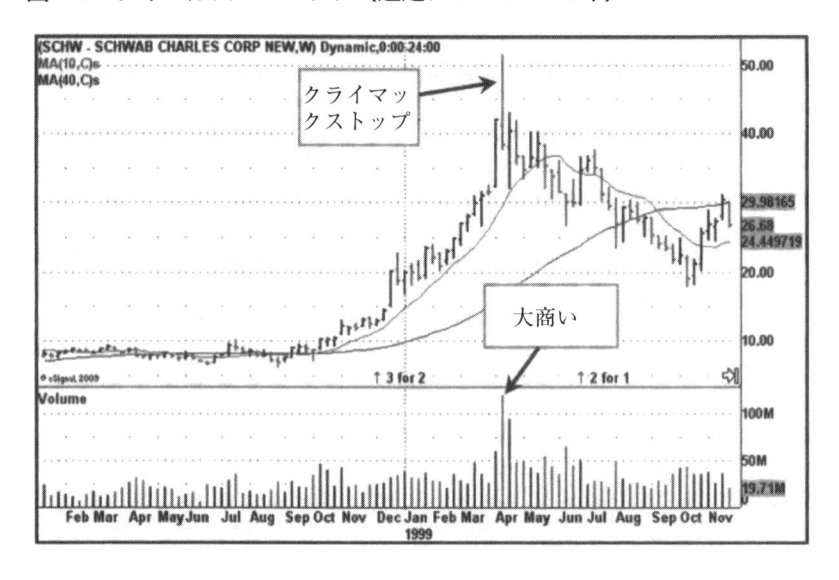

ぶことがあった（正しくはアメリカ・オンラインである）。オニールは株式市場の歴史や情報をすべて知る生き字引のような人だった。おそらく、キューバ危機の真っ最中にマーケットが大きく上昇した1962～63年の大化け株であるアメリカン・エアラインと混同していたのだろう。とにかく、そんなオニールが私に電話をしてきて、たった一言、「AOLが大化け株になった」と言うのだ。その瞬間、私の頭のなかではトランペットが鳴り響き、天使が舞い降りてきた。そして突然すべてを理解したのである。まるで天が大きく開いたかのように、私は大化け株の原理を突如として鮮明に理解したのである。

　私はさらに、大化け株の原理が空売りでも通用することに気がついた。強気相場での大化け株が直後の弱気相場では最高の空売り銘柄となるからである。大化け株を大量に買って保有していた機関投資家は、売るときにも大きな波を生み出す。その波は弱気相場であれば継続的な下降トレンドとなって株価に影響する。空売りについては第8章で

見逃したソーラー銘柄の動き──ギル・モラレスの失敗

　資金運用会社でトレードをしていると、企業の一員という公共の立場で、ほかのパートナーたちと共に資金を運用しなければならない。その最大の落とし穴は、そういったさまざまな顧客や関係者がそれぞれの感情や意見を持っているので、どうしてもその影響を受けることである。それが必ずしも悪いわけではないのだが、そのような影響はできるだけ受けないようにする必要がある。それがどれほど難しくても、である。特にそれが投資手法に対する認識の違いという枠を超えて学識的な観点から述べられた意見の場合には、特に注意しなければならない。

　2007年9～10月、私はソーラー銘柄を完璧な買いポイントでいくつも買った。そのなかでも最も大量に買ったのがファースト・ソーラー（FSLR）である。大化け株になるという私の予想どおり、ファースト・ソーラーはギザギザの取っ手付きカップを形成した。それは1998年10月にアメリカ・オンラインが67週間をかけて460％も上昇したときの形に似ていた。ファースト・ソーラーの週足チャートに、そのギザギザの取っ手付きカップが示されている（**図4.6**）。ブレイクアウトする前に、すでに私はこのパターンが形成されていることに気がついていた。さらに10週（50日）移動平均線の近くで終値が3週間にわたり収束しているのも、良いパターンの構造であると感じた。1998年後半から99年前半に大化けしたAOLがファースト・ソーラーの「ギザギザ」のV字の取っ手付きカップの前例になると考えた。ファースト・ソーラーのチャート（**図4.6**）と1998年のAOL（**図4.7**）のチャートにはかなりの類似点があり、説得力がある。そしてソーラー業界全体をテクニカルの観点から見ても、この分野で主導株になれそうなファース

図4.6 ソーラー銘柄の「大化け株」（ファースト・ソーラーの週足、2007年）

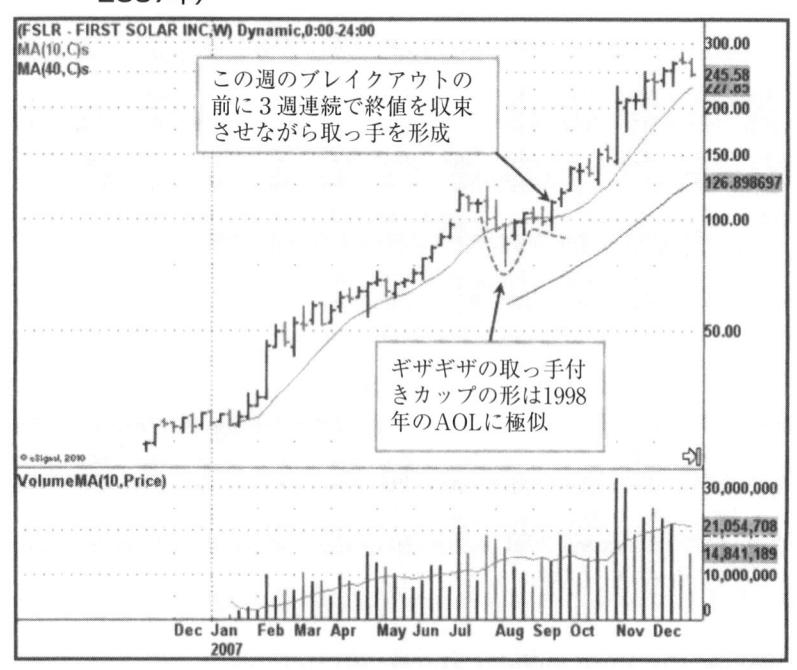

（チャート内注釈）
- この週のブレイクアウトの前に３週連続で終値を収束させながら取っ手を形成
- ギザギザの取っ手付きカップの形は1998年のAOLに極似

ト・ソーラー以外の銘柄が強いチャートパターンを形成しており、業界全体が上昇基調を示していた。また、ファースト・ソーラーは一般的に使われていたポリシリコンを使わずにソーラー電池を製造するための独特の低コスト技術を持っていた。2007年にポリシリコンの品不足が起こると、薄膜技術を持つファースト・ソーラーがポリシリコンに頼っていた競合他社よりも有利な立場に立った。

　私はこのソーラー銘柄の大化け株を50日移動平均線付近で買い、さらにブレイクアウトする前の100ドル付近でも買ってかなり大量に保有していた。ブレイクアウトしたらさらに買うつもりだったので、９月21日の寄り付き直後に出来高が増え始めたのを見ると、増し玉をした。ファースト・ソーラーだけを見ても、一斉にブレイクアウトを始めていたこの分野を全体で見ても、これ以上の買い時はなかった。こ

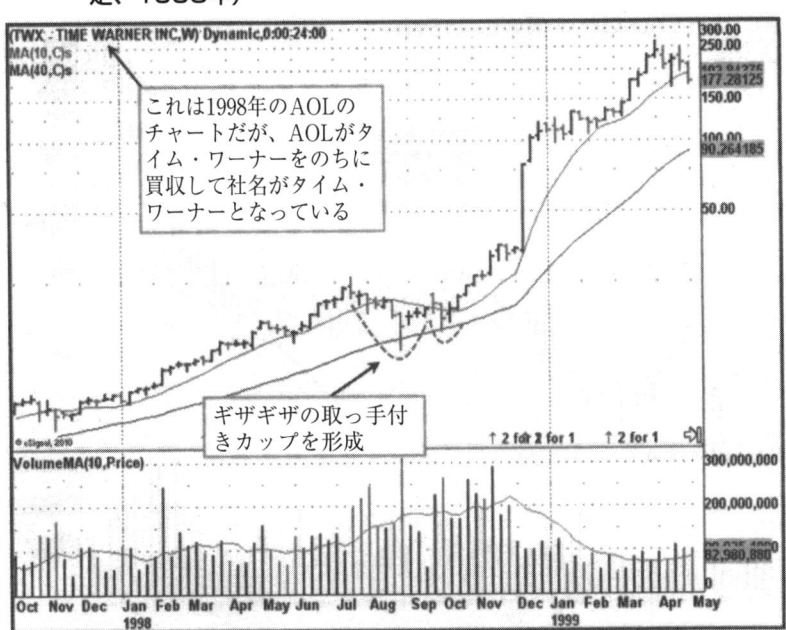

図4.7　2000年にタイム・ワーナーになる前のアメリカ・オンライン（週足、1998年）

のような業界全体の盛り上がりはソーラー銘柄に大きな動きが始まっていることを明らかに示していた。1999年のハイテク銘柄以来、初めて業界として説得力のある買いの機会を提供してくれたのが、このソーラー銘柄だったのである。サンテック・パワー・ホールディングス（**図4.8**）やJAソーラー・ホールディングス（**図4.9**）のような銘柄にも取っ手付きハンドル型のベースが形成されていた。

　2007年10月17日の金曜日、私はビジネスパートナーから電子メールを受け取った。週末まで続いた彼との長いやりとりは次のようなものであった――まずパートナーは、マーケットの動きが怪しいから金曜日の大引けで10％ほど利が乗っているので仕切るべきだと主張してきた。このような考え方はそもそも私の投資スタイルからかなり離れている。この程度の値動きや10％の利益という数字は、これまで私が見

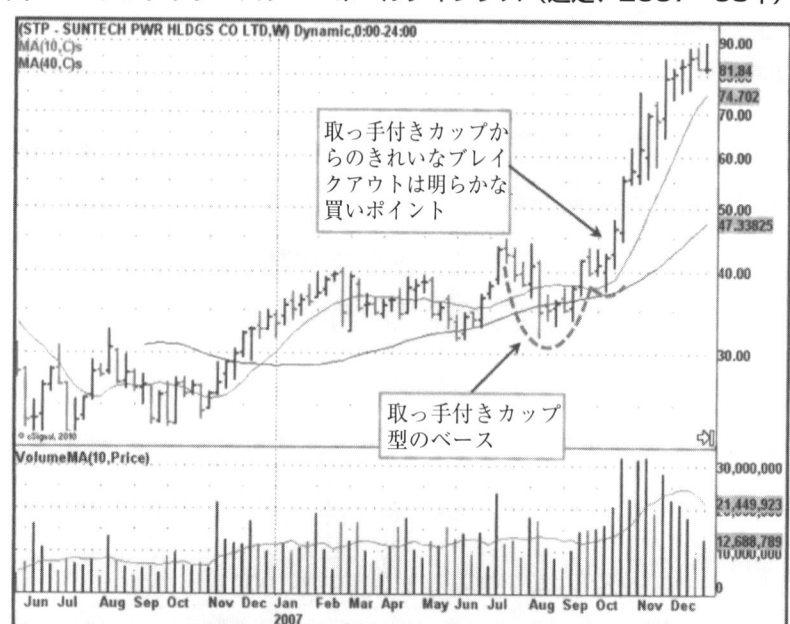

図4.8　サンテック・パワー・ホールディングス（週足、2007〜08年）

（チャート内注釈）
- 取っ手付きカップからのきれいなブレイクアウトは明らかな買いポイント
- 取っ手付きカップ型のベース

てきた株価の変動率や値動きに比べてかなり小さい。保有株が大化け株になるまで見守る私の投資手法では、この時点での利食いは早すぎた。そこで私は今が絶好の買いの機会なんだと食い下がったが、彼はやや高慢とも思われる言い方で反論した。

　今のようにナスダックの上昇が少ない出来高で、しかも買い集めの日数が少なかった時期を1985年までさかのぼって調べてみたんだ。ナスダックが現在のような状態で上昇したのは1回だけで、1996年7月16日だった。このとき、最初の8週間の上昇中に大きな買い集めがあったのは1日だけだった。そしてそれ以降に頻繁に現れ始めたんだ。少ない出来高は投資家の不安な心理を反映していることは君も知っているだろう。

第4章 失敗に学ぶ

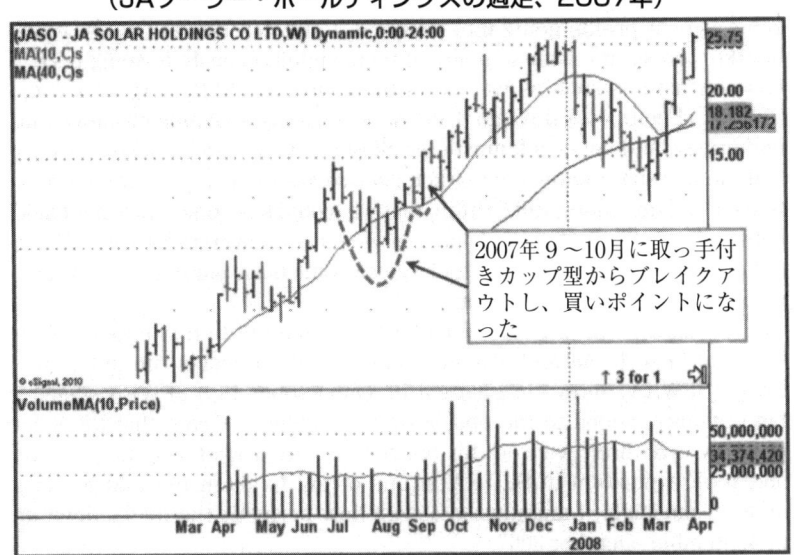

図4.9 ソーラー分野に現れたもうひとつの完璧な取っ手付きカップ型
（JAソーラー・ホールディングスの週足、2007年）

2007年9～10月に取っ手付きカップ型からブレイクアウトし、買いポイントになった

　このようなくだらない話に耳を傾けてしまったのがいけなかった。ウィリアム・オニールは私に、まず何よりも先に自分の銘柄を観察して、指標の動きを気にするのはそのあとにしろ、と言っていた。指標が弱まって7～12％の中期的な調整に入っても、主導株は株価を収束させながら健全なベースを作ることがある。指標の動きを理由に保有株を手放すのは、このオニールの基本概念に反している。私は相手にそれをそっくりそのまま書いて返信をした。すると相手も負けじと返信してきた。「場合によってはそうかもしれない。たしかに主導株はほかとは違う重要なサインを出すこともある（調整のあとに平均株価が勢いを失っているのに、いくつかの銘柄がブレイクアウトしているときなどがその例だろう）。しかしマーケット全体の需要が低ければ、主導株にだって限界があるはずだ」
　このやりとりをしていたわずか1週間前に、私はほかのトレーダー

図4.10　サンパワー（日足、2007年）

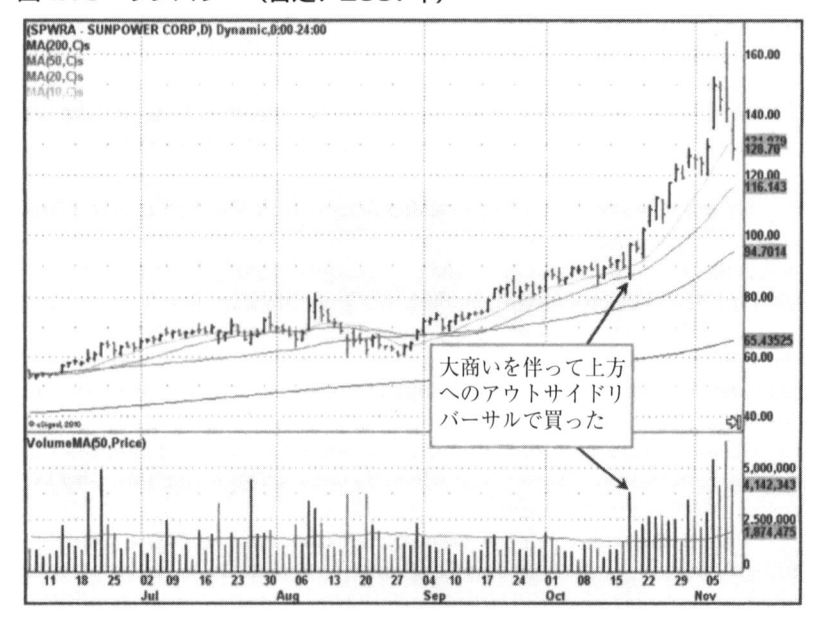

（チャート内注釈）大商いを伴って上方へのアウトサイドリバーサルで買った

やトレード部長のビル・グリフィスに、ソーラー銘柄が大きな動きを見せているので年末にかけてかなりの利益を得るチャンスだと伝えたばかりだった。だからなおさら、この会話がこっけいに思えた。ファースト・ソーラーやサンテック・パワー・ホールディングスやJAソーラー・ホールディングス、さらにサンパワー（図4.10）などのチャートに完璧なベースが形成されていたことからも、この業界全体が同時にベースを形成してブレイクアウトしていたのは事実である。だから私は大きな値動きが近づいている、つまり大きな利益を手にする最大のチャンスが到来したのだと感じていた。これまでの経験から、マーケットは常に投資家を振るい落とそうとすることを私は知っていた。だからビル・グリフィスに「これらの銘柄は上昇を始める前に、一度大きく下落するだろう。銘柄が振るい落としをする可能性があるが、この業界の保有銘柄は何が何でも手放してはならない」と伝えて

いたのだ。

　この週、私はブレイクアウトをして上昇中だったサンパワーを買った（図4.10）。10月18日、サンパワーは大商いを伴って上方に大きくアウトサイドリバーサル（前日の高値と安値をそれぞれ更新すること）した。ソーラー業界が絶好調だったこともあり、私はこの大商いを伴った上昇をかなりの好材料と考えた。そして私の運用しているファンドで90ドル半ばだったサンパワー株を買ったのだ。今考えると、2007年9～10月にこれほどまでにいろいろな銘柄が完璧な形を形成していたことに改めて驚かされる。

　しかし残念なことに、私は10月17～19日の間にパートナーから弱気のメールをあまりにもたくさん受け取っていた。利食いをしたほうがよいとか、あの有名な1987年10月に起こったブラックマンデーの大暴落と今のマーケットの動きが似ているとマスコミが騒ぎ立てているとか、そういった話を聞いた私は自信をなくして混乱してしまったのだ。

　10月22日の月曜日、下落しても絶対にソーラー銘柄を手放してはならないと会社のトレーダーに話しておいたその大きな下落が、ついに現実のものとなった。弱気な報道やパートナーの意見を聞いて考えが揺らぎ始めていた私は、当初の計画を変えてしまったのだ。10月中に起こるだろうと予測し厳しい下落をどのように乗り越えるかまですでに完璧に計算してあったのに、である。それだけではない。ソーラー業界ですべての条件が整い、マーケットに絶好の機会がやってきたという証拠までつかみ、この業界の銘柄が大きく成長することに対して絶大なる自信を持っていたのに、その考えをすべて覆してしまったのだ。ここで学ぶべき教訓は明らかである。私はけっして当時のパートナーやメディアを責めているのではない。責任は私自身にある。計画を立ててトレードをし、感情や他人の個人的見解などはすべて切り捨ててその計画どおりにトレードを実行する――というトレードの基本前提を破ってしまった！　せっかく正しい時期に正しい銘柄を保有し

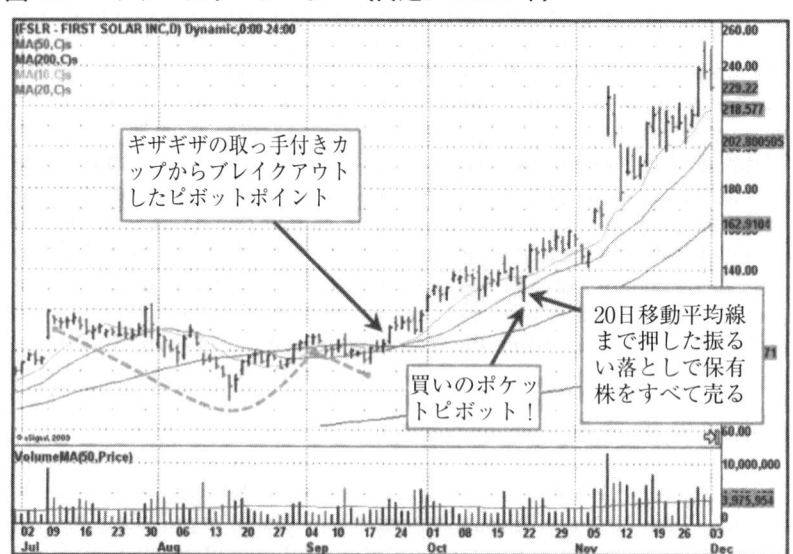

図4.11　ファースト・ソーラー（日足、2007年）

[図中注釈]
- ギザギザの取っ手付きカップからブレイクアウトしたピボットポイント
- 買いのポケットピボット！
- 20日移動平均線まで押した振るい落としで保有株をすべて売る

ていたというのに、他人に影響されて恐怖心を覚えた私は、10月22日にファースト・ソーラーを初めとするすべてのソーラー銘柄を手放してしまった。

　しかしファースト・ソーラーは20日移動平均線を下回るところまで下落しただけだった。下落したその日も結局は高値で引けて、それを最後にこの安値まで下落することはなかった（**図4.11**）。私はこの銘柄を大量に所有していたが、この日にそのすべてを売ってしまった。その後の数日間、私はこの銘柄を再び買おうとしたのだが、自分が犯した失敗の大きさに大変なショックを受けて、結局この銘柄を再び買うことはできなかった。皮肉なことに、ファースト・ソーラーは下落して私が売ったあと、同じ日にすぐに反転して上昇し、20日移動平均線の上で引けている。つまり実際には買いのピボットポイントだったのだ！　せめてこの事実にさえ気がついていれば、ファースト・ソーラーをすべて売った同じ日にポジションを増やして再び買うこともで

きたはずである。

　2007年当時はまだポケットピボット戦略という武器を持っていなかった。しかし、今の私にはポケットピボット戦略もあるし、20日移動平均線を下回ってもその日の大引けまでは売らずに待つ、というこのとき作ったルールもある。日中に下落しても、株価が再び上昇して結局は移動平均線の上で引けるのはよくあることである。当時このルールを持っていれば、2007年10月22日にファースト・ソーラーを売ることはなかっただろう。今では20日移動平均線や50日移動平均線を絶対に売る線と考えるのはやめて、上下を分けるひとつの「区域」としてとらえ、株価が移動平均線の付近でどのような値動きをするかを観察するようにしている。日中の株価が移動平均線を一時的に下回ることはよくある。時には再び上昇して前の価格に戻すまでに1～2日、あるいはそれ以上の時間がかかることもある。多くのトレーダーが移動平均線を絶対的な支持線と考えて売る。すると当然、移動平均線を下回った銘柄には売りのモメンタムが加わり一時的に下落するのだ。移動平均線付近での株価や出来高をきちんと観察し、株価が移動平均線を下回っても保有株が振るい落とされないように注意しなければならない。私は、移動平均線や支持線とは株価が支持や抵抗を受ける価格帯の分離帯あるいは中心点であると考えている。また、もうひとつ別のルールも作った。株価が20日移動平均線などを初めて下回ったら、その翌日にその安値をさらに下回るような「普通でない」動きがあるかどうかも確認しなければならない。これはどの移動平均線にも使えるルールである。株価が移動平均線を下回ったら、その翌日にさらに安値を下回って初めて、明らかに普通でないと考える。このルールに基づくならば、1日の動きだけでは株価の普通でない動きは確認できないことになる。

　ナスダックのチャートを見てみよう（図4.12）。2007年の第4四半期もまた、自分の銘柄をまずは観察してから、初めてマーケットの指

図4.12　マーケットは天井を打つがソーラー銘柄は上昇を続け、株価を観察してその次に市場指標を見ることの正しさを証明した（ナスダックの日足、2007年7～11月）

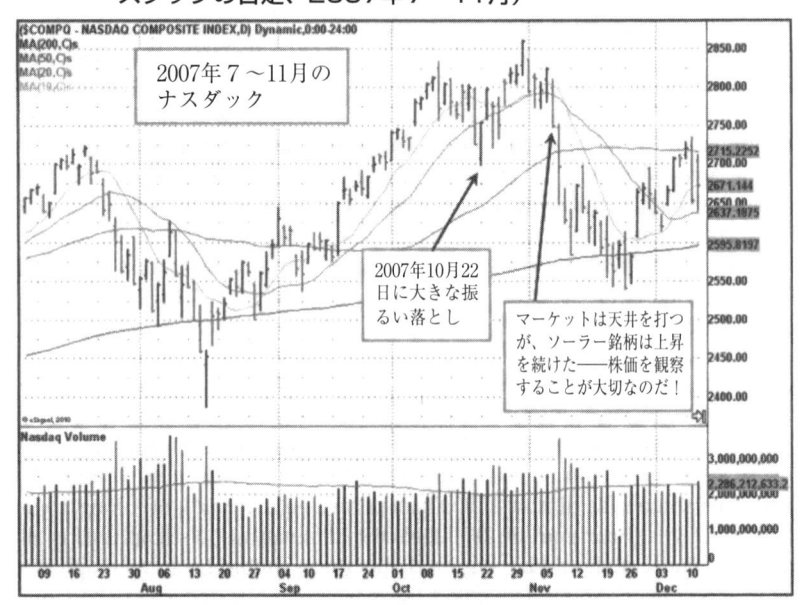

（チャート内注記）
- 2007年7～11月のナスダック
- 2007年10月22日に大きな振るい落とし
- マーケットは天井を打つが、ソーラー銘柄は上昇を続けた――株価を観察することが大切なのだ！

標を確認するという原理が正しいことを証明している。11月上旬にナスダックは天井を付けている。ところがソーラー銘柄は、上昇を続けたのだ。私がパートナーに指標のささいなことに気をとられてばかりいないで株価の動きを見るべきだ、と言ったとおりになった。

　トレーダーは自分の考えに基づいてトレードをするべきである。他人に邪魔されたり干渉されたりすることがあってはならない。たとえビジネスパートナーだろうとマスコミだろうと関係ない。そういったものの影響を受けて自分の計画を捨てるようであってはならないのだ。自分でトレードを計画し、その計画どおりにトレードを実行する――このルールを肝に銘じておくことだ。他人の影響を受けたり意見に惑わされることなく、リバモアが理想とした「トレーダーの孤立」という状態を確保したうえでこのルールに従うことが望ましい。

長期にわたる空売り──ギル・モラレスの失敗

　私が最大の損失を出すのは、いつもマーケットで空売りをしたときだった。損失額は、自分がどれだけ大きな過ちを犯したかをそのまま反映していると私は考えている。その定義からいくと、私の空売りは相当大きな過ちだったことになる。2002年10月にマーケットが底を付けたとき、私は空売りをやめることができずに危機的状態に陥ったことがある。当時、過去70年間で最も厳しい弱気相場が２年目に入ったところだった。すでにだれもが損失を抱えた悪い状況だったにもかかわらず、そこからさらに事態は悪化するだろうと思わせる要因がいくつもあった。そんなある日、ロサンゼルスの中心街にある高層ビルで機関投資家向けのプレゼンテーションを行った。ある熱心な機関投資家が参加者の前に立ち、ナスダックの下落にダウとS&P500がまだ追いついておらず、この２つはさらに下落するはずだと熱く語った。部屋中のだれもが納得するようにうなずいた。私もそのなかのひとりだった。前年の2001年に、ちょうど私はほぼ空売りのみで170％増の利益を達成し、マーケットで空売りをする醍醐味に酔いしれていた矢先のことだった。

　2002年にマーケットが底を付けても、弱気相場に慣れてしまった投資家たちは、マーケットがすでに底を付けた可能性について考えられない状況だったのだ。当時ウィリアム・オニール・アンド・カンパニーで働いていたわれわれも底を探すことに疲れ切っていて、もう二度と底を見ることはないのではないか、そしてもし底が訪れたとしても自分たちの指標ではそれを見つけることができないのではないか、と感じるようになっていた。2002年９月９日にウィリアム・オニールと交わした議論について、私は日記にこのように記している──「大きな相場サイクルという視点で考えれば、マーケットは５回に１回のサイクル、つまり20年に１回しか現れない状況に陥っているのではない

だろうか。だから、どんな指標や手法を使っても底を見つけられないのかもしれない。最後に見た強気サイクルでは、株価が上昇しすぎた回数があまりにも多かった。まるで双頭の怪物のようだった」。

　2002年9月23日になっても、マーケットは陰々滅々とした雰囲気から抜け出せずにいた。私のトレード日記の記述から、2年半という長い間続いていたこの弱気相場について、ウィリアム・オニールがどのように考えていたかをうかがい知ることができる——「政府がイラクに傾倒していることは至極正しいことだが、経済にももっと力を入れるべきだ、とオニールは考えている。日本国債の入札失敗もかなりの痛手だが、理由はほかにもある。日本が不良債権処理を民主主義制度の特徴である創造的破壊のプロセスをもって解決できなかったことにも問題がある。日本と欧州の弱さがアメリカのマーケットにも深刻な影響を与えることになるだろう」。9月の終わりにはマーケットは安値を更新した。私は大量に空売りをした状態で2002年10月を迎えた。空売りの醍醐味を再び味わうことができるかもしれないという期待感に、ツバをゴクリと飲み込むほどだった。

　ナスダックが9月後半から10月上旬にかけて安値を更新する様子を示したのが**図4.13**である。これを見るとマーケットは明らかに不調である。私と同じように相場を弱気ととらえていた投資家ならば、この安値の更新を見て空売りを積極的に行うサインだと受け止めていただろう。あのウィリアム・オニールですら、さらなる下落を予測していたくらいだ。オニールは10月4日ごろに電話で私に、2000年の強気相場で上昇した大型のハイテク銘柄を空売りしようと思っている、と教えてくれたのだ！　それほどマーケットの展望は絶望的だったということだ。オニールによると、売りを考えている大型のハイテク銘柄は、企業買収をしすぎたせいで大きな問題を抱えているということだった。事業者としてはあまりに多くのものを管理しなければならない状況は避けたいものである。50の企業を買収したら50種類の経営を立

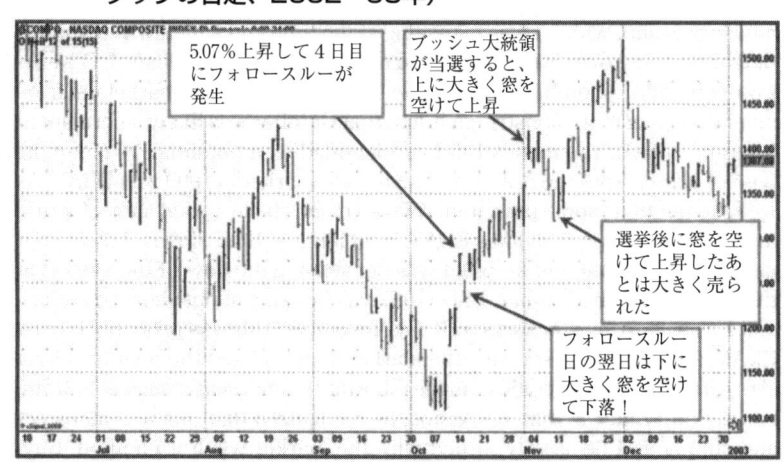

図4.13　2000～02年まで続いた弱気市場がようやく底を付けた（ナスダックの日足、2002～03年）

（チャート内注釈）
- 5.07％上昇して4日目にフォロースルーが発生
- ブッシュ大統領が当選すると、上に大きく窓を空けて上昇
- 選挙後に窓を空けて上昇したあとは大きく売られた
- フォロースルー日の翌日は下に大きく窓を空けて下落！

て直す必要があるからだ。

　しかし予想は裏切られ、われわれは大きな衝撃を受けることになった。10月10日、マーケットは底を付けると上昇へと急転換した。ナスダックは2000～02年の弱気相場の最安値から4.42％も上昇したのだ。3日後、ナスダックは大商いを伴って上に窓を空けながら5.05％も上昇し、4日目のフォロースルー日を記録した。この底で空売りをしていた投資家は、マーケットが安値から上昇へと動いた4日間で深刻な打撃を受けたはずだ。大量に空売りをしていた私は、貨物列車の動きを食い止めようとするかのごとく上昇の波に必死に抵抗していた。フォロースルー日には私も打撃を受けていた。しかし翌日のマーケットは薄商いで下に窓を空けて下落したので、私はそれを空売りを続けるべきサインだと思い込んでしまった。しかしフォロースルー日の2日後、株価は上に窓を空けて再び上昇に転じた。そしてマーケットはその後12日間じりじりと上昇を続け、そして再び上に窓を空けて寄り付いた。その後、ナスダックは数日間大きく下落し、たまたま大統領選

挙だった日に付けた1420ポイントの高値から、5日後には1319.06ポイントの安値まで下落した。

　ナスダックが見せた不規則な動きに気を取られて買いの勢いを感じ取れなかった私は、それでもまだ空売りのことばかり考えていた。この状態になってもまだ、私はマーケットの上昇は続くはずがないと思っていたのだ。ところが11月20日にオニールが私の携帯に電話をかけてきた。私はちょうどゴルフ場にいて、11番ホールのティーショットを打とうとしているところだった。私はゴルフに出掛けることなどめったにないが、オニールがゴルフ場にまでわざわざ電話をしてきたことなどそれこそ過去に一度もなかったので、何か重大なことが起こったのだとピンと来た。オニールは、その日ブッシュ政権が議会で審議中だった経済政策のなかで減税を含めた幅広い経済刺激策を実行すると発表したことを、かなり興奮気味に話し始めた。私は当時、ウィリアム・オニール・アンド・カンパニーが抱える500以上の機関投資家に助言を行うチームの責任者だった。そしてオニールは私に「マーケットを取り巻く環境が改善され、10月が大底になった可能性が高いという考えを会社として前面に打ち出すべきだ」と言ったのだ。そのころ、大化け株になりそうな銘柄として考えられたのは、以前の1999年のハイテクバブル市場から再び頭角を現し始めたイーベイだった。それ以外にもオニールは「これまで見すごしてきた銘柄で、新たに上昇する可能性が高いものがあるはずだ」と感じていた。私はというと、「オニールはイーベイに好感」（図4.14）とだけ書き留めて、それ以上は何もしなかった。自分がオニールと違ってこのときのマーケットの流れを感じ取れていなかったということは、あとからじっくり思い知らされることになる。10月上旬のオニールは私と同じく空売りを検討していた。しかし11月には、オニールはおそらくイーベイを買っていたのだろう。それなのに私のほうはいまだに空売りを続けていたのだ！

　私は船に乗り遅れたのだ。オニールもマーケットの底では空売りを

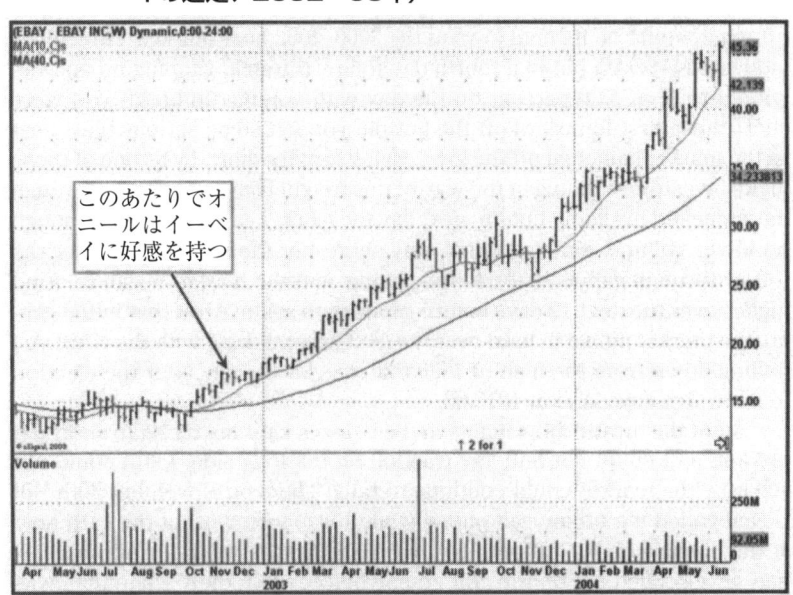

図4.14 オニールは2002年後半の相場転換時に大化け株を発見（イーベイの週足、2002～03年）

(チャート内注記：このあたりでオニールはイーベイに好感を持つ)

考えていた。しかし彼が私と違う点は、彼はそれが誤りだったことに気がつき、躊躇することなくここぞという時期にはマーケットに同調して買いに転じていたということだ。2002年11月半ばにイーベイを買えるというのは、マーケットが上昇を始めたときに大化け株を見つける彼の能力がいかに高いものかを示している。底を付けかけて新たな強気相場へと移行を始めているマーケットで頑固なまでに空売りに固執していた私にとって、オニールのこのような行動は大きな教訓となった。私は否定的に考えてばかりいたので、マーケットが好転してもそのサインを見つけることができなかったのだ。

さらに私を惑わせていたのは12月のマーケットの回復状態だった。株価の動きにかなりの起伏があり、マーケットは再び下落していた。オニールですら、まずまずの動きをしていたイーベイを保有していたにもかかわらず、株価が調整に入ったことにややイラ立ちを覚えてい

たようだ。2002年12月5日のトレード日記に私はこう書いている——「自分の投資法を守り抜くことは難しい、とオニールは言う。ダウが8200〜8400ドルくらいまで下落したり、ナスダックが1250〜1350ポイントくらいまで下落することも考えられる。政府が何か劇的な対策を打ち出さないかぎり、マーケットはこの悲惨な状態から抜け出すことができないだろう」。翌日の2002年12月6日、オニールから短い電話を受けたあと、私はトレード日記にこのような短い一文を書いた——「マーケットは単に報道に左右されているだけで、何の方向性も持っていない。しかしバブル後の経済が問題になっていることに変わりはない」。

このとき、金の価格は上昇を始めていた。オニールは2002年12月13日に次のように観測している——「金の動きが気になる。何か言わんとしているぞ！」。2002年12月のマーケットの下落のせいで、私は再び空売りを考え始めるほどマーケットに対して悲観的になっていた。金の値動きすらも、もうひとつの警告のように思えた。2002年12月20日のトレード日記には、ウィリアム・オニールのこんな言葉が書かれていた——「不安材料が多いと金の価格が動くものだが、最近の金の動きには何かファンダメンタルズ的な要素もありそうだ。2カ月ほど様子を見てからでないと、マーケットの方向性を判断することはできない」。

ここで重要なのは、10月の安値から回復してきたマーケットがいくら不安定でも、それが必ずしもマーケットが新たな弱気相場に入って再び大きく下落することを示しているわけではないということである。私はこの経験からマーケットは常に白黒はっきりしているとは限らないのだということを学んだ。時にはその中間でどっちつかずになることもある。そんなときには方向を決めつけないのが賢い投資家のやり方である——マーケットが答えを出すのを、ただじっと待つのだ。もちろんオニールは、マーケットがなかなか上昇しないときには強気か

弱気かと決めつけることよりも、絶好の機会がやってくることを待つことのほうが重要であることをきちんと理解していた。

　１月８日、ブッシュ政権は個人の所得税率のさらなる軽減措置や個人投資家が受け取る配当金に税金を課さないことなどを盛り込んだ景気刺激策を発表した。１月23日、オニールは株式市場の根本的な真実とは何かを語ってくれた。それは2002年後半に私がマーケットで痛い目を見て学んだ教訓である。私はこれをトレード日記に次のように記した――「マーケットの状況がどれほど悪そうに見えても、政府が講じる対抗策の力を甘く見てはならない」。FRB（連邦準備制度理事会）の金融政策だけでなく、当時の議会は共和党が過半数を制していたこともあって、ブッシュ新政権は景気を刺激するための減税策を実行に移すだけの力を持っていた。つまり、政府には言ったなりの実行力があったということだ。2003年３月、イラクのサダム・フセインの独裁体制が崩れたのと時期を同じくして、わが国では新たな強気相場が本格的に始まっていた。

　マーケットの底で空売りを続けた私は、あることを理解していなかった。それは、長く過酷な弱気相場のあとにはマーケットが底となる安値を付けるが、それがすぐに上昇に転じるとは限らない、ということである。マーケットは強気か弱気かというように必ずしも白黒つけられるものではない。10月のフォロースルー日のあとに上昇を続けることができなかったのは、勢いが足りなかったからだ。それならばマーケットは弱気に違いない、という結論に私は至ったわけだが、これが間違っていたのだ。ジェシー・リバモアも、マーケットを弱気や強気という言葉で定義することを好まなかった。マーケットがそのときに示しているサインを客観的に見ることが難しくなると考えていたからだ。マーケットを弱気か強気のどちらかに分別する必要性を感じていた私は、強気ではないのなら弱気に違いないと消去法で推測したのである。しかし当時のマーケットは2000〜02年の大不況の底となる安

値を付けて10月15日に強いフォロースルー日があったにもかかわらず、強気とも弱気ともとれない動きをしていた。おそらくこれは「回復期」と呼ぶのが一番ふさわしかったのかもしれない。私はこれを貴重な教訓として学んだ。おかげでそのあとは空売りで痛い目に遭うことはなくなった。そんななか、2008～09年の弱気相場を迎えたのだ。

　2008～09年の弱気相場は、私が経験したなかで最も気がめいる弱気相場であったことは間違いない。ほかの弱気相場は単純だった——私は現金化しているか、あるいは空売りしているかのどちらかだったからである。2008～09年の弱気相場における最初の大きな下落は2008年3月に起きた。ベア・スターンズが3月15～16日の週末の間に実質破綻するというパニックからすべてが始まった。パニックで株価が安値を付けるのはいつものことだと私は思っていたが、このときに限ってはそうばかりも言っていられなかった。それは私がこの問題に個人的にかかわっていたからだ。ベア・スターンズは当時私が運用していたプライベートファンドのプライムブローカーで、そのファンドの登記先もベア・スターンズだった。つまり同社の破綻は私のファンドにも影響を及ぼす可能性があったのだ。ベア・スターンズの代理人はファンドの安全を保証すると言っていたが、それは上層部からそのように伝えろと言われただけであり、彼らの言葉をそのまま信用するわけにはいかなかった。だからその週末に起きた破綻のニュースには、かなり動揺してしまった。私にとっては生きた心地がしない週末だった。もちろん、マーケットで損失を出すことへの心の準備は常にできている。しかしプライムブローカーがつぶれたという理由で自分の資金が泡となって消えていくのをただ見ているだけ、というのは私にとっては耐えがたいものがある。自分ではどうすることもできない出来事に巻き込まれるのは、不快なものである。トレーダーであれば少なくとも、自分の運命は自分の実力次第だと考えたい。しかしこのときばかりは、自分の行動の結果このような状況になったのではないため、ど

うすることもできなかった。率直に言うと、とても恐ろしい経験だった。私は大きな衝撃を受け、奇妙な不安感や悪い予感に震えた。

　2008年3月のこの危機は、Ｊ・Ｐ・モルガンが介入してベア・スターンズを1株当たり10ドルで買収することで回避された。さらに、当時私が管理していたプライベートファンドもＪ・Ｐ・モルガンがメーンブローカーとして引き継ぐことになった。Ｊ・Ｐ・モルガンは当時、最も安全な取引先であると考えられていた。ベア・スターンズをプライムブローカーにしていたわれわれがＪ・Ｐ・モルガンの合併によって救われるというのは、少し皮肉なものだった。ベア・スターンズ破綻によってわれわれのファンドまで水の泡、という最悪の事態は免れることができたが、私はまるで初めて地震を体験する人が感じるような不安でいっぱいになった。自分が立っている堅い地面が、実は想像以上に揺らぎやすいことを知って安心感が遠のいていく、そんな気分だった。私はそれから数カ月間、金融ストレス障害とも言える不安感にさいなまれた。

　ようやく落ち着きを取り戻した私は、2008年3～6月の初めごろまで続いた弱気相場で一時的に戻したときに空売りをして利益を出していた。その年の夏には再び弱気相場の下落が始まり、9月にはマーケットは大きく口を開けて下落した。私は再び空売りをしたが、もっと積極的にするべきだったと今では思う。2008年は空売りで利益を上げたのだが、その年の最初の3四半期で損失を出していたので、年間を通してはわずか数％増の利益で終わった。あとから分析してみると、実際にはそれ以上の50％以上の利益を上げていてもおかしくなかったと感じた。私は臆病になりすぎてしまい、とても厳しい弱気相場で大きな下落が起きたときに、最高の売り時を逃してしまったのだ。それだけではなく、「空売りで利益を生むことなどだれもできない」と高慢かつ威圧的に主張するパートナーの意見に耳を傾けてしまったことも失敗の一因である。

2008年の第4四半期に空売りで10～15％の利益を得たとはいえ、2008年9～10月の下落の規模や勢いを考えれば、それがかなり満足できない結果であることに私は気がついていた。周りの環境に影響されて、空売りに対して必要以上に注意深く、そして臆病になってしまっていたのだ。その年の初めは空売りでなかなか利益を得ることができなかったので、自分の空売りの技術は不十分であると思い込み、そして「空売りは実行するのが難しすぎる」という他人の言葉を信じてしまったのである。ここで学んだ教訓は、私がウィリアム・オニールと共に執筆した『**オニールの空売り練習帖**』（パンローリング）で詳しく紹介している。そこで紹介したのはもちろんきちんと機能する空売りの手法で、「最も抵抗の少ない場所」がブレイクされて最も有利な空売りの機会が訪れるその瞬間まで待つことの重要性を説いている。**図4.15**を見てみよう。空売りトレーダーにとって最高の売りの瞬間とは、勢いを増して3週間連続で下落したときのブレイクアウトである。ただボーッと座っているだけではこの絶好の機会を見逃していただろう。この絶好の機会を捕らえていれば、それだけで十分な利益を上げることができただろう。2008年の10～12月は休暇を取ることもできたくらいだ。同僚のクリス・キャッチャー博士は、『オニールの空売り練習帖』で紹介された空売りのパターンや手法が、空売りの機会が訪れたときに実際に使えることを確認している。これについては第8章で詳しく述べるが、弱気相場の下落時に最も効果的に、そして完璧に下落のブレイクアウトで利益を得るには、絶好の機会を待つこと、これが何よりも重要なのである！　リバモアも「ほかの多くの投機家のように、私も確実なことが訪れるまで待ち続ける忍耐力がなかったことが多々あった」と言っている。空売りに関して言えば、確実なチャンスを待つだけの忍耐力を持つことが危機を回避する一番の近道なのである。2008年9～10月に訪れたのは、そのような確実なチャンスだった。なのに私は「空売りで利益を出せる投資家などいない」とい

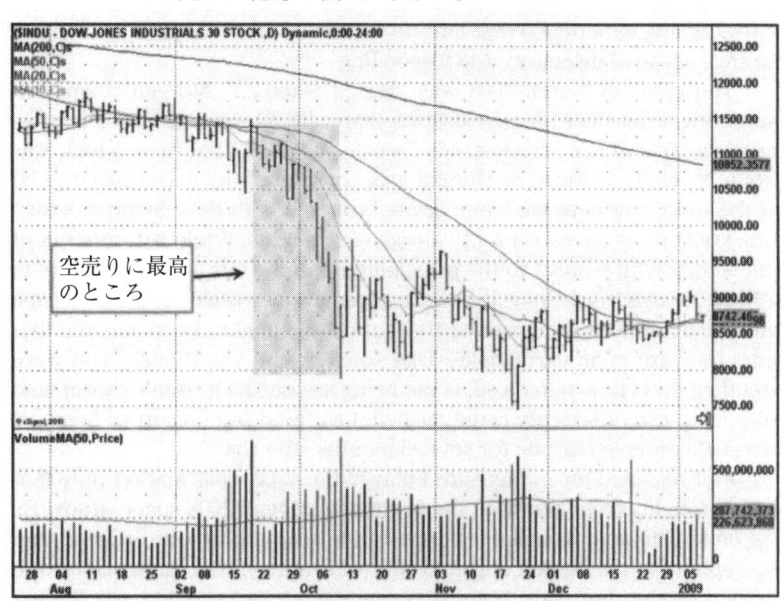

figure4.15 空売りトレーダーにとっての「最も抵抗の少ない場所」が破られ、空売りの絶好の機会を提供(ダウの日足、2008年)

(チャート内ラベル:空売りに最高のところ)

う考えを信じて、腰抜けなトレードしかできなかったのだ。

　マーケットが50％以上も下落した年に利益を出しても、2008年9～10月に起きた大暴落を最大限に利用できなかったことで、私はイラ立っていた。だから2008年の後半が弱気相場のスタート地点を象徴しているという考えに魅了されていた。2008年3月、私はすでにベア・スターンズの金融業界を巻き込む騒ぎで内蔵をえぐられるような経験をしていたので、その弱気相場の状況を調べ始めると実態はかなり悲惨なものであることに気がついた。そこで私は、2008年の弱気相場は少なくとも、シティグループ（C）、ウエルズ・ファーゴ（WFC）、バンク・オブ・アメリカ（BAC）などの大きな銀行が2～3行破綻するまでは終わらないだろう、という結論に至った。当時の私は、2＋2の足し算ができる投資家ならば巨大銀行がすでに破綻していることなど理

解できるはずだと考えていたので、金融業界の最後の大掃除が起こりこれらの銀行が政府によって救済されるのは時間の問題であると感じていた。そうなれば、今の過剰流動性の問題は解決されてマーケットと経済は回復し、そして再び上昇を始めることができる、という考えを持っていたのだ。

　私の考えが甘かった点は、過剰流動性の問題が解決されるのではなく、強化されることになるのを予測できなかったことである。政府とFRBが世界の中央銀行や指導者と協力して成功を収めるなどあり得ない、と完全に彼らの能力を過小評価していたのが原因である。これは大きな失敗だった。私は2009年３月にはFRBの牽引力は失われ、投資家はFRBに対抗できるようになるだろうと考えていたのだ。2007〜08年にかけて実行された早期の金利引き下げも、2008年９月末までに1.8兆ドル費やして実行された救済措置も、2008年９〜10月のマーケットの急速な下落を防ぐことはできなかった。だから過剰流動性の問題が解決するのは安値を更新する最後の下落の際に違いない、と推測していたのだ。さらに、決算書から金融銘柄のファンダメンタルズ状態に見当を付けるという自分らしくない行動を取った私は、その結果、基本的な価格と出来高のルールまで変更してしまったのだ。ファンダメンタルズが悪いという私の見解は、世界中の悪い出来事を詳しく記したニュースレターに書かれていることと同じだった。さらに金融危機について調査していくと、インターネットのあちこちで、この危機が世界中の金融システムを崩壊させる、とその理由を交えながら書かれているのを見つけた。そんなハルマゲドン的な予言はいまだ現実のものとはなっていない。しかし本来ならば彼らの予測など株式市場の当時の状態とは何も関係がないはずだ。悲しいことに2008年３月のベア・スターンズの事件で大きな衝撃を受けていた私は、最悪の事態はまだ訪れていないと簡単に思い込んでしまったのだ。

　私の頭のなかでは３つの大きな要素が重なって、ひとつの最悪の状

況を作り出していた。その３つの要素とは、①2008年９～10月に現れた空売りの絶好の機会を生かせなかったことでイラ立っていたこと、②周りの影響を受けてしまったこと、③2008年３月のベア・スターンズの経験からファンダメンタルズに対する不安を抱き、価格と出来高の動きを信じることができなくなってしまったこと——である。2009年３月の新聞各紙の見出しには「不況」という言葉がこれでもかというほど飛び交っていた。プロの投資家として19年の経験を積んだ私でも、このときばかりは小さなことにこだわって大局を見失っていた。しかし歴史的には、周りのだれもが「不況」を語り、もう希望などすべて失われたように思えるときこそ、マーケットが底を付けるのである！　それが分からなかった私はマーケットに対する抵抗を続けていた。

　図4.16のアメリカン・インターナショナル・グループ（AIG）のチャートを見てみよう。このような金融銘柄が安値から大きく上昇したことは、当時の私に言わせれば完全に異常な動きだった。ファンダメンタルズと矛盾する動きだと思ったからである。AIGは2009年３月９日には１株当たり6.60ドルという安値まで暴落していた。それなのにわずか８日後には40ドルを記録したのだ。日足チャートを見ると、株価はわずか１日で２倍になった。これは底を付けてから５日目、そして安値から上昇を始めてから２日目のことで、株価は50日移動平均線を超えるまで上昇した。ローソク足の上ヒゲが長いのは、50日移動平均線で株価が大きな抵抗を受けたことを意味している。その翌日には小さな首吊り線が現れた。これは上昇への急速な動きが終わりに近づいていることを暗示する危険信号であるため、私はここでAIGを大量に空売りする決断をした。ところがその翌日、株価は50％近くも上昇した。金融銘柄のひどい財政状況について熟知していた私はこのような動きが不合理なものであると考えていた。そしてこの上昇もすぐに下落に転じるに違いないと確信していた。価格と出来高からはその

図4.16　AIG（日足、2009年3月）

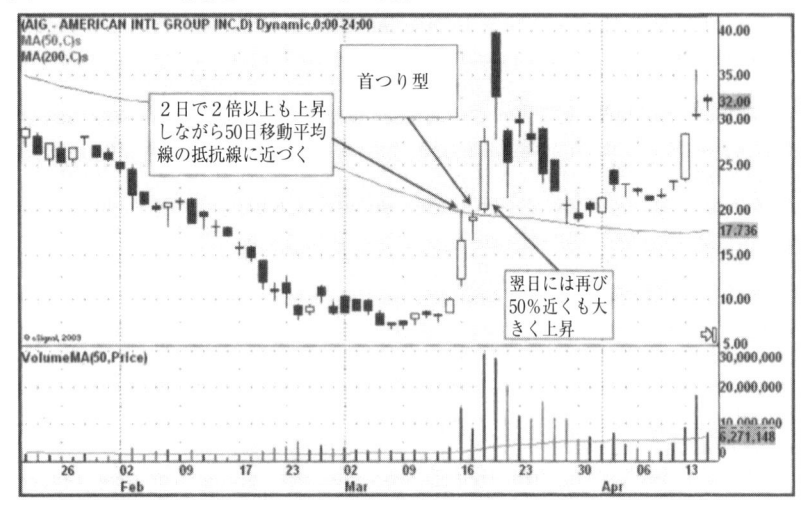

（チャート中の注記）
- 首つり型
- 2日で2倍以上も上昇しながら50日移動平均線の抵抗線に近づく
- 翌日には再び50％近くも大きく上昇

ようなサインはまったく何も示されていなかったのに、だ！　しかし私の頭のなかには、株価が25ドルを超えたら再び空売りをすることしかなかったのである。チャートのとおり、株価はさらに10～15ポイントほど上に窓を空けて寄り付き、ついには40ドルに到達した。このAIG株を空売りし、しかも株価が上昇するたびに空売りや買い戻しを繰り返したことで、私の損失は大きく膨らんでしまった。

　大部分の金融銘柄がこのような安値からの上昇の動きを見せた。これはスパイダー・ファイナンシャル・セクター（XLF）の日足チャートを見ても明らかである（**図4.17**）。私のようにあきらめの悪い空売りトレーダーは、2009年3月後半に一息ついたXLFが、大商いを伴って50日移動平均線を2回も下回ったこと、しかも2回目は大きく下に窓を空けてブレイクしたことで、正常な判断ができなくなっていた。

　森林に生息するダニは、木の枝の高いところで待ち伏せしていると

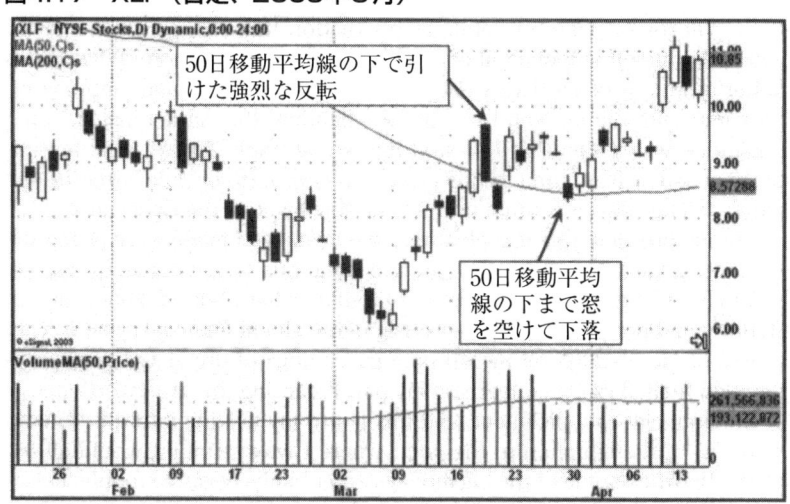

図4.17　XLF（日足、2009年3月）

50日移動平均線の下で引けた強烈な反転

50日移動平均線の下まで窓を空けて下落

いう。そして動物がその下を通ると、その動物の体臭に反応して一気に降下する。宿主となった動物のほうは何が起こったか知ることもないまま、ダニはその温かいエサとなった動物に食らいつくのだという。もし偶然にも、ダニが着地する前に動物が通り過ぎてしまったら、ダニは地面や大きな石の上などに落ちてしまう。そしてその石に文字どおり粉々になるまで食らいついたのちに、ダニは死に至るという。そこで私は、トレーダーが石に食らいついて離れないような状態に陥ることを「ダニ症候群」と命名した。つまり、通用しないことが分かっているのに同じ戦略やトレードを使い続ける行為である。同じトレードで2回以上損切りを食らったら、自分がダニ症候群にかかっていないか疑ってみるとよい。2009年3月の私の行動は、マーケットの流れに従うという本来の手法とは完全に正反対のことをしていた。マーケットに逆らっていたのだ。その事実だけでも私の考えが間違っていたことは明らかである。今ではある重要な質問を自分に問いかけるよう

にしている——「私はマーケットの流れに従っているのか、それとも逆らっているのか？」。その答えを考えれば、必要な軌道修正をすることができるだろう。

　このトレードをあとから分析してみると、私の犯した過ちが心理的な弱さに起因していることは明らかである。当時起こっていた一連の出来事やそれを取り巻く状況を見て、私は下落はまだ続くと思い込んでしまい、世界中の金融制度にさらなる混乱と危機が訪れるのではないか、という不安を自分のなかで増長させてしまったのである。2008年３月のベア・スターンズの事件で、心配や不安という心理状態が私のなかに生まれた。それが財界に対する不信感を募らせる結果となったのだ。そしてそのせいで巨大な銀行が破綻するまではこの不況は終わらないと堅く信じ込むほど、ファンダメンタルズを深読みしてしまったのである。それだけではない。私は悲観的なニュースレターをいくつも購読し、それがさらにマーケットに対する私の見方を悲観的なものにするという悪循環に陥った。また、2008年９月にスイートスポットとも呼べる最高の空売りのチャンスを逃して利益を出せなかったこと、そして金融業界が失墜しているというにわか知識もこのような考えを確信へと変えていった。そして2008〜09年の金融危機の最終局面は銀行やブローカーや保険会社、そして商用の不動産投資信託（REIT）などの破綻しかないと信じ込んでいた私は、こういった銘柄を空売りすることで大儲けしようとしてしまった。

　このような悲観論は頭で考えるには筋が通っていた。だからといってマーケットが私の感性や理論どおりに動いて現在の方向性を保つとは限らない。ここで、ある基本原理を思い出してほしい——マーケットは人間の予想どおりに動くのではなく、常にマーケットが動くべきとおりに動くのである。つまり、投資家がマーケットの動きについて次はこうなるべきだと予測してはならない、ということである。そうではなく、現在のマーケットの状況に身を置き、そして実際に今何が

起こっているのかをマーケットから読み取れるようになるべきなのである。この原理に私も従っていれば、ほとんどの失敗を回避することができただろう。

　トレーダーであればだれしも、マーケットを見失うことがあるだろう。それは初めて見るような状況に直面したり、周りの状況に混乱してしまうときに起こることが多い。このようなときの投資家は通常のルールを守れなくなってしまう。そしてそのような単純で小さな狂いが大きな過ちにつながるのだ。自分がこのような状況にいることに気がついたとき、あるいはマーケットが自分には理解できない動きをしていると感じたときには、一歩下がって傍観者になり、その状況が再び理解できるようになるまでただじっと待つことが最善の策である。「いつもの手法を変えていないか？」と常に自分に問いかけてみることである。もし自分の手法を変えているならば、マーケットから身を引くときかもしれない。リバモアですらこれができなかったことが何回もあったようで、マーケットに対して「常に興味を持たずにはいられなかった」と認めている。確実なことが分かるまで一歩下がって待つことができなければ、それだけで大きな損失につながる可能性があることを忘れないでほしい。

　2009年3月の暴落後に私が学んだ大きな教訓のひとつは、リバモアと同じものである。マーケットに「常に興味を持つ」ということが、必ずしもマーケットでトレードをすることではない。私がマーケットで常に何かしていなければ落ち着かないというようになったのは、2005年から巨額の資金を持つ個人投資家のために公的に資金運用をするようになってからだろう。これはウィリアム・オニール・アンド・カンパニーという「居心地のよい家」に守られて資金を運用すること（私はこれについてはとても優秀だった）とは大きな違いがあった。特にヘッジファンドの世界では月間パフォーマンスが異常なほど重要視されていた。オニール・アンド・カンパニーでは月間パフォーマン

スが重要視されることはけっしてなかった。1人でトレードすることを理想とするリバモアの考えに基づき、ほとんどの場合で会社の資金のうちの自分の持ち分をそれぞれのトレーダーが管理することを任されていた。オニールがトレーダーの部屋にやってくることは年に何回かあるが、それはトレーダーの失敗を見直すためだった。特にトレードでスランプに陥っているときなどは、その深みから抜け出す手助けをするためだった。資金運用会社でトレードをしていると、頻繁に電話をしてきては「今の業績は？」と何回も聞いてくるような投資家がいる。アメリカのコメディーアニメの『ザ・シンプソンズ』のなかで、父親のホーマーが運転する車に子供たちのバートとリサが乗って、オウムのようにひっきりなしに「まだ着かないの？ まだ着かないの？」と聞くというシーンがあるが、まさにそれと同じ状態なのだ。トレーダーの行動をいちいち確認しては、マーケットが何か動きを見せるたびに「今の利益は？」と聞いてくるような人が周りにいると、もともと不安定な運用者の心理状態に悪影響を及ぼし始める。特にオニール流の投資をしている運用者にとっては良くない状況だ。本書を読んでいるプロのポートフォリオマネジャーならば、このような状況が目に浮かぶだろう。特に、気まぐれな顧客を持っていると、その顧客がどれほど運用者の心理状態に影響を及ぼすかはよく理解できるはずである。私の場合は、月間パフォーマンスを過剰に意識するような顧客の非現実的な期待に応えるために「何かしなければ」と考えることはなかったが、逆にトレードから手を引くべきときなのにそれを長引かせてしまったことはある。今では、投資家の電話は年に1回までしか受け付けず、それ以上の電話をしてくるような投資家には資金を送り返してしまう、というエド・スィコータの方針を私も採用している。神経質になったり感情的になっている顧客ほど、トレーダーの不安定な心理状態にとって不衛生なものはない。エド・スィコータはだれよりもこれをよく理解していた。だから顧客の感情を言葉でなだめるとい

うことはせず、単にそのような顧客は完全に受け入れないことで、投資判断の邪魔になるものを取り除いているのである。私はこれを「スィコータ・スタンダード」と呼び、それに従うことにしている。

　2008年9～10月と2009年3月に学んだもうひとつの教訓がある。それは、2008年の春から夏に自分の空売りの投資法を疑ったのは間違いだった、ということである。私は空売りの重要な原則に気がついていなかった。私の空売りの手法はマーケットの下落時の適切なタイミングで実行すればかなり儲かるが、そのタイミングを逃すとその効果は失われてしまう。あのダニ症候群にかかったせいで、私は2008年9～10月に得ていたはずの利益を取り戻そうと、2009年3月に最初からありもしない利益を追い求めてしまったのである。残念ながら、同じ弱気相場でも2009年3月は2008年9～10月とはまったく異なる局面だった。2009年3月は、相場全体がパニックに陥り安値を付けている時期だったのに、私はそれに気がつくことができなかったのである。

　これはやってはならないとか、これはうまくいかないというルールを何百も並べ立てる学者はたくさんいる。そのような人が周りにいると、失敗を恐れて何も達成できなくなる。私の経験上、投資に関しては周りの影響を最低限にとどめることが最も重要である。マーケットの現在の状況についてや、ある特定の銘柄が持つ可能性について、あるいは自分の投資法についてだれかが語っていても、耳を傾けないのが一番である。もしほかの投資家と投資について語り合うのであれば、自分の投資に対する認識を強めてくれるような、同じような志を持った投資家と語り合うべきである。しかしできることならば、常に自立して自分だけでトレードをしたほうが良い。

　ジェシー・リバモアは自分だけの特別なトレード部屋に身を隠し、だれからも邪魔されない環境を好んだという。ウィリアム・オニール・アンド・カンパニーのトレーダーはよく、周りに影響されないように部屋の中にはチャートと1日3回の食事しか持ち込まないようにする

べきだ、などと冗談を言っていた。トレーダーが自分のオフィスの壁に設置されたテレビに金融情報番組を流しているときにちょうどオニールが入ってきたりすると、彼は必ず開口一番、「そんなものは消しなさい」と言ったものだ。リチャード・ワイコフがこんな言葉を残している——「株式市場の科学を理解できれば、朝刊に掲載された重要な出来事などは気にならなくなってくる」。これはすべての投資家が目標とすべきモットーではないだろうか。これがどれほど大切かは強調してもしきれない。ニュースや金融番組、そして評論家や解説者の大げさな意見は避けて通るべきであろう。必要な知識はすべてマーケットが教えてくれるからである。多くの投資家が、労働統計局が毎月発表する雇用統計などの主要な経済指標の発表前になると、それに合わせてポジションを変えようとする。しかし、まだ発表もされていない報道に備えて自分のポートフォリオのポジションを変える必要性などない。まだ発表されていない報道をいくつも先読みしてそれをもとにマーケットがどのように動くかを予想するのではなく、それまでにマーケットで示された事実とマーケットの実際の動きを見ていれば、すでにポジションはできているはずだからである。これは明らかにバカげた投資法であるが、2009年3月に私が犯した失敗は、まさにこれと同じだったのだ。それがさまざまな要因が重なりあった結果であることは、前に述べたとおりである。トレーダーとして、われわれは常に客観性を求められている。しかし同時にマーケットが伝えようとしていることにリアルタイムで耳を傾けなければならない。そうするためには、常に頭を無の状態にしてトレードする理由を自らに問いかけてみるとよい。これから起こるかもしれないという想像上の筋書きや、恐怖心や高揚感などの感情に従っているのではなく、自分の投資法やルールに従ってトレードをしているか、頭のなかできちんと確認するのである。自分がするトレードはすべて自分のルールに当てはまるようでなければならない。そしてもし当てはまらない場合には、そのト

レードはしてはならないのだ！　自分のトレードのルールやマーケットの動き自体に集中すれば、マーケットや個別銘柄の流れに従うようなトレードになる。そうなれば、予測を頼りにトレードするときに感じるようなストレスはなくなるのである。

　念のために記しておくが、2009年3月に私が大失敗をしたのは、当時運用していた2つのファンドのうちの1つにおいてである。もう1つのファンドではあまり積極的なトレードはしていなかったので、この失敗による痛手はほとんど受けなかった。失敗の大部分はかなり積極的に運用していたほうのファンドだけである。マーケットが大きく下落した2008年はどちらのファンドも利益を出していた。だから2008年末に起こる出来事や、失敗が続くことなど予想などできるはずもなかった。これまでの投資人生を振り返ると、積極的に運用してきたポートフォリオではドローダウンが50％近くになったことがあるが、そのような一時的な損失も長い目で見れば常に利益となって回復している。

強気相場でベースからのブレイクアウトが失敗に終わるとき——クリス・キャッチャー博士によるポケットピボットの誕生

　2000～09年という新世紀に入ってからの10年間は、トレーダーや投資家にとって新しい困難が次々と生まれた時期だった。アメリカのマーケットは1980～90年代に大きな上昇トレンドと下降トレンドを繰り返してきたが、2003年以降はその様相も変わってきた。2004年1月から2006年半ばまで、マーケットは調整か、安値を切り上げながら上昇するだけで、たとえ個別銘柄がお手本のようにきれいなブレイクアウトをしても価格はそれ以上は上昇できないような、そんなだらしのない、精彩を欠いたマーケットが続いた。じりじりと上昇するという動

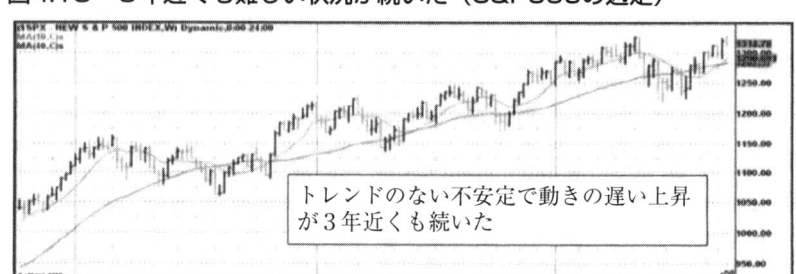

図4.18　3年近くも難しい状況が続いた（S&P500の週足）

トレンドのない不安定で動きの遅い上昇が3年近くも続いた

きは、**図4.18**からも明らかである。

　そのような状況では、エッジ（優位性）を得るのは難しい。そこで2005年半ばになると、私は新しいトレード手法を探索し始めた。そして調査の結果、私はとても有益な結論を導き出すことができたのである。こうしてポケットピボットポイントの概念が生まれたのだ。これについては第5章で詳しく説明する。1992年以降、私は大きな下落が起きるたびにマーケットから身を引き、また上昇トレンドになればトレードする、ということを続けながら14年間も成功を収めてきた（**図4.19**のナスダックのチャートに見られる弱気相場の元凶になった2000～02年の下落も例外ではない）。それでも潜在意識のどこかで、マーケットには必ず上昇か下落のどちらかのトレンドがあると考えるようになっていた。

　私は、アメリカのマーケットが長期にわたっていつまでも横ばいを続けるようなことが起こるなんて、考えたこともなかった。だからこの時期の方向性のないマーケットの動きには驚かされた。一方で、中国やインドのような一部の発展途上国や新興市場や一般の商品市場では相場は上昇しており、その強気相場はアメリカの一般市場と比べると大変強いものだった。しかしその一部の国以外では、経済環境はや

第4章　失敗に学ぶ

図4.19　1990年代のマーケットは大部分が放物線を描くような着実な上昇を見せた（ナスダックの月足、1991～2002年）

はり見違えるほど厳しいものだった。14年間トレードをしてきた私だが、自分がまだ経験したことのない相場つきに突入したことに気がついた。このような難しい時期には、心を冷静に保ち、感情に任せて行動をしないようにすることが一番である。こういうことこそが解決策を見つけることにつながるので、とても重要である。

　2005年半ばに、私はポケットピボットの買いポイントを発見した。そのおかげで2005年のパフォーマンスは好転し、年末には利益を出して終わることができた。私はポケットピボットを武器に、2006年には100％を超える3ケタ利益を達成した。ところが2007年は新たな困難に直面した。マーケットの価格と出来高の変化に基づいたシグナルを出しているが、そのシグナルに多くのダマシが発生するという珍し

図4.20　タイミングモデルのシグナルが表示されているが、2007年はほとんどがダマシに終わった（ナスダックの日足、2007年5～11月）

い状況が起きたのである。その結果、私のマーケットタイミングモデルはこの年は損失を出して終わった。タイミングモデルで検証した過去35年のうち、損失を出したのはこの年を含めて2年しかなかった。2007年は私のタイミングモデルからダマシが多く発生した（**図4.20**）。結果論だが、このモデルがこれほど多くのダマシを発生させていたこと自体が、2007年が通常とは大きく異なる年であることを示す大きなヒントだったのだ。

　私のタイミングモデルで損失となったのは、過去35年間のうち1993年と2007年だけである。このモデルの示す異常な動きが、結果としてこの暗く危険なトレードの世界に明るい光を当てることになる。マーケットで売りが強い日が多くなると、私のタイミングモデルは当然のごとく売りシグナルを点灯させた。しかし、実際には売りシグナ

ルが出てもマーケットは下落せず、頑固にも安値を切り上げながら上昇を続けた。価格と出来高の動きをずっと昔までさかのぼって調べても、このような状態が長期にわたり続いたのはこれが初めてのことだった。しかし2007年後半に絶好のチャンスが現れた。私はこのチャンスを逃すことなく、さらにポケットピボットを最大限に利用することで、2007年8月までに個人口座で出した損失をすべて取り返したのだ。この年、私のタイミングモデルのほうは損失で終わったが、私自身はなんとか＋30.6％の利益で1年を終えることができた。

信用枠いっぱいのトレード──クリス・キャッチャー博士

　私はどんなときでも、マーケットにどの程度足を突っ込むべきなのかの最終判断は株を見てからすることにしている。おかげで2007年はファンダメンタルズが最も強い銘柄を適切なピボットポイントで買うことができた。そして絶好のチャンスが訪れた9～10月に短い期間ながらも大きく投資することで、なかなかの利益を得ることができたのだ。私のタイミングモデルが買いシグナルを出すと同時に、ファンダメンタルズがしっかりとしている銘柄の株価が適切な買いポイントまで上昇すれば、明らかに絶好のチャンスが訪れたことを意味している。もしそのような期間だけ投資をすることができていたら、不必要なトレードを減らしてより多くの利益を手元に残すことができただろう。

　絶好のチャンスが訪れたときと、一時的なチャンスが訪れたときの違いはどのように判断できるのだろうか。普通の答えは、経験を積むことだ、となるだろう。トレーダーは毎日チャートを見つめることでマーケットに対する感覚を養っていくものだ。何カ月もそうすることで、十分な数の優良株がそれぞれのピボットポイントに達しているとか、それがポケットピボットなのかブレイクアウトのピボットポイントなのか、ということまで敏感に分かるようになる。例えば、2006年

８月、マーケットは底を付けて再び上昇を始めた。2006年８月後半には、ファンダメンタルズが好調だった銘柄の多くが買い銘柄としてチャートに現れ始めた。ブレイクアウトのピボットポイントの発展形であるポケットピボットが、2005年10月以来、初めてあちこちで現れ始めたのだ。私はそのなかでも最高の銘柄を買い始めて、数日後には信用枠いっぱいまで投資していた。別の時期にもこれと同じことが起きているが、すべて株価が急上昇を始めるときだった。このような絶好のチャンスが訪れた時期と、そのチャンスが継続した期間は次のとおりである──2003年４月（６カ月）、2004年10月（３カ月）、2005年10月（２カ月）、2006年８月（３カ月）、2007年９月（２カ月）、2008年３月（１カ月）。これを**図4.21**のチャートに示した。

2005年以降、私はこのような絶好のチャンスが訪れると、電光石火の勢いで信用枠をいっぱいまで使ってトレードした。そのため、1980年〜90年代と比べて３カ月以下と短くなった上昇期間でも、十分な利益を出すことができた。2000〜09年が以前よりもずっと難しかったのは、上昇期間が短くなったこともひとつの大きな理由である。新米トレーダーでも、経験豊富なプロのトレーダーでも、このように信用枠いっぱいまで使ったトレードはなかなか難しいことだろう。マーケットで成功したことがあると、トレーダーの判断力は鈍りやすい。マーケットの動きの大半がいつもよりおかしいと感じるときにむやみにマーケットに手を出すと、2000年代のような難しい時期では損失を生む結果になる。

問題と状況把握と解決策

われわれがトレードを始めてから、もうかれこれ20年になる。ナンピン買いなどの素人が犯すような失敗をしてはならないことはどんなトレーダーでも知っていることだ。しかしマーケットでの経験を通し

第4章 失敗に学ぶ

figure 4.21 ナスダック（週足、2003～08年）

図中のラベル：
- 2003～08年に現れた最高の機会
- 6カ月
- 3カ月
- 2カ月
- 3カ月
- 2カ月
- 1カ月
- 多くのファンダメンタルズの強い銘柄が論理的なピボットポイントに到達したときが絶好のチャンスとなったが、2003年以外はそのチャンスも長くは続かなかった

て、あまり知られていないような事実や、トレーダーが失敗をする意外な理由などについて、私は深い洞察を得ることができた。もちろんこの経験はタダではなかったが、私はそれを授業料と考えている。授業料は永遠に払い続けることになるだろう。というのも、たとえマーケットで何年も成功しているような投資家でさえ、必ずどこかで間違いを犯すからである。学校を卒業しても支払いが続く、特別な授業料というわけだ！

　ここからは、われわれ自身の失敗やほかの経験豊富なトレーダーたちの失敗を集めて紹介する。問題は何だったのかを提起し、そのときの状況に当てはまる例を示し、そしてその解決策を探ってく。

自分のトレード戦略がうまくいかなくなってしまったとき

問題　あなたはもう数カ月以上も自分のトレード戦略がうまくいっていない。そろそろ我慢の限界である。自分の戦略は本当に正しいのか疑問に思い始めている。長期的にはマイナスになる可能性はあるが、少し戦略を変更するべきだろうか？　それとも、今の戦略自体をきっぱりと捨ててしまうべきだろうか？

状況　2004～05年は、ベースからのブレイクアウトが失敗に終わることが多かった。それまでは常にうまくいっていた戦略——つまり強気相場のときにベースからブレイクアウトした最高の銘柄を買い、調整時期には現金化するという戦略——は、昔のようには機能しなくなってしまった。私のビジネスパートナーは自らの力で並外れたトレーダーにまで成長した経験豊富な投資家だったが、マーケットが根本的に変わってしまったのでこれからはベースからのブレイクアウトの戦略は使えないのでは、と考えていた。

解決策　私がこの考えにはまったく同意しない。なぜなら、ベースからのブレイクアウト戦略は人間の本質がその前提になっているからである。つまり、人間の本質が変わらないかぎり、マーケットも基本的には同じような動きをするということである。マーク・トウェインはかつてこう言った——「歴史が繰り返すことはないが、韻を踏むことはある」。私はこの事実を知っていたので、自分の戦略を捨てることはしなかった。そして1990年代に比べるとたしかに異なる動きをしていたマーケットにどのように対処できるか、その方法を探し始めたのである。その結果として生まれたのが、ポケットピボットである。ポケットピボットの発見は大きかったが、ベースからのブレイクアウトの戦略は今だって十分に通用する。ただ、2004～07年を象徴するよう

な落ち着きのない揉み合いの相場よりも、明らかな上昇トレンドを描くマーケットのほうがずっと効果的に結果を残しやすいというだけである。幸いにも、ポケットピボットの買いポイントを使ったおかげで、2004～07年は通常よりも早い段階で株を買うことができた。それに伴って、マーケットで一時的な下落が起こってもすぐには損切りにならないという余裕が生まれた。ポケットピボットについては第6章で詳しく説明する。

不幸な出来事がトレードに悪影響を及ぼすとき

問題 あなたはマーケットとは関係のない普段の生活のなかで、何か不幸な出来事が起こった。その悲しみのせいでトレードに集中できない状態だというのに、トレードを続けている。

状況 大切な人が他界するなどの悲しい出来事があった。

解決策 配偶者や恋人、あるいは家族や友人との死別や離別を経験したとき、まただれもが1回は経験する落とし穴にはまって失敗をしてしまったとき、あるいは自分にとって大きな惨事が起きたときなどは、しばらくトレードを休んだほうが賢明である。これはトレーダーとしての冷静な心理状態を取り戻すためである。ジェシー・リバモアの伝記と言えば、ポール・サーノフ著の『ジェシー・リバモア・スペキュレーター・キング（Jesse Livermore Speculator King）』と、リチャード・スミッテン著の『世紀の相場師ジェシー・リバモア』（角川書店）がある。伝記によると、ジェシー・リバモアが息子のジェシー・ジュニアに対する殺しの脅迫を受けてその問題に立ち向かっていた時期のことや、みじめな結婚生活に終止符を打ったあとになかなか立ち直れなかった時期のことなどが記されている。しかし、リバモアはト

図4.22　ジェシー・リバモアの資産カーブの推移

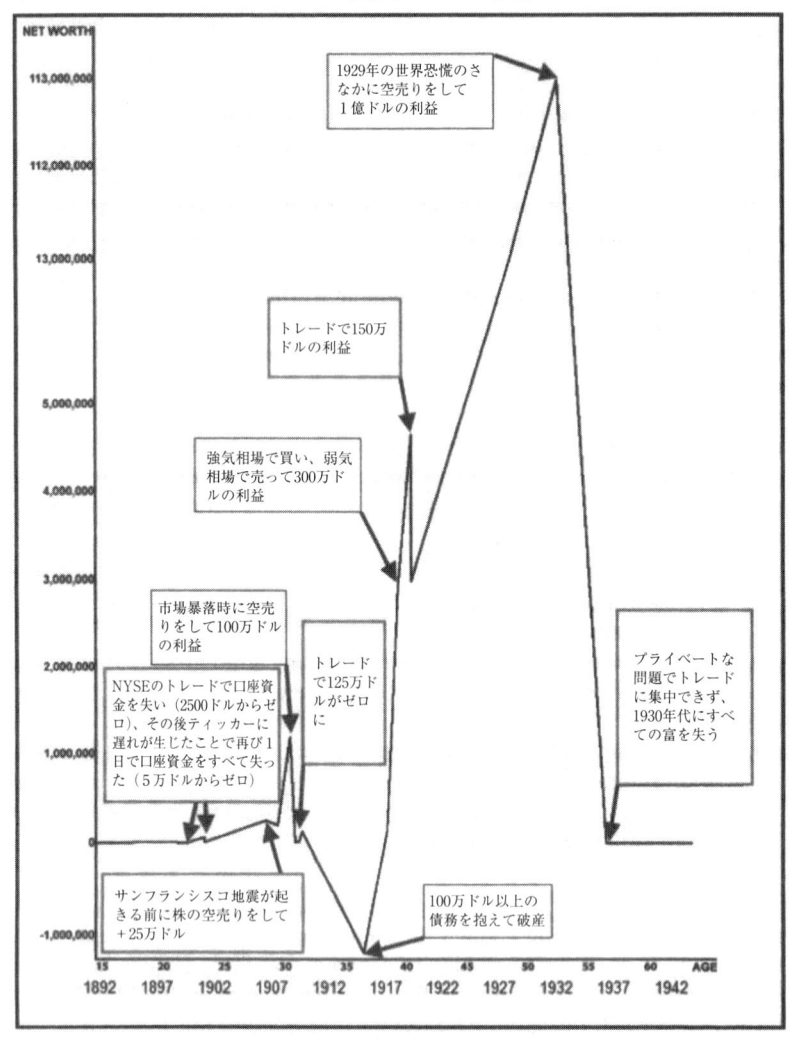

レードを続けたという。その結果、1930年代前半に空売りで儲けた1億ドルほどのお金（現在なら数十億ドルの価値があるだろう）をすべて失い、1930年代後半には極貧生活をするような状態にまでなってし

まったのだ。もしもリバモアが、私生活が混乱しているときにトレードを休むことさえできていれば、彼は口座の資金をすべて失うことなく、そのほとんどを維持できていたに違いない（図4.22）。

新しいトレード戦略がトレードを狂わせるとき

問題 どこかの有名な投資家がある新しい戦略を使って成功したと聞くと、その戦略を試してみたくなる。そこでこの新しい戦略とやらを自分のトレード戦略の一部に組み込むことに決めた。しかしこれまで大きな成功を収めてきた自分の戦略から離れてしまったり、あるいは新しい変更点が自分のトレードとうまくかみ合わないというようなリスクが考えられる。成功するトレーダーは、自分の戦略が必ずトレーダーとしての自分の性格に合っていなければならないことを知っている。例えば、リスク・リワードの割合は自分が受け入れられる範囲でなければならない。そうでないと株価が予想外の動きをしたときに、すぐに損切ってしまう可能性が高くなる。もっとひどい場合には、不安定な動きをしていたポジションが想定していた損切り価格を大きく下回ったのに損切りできないようなときである。そうなると、損失分を取り返そうと株価が高くなるのを待ち望んでしまうということになりかねない。これは非常に危険な心理的ワナである。

この問題に直面しやすいトレーダーはおそらくトレンドフォワーである。不安定でトレンドのない時期に自分の戦略がうまくいかなくなると、新しい戦略を試したくなってしまうのかもしれない。

状況 新しい戦略が一時的にしかうまくいかなかったり、自分のトレーダーとしての性格に合わない場合があるので、非常に危険である。

解決策 これまでの戦略に新たな戦略を加える場合には、適切な内容

であることを確認してから加えること。次のような質問を自問自答してみるとよい。

- マーケットの変化は一時的なものである。ということはこの戦略も一時的にうまくいっているだけなのでは？
- トレーダーとしての性格や心理、そしてリスク・リワードの割合などの面で、新しい戦略はこれまでの戦略にうまく融合できそうか？
- 新しい戦略を自分の戦略に組み込んでから数カ月後にこれまでの戦略がうまくいかなくなってしまったら、それはこの新しい戦略を加えたせいだろうか？　それともマーケットの本質がまたしても変化したからだろうか？

　マーケットに起こった変化は一時的だったにもかかわらず、しばらくその状態が継続したことから多くの投資家が自らの戦略を修正した。腕の良い投資家は自らの戦略をうまく微調整しながらこの変化に対応し、そしてマーケットが通常に戻ると、その調整を元に戻すことができる。反対に、マーケットが通常に戻ったことに気がつかなかった投資家は、変更してしまった戦略が機能しなくなるという問題に直面してイラ立ちを覚えるのだ。なかには、マーケットが永遠に変わってしまったと思い込んで自らの戦略をすべて捨ててしまった投資家までいた。例を挙げよう。過去30年の間に「トレンドフォローは終わった」と言われたことが何回もあった。しかし、25年以上の実績を誇るビル・ダンやジョン・ヘンリーのような最高のトレーダーがマイケル・コベルの**『トレンドフォロー入門』**（パンローリング）のなかで答えているとおり、彼らはトレンドフォローを継続するための手法で優れた結果を残していることが証明されている。彼らは、マーケットがトレンドを失ってしまった難しい時期でさえも、自らの戦略を捨てたり「今回こそは変わってしまった」と考えたりせずに、ひたすら自らの戦略

を信じて使い続けることができた、数少ないトレーダーだった。

　「今回こそは変わってしまった」と信じてしまったトレーダーは大きな損失を被ることになった。われわれのトレンドフォローの手法を例にとってみても、トレンドフォローはもう使えないという論調が過去数十年の間に何回もあった。それがトレンドフォロー戦略の多くが変えられている原因となった。ところがマーケットは必ずトレンドを取り戻すので、その変更がかえって大きな損失を生み出したのだ。2004〜07年は強いトレンドがなく精彩を欠いた時期だが、このような難しい時期でも、数は少ないがトレンドは発生している。そのような絶好のチャンスが訪れたときに投資をしていれば、かなりの利益を得ることができた。私のタイミングモデルは1974年以降、平均して33％を超えるリターンを毎年記録していたが、2004〜07年の間は強いトレンドがなかったせいで利益はその半分以下になった。それでもナスダック100指数に連動しているパワーシェアーズQQQトラストシリーズ1（QQQQ）というETF（株価指数連動型上場投資信託）を買うか空売りしていれば、この期間にも利益を得ることはできた。さらに、マーケットにトレンドが現れたときにファンダメンタルズとテクニカルの両面で最高の銘柄に集中的に投資を行い、そして先ほど信用枠いっぱいでトレードすることについて説明したように絶好のチャンスが訪れたときに投資していれば、それ以上の利益を得ることも可能だったのだ。

　ビル・ダンやジョン・ヘンリーのような最高のトレンドフォロー投資家ですら、最も難しいトレンドのない時期には口座の半分以上を失うことだってあるだろう。これは彼らの口座が実際に50％以上のドローダウンを喫していたことからも明らかである。しかし、マーケットが再びトレンドを取り戻せば、その損失を取り戻すのに十分すぎるほどの利益をいつも出している。そしてどの相場サイクルであっても、マーケットを上回るパフォーマンスを常に残している。そうは言って

も、大部分のトレーダーが自分のトレンドフォロー戦略を投げ捨ててしまう理由も容易に理解できる。口座が50％ものドローダウンを記録しているときに自分の戦略を変更もせず見捨てもせずにいるには、よほどの忍耐力とそのトレード戦略に対する自信が必要だからである。

　もちろん、法律の改正などによってマーケットを取り囲む側面が変わることはある。常に最高の利益を得るためには、このようなことを頭に入れて状況に合わせた変更を加えていく必要がある。それができるかどうかは投資家の腕次第である。そのような細かい変化を察知するには、最低でも週に１回はマーケットを観察しておくとよいだろう。例えば、1990年代後半には銘柄の収益を重視して、逆に収益のない銘柄は無視をするという判断基準があった。しかし、インターネット革命が始まるとその基準が変わってしまった。好調なハイテク銘柄のなかには、収益がまったくないにもかかわらず売り上げが右肩上がりを示していたものがあった。そのなかにはアマゾン・ドット・コム（AMZN）やイーベイ（EBAY）などの有名な銘柄もあった。このような銘柄の多くが1990年代後半の強気相場で大幅に株価を上昇させた。このような新しい変化をうまく利用できた投資家は莫大な利益を得たのである。

　私はよく何か発見をすると、それをウィリアム・オニールに伝えていた。そしてオニールはそれを真剣に受け止めてくれた。オニールも最終的には収益のない銘柄に対するルールに調整を加えるのだが、すぐにというわけにはいかなかった。彼は1960年代から、強い収益がある銘柄しか選ばないという条件で投資をしてきていたからだ。彼がマーケットで大きな成功を収めることができたのは、そのような強い収益の銘柄のおかげである。たとえ最高の投資家であってもその経験の豊富さがかえって弊害になることがあることを示す良い例であろう。オニールの名誉にかけて言うが、彼は最終的にはこの戦略に調整を加えた。たとえ自分自身は収益のある銘柄だけに投資をし続けたとして

も、社内のポートフォリオマネジャーらが収益のない銘柄から利益を得ることを許可したのである。

マーケットの雑音がトレードを狂わせるとき

問題　あなたはマーケットの雑音に気を取られてしまう。現代では、どんな平凡な投資家でも今までは考えられなかったほどの情報が手に入る。インターネットには数千という金融情報サイトがあり、テレビではCNBCなどの金融番組が24時間放送され、それ以外にもあらゆるメディアがいろいろな雑音を出すスピーカーとなって投資家の集中をそらす。高名な投資の専門家が個人的見解を述べているのを聞くと、怖くなってポジションを解消してしまうことだってあるだろう。新聞の見出しでさえ動揺を招く原因となる。

状況　1999年1月13日、ブラジルの通貨価値が一夜にして下がったというニュースが入った。さらに南アメリカ全体に1997年のアジア通貨危機と同規模の通貨危機が起こるのではないか、という憶測が飛び交った。その日、ナスダックは115ポイント下がって寄り付いた。5.0％下落したことになる（**図4.23**）。私は1998年10月に始まった上昇トレンドの波に乗るために、信用取引で実際の資金の2倍の投資をして、利用できる資金をすべて市場に投入していた。

　その朝マーケットが寄り付く直前に、私は自分のポートフォリオがどれほど大きな打撃を受けるかを知って、大変な衝撃を受けていた。私のポジションは、市場の株価平均の2～3倍の値幅で動く、アルファ値（ファンドのリスク調整後のリターンを測定する尺度）の高い銘柄で構成されていた。だから寄り付き時のポートフォリオはやや下降気味だった。寄り付き直後にポジションを手仕舞おうかとも思ったが、マーケットが寄り付きで下に窓を空け、大商いを伴ってさらに安値を

図4.23　ブラジルの通貨切り下げでさらなる通貨危機が到来するという懸念をもたらし、ナスダックは5.0％下落して寄り付いたが、下げ幅のほぼすべてを戻して引けた（ナスダックの日足、1998年3月～99年）

探る動きをするかどうかを見極めるまで待つことにした。これでそのニュースの重大性を確認できると思ったからだ。もし本当にブラジルの通貨切り下げが南アメリカ全体の通貨危機へと発展するようなことになるのであれば、マーケットは大きく下に窓を空けたあとに、大商いを伴ってさらに下値を探る動きになるはずである。私はもしそれが現実に起こったら、寄り付きの安値よりもさらに下落したところでポジションをすべて売ろうと決めていた。ギル・モラレスと共にウィリアム・オニール・アンド・カンパニーで働いていた時代は、毎日寄り付きの前にモラレスと話し合いをしていた。このときもその状況について電話で話し合った。モラレスは素早くこう言ったのだ――「そうだな。今日は買うところのような気がする！」と。私ほど資金を投じ

第4章 失敗に学ぶ

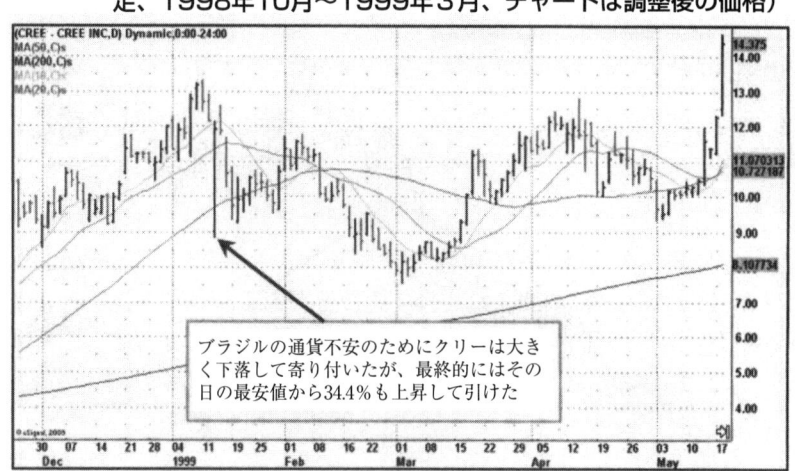

図4.24 クリーは寄り付きから34.4％も上昇して引けた（クリーの日足、1998年10月～1999年3月、チャートは調整後の価格）

ブラジルの通貨不安のためにクリーは大きく下落して寄り付いたが、最終的にはその日の最安値から34.4％も上昇して引けた

ていなかったモラレスの見解では、買い増しをするチャンスだったのだ。幸運にも、マーケットは寄り付きが最安値で、その後は上昇を続けた。私は信用枠を200％いっぱいまで使っていたことから、巨額の投入資金を減らすための良い理由をちょうど探していた。だから途中でこの状況が怖くなると2つのポジションを損切ったが、それ以外はすべてそのまま保有し続けた。最終的には160％ほどを投資していたことになる。1日で20％のマイナスを記録するところだったが、終わってみれば私のポートフォリオはわずか数％のマイナスですんだ。途中でポジションを手仕舞わなければ、トントンで終わっていただろう。それだけではない。不条理なほど大きく下に窓を空けて寄り付いたクリー（CREE）のような銘柄を買っていれば、その日をプラスで終えることができたはずだ。通常ならば下に窓を空けて寄り付いた銘柄など絶対に買ったりしないが、このときは理由もなくパニックが起こったという特別な状況だった。クリーを寄り付きの35.40ドル（株式分割調整前の価格）で買い、それよりもさらに下がれば売って、そうで

なければ１日が終わるまで持ち続けることもできた。この銘柄はこの日は47.56ドルで引け、＋34.4％も上昇した（**図4.24**）。好景気の1990年代においても、１日の利益としてはなかなかの数字である。

解決策　ニュースに注目するのではなく、お金の動きに注目すること。ニュースを聞いたがために、せっかくの勝ち銘柄を手放してしまうことがあるからだ（**図4.25**）。お金の動きを追うということは、その銘柄の価格と出来高の動きに注目することである。つまり機関投資家の資金が大量にその銘柄につぎ込まれているのか、それとも流れ出ているのかが分かるということだ。企業に関するニュースや収益や売り上げ、あるいはROE（株主資本利益率）というようなファンダメンタルズの要素は、買うときにはテクニカルの要素と共に注目してもよいが、売るときにはファンダメンタルズをもとに判断してはならない。テクニカルのみを考えて、ニュースなどに気を取られることのないように注意する必要がある。いくら集中していても、雑音が入るといとも簡単にそれが途切れてしまう経験は、だれもが身に覚えのあることだろう。

不十分な調査が誤った結論をもたらすとき

問題　戦略を改良するためにトレーダーが用いる調査技術が不十分なため、どうすれば今の戦略を改善できるかについて間違った結論に達してしまう。戦略を改良したつもりだが、その変更がパフォーマンスの向上につながらない。もっと最悪の場合には、悪化したパフォーマンスを向上しようとさらに変更を重ねてしまう。しかし、それは事態を一層悪化させるだけのことである。

状況１　ある現象が25年という長い期間にわたって続いてきたからと

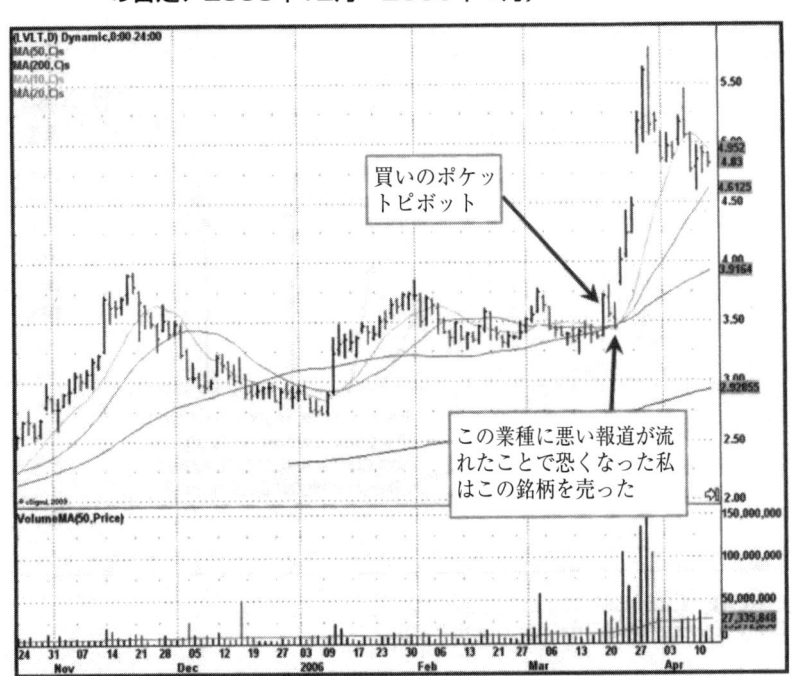

図4.25　私が売った翌日に急上昇した（レベル３コミュニケーションズの日足、2005年12月～2006年4月）

（チャート中の注釈：「買いのポケットピボット」「この業種に悪い報道が流れたことで恐くなった私はこの銘柄を売った」）

いって、それが永遠に続くと思い込むのはよくある勘違いである。分かりやすい例を挙げよう。2009年の感謝祭のことである。それまで感謝祭といえば、翌日の金曜日は薄商いでマーケットが上昇することが多く、下落してもたいていは０～0.5％ほどのわずかなものだと言われていた。過去25年間、いや過去50年間にさかのぼって調べてみても、たしかにそうなっている。しかし例外もあった――世界恐慌である。1930年代のダウを見ると、感謝祭の翌日の金曜日は10年のうち５年は下落していた。1939年は－1.24％、1935年は－0.73％、1932年には－1.16％、1931年は－2.76％、1930年は－1.2％という具合である。2009年は2008年の世界的な株価暴落の余波で極めてまれな値動きをした年だった。その2009年の感謝祭の金曜日も、ダウは－1.5％下落した。

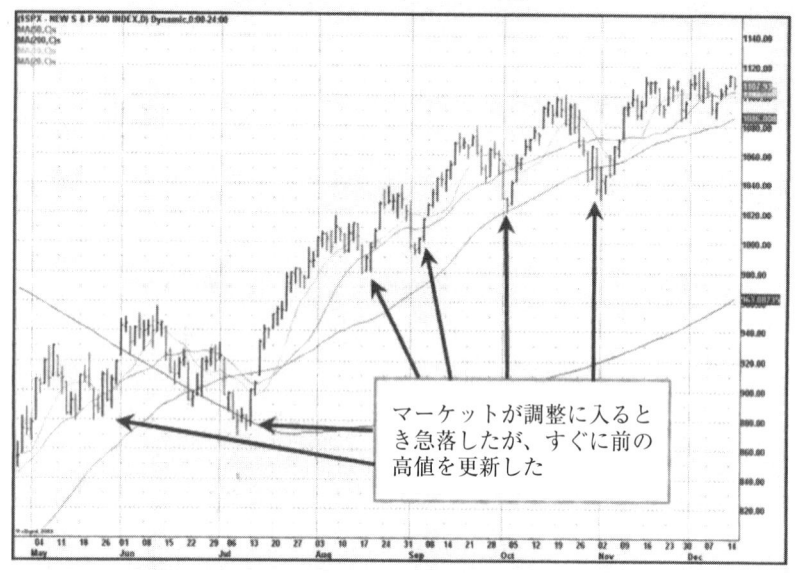

図4.26 S&P500(日足、2009年5〜12月)

[マーケットが調整に入るとき急落したが、すぐに前の高値を更新した]

解決策1 調査で何かを発見したときには、マーケットの全体像に当てはめてみることが重要である。2009年のようなかなりまれな状況は「ブラックスワン」と呼ばれることがある。2008年に起こった世界的なマーケットの暴落がきっかけで、FRBは2009年にマーケットの上昇を助けようと量的緩和を行って紙幣を刷りまくった。この通常ではあり得ないような状況のために、それまでうまく機能していたマーケットが機能不全状態に陥ってしまった。株価が調整しそうな動きをしたかと思うと、1〜2週間ほど弱含んで売られるくらいで、その後は高値を更新し始めるのである(**図4.26**)。

株式市場の調査で何か発見したときは、このブラックスワンである可能性も考えてみる必要がある。もちろん、有用なトレード戦略を編み出すには調査は不可欠である。しかしトレーダーは情報をうのみにしてはならない。たとえその情報がたしかなものだと確信していても、である。まずはその情報を十分に検証してみて、過去にも、そして未

来にもうまく機能し続けるかどうかを証明しなければならない。そうすることで、その発見が確実なものであることが知識としてだけでなく、感情的にも受け入れられるようになる。そうすれば、もし一時的にうまく機能しなくなるようなことがあっても、感情的になって自分の考えをすぐに放り出すようなことはなくなるだろう。感謝祭の翌日の金曜日は、マーケット全体が上昇で終わるのが普通であるが、2009年は1930年代と同じでまれな時代なので、そうならないこともある。調査を通して発見したことをマーケットの全体像に当てはめてみることはとても重要なことである。

状況2 S&P500やナスダックなどの株価指数に連動するETFに投資するために、株式市場が買いか売りか中立かを知るためのタイミングモデルを作るとする。このような場合、タイミングモデルを構成する要素が適切に定義されていることが重要である。例えば、モデルの一部が明確に定義されたルールを系統的に組み合わせたものであっても、それをコンピューターでプログラムをするのは難しく、ブラックボックスのようには使えないかもしれない。これは例えを使って説明するのが一番だろう。ウィリアム・オニールと長年一緒に仕事をしてきたが、ベースの持つ本来の力を見抜くオニールの能力はずば抜けていた。何十年もの間、チャートを分析してきた経験から得た能力であろう。最高のベース、優秀なベース、最低限のベース、そしてその間にあるあらゆる種類のベース——そういったベースの違いというのはマーケットの全体像と見比べて判断するものだ。そこにあるわずかな違いを人間が判別するように、コンピューターにプログラムすることはかなり難しいか、おそらく不可能であろう。ベースの質を評価するオニールの能力は、1960年から何十年もの間、何百万という数のチャートを分析してきた経験によって培われたものだからだ。

フォロースルー日は買いのシグナルで、売りが強い日が増えると

売りシグナルであるとしたオニールのCAN-SLIM投資法の「M」は、誤っていると結論づける者が現れた。フォロースルー日は統計的に株価の上昇が成功する確率が低いので買いシグナルとしては有効ではない、と言うのである。フォロースルー日に株価が上昇する成功率はたしかに低いのかもしれないが、さまざまな設定を調整すればその成功率を大幅に改善させることができる。例えば、フォロースルー日の定義となる主要な平均株価の1日の上昇幅の数値を調整することが有効かもしれない。この数値は、過去x取引日のATR（真の値幅の平均）に基づき調整するべきだが、これはそのタイミングモデルにどの程度の感度を持たせたいかによって変わってくる。ATRは変動率を計る指標である。感度の高いモデルは平均株価のATRの変化に素早く反応する。つまり変動率の変化を素早く見つけられるのがその利点である。一方でダマシの発生が多くなるのがその弱点である。逆に感度が低いモデルを作れば、ATRの変化に対する反応が鈍くなる。利点はダマシが減ること、そして弱点はATRの変化を見つけるのが遅くなり利益が減る可能性があることである。

　設定する数値を調整するだけでなく、フォロースルーの日数をゼロに戻す基準についても明確なルールを作る必要がある。例として**図4.27**を見てみよう。2009年10月6日はフォロースルー日とするべきだろうか？

　ナスダックは9月23日に付けた高値から－5.9％しか下落していない。ナスダックが－5％以上下落したらフォロースルーの日数をゼロに戻すというルールを定義したとしよう。さらに、上昇を始めてから4日目以降でなければフォロースルー日としないというルールも適用すると、10月6日はフォロースルー日ではなくなる。もちろん、マーケットがx日以内に上昇を始めないとフォロースルー日としない、というような期限を設けることもできる。ここに挙げた例以外にも、フォロースルー日を予測する精度を上げるために、いろいろな変数を微

図4.27　ダウ平均（日足、2009年9～12月）

> この日の出来高は前日を上回ったが、この日をフォロースルー日と考えるか？　ナスダックは9月後半に付けた高値から－5.9％しか下落していないので、日数のカウントをゼロに戻す必要があるだろうか？

調整することができる。

解決策2　モデルを使ってマーケットのタイミングを計るときには、変数を明確に定義することが重要である。あいまいな定義では混乱と誤解を生むだけである。また、シグナルの精度を上げるためには、ほかにどのような変数が使えるかを考えることも重要である。

状況2（続き）　売り抜け日に基づく売りシグナルから、投資家が限定的な結論を導き出してしまう可能性がある。インターネットに掲載された一例を紹介しよう。売り抜け日の定義として論理的だと思われる一定の条件を適用したが、よく調べてみるとその条件には制約が多

すぎた。これが原因で売り抜け日について限定的な結論を導き出してしまった。ここでは、あるウエブサイトで見つけた変数を使う（http://quantifiableedges.blogspot.com/2009/08/distribution-days-quantified.html）。適用した条件とは次のようなものである。

- S&P500が200日移動平均線の上で引けること（天井を探しているため）
- S&P500が過去200日間の最高値から１％以内で引けている日が過去12日間にあること（天井に近いことを裏づけているため）
- 過去12日間に売り抜け日が少なくとも４日あること

　この３つの条件がそろったとき——200日移動平均線の上で、過去12日の間に過去200日間の最高値から１％以内で引ける日、かつ売り抜け日が４日以上発生したとき——に、４日目の売り抜け日の大引けでS&P500を空売りする。そしてそのポジションを20日か40日か60日後に買い戻したとしよう。

　ここから導き出された結論は、売り抜け日はマーケットの天井を示すものでも下落を予測するものでもなく、実際には空売りするよりも買ったほうがよい、というものだった。

　しかし、この研究にはいくつか欠点がある。必要な売り抜け日がわずか４日であること、過去12日の間に過去200日間の最高値から１％以内で引けること、そして空売りの買い戻しを20日後か40日後か60日後という定数で行うと制限していることである。この条件はかなり限定的で、過去のデータに当てはめすぎだと言える。ｘ日間に５日の売り抜け日が必要、というように条件を調整し、さらに過去12日の間に過去200日間の最高値から１％以内で引けること、という条件を除外すれば、結果は大幅に改善されるだろう。マーケットの価格と出来高の論理的な関係は、2007年５〜６月と10月のような例外的な期間を除

けば、100年前も今も変わっていない。

　大商いで下落する日が多いというのは、一般的には機関投資家の売りを示している。これはマーケット全体が下落を始める前に起こりやすい。しかし、売りシグナルが発生したのにマーケットが上昇してしまうようなダマシのシグナルが多く発生する年もあるだろう。適切なモデルを作っていれば、シグナルが正しかったときには大きな利益を得て、マーケットのパフォーマンスを大きく上回ることができる。そのような安全策を組み込んで、困難なマーケットでの損失を最小限にとどめる対策が必要である。これは、勝ち銘柄を長期にわたって育て、負け銘柄はなるべく早く切り捨てる、というトレンドフォローの必勝ルールと似ている。

解決策2（続き）　どのような戦略を作るにしても、その論理が正しくなければ始まらない。まずはきちんと機能する概念を見つけだし、そしてその概念をもとにモデルを作るのである。データに適合させたいからといってモデルのほうをねじ曲げるような無理な方法ではならない。モデルが複雑すぎると、無理やりデータに適合させようとしてしまいがちである。するとデータ量に比べて自由度が高すぎるモデルが出来上がる可能性がある。そのようなモデルは予想精度が低く、後講釈でのみ素晴らしい成績を残していた、という結果になる。また、自分のエゴを満たすためだけにモデルを必要以上に複雑化するのもいただけない。1990年代前半、まだ私が大学院生だったころ、私は自分が作った計量経済学のタイミングモデルに鼻高々だった。1996年にウィリアム・オニールに初めて会ったとき、私はそのタイミングモデルを彼に見せた。オニールはうなずいて、控えめな笑みを見せると、私の発見のなかにはある相場サイクルでしか使えないものがあるかもしれないので常に簡潔さを求めなさい、と教えてくれた。なんと思慮に富んだ助言だろう。私のタイミングモデルは1991年から利益を生み出

してきたが、ときとともに大きく進化を遂げ、次第に簡潔になっていった。経験を積んだことでチャートの理解力が高まり、売り抜け日とフォロースルー日をマーケット全体と照らし合わせて考えることができるようになったのだ。この方法で、私はかつて必要としていた補足的なデータの多くを使わなくなった。これに共通した点があると思うのだが、チャートの読解に関しては、オニールは典型的な純粋主義者であった。主に日足チャートと週足チャートの価格と出来高の変化やベースの形、レラティブストレングス線、そして50日移動平均線を参考にしているだけである。時代の流れのなかでチャートを数十年も読み解いてきたオニールにとっては、ほかの指標など必要ないのである。自身の豊富な経験をもとに、適切なベースを見つけることができるわけだ。

簡潔化するために行った分類がかえって複雑になってしまうとき

問題 だれだって、「取っ手付きカップ型」や「正方形型」のような分類からベースを探すほうが、マーケット全体の状況を見るよりも簡単だと思うだろう。ウィリアム・オニールと一緒にセミナーを開くと、必ずといってよいほどベースの形に関する質問を受けたものだ。「この銘柄のベースは取っ手付きカップと呼べますか？」「ベース全体と比べてこの取っ手は深すぎですか？」「どうしてこれは上昇型のベースではないのでしょう？ このチャートは上昇型ベースのお手本のように上昇しているように見えるのですが」といった具合である。

状況 そのような質問が無意味だとは言わない。しかしマーケット全体と比較してその銘柄の動きを理解しようとせず、チャートパターンの形だけに頼りすぎている投資家が多すぎる。これでは誤った解釈

第4章 失敗に学ぶ

図4.28 ナスダックとチャールズ・シュワブ（日足、1998年8～12月）

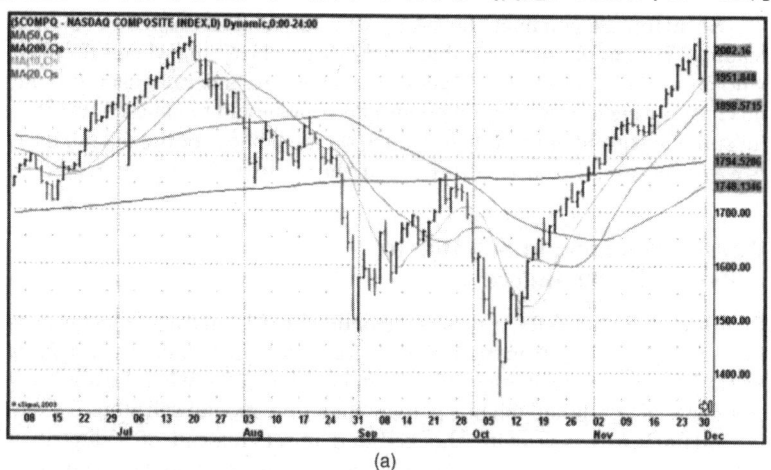

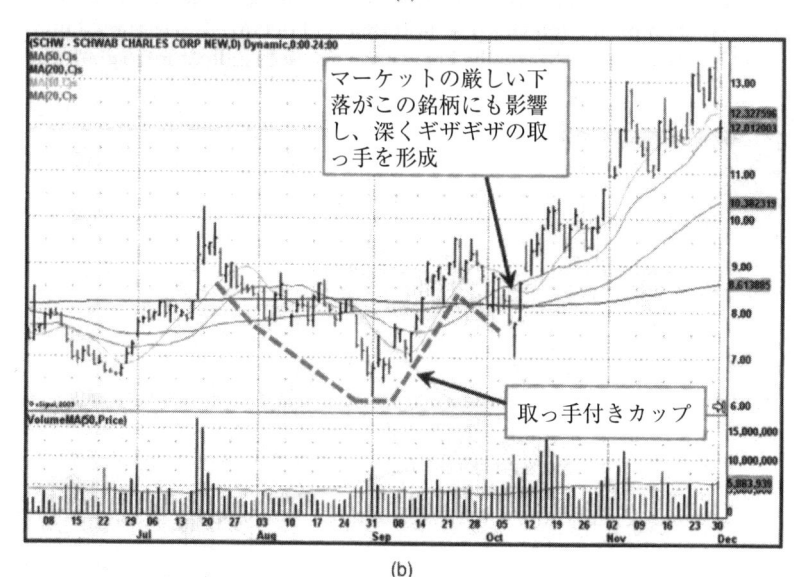

(a)

(b)

マーケットの厳しい下落がこの銘柄にも影響し、深くギザギザの取っ手を形成

取っ手付きカップ

をしてしまったり、絶好のチャンスを逃してしまう。例としては、チャールズ・シュワブ・コーポレーションのチャートを見てみよう（**図4.28b**）。形成されたベースは取っ手付きカップ型である。基本の取っ手付きカップの場合、底は丸みを帯びているのだが、このカップの底はかなりのＶ字で鋭くなっているので、欠陥のあるベースのように見える。さらに、取っ手部分は高値から26.7％も下落しており、39.7％の下落で作られたベースの深さと比べると非常に深い。しかし、マーケットの全体像を重ね合わせて考えて見ると、この取っ手付きカップのベースは有効なのである。つまり、買いだったということだ。1998年８～10月はマーケット全体が厳しい弱気相場に入っていた（**図4.28a**）。マーケットのほうは1998年９月１日の最初の底よりも1998年10月８日の２番底のほうがさらに安くなっている（**図4.28a**）。ところがチャールズ・シュワブの２番底は１番底よりもずっと高値である（**図4.28b**）。つまり、この２番底は、マーケットがこれほどまでに下落していなければベースの取っ手になっていたのである。さらに、マーケットがこれほどまでに急落していなければ、チャールズ・シュワブの底の形も鋭いＶ字型ではなく丸みを帯びていたはずである。

解決策　これほど混乱を招くのなら、どうして最初から分類するのか、と疑問に思うかもしれない。答えは簡単である。分類することによって良いベースを見つける方法を学ぶことができるのである。通常のマーケット状況であれば、あらゆる投資家が利用できる素晴らしい教育ツールとなるのだ。しかしマーケットが急落しているときは、ベースの細かい形ばかりに注目するのはやめたほうがよい。ベースのパターンを見るときには、常にマーケット全体と重ね合わせて解釈することが大切である。

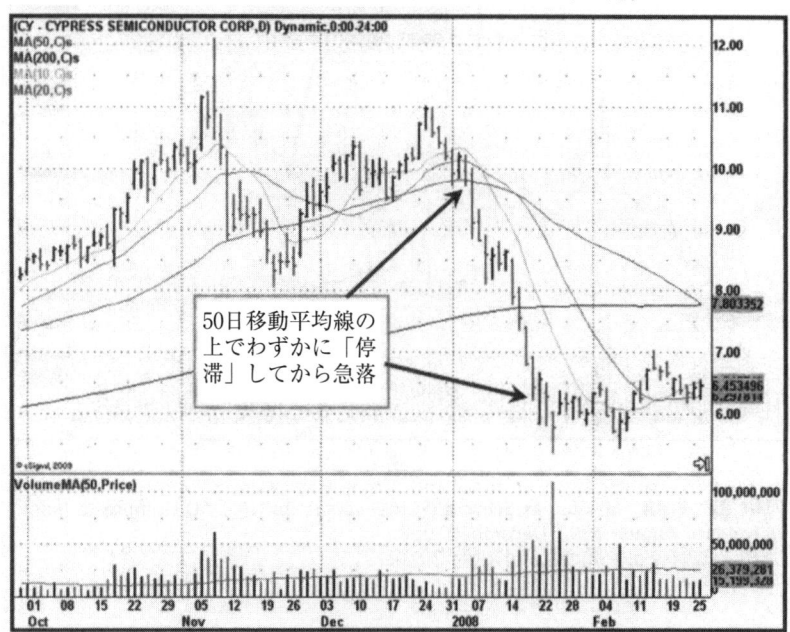

図4.29 サイプレスセミコンダクタ（日足、2008年1月）

（チャート内注釈：50日移動平均線の上でわずかに「停滞」してから急落）

特殊な事態が起こって売りが遅れてしまうとき

問題 2008年前半、私はサイプレスセミコンダクタ（CY）を売り損ねた。株価が50日移動平均線の上で停滞している間、パソコンから20分ほど離れてしまったからである（**図4.29**）。20分後に戻ってみると、あらかじめ決めておいた損切り価格をすでに7％も下回っていた。

状況 このときの衝撃は大きく、私はかなり動揺してしまった。そしてこの銘柄を売らずにすむような理由をいろいろと考え始めたのだ。出来高は比較的少なめで売られ過ぎに見えた。そして席を外していた20分間に急落の原因となるような報道もなかった。通常ならば指標が売られ過ぎを示しているからといって売りを決めることはない。売

193

られ過ぎは加速して、さらに売られ過ぎになる傾向があるからである。いつもなら頭のなかで決めておいた損切り価格まで下落したらその銘柄を売り、下落の原因についてはあとから考えることにしている。しかし、このときばかりは感情が先立ってしまった。私は動揺し、だまされたという気分になった。そしてこの銘柄はきっとすぐに回復するに違いないと考え、売らずにそのままにしてしまったのだ。大引けが近づくにつれて価格は上昇し始めたので、私はそのままポジションを持ち続けた。翌日、価格は少し上昇して取引されたが、それも続かず、その後はさらに3.2％も下落して売られ続けた。ここでこの銘柄を売るべきだったのだが、前日よりもさらに商いが薄かったことと、この銘柄に関する報道も何もなかったことを理由に、この価格の水準ならば今度こそ本当に売られ過ぎだろうと考えた。3日目、価格はさらに2.7％下落した。私が最初に売ろうと考えていた価格から12.4％も下落したことになる。この時点で売るのはさらに難しいことだった。私はこのポジションで頭がいっぱいだった。よく言われるとおり、「最初に売るのが最も簡単」なのだ。私はそれまで、自分で決めた売りシグナルにはいつも従ってきた。だからこのようなあいまいな状態で立ち往生する状況には慣れていなかった。それから10日間で、サイプレスセミコンダクタの株価はさらに32.8％下落した。最初の損切り価格から41.1％も下である。ここで私はついにあきらめることにした。数日後の2008年1月29日に株価がわずかに戻りを見せたとき、私はようやく売った。

解決策 感情に任せて判断をしてはならない。悪い状況に見舞われてだまされた気分になっても、ルールに従うことをやめてはならない。私は自分の売りルールを守らなかったので大きな損失を被った。

トレードに新しい要素を取り入れるとき

問題 ウィリアム・オニールのもとで資金運用を始めたとき、株価はリアルタイムではなくいつも20分遅れで入ってきていた。しかしその後、リアルタイムで株価を見るようになり、3カ月が経過した。私の場合、リアルタイムの株価を知ると利益よりも害をもたらすことのほうが多かった。マーケットの動きが詳しく分かりすぎるため、日中に株価が急激な動きを見せると怖くなってポジションを手放してしまうのだ。リアルタイムの株価に慣れるまで、私はいつもの手法を一時的に変更して対応していた。

状況 ウィリアム・オニールはあるとき、ポートフォリオマネジャーに対してある簡単な調査を行った。トレード中にコンピューターの画面を増やしてみた場合に、何かエッジ（優位性）が得られるかを調べたのだが、そのようなものは何も得られないという結果が出た。つまり、コンピューターの画面を増やしたところでパフォーマンスが向上するわけではないということが分かったのだ。場合によっては利益よりも害になることのほうが多いという結果も出た。情報量が多すぎるとかえって気が散ったり軽率な決断をしてしまうので、そのような情報源はなるべく減らしたほうが投資家にとっては良いのである。ウィリアム・オニール・アンド・カンパニーで現在も働く屈指のポートフォリオマネジャーがいる。その女性は朝は遅めで、マーケットが寄り付いた数時間後に出勤してくる。これには一種の断熱材のような効果がある。マーケットの熱が落ち着くまで十分に待ってからトレードの判断を下すことができるわけである。長期的な時間枠でトレードを考え、寄り付きでの報道やマーケットの動きに反応しないようにすれば、マーケットの騒音で感情的になることも避けられるのである。

解決策 コンピューターの画面をたくさん見るのは、気が散る原因である。トレーダーは集中力を失い、最適な買いポイントや売りポイントを見逃してしまう。また、日中足の価格の動きを見ると、怖くなって早すぎる段階でポジションを手放してしまうことがある。私はリアルタイムに入ってくる価格を前向きにとらえる方法を学ばなければならなかった。同じように、日中足を前向きに使えるようになるまでは、日足や週足のチャートを使っているほうが無難である。

不意に絶好のチャンスが訪れたとき

問題 マーケットが調整時期に入っていたので、買い銘柄を熱心に探す作業をやめてしまった。

状況 マーケットが調整時期に入っているというだけで、毎日買い銘柄を探す作業を毎日やらなくてよい理由にはならない。私はこの作業を怠ったので、最高のチャンスをいくつか逃してしまった。最高の銘柄は、弱気相場のときにピボットポイントやポケットピボットを付けることがある。

解決策 マーケットが調整しているからといって、日々の銘柄探しを怠ってはならない。

理詰めで考えすぎてしまうとき

問題 マーケットを理詰めで考えることが好きな投資家は、度を超えてマーケットの次の動きを予測し始めてしまうことがある。そのような予測を完璧なタイミングでできた人間など、私はこれまでだれ一人として知らない。ジム・ロジャーズのように、長期のトレンドを予測し、

それが結果として正しくなることが多い、尊敬すべき投資家がいることはたしかである。しかしロジャーズ自身が認めているように、そんな彼でも予測したタイミングが大きく外れることがあるのだ。

状況 正しい予想をしたいという気持ちが損失につながることがある。私は核化学の博士号をカリフォルニア大学バークリー校で修得したのだが、大学に隣接しているローレンス・バークレー国立研究所には投資で成功している人などほとんどいなかった。理由はだいたい想像がつくだろう。世界有数の科学者であると自負する巨大なエゴの塊である彼らは、マーケットに対してどう動けとか、こうするべきだ、と指示を出そうとしては失敗を繰り返していた。

　理詰めで考えすぎるのはとても危険である。今度こそマーケットを究めたと思うたびに必ず、まだまだ学ぶことはたくさんあることを思い知らされる。エドウィン・ルフェーブルの『欲望と幻想の市場――伝説の投機王リバモア』（東洋経済新報社）はもう10回以上も読んでいるが、読むたびに新たな発見がある。最後に読んでから積み重ねた経験が、次に読むときに新たな意義や理解をもたらしてくれるのだ。

解決策 マーケットは毎日観察し、それに従って投資判断を下さなければならない。マーケットがこの先どのような動きをするのかを予測するのは、一見必要な作業のように思えるかもしれないが、実は必要ではない。マーケットの未来についての結論を急ぐばかりに、現在を見失ってはならない。現在を見るということの意味は、マーケットが発信する情報を毎日受け取ることである。それがマーケットのサインを落ち着いて受け取るための集中力を養うのである。そこから得た情報をもとに、マーケットにどのように仕掛けるかを適切に計画することができるのである。

スランプに陥ったとき

問題　損失がしばらく続いたために精神的に参ってしまい、大きなスランプに陥ってしまった。

状況　スランプから抜け出すのは簡単ではない。過去の栄光の瞬間にしがみつき、失った若さを取り戻せないことを嘆く、全盛期をとうに過ぎた老年のプロボクサーのようになってはならない。幸い、ウィリアム・オニールやエド・スィコータのような熟練のマーケットの魔術師たちが投資家として成功するのに年齢は関係ないことを証明してくれている。

解決策　第10章でスランプから抜け出す方法、そして折れた心を治す方法を哲学的な観点から詳しく説明する。

　ここでは投資のスランプから抜け出す別の方法をいくつか紹介する。

- 旅行に出たり、楽器を弾いたり、芸術的な活動をしてみる。または新しい技術を学ぶなど、投資とはまったく関係のないことを１週間やってみる。新しい刺激を受けると精神的な歯車が切り替わるきっかけとなる。そして、潜在意識から回復が始まるのである。
- 運動や適切な食事を心がけて体の活性化をはかる。これについては第10章で詳しく説明する。
- トレード日記を頻繁につける。スランプに陥っている理由を頭で論理的に理解することができる。また、トレード日記を読み返せば、これまでに学んだ教訓を復習することができる。
- 常に自分のトレードを見直す習慣を持つ。投資手法に欠陥がないか、トレード戦略について誤解があったり使い方を間違っていないか、あるいは感情的な問題が原因で損失を生み出していないかなどの弱点を見つけるのに役立つ。

結論

　本章で見てきたとおり、経験豊富なトレーダーですら失敗することがある。トレーダーとして進化し続けるためにできることを、ここにいくつか提言する。

●**読書と勉強を怠らない**　私は13歳のときに初めて投資に関する本を読んだ。それ以来、1999年までに株式市場に関する書籍を200冊以上も読破した。たとえもう学ぶことはないと思っても、新しい本を読んでみれば、すでに学んだことを再確認したり自分のトレードを進化させるような新しいアイデアが浮かぶかもしれない。そして素晴らしい書籍に出合ったら繰り返し読むのがよい。私はエドウィン・ルフェーブルの『欲望と幻想の市場──伝説の投機王リバモア』、ウィリアム・オニールの『オニールの成長株発掘法』、ジャック・シュワッガーの『マーケットの魔術師』や『新マーケットの魔術師』を何度も読み返した。経験を積んだあとに同じ本を読み返してみると、必ずと言ってよいほど、以前は分からなかったより深い意味を理解することができるのだ。

●**失敗が生み出した損失の痛みを感じ、それを心から受け入れる**　エド・スィコータのトレーダー集団の手法は、トレーダーとして道を外さないための最も効果的な方法のひとつである（詳細は、http://www.tradingtribe.com/ を参照）。また、損失の痛みを心から受け入れるというエックハルト・トールの哲学も、同じようにとても効果的である。これらの手法や哲学については第10章で紹介する。

●**どこで失敗したのかを明確にするためにトレード日記をつける**　自らの過ちを書き出せば、その過ちを強く頭に刻み込むことになるので、再び同じ過ちを繰り返す可能性が低くなる。

●**自分のトレードの買いと売りのポイントをチャートに印を付けてお**

く　そのチャートを持ち歩いて、買いと売りの適切なポイントや不適切なポイントを頭にたたき込む。なぜそのような過ちを犯したのか、そしてその原因――単に感情に邪魔されたからか、それとも戦略を誤解していたからか、あるいはチャートのサインの解釈を誤ったからか――を見つけだしてメモしておく。

ジェシー・リバモアは、資金を失う方法は人が想像するよりも多い、とよく語っていたという。20年以上もいろいろな失敗を繰り返してきたわれわれも、同意見である。失敗を心から受け入れられる投資家にとっては、経験を積むことで学ぶことは大きい。忘れないでほしい――本当の意味では失敗などないということを。あるのは失敗から学ぶことだけである。失敗から学ぶことができれば、実際には失敗から前進しているのである。

第5章
トレードの極意

Tricks of the Trade

　ウィリアム・オニールはよくわれわれに、マーケットで大きな利益を得るには正しい銘柄を買うことよりも、それらを買ったあとにいかに適切に手仕舞うかにかかっている、と言っていた。ある銘柄が1回目のベースから初めてブレイクアウトする直前に買えば、その後大きく上昇する可能性のある銘柄を買ったことになる。しかし、その銘柄が10％上昇したあとに売ってしまったらどうだろう。そして株価がさらにその後190％も上昇し続けたとしたら、適切に手仕舞ったことにはならない。これがわれわれのトレード手法で最も重視している点である。われわれの手法には、上昇する銘柄の手仕舞いのタイミングについて、特別なルールがいくつも盛り込まれている。

　多くの投資家がみんな同じツールを使っていたり、同じニュースやチャートやデータ、そして市場の指標などにリアルタイムでアクセスできるようになると、多くの投資家が同時に同じ状況を知ることになる。それはまるで何かの群れか、あるいはマーケットそのものを反映する鏡のようである。そうなると投資家は自分にエッジ（優位性）を与えてくれるようなツールを欲しがったり、極意を知りたがったりするようになる。例えば、ベースからのブレイクアウトで買う手法に代わるような、もっと早い段階での買いポイントがないのかとか、あるいはリアルタイムで大化け株を売買できるような理路整然としたシス

テムはないのかと探し始めるのである。もし読者がそのような投資家の一人であるならば、本章でその答えや解決策をいくつか見いだせることだろう。ポケットピボットを使った買いポイントや上に窓を空けて寄り付いたときの買いポイントから、10日移動平均線と50日移動平均線を使った売りルールや7週間ルールまで素晴らしい極意を伝授しよう。これらはすべて、ひとつひとつが特定のルールに基づいて使われる個別ルールなので、どんな投資家でも比較的すぐに理解し、そして自分のトレードで実践できるはずである。

キャッチャー博士の研究所──ポケットピボットの利点

　オニールの書籍には、高値を更新したときのピボットポイントの買いポイントや、トレンドラインと移動平均線のブレイクアウトについて詳しく取り上げられている。しかし、ポケットピボットの買いポイントについては定義されていない。その理由は、ポケットピボットの概念そのものが2005年にキャッチャー博士の研究所で発見されるまではなかったからである。ポケットピボットとは、これまでのオニールの手法よりも早い段階での買いポイントである。2000年代半ばの起伏がなく値動きの小さい揉み合い市場（2004～05年のS&P500の週足チャートを参照）の打開策を探そうと行われた研究の結果、このポケットピボットが発見された。当時のマーケットは1980～90年代のトレンドの強いマーケットとは正反対だった。ポケットで買うことを意味するポケットピボットは、一言で言えばベースからの早期のブレイクアウト指標である。つまり、株価が揉み合いのベースからブレイクアウトする直前の買いポイントを見つける方法ということだ。

　われわれは当時、ウィリアム・オニール・アンド・カンパニーの機関投資家向けサービス部門と提携業務をしていた。さらにワークショ

ップなどを提供していたこともあって、実に幅広い機関投資家と出会い、話を聞く機会に恵まれた。そこから学んだことは、ヘッジファンドや投資信託や年金基金を運用する機関投資家の単純で独特な価値観であった。彼らはブレイクアウトして高値を更新した銘柄を買うことを好まない。事実、一般的な機関投資家は安値で株を買うことを好む。安ければ安いほど良いとさえ考える者もなかにはいた。たしかに出来高の増加や買い集めのサイン、そしてベースの底を作っているのは機関投資家なのである。

ポケットピボットの考え方は単純である。ベースからブレイクアウトして高値を更新するような銘柄があるとする。そしてすでにその銘柄がマーケットの主導株であることが証明されているとする。そのような銘柄の適切なベースの底を形作るのが機関投資家による買いであるならば、ベースの安値で買い集めのサインが見られたら、そこがリスクの低い買いポイントである、という仮説が成り立つ。そのような底は日足チャートや週足チャートに現れる。しかしポケットピボットの買いポイントを明確に判断するために、日足チャートの驚くべき使い方を紹介する。

ポケットピボットを使えば、主導株がまだベースから抜け出す前にポジションを建て始めることができる。デンドレオン（DNDN）の例を見てみよう（**図5.1**）。マーケットでは通常のブレイクアウトがダマシになることも少なくない。ポケットピボットで買えば、投資家はより安い価格で買うことができるため、ブレイクアウトのあとに株価が下落したり調整に入るようなことがあっても、振るい落とされる可能性が低くなるのである。

私が個人的にトレードを始めた1991年までさかのぼって研究所で調査を重ねた結果、このポケットピボットを発見したのだが、それを今度はもっと昔までさかのぼって検証した。さらに最終的には実際の資金を投じてリアルタイムのマーケットでも検証してみた。そして早期

図5.1　前立腺癌治療で注目されていた大型バイオ株デンドレオンでの早期の買いポイント

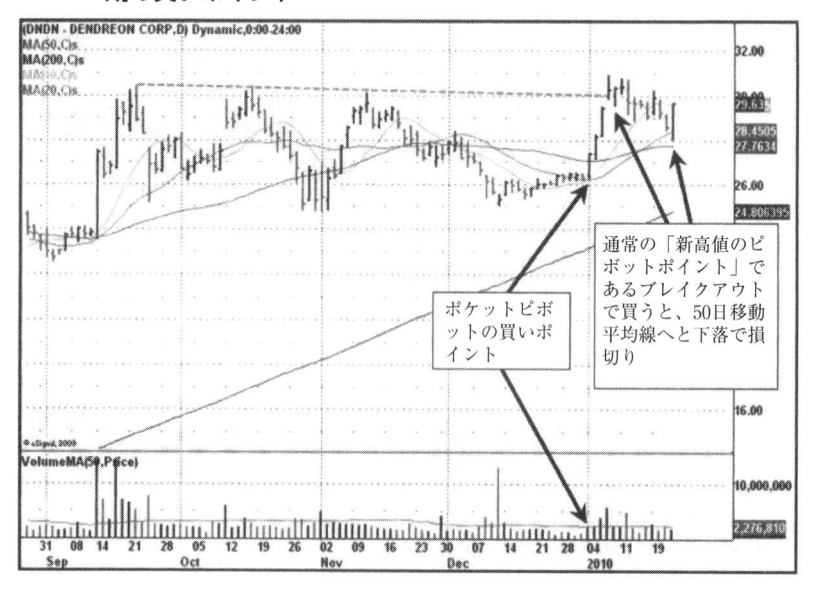

（チャート内注釈）
- ポケットピボットの買いポイント
- 通常の「新高値のピボットポイント」であるブレイクアウトで買うと、50日移動平均線へと下落で損切り

の買いポイントとして十分に利用できるということが証明されたのである。この概念は2000年代半ばに特に役に立った。2004～05年は揉み合いのマーケットが続いていた。そのため、これまでのブレイクアウトでの買いの手法が効果を発揮できていなかった。2004年後半にわずかながら買いのチャンスが訪れ、そして2005年半ばから後半にかけても２回ほど買いのチャンスがあっただけだった。しかしこれまでのように高値を更新したときに買っていたら、わずか数日で７～８％の損失を喫していただろう。

　流動性があまりない低位株の場合、大衆はまだ気が付いていない買いポイントをポケットピボットによって知ることができる。そのような出来高の少ない銘柄の場合、価格が明らかな抵抗線をブレイクして高値を更新して初めて大衆の注目を浴びる。そして、それが価格を上昇させる力となる。同じように、そのような出来高の少ない銘柄は売

第5章　トレードの極意

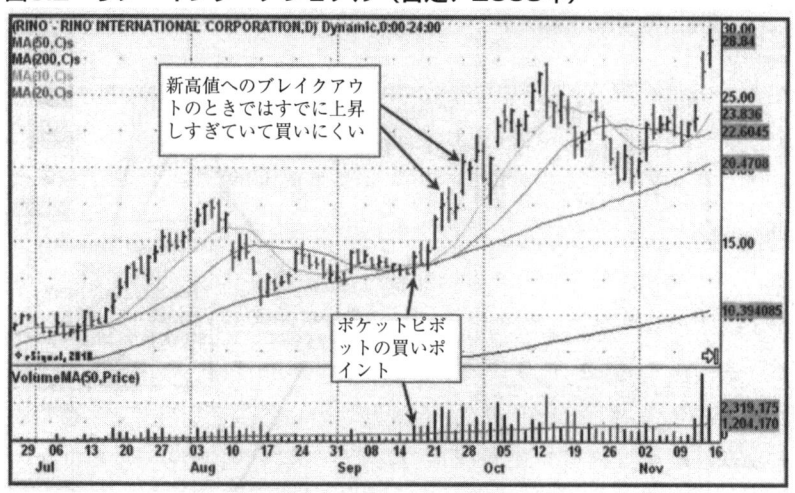

図5.2　リノ・インターナショナル（日足、2009年）

（新高値へのブレイクアウトのときではすでに上昇しすぎていて買いにくい）

（ポケットピボットの買いポイント）

られ始めると流動性の低さから下落に拍車がかかるため、リスクが高くなるのである。一般的に１日の売買代金が3000万ドル以下、あるいは出来高が75万株以下の銘柄がこれに当てはまる。もちろん例外もあるが一般的な判断の目安としてこの数字を覚えておけば、銘柄の流動性が原因で生まれる高い変動率やリスクなどを見分けるのに十分であろう。

　次にリノ・インターナショナル（RINO）を見てみよう（**図5.2**）。この銘柄は2009年９月後半にベースからブレイクアウトする前までは出来高が少なかった。９月後半にかなりの勢いで15ドル付近まで上昇した。さらに20ドル付近への上昇も勢いがあった。しかし、その後は10日移動平均線で支持を受けるまで急落した。ブレイクアウトの高値で買った投資家は、10日移動平均線を下回るほどの急落で損切りを強いられていたかもしれない。しかし、株価が15ドル付近に上昇する前のポケットピボットで買っていたら状況は違っていただろう。ポケットピボットで有利なスタートを切った投資家は、株価がベースの高値

のピボットポイントである17.75ドルまで上昇するのを見届けたあとすぐに下落しても、それほどつらい状況ではなかっただろう。

　ポケットピボットはブレイクアウトの買いポイントほど分かりやすくはない。そこでポケットピボットを使って小型株を買った別の例として、ジャズ・ファーマシューティカルズを紹介する。この銘柄も出来高の少ない低位株だが、製品を供給する強力な販売網を持っていたのでファンダメンタルズ面では強い銘柄だった。この株価は極端に少ない出来高しかないなかで7ドル付近に近づきながら小刻みに上下して、その後2009年12月9日に大商いを伴って50日移動平均線をブレイクして上昇した。ポケットピボットはこの銘柄が見せたような極端に出来高の少ないあとに現れる。これはとても良いサインである。たとえ株価がすぐには上昇しなくても、小刻みに揉み合いながら調整している間はまったく売られていないのだ。

　この例のように、出来高の少ない銘柄が動き始めるときというのは、その規模が小さく流動性が低いことから、上昇であれ下落であれ、動きが加速しやすい。そのため、株価がまだ静かに動いているときに信頼性の高いポケットピボットポイントで買うことが、このような銘柄のポジションを建てるうえでは重要である。リノ・インターナショナルやジャズ・ファーマシューティカルズの例からも分かるように、ファンダメンタルズが強くなる可能性のある出来高の少ない低位の小型株を買う場合は、ポケットピボットを探すことが大きな利益につながるのである。

ポケットピボットの特徴

　ポケットピボットポイントは通常、価格がベースからブレイクアウトする前に発生する。また、価格がベースや揉み合いからブレイクして上昇したあとに現れると、増し玉するポイントとなる。適切なポケ

ットピボットの買いポイントを見つけるためには、価格と出来高の動きやベースの形を見ることが最も重要である。また、ポケットピボットが現れるということは、その主導株のベースが強いことを示している。つまり、その銘柄がそれ以降も継続して上昇するかどうかをポケットピボットからある程度は予測することができるのだ。マーケットが強気のときや上昇トレンドのときにポケットピボットが現れると、その数日以内に価格がベースからブレイクアウトすることが多い。

ポケットピボットを探すには、まずファンダメンタルズが強くポケットピボットにつながりそうな良いベースのある銘柄を見ることだ。例えば、週足チャートで見て終値が収束していたり、過去1週間に大商いを伴って株価が支持線から上昇を始めていたり、あるいはベースで買い集めのサインが見られたり――などの特徴を探すのだ。このとき、長期的な揉み合いが続いたベースは避けるようにする。その理由は、そのような長期的な揉み合いをしているベースには通常、ポケットピボットに必要とされる買い集めが見られないからである。そのようなベースはダマシであることが多く、ポケットピボットも失敗しやすい。さらに、ベースの動きをナスダックやS&P500のような主要な株価平均の動きと比べることも重要だ。その銘柄のベースの形がマーケット全体と比べて前向きなサインを示しているかどうかを見定めるためである。マーケット全体よりも良い値動きをしている個別銘柄のほうが、不規則で消極的な値動きをしている銘柄よりも強いポケットピボットを作るからである。

ポケットピボットの定義

ポケットピボットは、ファンダメンタルズが強い銘柄に現れるほうが良い。特に、強気相場で大型の主導株をよく観察して、そのような銘柄にポケットピボットポイントが現れるのを待つべきである。その

例が1999年のハイテク銘柄や2004年のアップルやグーグル、そして2007年のソーラー銘柄などであった。強気相場でポケットピボットを探すなら、これらの銘柄が狙い目だったと言える。

　ポケットピボットの目的はある銘柄をポケットで買うこと、つまりベースのなかで一目瞭然ではないものの信頼性の高い有効な買いポイントで買うことである。チャートを見ていくと、ポケットピボットの定義に当てはまる買いポイントがいくつも見つかる。しかし、なかには不適切なポケットピボットもある。それをこのあとの例で見ていこう。

　適切なベースの形には価格と出来高の良好な動きが不可欠であるように、ポケットピボットが現れる前のベースにも価格と出来高の良好な動きが必要である。ポケットピボットが現れる直前の株価は収束、つまり価格と出来高の動きが明らかに小さくなっていることが重要である。さらにベースの前に起こった株価の上昇は50日移動平均線などに沿っている、つまり、それを下回っていないことも重要である。なぜなら、その後もそのような傾向が続くことを暗示しているからである。つまり、株価がそれまでの傾向（50日移動平均線に沿った上昇）から外れた値動きを始めたら、今度は同じ50日移動平均線が売りの目安として使えるのである。価格や出来高の過去の動き方によって、その銘柄の売りを考える目安として10日移動平均線を使うのか、あるいは50日移動平均線を使うのかを判断すると良い。

　2008年後半の金融危機の直後のような特殊な状況は別として、通常は株価が50日移動平均線の上で推移しているときのみポケットピボットで買うべきである。さらに過去7日間の価格と出来高は大きく動いていないほうが望ましい。ポケットピボットが実際に発生するときには、それと対照的な大商いになるからである。また、ポケットピボットが現れたときには過去10日間の出来高に注目する。大商いを伴って株価が下落したときと同じくらいか、あるいはそれ以上の大商いを伴

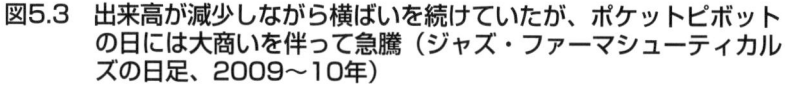

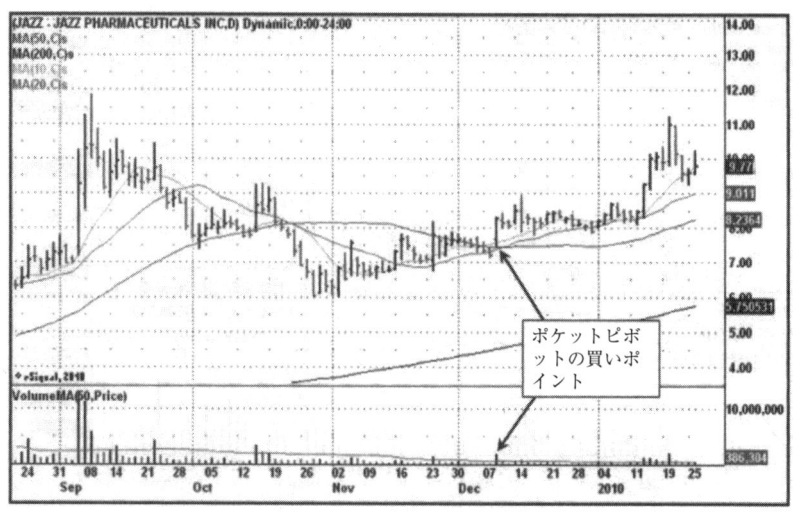

図5.3 出来高が減少しながら横ばいを続けていたが、ポケットピボットの日には大商いを伴って急騰（ジャズ・ファーマシューティカルズの日足、2009〜10年）

って株価が上昇しているのが理想的である。これを適切な「出来高の特徴」と呼ぶ。出来高が不安定で毎日大きく変動しているようなときは、11〜15日間延長して観察するとよい。ぱっと見で、過去10日間でもベース全体でも、株価が大商いを伴って下落している日というのは少ないことが分かるだろう。理想的な形は、過去10日間の出来高が比較的一定かできれば減少していて、ポケットピボットの日に突如として大商いになるというものである。ジャズ・ファーマシューティカルズが良い例だろう（**図5.3**）。

ポケットピボットと従来のブレイクアウトの買いポイントとの違い

従来のオニールのピボットポイント、つまり高値を付けてベースか

図5.4　出来高の39％増でポケットピボットになる一方、通常の新高値へのブレイクアウトに必要とされる出来高の50％増には足りなかったが、過去10日間では最多の出来高だったためピボットポイントとして買ってよい（バイドゥの日足、2007年9月）

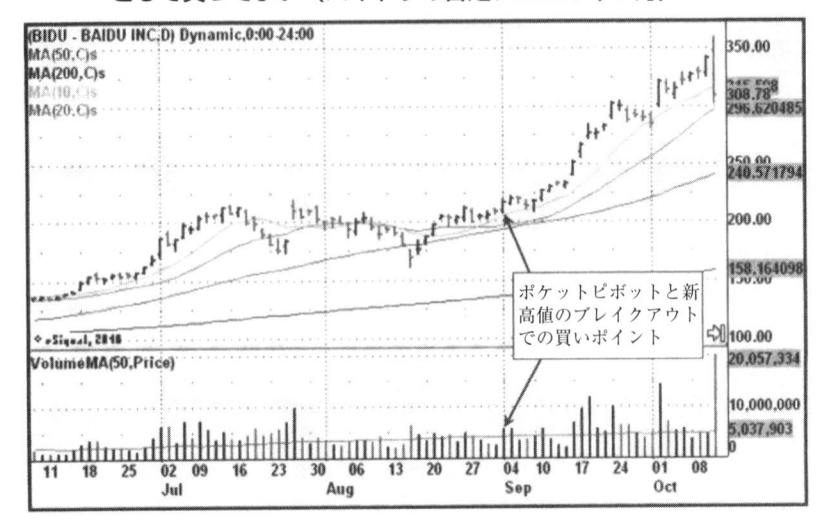

らブレイクアウトしたときの買いポイントと、ポケットピボットが同じ場所になることがある。ポケットピボットがピボットポイントと同じになるときには、過去10日間に下落した日と同じくらい大商いである必要はない。しかし、その場合にはピボットポイントに必要とされる最低限の出来高は欲しい。バイドゥの例を見てみよう（**図5.4**）。2007年9月4日に株価は高値を更新してブレイクアウトした。これはポケットピボットの定義に当てはまるだけでなく、この日の出来高は過去10日間で最多になっている。もしこのポケットピボットポイントが同時にピボットポイントでもあったら、出来高が過去10日間で最多である必要はなかった。つまりブレイクアウト時の出来高が、通常のピボットポイントで必要とされる量に達していれば、それで十分だったということだ。この場合、ブレイクアウト時の出来高は平均を39％上回っていたが、50％以上上回っていることが望ましいとするピボッ

トポイントの条件は満たしていない。しかし、ポケットピボットのルールを当てはめれば、過去10日間に下落した日の出来高と比べて最多になればよいということなので、たとえ39％でもよいのである。通常のピボットポイントとしては買えないが、ポケットピボットとしてなら買っても良い状況だったことになる。このときのバイドゥのベースはＶ字型だった。当時はマーケット全体が売られていたので、株価は不安定な値動きをしていた。そんななか、バイドゥは８月半ばに２日ほど50日移動平均線を下回ったが、最終的にはなんとか持ちこたえていた。株価はその後、50日移動平均線を再び上回り、20日移動平均線と10日移動平均線も上回った。そして2007年９月４日にポケットピボットが発生したのだ。

　オニールのピボットポイントの買いポイントで必要とされている出来高の50％以上増加というルールに反するようなブレイクアウトでも、過去10日間に下落した日の出来高を上回っていれば良しとするポケットピボットのルールに従っていれば成功した、というのがバイドゥの例であった。この逆もある。出来高を50％以上増やしてブレイクアウトしたのでピボットポイントの条件は満たしているが、過去10日間に下落した日の最多の出来高に比べると少ないのでポケットピボットの条件は満たしてない、という場合である。バイドゥのときにはポケットピボットの出来高の条件は満たしたが、50％増というピボットポイントの出来高の条件は満たしていなかったので、買いシグナルとして有効だったのはポケットピボットだけだった。

　図5.5のファースト・ソーラー（FSLR）は、そんなバイドゥの正反対の例である。この銘柄の場合、まず取っ手付きカップを形成した。そして、2007年９月21日に平均よりも52％増の出来高を伴って取っ手の高値からブレイクアウトした。これは従来のピボットポイントの出来高の条件を満たしている。ところがチャートをよく見ると、その日から７日前に大商いを伴って下落したときよりも、ブレイクアウト時

図5.5　取っ手からのブレイクアウトでは十分な出来高がなくポケットピボットとしては有効ではないが、平均出来高よりも52％増なので通常のブレイクアウトのピボットポイントとしては有効（ファースト・ソーラーの日足、2007年9月）

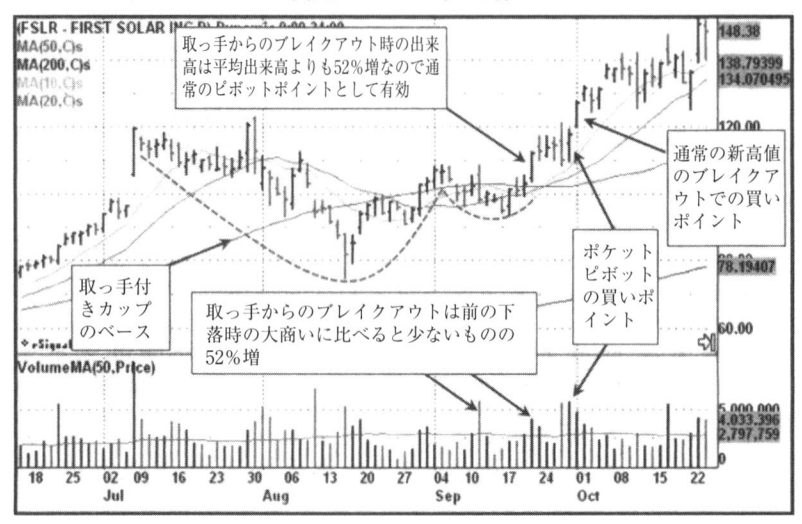

のほうが出来高が少なくなっている。つまりこの場合には、従来のピボットポイントとして買うことはできたが、7日前の出来高に足りなかったためにポケットピボットとしては買うことができなかったのだ。

9月28日、ファースト・ソーラーに有効なポケットピボットの買いポイントが発生した。そしてその翌日に、ベースの高値の123.21ドルをブレイクアウトして上昇し、ブレイクアウトの買いポイントも発生した。ポケットピボットを使っていれば、1日早く株を買うことができたことになる。

　図5.6のヤフー（YHOO）は、ブレイクアウトでポケットピボットとオニールのピボットポイントの両方が発生した例である。株価が50日移動平均線のすぐ下まで静かに下落をしているとき、出来高は減少を続けていた。しかし株価が50日移動平均線の上まで急上昇すると、出来高も過去10日間に下落した日を超える増加を記録した。これは同

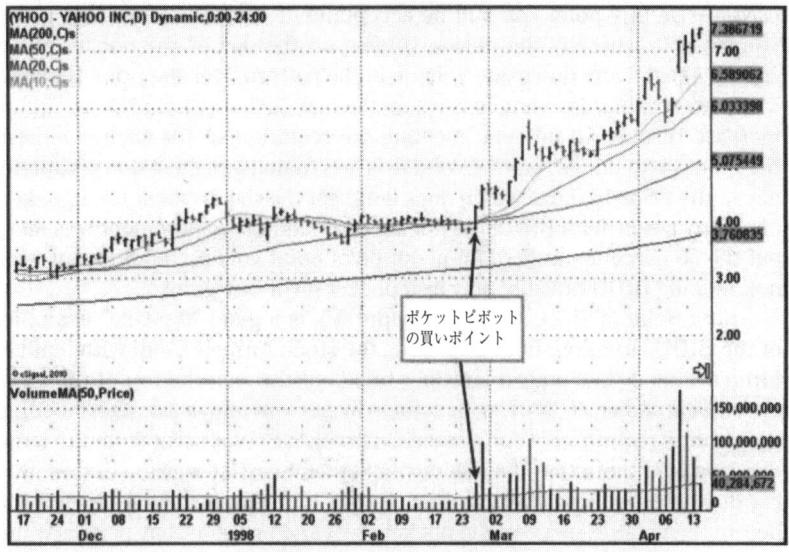

図5.6　ヤフーの出来高のパターンはポケットピボットと標準的なベースからのブレイクアウトのピボットポイントの両方の条件を満たしていた（ヤフーの日足、1998年2月）

時に、終値が収束しながら形成した7週にわたる平底型ベースからのブレイクアウトでもあった。**図5.6**を見ると、ポケットピボットが発生する直前の終値が小幅のまま、規則的に約1カ月間も推移しているのが分かるだろう。

ポケットで買う

ベースで買うにしても、上昇トレンドで買うにしても、ポケットピボットで買うならば何らかの揉み合いを経たあとが理想的である。当然、ベースでの揉み合いのほうが上昇トレンドよりも買えるポケットの時間が長くなる。これを継続的ポケットピボットと呼んでいる。大化け株の場合、10日移動平均線にわずかに触れるほどの短期間しか停滞せずに大商いを伴って上昇してしまうこともある。しかし本章で紹

図5.7　パターンのなかで２回大商いが発生し、ポケットピボットが現れる前に良好な値動きを暗示させた（エヌビディアの日足、2007年第１四半期）

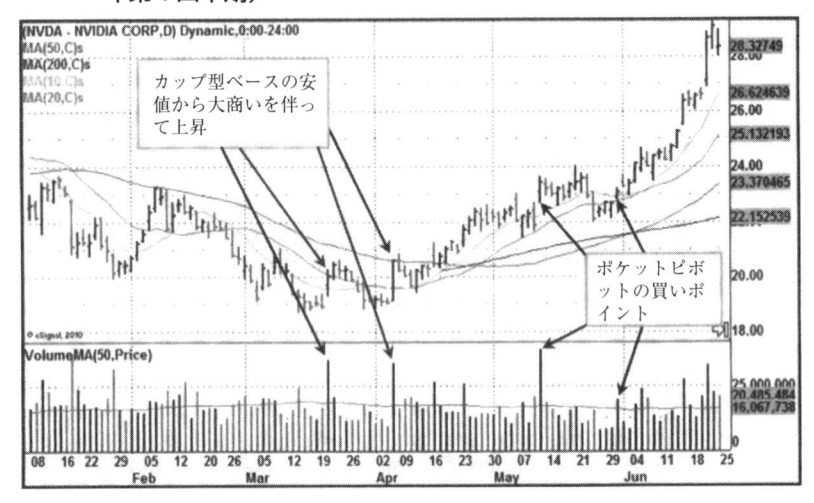

[図中ラベル: カップ型ベースの安値から大商いを伴って上昇／ポケットピボットの買いポイント]

介したポケットピボットの条件さえ満たされていれば、有効な買いポイントとなる。このように、ポケットピボットを使えば、絶好調の銘柄を買うチャンスを何回も得ることができる。たとえ主導株をベースからブレイクアウトしたときに買い逃してしまっても、またあとから買うことができるのである。

　ポケットで買うという概念をさらに深く理解するために、ベースで現れるポケットピボットの例をさらにいくつか勉強してみよう。ファンダメンタルズが強く、強気相場で適切なベースを作っている主導株の買いポイントを、早い段階で示してくれるポケットピボットの例を見ていこう。そして本章後半では、上昇トレンドに現れるポケットピボットや継続的ポケットピボットで買う方法についても説明する。

　2007年３月、エヌビディア（NVDA）の株価は上昇を始め、第１四半期に作られたベースらしき形の２番底から抜けだそうとしていた（**図5.7**）。このベースは高値から約30％の深さで、底の近くでは大

第5章　トレードの極意

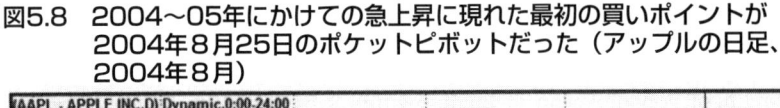

図5.8　2004～05年にかけての急上昇に現れた最初の買いポイントが
　　　 2004年8月25日のポケットピボットだった（アップルの日足、
　　　 2004年8月）

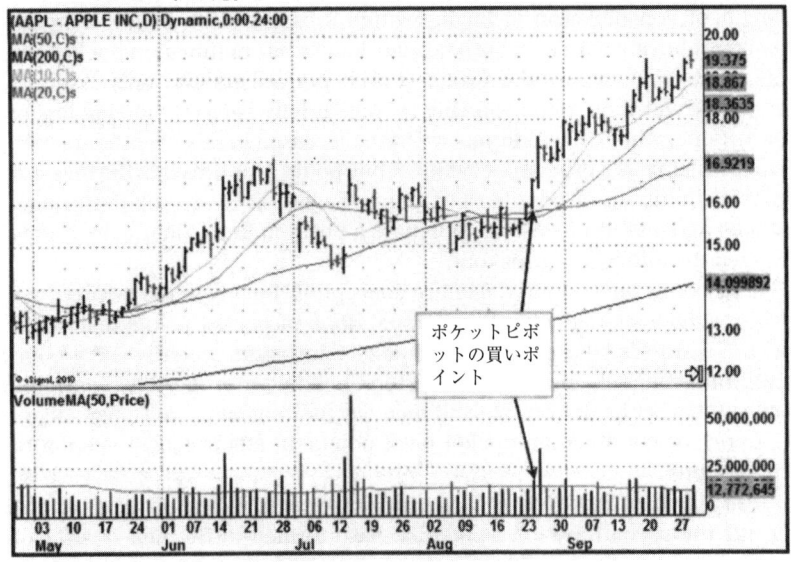

(ポケットピボットの買いポイント)

商いになっていた。このように大商いを伴う安値は肯定的なサインなので、前向きな状況を感じさせた。そして5月11日と31日にポケットピボットが発生した。

　次に、2004年8月25日に現れたアップル（AAPL）のポケットピボットを見てみよう（**図5.8**）。これはナスダックがちょうど底を付けて8月13日に上昇に転じたときで、マーケットが底を付けてから初めてアップルに発生した買いポイントだった。まず8月18日にフォロースルー日が発生し、マーケット全体が新たな上昇トレンドに入ると、それに合わせるかのように8月25日にアップルにも最初の買いポイントとなるポケットピボットが発生したのだ。このあと、アップルは力強く上昇し、その勢いは2005年第1四半期まで続いた。株価は、ポケットピボットの価格からは約3倍にもなった。

　ファンダメンタルズが強く、大商いを伴って価格が上昇するような

図5.9　取っ手付きカップのベースの形のなかにポケットピボットの買いポイント（ベリサインの日足、1998年）

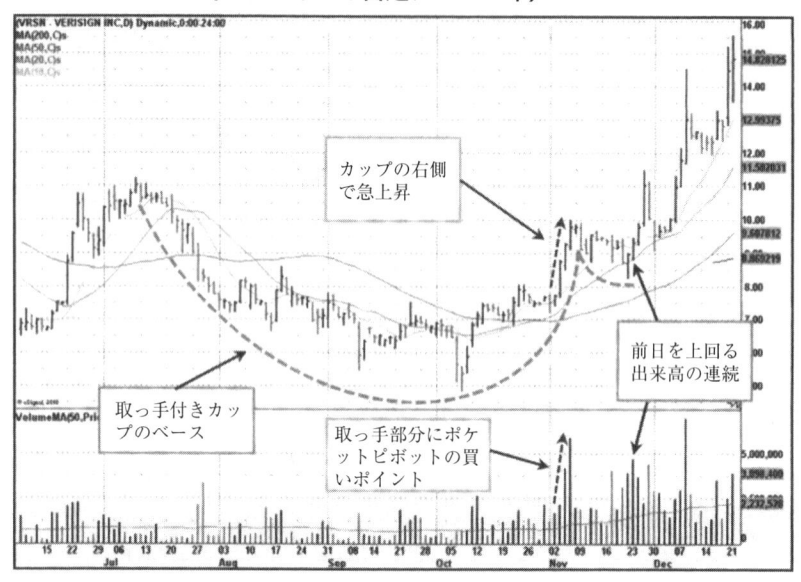

（図中注釈）
- カップの右側で急上昇
- 前日を上回る出来高の連続
- 取っ手付きカップのベース
- 取っ手部分にポケットピボットの買いポイント

銘柄は、実は毎日チャートを見ているとたくさんある。このような動きは、株価がさらに上昇し続けることを暗示する最初の重要なサインなのである。株価がすでに上昇したあとに買うのは大きなリスクを伴うこともある。しかし、株価が７日間かけて大きく上昇したら、いずれは必ず下落を始めて調整に入る。この下落と調整のときの値動きが安定していて良好ならば、ポケットピボットが現れる可能性がある。一時的な調整を終えて、これから一気に上昇するための準備段階でポケットピボットが現れるのを、注意深く観察しておくとよいだろう。この良い例が1998年後半のベリサインである（**図5.9**）。

　1998年11月上旬、ベリサインは突然３日間連続して急上昇した。この間、出来高も少しずつ増加し、カップ型のベースの右側の壁を形成した。その後、下落して取っ手部分を形成し、取っ手付きカップ型のベースが完成した。取っ手のなかで１日だけ20日移動平均線を下にブ

レイクしたが、最終的にはその上で引けた。翌日の1998年11月24日、ベリサインは過去10日間に下落した日の出来高をすべて上回る大商いで20日移動平均線から反発して上昇したので、そこがポケットピボットとなった。2日後、取っ手付きカップの高値を超えて、従来のベースからのブレイクアウトのピボットポイントが発生した。ベリサインはそれから2日間ほど急落したが、20日移動平均線を下回って引けることはなかった。株価は5日前に発生したポケットピボットと同じ水準で停滞していた。ポケットピボットで買えていれば、ブレイクアウトのあとに起こった急落にも振るい落とされなかっただろう。

　2007年5月のリバーベッド・テクノロジー（RVBD）の例も興味深い（**図5.10**）。2007年4月25日、この銘柄は上に大きな窓を空けると、4カ月半続いたベースの底と50日移動平均線から抜け出して大きく上昇した。明らかにこの値動きはポケットピボットなのだが、株価があまりにも素早く上昇してしまったので、実際のトレードでは買うタイミングを逃していたかもしれない。いずれにせよ、50日移動平均線をブレイクして大商いを伴って上に窓を空けるような上昇は、この銘柄の強さを示す最初のサインであった。その後の下落や1日だけの大きな調整の値動きを見ても10日移動平均線の上で引けているので、株価は比較的落ち着いていたと言えるだろう。そして2007年5月2日と5月4日、株価は10日移動平均線の上で再び上昇を始めた。このときの出来高が過去10日間に下落した日よりも多かったことから、両日ともポケットピボットとなった。また、株価が10日移動平均線まで下落してポケットピボットが発生する直前が薄商いだったことも、さらなる前向きサインになった。

　決算発表の直前にポケットピボットが発生することもある。日中に出来高が増加し、ポケットピボットを発生させるような動きをし始めたら、どこかで情報が漏れた可能性を示している。2005年10月25日、インテュイティブ・サージカル（ISRG）は大引け後に決算発表を予

図5.10 リバーベッド・テクノロジー（日足）

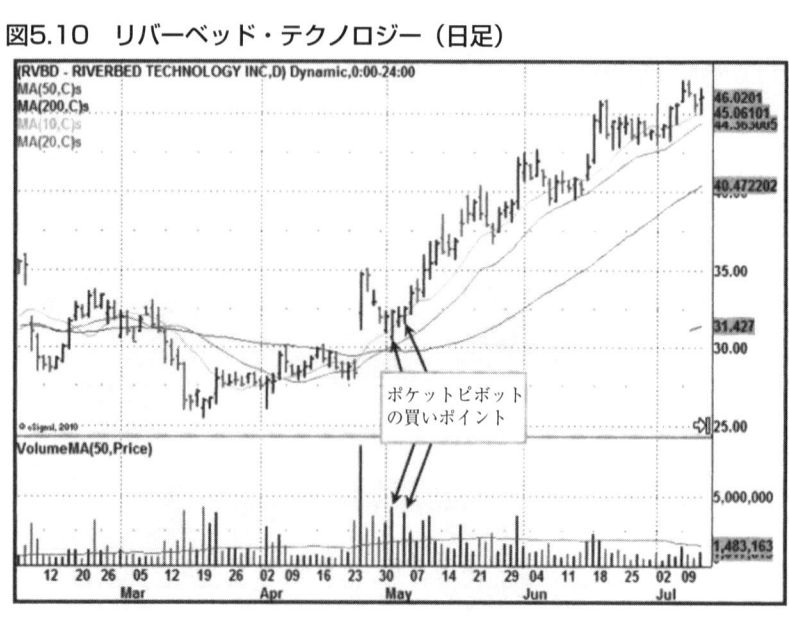

[チャート内注釈: ポケットピボットの買いポイント]

定していた（図5.11）。決算予想は悲観的だったにもかかわらず、平均を超える大商いを伴って株価は50日移動平均線から上にブレイクアウトして、何かを暗示しているような値動きだった。大型の主導株が決算発表をする直前に、その価格と出来高の動きを調べてみて、もしポケットピボットが発生していれば、リスクが高いと思われていた銘柄でも実際にはそれほどのリスクがない可能性がある。ある銘柄がポケットピボットにつながりそうな動きをしているとしよう。そしてもし決算発表日に大商いを伴って引けそうだったら、その出来高が過去10日間に下落した日よりも多くなることが確認できた時点で、たとえまだ日中の大引け間近であってもポジションを建ててよい。われわれは決算発表前に現れるポケットピボットの買いポイントには勝算があると考えている。既存のポジションに増し玉をするにしても、あるいは最初の買いポジションを建てるにしても、ポジションの大きさは投

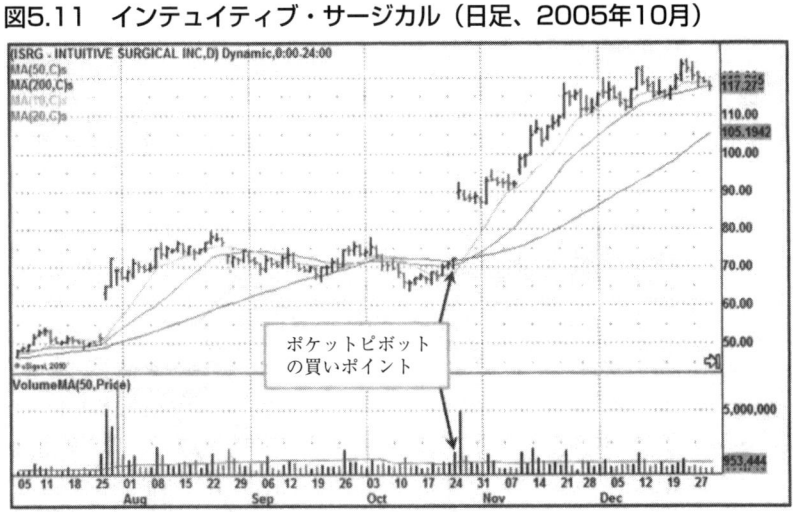

図5.11　インテュイティブ・サージカル（日足、2005年10月）

（チャート内注記：ポケットピボットの買いポイント）

　資家のリスク許容度によって決めればよい。

　ポケットピボットはベースのなかで静かに現れることが多い。1998年後半のアマゾン・ドット・コムは、200日移動平均線に沿うように株価を上下させながら、ちゃぶついたベースを形成していた（図5.12）。価格が上昇してベースの右側を形成し始めたころには、売り圧力は大幅に減っていた。そんななか、10月29日に価格が10日移動平均線を上にブレイクアウトした。このときの出来高は過去10日間に下落したどんな日よりも多かった。つまりポケットピボットの買いポイントが発生したことになる。この銘柄は3週間足らずで、4カ月半も続いたベースからブレイクアウトして高値を大きく更新しながら上昇した。

　このような静かなポケットピボットを買うには忍耐力が必要である。しかしポケットピボットが現れたときにポジションを少し建てて待つことさえできれば、価格がベースのなかで小幅に推移しているかぎり、それに見合うだけの利益をもたらす可能性がある。しっかりとポケッ

図5.12　ベースの右側を形成するなかで「目立たない」ポケットピボットの買いポイント（アマゾン・ドット・コムの日足、1998年10月）

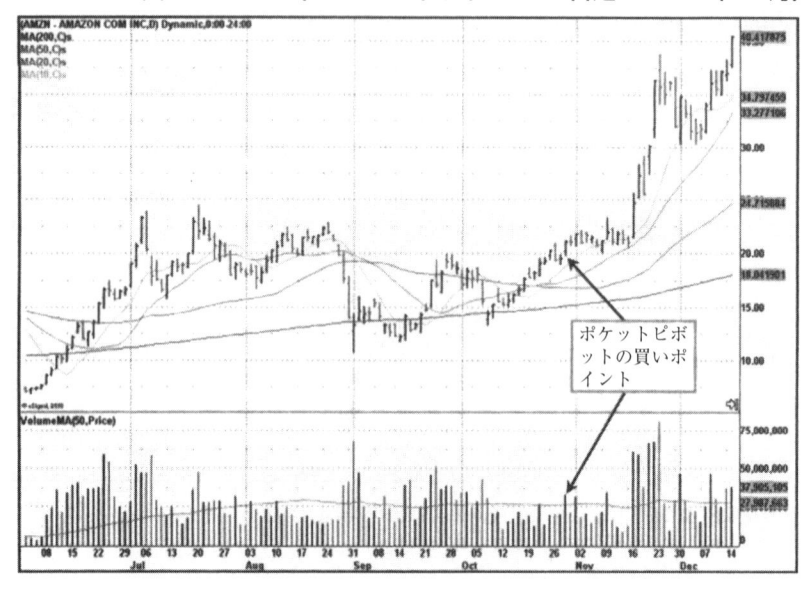

トに入っている買いポイントで最初のポジションを建てたら、あとは同じパターンの少し上で２つ目のポケットピボットが現れたときや、株価がベースからブレイクアウトしたときなどにポジションを倍にする増し玉をすることができる。この良い例が本章の初めで紹介したジャズ・ファーマシューティカルズ（**図5.3**）である。またのインフォスペース（INSP）も同じような動きをしている（**図5.13**）。

　インフォスペースの株価は1998年７月中旬から10月の終わりにかけて形成されたベースの安値を下回って振るい落としが起こり、ポケットピボットが発生しやすい環境を整えていた。９月24日に価格がベースの左側の安値を下回ったとき、出来高の平均を123％も上回る大商いになったことに注目してほしい。一見これは支持線を下にブレイクして下落を始めるサインのように見える。しかし、それではあまりにも当たり前すぎた。大衆はここでダマシに遭ってしまう。実際に

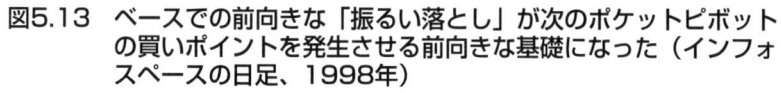

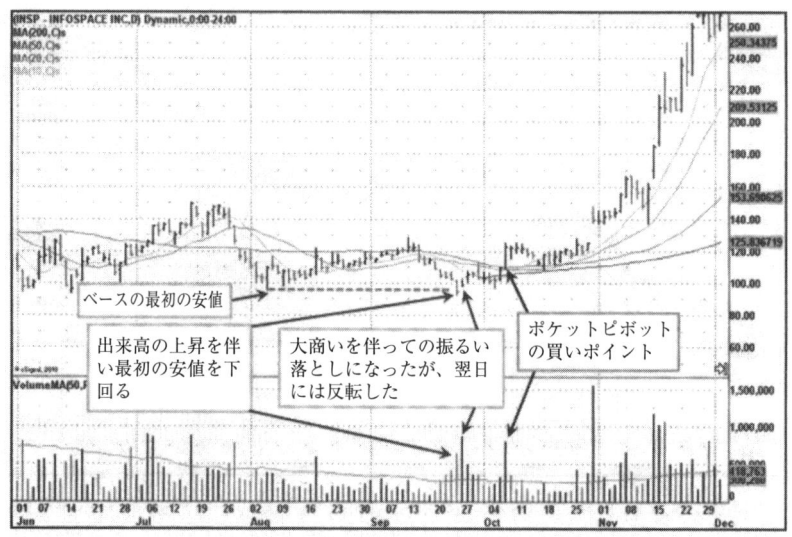

図5.13　ベースでの前向きな「振るい落とし」が次のポケットピボットの買いポイントを発生させる前向きな基礎になった（インフォスペースの日足、1998年）

(チャート内ラベル)
- ベースの最初の安値
- 出来高の上昇を伴い最初の安値を下回る
- 大商いを伴っての振るい落としになったが、翌日には反転した
- ポケットピボットの買いポイント

は、翌日になるとすぐに大商いを伴って上に窓を空けて寄り付き、再びベースのなかまで下落した。このときの出来高は前日に窓を空けて下落してベースの安値をブレイクしたときよりも多かった。これはとても前向きな振るい落としである。つまりこれは、のちに大きく株価を上昇させるために、強者を残して弱者を振るい落とすための過程にすぎなかったのだ。インフォスペースはその後の数日間、出来高を大きく減らしながらわずかに下落した。そしてその後、10月7日に現れるポケットピボットの地盤を整えた。ポケットピボットのあとはすべての移動平均線の上を推移しながら小幅な値動きを保っていた。やがて1998年11月下旬になると、上に大きな窓を空けて寄り付いてベースからブレイクアウトした。そのブレイクアウトのあとはやや下落して、そのときにパターンのなかでいくつかのポケットピボットを発生させた。それがどこにあたるかは、ぜひチャートを見て探してもらいたい。

図5.14　5月15日のポケットピボットで買えば、その後の「確信を持てないような」ブレイクアウトもたやすく乗り越えることができた（ブルー・コート・システムズの日足、2007年5月）

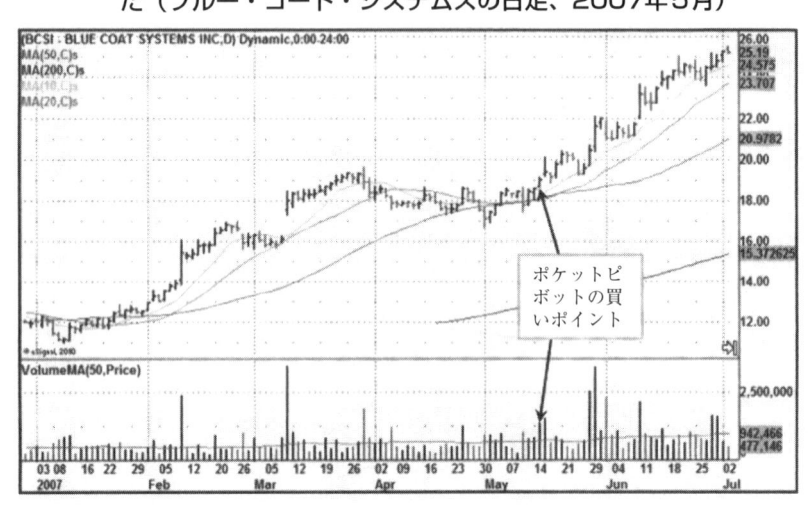

　ブルー・コート・システムズ（BCSI）は、2007年5月15日にベースのなかでポケットピボットの買いシグナルを発生させた（**図5.14**）。それに続くようにして株価は高値を更新するブレイクアウトを続けたが、その後は下落してポケットピボットの株価を試してから、再び上昇を始めた。もしポケットピボットで買っていれば、わずかながらに安い水準で買うことができたので、10日移動平均線まで下落した最初の7日間の値動きがあっても振るい落とされる可能性は低かっただろう。

　1998年後半にチャールズ・シュワブ・コーポレーション（SCHW）がブレイクアウトする前は、どうだったのだろうか（**図5.15**）。1998年10月に形成されたキザギザの取っ手付きカップから価格が上昇してブレイクアウトするとき、大商いになって分かりやすいポケットピボットが現れた。このポケットピボットが魅力的だったのには理由がある。実はこの取っ手部分からのブレイクアウトは、1998年10月15日の

第5章　トレードの極意

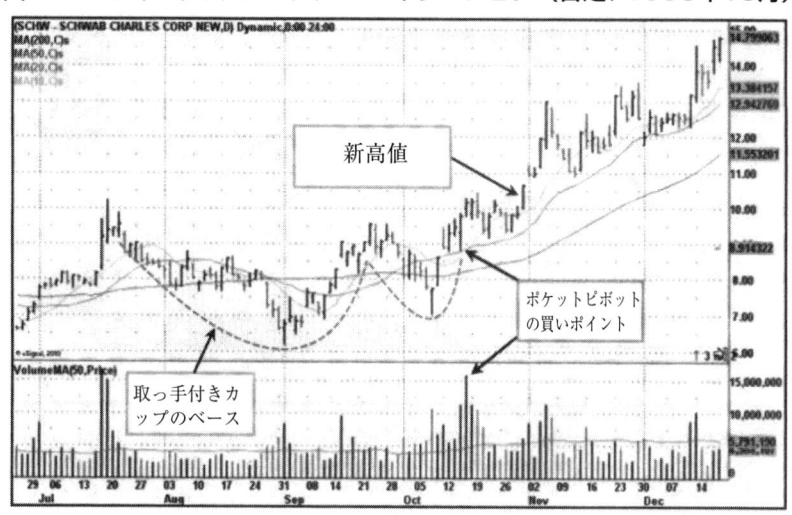

図5.15　チャールズ・シュワブ・コーポレーション（日足、1998年10月）

（チャート内注記：新高値／ポケットピボットの買いポイント／取っ手付きカップのベース）

マーケットのフォロースルー日とまったく同じ日に起こっていた。これをもってその年の短いが急落した3カ月にわたる弱気相場が終わり、マーケットは新しい局面を迎えた。1998年10月に付けた底からマーケットが上昇を始めると、アメリカ・オンライン（AOL）などとともにチャールズ・シュワブは代表的な主導株となった。当時ウィリアム・オニールの下で資金を運用していたわれわれは、いずれこれらの銘柄で大きな利益を得ることになる。しかしこのような状況にあっても、チャールズ・シュワブは10月15日のポケットピボットからすぐに急上昇したわけではなかった。株価はさらに2週間ほど10週移動平均線の付近でとりとめもなく動いたあとに、ようやく高値を更新するブレイクアウトをして急激な上昇を遂げたのである（**図5.15**）。

ポケットピボットが現れると、不完全なベースの価格や出来高の動きがはっきり見えてくることがある。例えば、2007年2～3月にかけてベースを形成したサンパワー（SPWRA）である。マーケット全体が調整からブレイクアウトして上向きに転じて、新たな上昇トレンド

223

図5.16　多くのポケットピボットの買いポイント（サンパワーの日足、2007年）

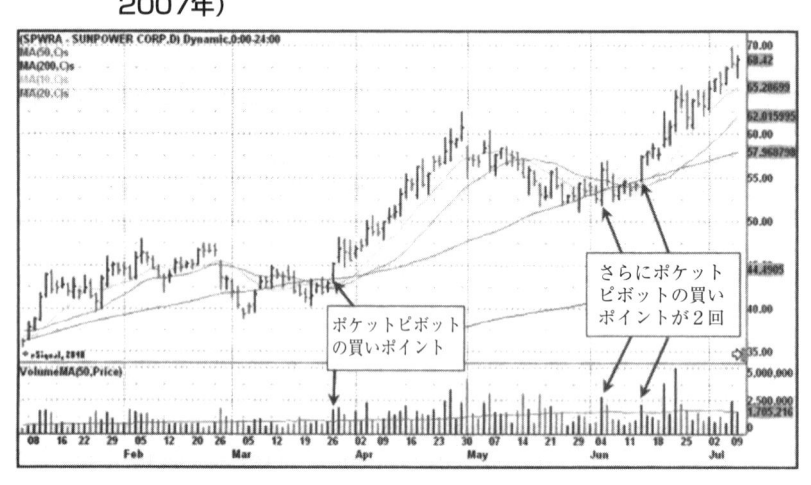

へと入っていくと、この銘柄もブレイクアウトした（**図5.16**）。サンパワーのベースは少し不明瞭だったが、3月27日にピボットポイントが発生したおかげで、3月21日にマーケットがフォロースルー日を記録してからわずか数日後に、早くも明確な買いシグナルを得ることができたのだ。サンパワーは約38％も上昇してから別のカップ型ベースを形成した。しかし取っ手を形成することなくブレイクアウトしたので、取っ手が形成されるのを待ってから買おうとしていた投資家たちは不意を突かれてしまった。このような問題も、ポケットピボットで買っていれば避けることができたのだ。最初にポケットピボットが現れたのは6月5日だったが、株価はすぐに下落したので、ポケットピボットを売りの目安にしていた投資家は損切りを余儀なくされただろう。ところがその1週間後の6月14日に、もうひとつのポケットピボットが発生した。この時点でこの銘柄を買えば、続く株価の上昇を捕らえることは十分に可能だっただろう。

　サンパワーの2つのベースの底付近の価格と出来高の動きを見ると、

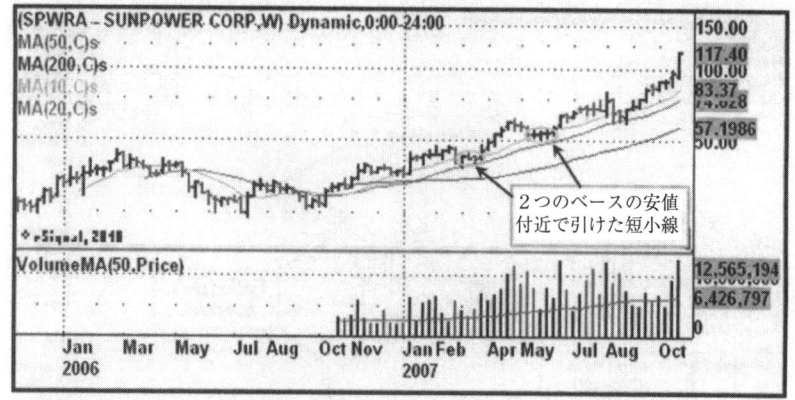

図5.17 日足では２つの異なるベースの安値付近で小幅な値動きが見られたが、この週足でも確認できる（サンパワーの週足、2006～07年）

かなり小幅であることが分かる。特に２つ目のカップ型ベースはかなり小幅な値動きである。同じことが週足チャート（**図5.17**）でも確認できる。週足チャートで見られるベースの底での４週間連続した終値の収束は、日足チャート（**図5.16**）で見られた2007年５月後半から６月前半の横の小幅な値動き、および2007年３月末の３週間にわたる終値の収束と時期が一致している。

ポケットピボットの出来高のルールを定義すると、**過去10日間に株価が下落した日の出来高を上回る出来高を伴って50日移動平均線（あるいは10日移動平均線や20日移動平均線）から反発するように上昇すること**である。ポタッシュ・コーポレーション・オブ・サスカチュワン（POT）はポケットピボットから飛躍的な成長を遂げた典型的な例である。2007年３月30日に発生したピボットポイントは（**図5.18**）、比較的リスクの低い買いポイントだった。株価はその後、約４倍にも上昇した。2007年３月中はほとんど小幅な値動きで横ばいに推移し、出来高もずっと平均以下だったことに注目してほしい。このような動きは成功率の高いポケットピボットを生み出す良い地合いを

図5.18　3本の移動平均線を「破るように」上抜いたところでポケットピボットの買いポイント（ポタッシュの日足、2008年）

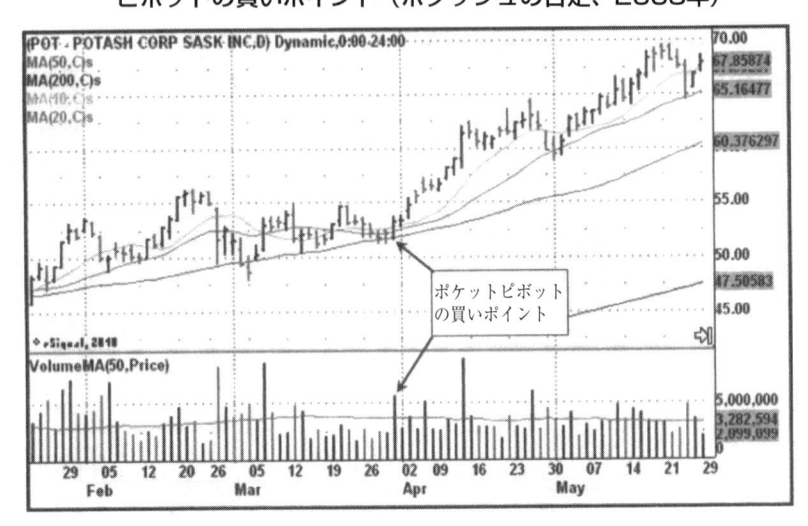

（ポケットピボットの買いポイント）

作るため、株価がポケットピボットへ順調に向かっていることを示す好ましい状態だったと言える。

　大きな注目を集めたIPO（新規公開）株が、取引が始まるとすぐさま上昇してベースからブレイクアウトすることがある。しかしそのような銘柄のなかには、ぱっと見では買うべきではないように思えるものがある。2007年のソーラー銘柄が見せた大きな動きが良い例である。この業界で数多くのIPOが生まれたことで、株価が大きく上昇するという現象が起こった。そのようなIPO直後の注目銘柄のなかに、LDKソーラー（LDK）があった。週足チャートを見てみよう（**図5.19**）。

　この銘柄はIPO後、わずか4週間でV字のカップ型ベースを形成した。IPO株には1日の平均出来高を計算する基準となる過去のデータがないことから、出来高の増加も確認できないまま株価はブレイクアウトした。いくら投資家がしっかりとしたベースを探していても、株価はIPO時の1株当たり27ドルからわずかに下落しただけであとは大

図5.19　短期のＶ字型のベースは週足では買いシグナルには見えない（LDKソーラーの週足、2007年）

（チャート注釈：最初のＶ字型ベースは短期すぎるが、それでもブレイクアウトした）

きく上昇してしまったので、まず見つけることは不可能だっただろう。

しかし、週足チャートから目を離してIPO直後の日足チャートを見るとどうだろう（**図5.20**）。わずかにだが、異なる状況が浮かび上がってくる。2007年６月22日、LDKソーラーは過去10日間にどんなに下落した日よりも大商いで10日移動平均線から反発するように上昇した。興味深いのは６月22日の120万4400株という出来高である。これは過去10日間に下落した日の最多の出来高であった６月８日の120万4300株を、わずかに100株ながら上回っている。厳密に考えれば６月22日の出来高はピボットポイントの条件を満たしていたのだ。しかしもしその日に買えなかったとしても、その次の取引日である６月25日にはまたすぐに２番目のポケットピボットが発生していた。この例から学べる重要な事実は、魅力的なIPO株を買うならばポケットピボットを使うとより有利になるということである。一般にオニールの手法では、適切なベースが形成されるのを少なくとも６～８週間は待つか、あるいは上昇後に現れた狭いフラッグの形が現れるのを待つ必要があ

図5.20 　図5.19の週足では買いシグナルが見えなかったＶ字型のベースを日足で見るとポケットピボットの買いポイントであることが分かる（LDKソーラーの日足、2007年6月）

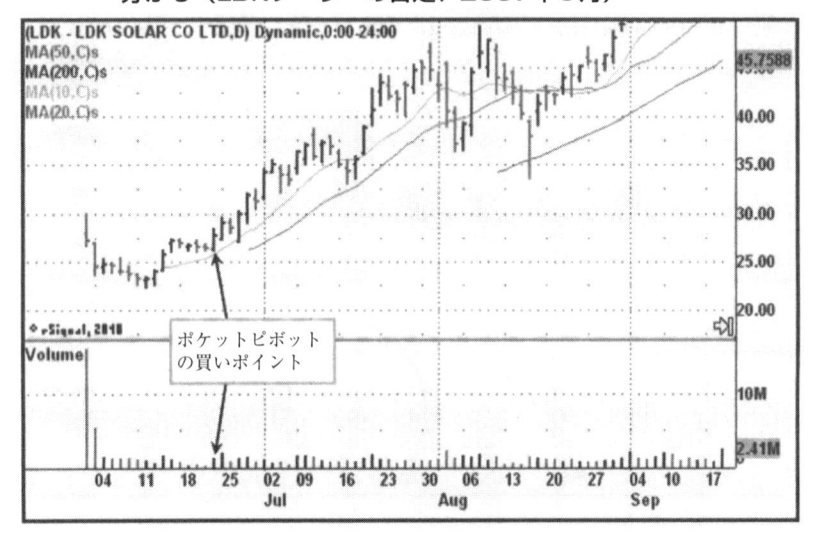

る。LDKソーラーの場合、株価は何の特徴もない小さなV型のパターンを形成しただけで、適切なベースの定義を満たしていない。ポケットピボットの定義で適切な買いポイントを探していたら、LDKソーラーの場合なら最速で2007年6月22日に買いシグナルが出ていたことになる。

　イングリ・グリーン・エナジー（YGE）の場合は週足チャートを見るまでもない。日足チャートで形成された短いフラッグを見れば、そのフラッグが1週間しか下落していないことからも、適切な上昇後に現れた狭いフラッグの形ではないことが明らかだ（**図5.21**）。しかしIPO株のポケットピボットを調べていくうちに、まったく異なる考え方に行き着いた——それは株価が適切なベースを形成することにそれほどこだわる必要はない、という結論である。イングリ・グリーン・エナジーは2007年6月27日のIPOから13取引日後に、史上最多の出来

図5.21 2007年6月27日のポケットピボットの買いポイントは、株式公開から13日後のまだ「適切な」ベースを形作る前に買いポイントが発生した（イングリ・グリーン・エナジーの日足、2007年6月）

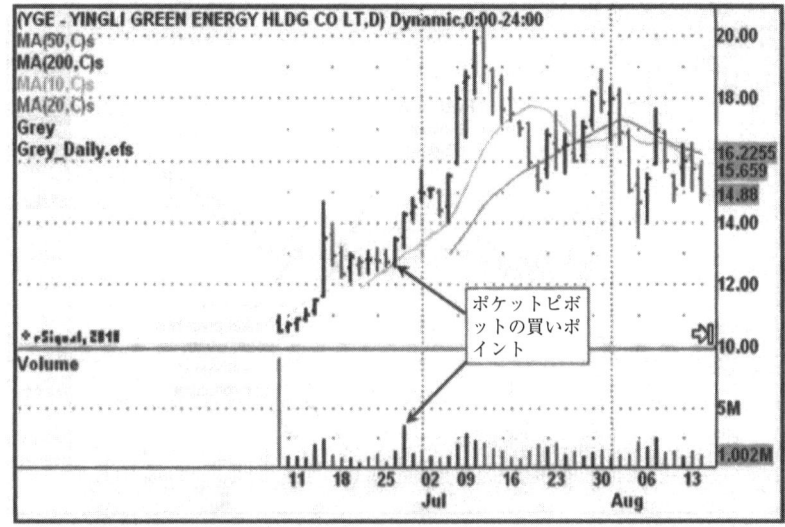

高を伴って10日移動平均線から反発するように大きく上昇した。つまり、それがこの銘柄のポケットピボットとなったのだ。

ポケットピボットを使った底値買い

　ポケットピボットのなかには、株価が調整に入り大きく下落してから数週間から数カ月にもわたるベースを形成して底をようやく付けたところで現れるものもある。2008年9月に始まった厳しい弱気相場では、直前の上昇相場でマーケットを牽引していた大型株が急激に下落した。強気相場に付けた最高値から最終的には70％以上も下落した銘柄もあった。そのような銘柄は十分に下落してからようやく安定し、そして底を探り始めた。それから数週間から数カ月たつと、株価はようやく少しずつ上昇しながら底らしきものを形成し始めた。こういう

図5.22 ポケットピボットの買いポイントが２つ発生し、「底値からの上昇」が始まった（バイドゥの日足、2009年）

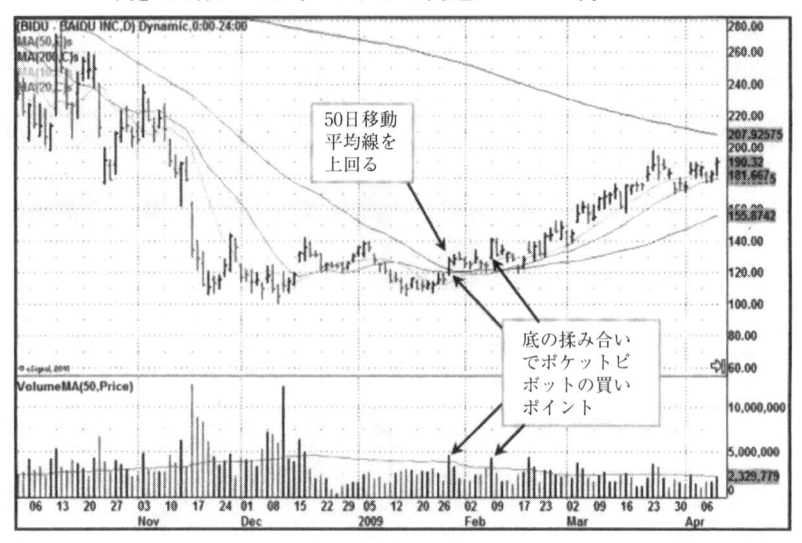

（チャート内注記：「50日移動平均線を上回る」「底の揉み合いでポケットピボットの買いポイント」）

ときにポケットピボットが現れる可能性があるので、投資家は注意して見ておく必要がある。ポケットピボットは、底から上昇を始めてさらなる上昇の基盤が整った銘柄に発生することが多いからである。

　バイドゥも強気相場の最高値から73.8％も下落した主導株で、2008年11月後半に底を付けそうな動きをしていた（**図5.22**）。それが２カ月間も続いたあと、ようやく2009年１月28日に50日移動平均線をブレイクアウトしてポケットピボットが発生した。マーケット全体が底を付けるずっと前のことだった。ポケットピボットの発生時に50日移動平均線を超えたあとはこれに寄り添うように上昇し続けて、もう下回ることはなかった。

　医療ロボット工学の草分け的企業であるインテュイティブ・サージカル（ISRG）も2008年後半の深刻な金融危機で株価が急落した主導株だった。この銘柄は強気相場で付けた最高値から84.86％も下落し

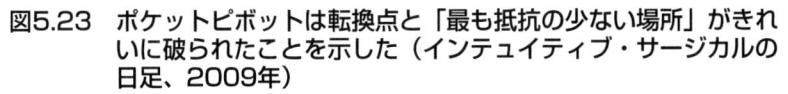

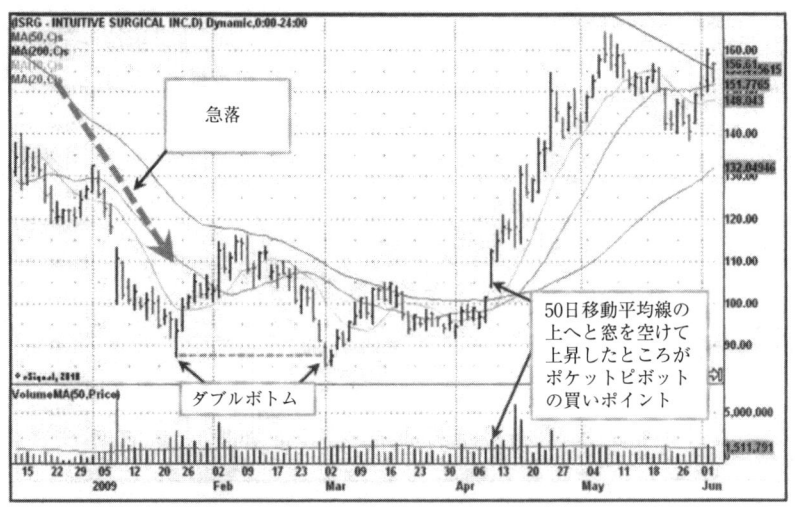

図5.23　ポケットピボットは転換点と「最も抵抗の少ない場所」がきれいに破られたことを示した（インテュイティブ・サージカルの日足、2009年）

て底を付けた。2007年12月に付けた最高値の359.59ドルから底まで一直線に下落し、2009年１月後半と３月前半に90ドルを下回ってダブルボトムを形成した。ただし、ここで言うダブルボトムは、上昇トレンド中に形成されるダブルボトム型と呼ばれるベースとは異なるものである。

　ダブルボトムの底が形成されると、株価は50日移動平均線に向かって上昇し、その後再び下落して2009年３月末から４月初めまで小幅の揉み合い状態を続けた（**図5.23**）。マーケット全体は2009年３月18日にすでにフォロースルー日を記録して新たな上昇トレンドに入ったことを示していた。そんななか、この銘柄は４月９日に103.75ドルを付けてポケットピボットの買いシグナルを発生させた。それから４週間、株価は急上昇して60％も値を上げた。2009年末の株価は300ドルを超えるまでになった。この銘柄を４月９日のポケットピボットで買って

図5.24　大きく窓を空けて上昇する３日前に大きな利益をもたらすポケットピボットの買いポイントが発生（バイドゥの日足、2007年４月）

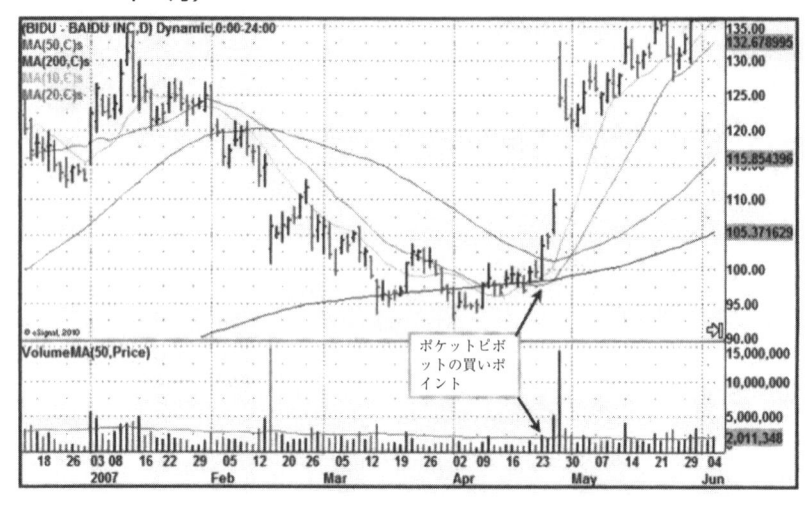

いた幸運な投資家ならば、株価が長期にわたり上昇するのをじっと待つだけの余裕を持つことができただろう。

　ポケットピボットの買いポイントは深いベースの銘柄にも同じように現れる。例えば、2007年４月のバイドゥの例を見てみよう（**図5.24**）。バイドゥは2007年１月に付けた134.10ドルという高値から30.8％も下落し、底を模索していた。株価が95ドルを切った辺りで上下していたころ、売り圧力が大きく減少し始めた。チャートを見れば明らかだが、４月の最初の３週間ほどである。その後、４月24日に大商いで出来高の条件を満たしてポケットピボットが発生し、株価は50日移動平均線をブレイクアウトしたのである。さらにその３日後には上に大きく窓を空けて寄り付いて高値を更新し、ポケットピボットからわずか11週間で100％以上の上昇を記録した。このように、ポケットピボットは、価格がベースから上に大きく窓を空けてブレイクする１日から数日前に現れることが多いのである。したがって、ポケット

図5.25 突然の反転のため底の２日間でポケットピボットの買いポイントが発生して、再度上昇を始めた（リサーチ・イン・モーションの日足、2007年８月）

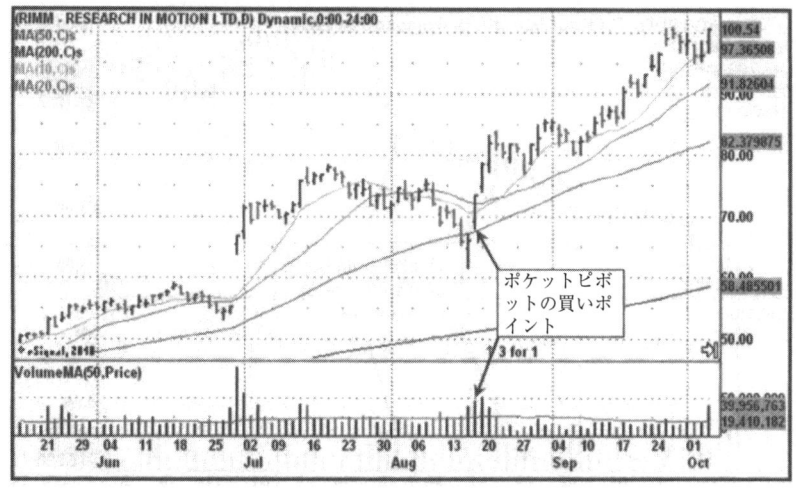

ピボットが発生したら大きな利益を生むチャンスと考えてその銘柄を買えば、上に窓を空けるように上昇するなどして利益を得ることができるのである。

　2007年８月半ばのリサーチ・イン・モーション（RIMM）も深い底で現れたポケットピボットの良い例である。このポケットピボットはわずか４週間という深いダブルボトムの底から２日ほど上昇したときに現れた（**図5.25**）。あまりにも短期間のことだったので、適切なダブルボトム型と呼べるものではなかった。８月15日に50日移動平均線の下で引けたあと、上昇を始めたのだ。50日移動平均線を下回ったわりには出来高はそれほど多くなく、その日は平均と比べてわずかに９％増だった。ところが翌日になると大商いを伴って株価が再び上昇を始めた。それでも50日移動平均線を上回ることはなかった。８月17日、株価は窓を空けて寄り付いて50日移動平均線を上回った。しかもそれは大商いを伴って寄り付き直後に起こったので、ポケットピボットが

すぐさま発生したのである。

　これらの例からも、ポケットピボットが底値買いに有効であることが証明されている。大きく下落して30％以上の深いベースを形成したような銘柄がこれから上昇を始めるだろう、という信頼性の高い目安を提供してくれるからである。

継続的なポケットピボット──10日移動平均線を利用する手法

　株価がベースからブレイクアウトして上昇トレンドに入ってしまうと、そのような勢いのある銘柄でリスクの低い増し玉のポイントを見つけるのは難しくなる。ベースからのブレイクアウトをしたときのピボットポイントまで再び下落するのを待ったり、あるいは50日（10週）移動平均線まで下落するのを待ったりすることも可能だが、上昇トレンドのなかでポケットピボットを見つけることができれば自信を持って買うことができる。これは非常に有効な戦略で、利益を増やすことにもつながる。われわれは通常、10日移動平均線を目安にして上昇トレンドのなかの継続的なポケットピボットを見つけることにしている。もちろんこの場合も、過去10日間に下落した日よりも多くの出来高があることをポケットピボットの条件としている。

　リバーベッド・テクノロジー（RVBD）は、10日移動平均線に寄り添うように株価を上昇させた良い例である（**図5.26**）。2006年10月27日と11月13日に、株価が上昇トレンドのなかで10日移動平均線にはじかれるように上昇し、2つのポケットピボットが発生した。もし株価が10日移動平均線の上を推移せずに移動平均線の下で引けたならば、それは短期的な売りシグナルとなる。これについては本章後半で説明する。

　アップル（AAPL）の例を見てみよう（**図5.27**）。アップルは当

第5章　トレードの極意

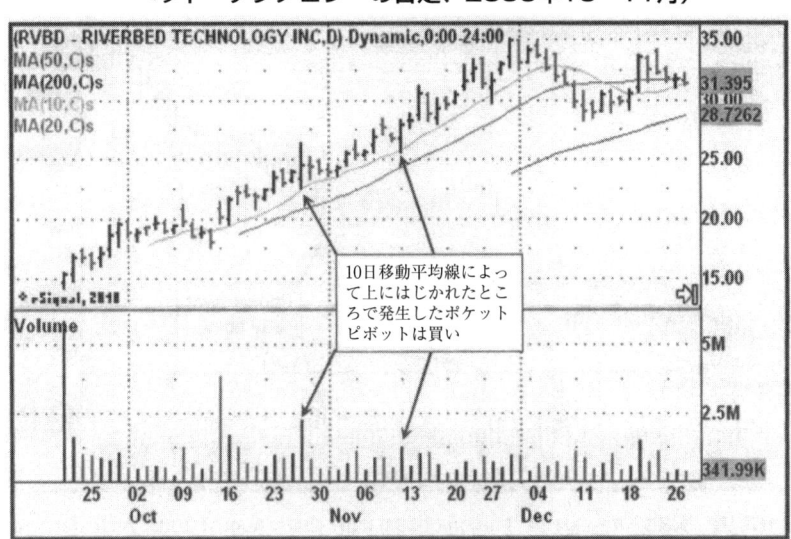

図5.26　10日移動平均線の上で発生したポケットピボットは買い（リバーベッド・テクノロジーの日足、2006年10～11月）

10日移動平均線によって上にはじかれたところで発生したポケットピボットは買い

初、2004年後半に好調だったiPodの波に乗って有力な主導株となった。その経緯を追っていくとまず、ナスダックが調整に入ってからすでに３カ月はたっていた2004年３月に、アップルは取っ手付きカップのベースからブレイクアウトした。マーケットは2004年の夏になっても調整から抜け出せずにいたが、アップルのほうはさらに２つのベースを形成していた。ナスダックは８月18日にようやく４日目のフォロースルー日を記録して、マーケット全体に新たな上昇トレンドが訪れたことを予感させた。アップルはそのわずか５日後の８月25日にベースからブレイクアウトして上昇を続け、チャートからも分かるように、10日移動平均線に寄り添うように推移した。10月13日の決算発表の数日前になると株価はいったん10日移動平均線を下回るものの、20日移動平均線で反発して再び上昇した。その途中で決算発表を迎えると、過去10日間に下落した日をすべて上回る大商いで10日移動平均線をブレイクして上昇し、ポケットピボットが発生した。そして大引けのあと

235

図5.27　アップル（日足、2004年10月）

（図中注記：10日移動平均線によってはじかれて上昇したところで発生したポケットピボットは買い）

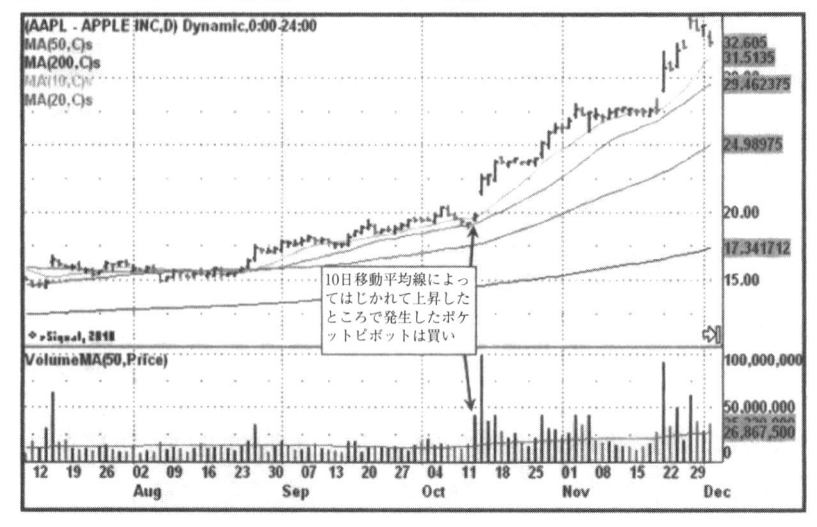

もアナリストの予想を上回る上昇を続けると、翌朝には上に窓を空けてさらに上昇した。われわれはこのときにアップル株を大量に買った。当時はポケットピボットという概念を発見していなかったが、その知恵を得た今この銘柄を見返してみると、利益につながる大きなチャンスがいくつもあったことがうかがえる。

　2004年10月13日の決算発表で上に窓を空けて寄り付いたアップルの株価は、10日移動平均線で支持されながら上昇を続けた（**図5.28**）。10月27日になると、ポケットピボットの出来高の条件を満たしながら、10日移動平均線にはじかれるように上昇した。このポケットピボットに問題がひとつだけあったとすれば、10日移動平均線の真上かすぐ下ではなく、やや上から上昇が始まったことだろう。このような場合、ポケットピボットと呼ぶには価格がすでに上昇しすぎているとも考えられるからである。これについては、もう少しあとで詳しく説明する。しかしこの銘柄に限って見れば、ポケットピボットの前に価格

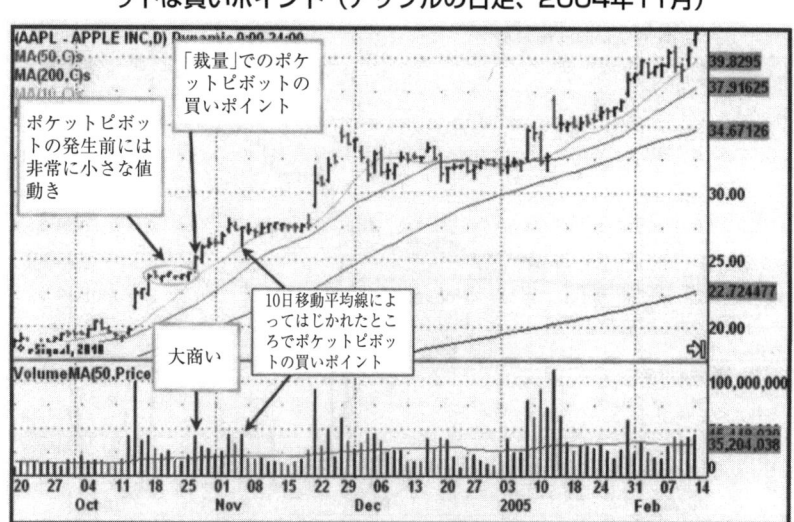

図5.28　10日移動平均線によって上にはじかれたところのポケットピボットは買いポイント（アップルの日足、2004年11月）

の収束があったのでやや安心して買えただろう。通常であれば、ポケットピボットが10日移動平均線の上で現れたら、価格がすでに上昇しすぎていると考えたほうが無難だろう。しかしポケットピボットを解釈するにあたっては、そのときの上昇トレンドやベースを作る価格と出来高の動きという全体像から分析する必要がある。アップルの場合は、ポケットピボットの前に価格が収束していたという状況があったので、たとえ10日移動平均線の上で発生したという小さな欠点のあるポケットピボットだったにもかかわらず、有効な買いシグナルになったのである。このポケットピボットから7日後の日中に、株価は小さく下落して10日移動平均線に触れたが、そこからすぐに反発した。そして過去10日間に下落した日よりも多くの出来高を伴って、価格は上昇して引けた。

　10日移動平均線の付近で3つのポケットピボットを発生させたファースト・ソーラー（FSLR）の例である（**図5.29**）。最初のポケット

図5.29　2007年前半に10日移動平均線からはじかれたところにポケットピボットの買いポイントが３回発生（ファースト・ソーラーの日足、2007年）

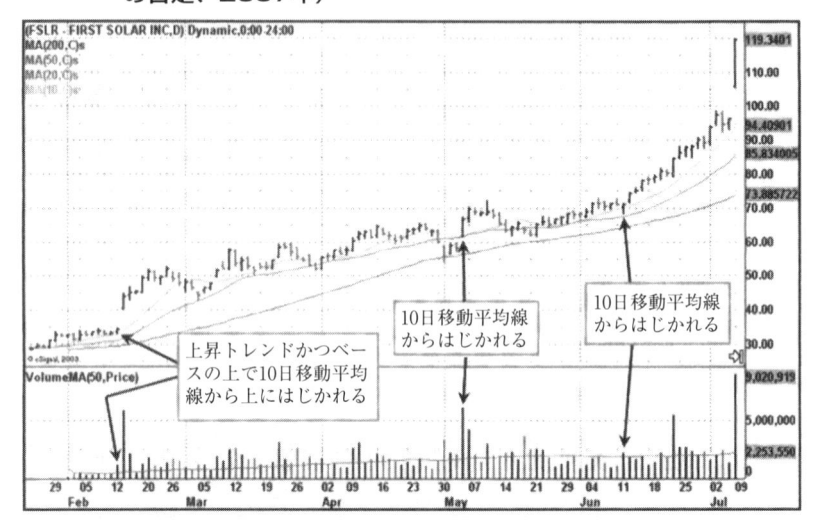

ピボットは2007年２月13日に発生した。ポケットピボットの条件である大商いを伴って、株価は10日移動平均線からブレイクアウトして上昇した。２つ目のポケットピボットは５月４日にベース内で発生した。株価が10日移動平均線と20日移動平均線を下回ったあと、50日移動平均線で反発して上昇すると、大商いを伴って10日移動平均線を上にブレイクしてポケットピボットとなった。これはポケットピボットの条件を満たしていると同時に、大商いを伴って50日移動平均線から反発して大きく上昇をしたブレイクアウトの買いポイントでもあった。最後のポケットピボットは2007年６月12日に発生した。株価は10日移動平均線を下回ったあとに、20日移動平均線の辺りで反発して上昇した。そして過去10日間で最多の出来高を伴って上昇し、10日移動平均線のすぐ上で引けた。これが３つ目のポケットピボットとなった。

　一般に10日移動平均線の上で発生する正しいポケットピボットとは、株価が６～８週間以上あるベースからブレイクアウトして上昇トレン

ドを描いているときに、10日移動平均線の真上か、すぐ下で発生するものである。しかしポケットピボットの直前に価格の収束など前向きなサインがなかったかも合わせて探すなど、ポケットピボットの全体像に注意を払えば、図5.28で見たようなルールを少しだけ変更した「任意の」ポケットピボットを見つけることもできるのである。

買ってはならない欠陥のあるポケットピボット

　買いシグナルとなるポケットピボットがあるように、買ってはならないポケットピボットもある。買ってはならない理由や基準の数は、おそらく買ってはならないベースのブレイクアウトの理由や基準と同じくらいあるだろう。ここでは失敗に終わるポケットピボットに見られる基本的な欠陥について説明する。ポケットピボットの買いポイントは比較的新しい発見であるため、さらに調査を続けていくうちに違う欠陥も見つかるだろう。そこで、ここでの議論は今後も発展していくものだと考えていただきたい。

　まず、価格が急落して鋭いV字型を描きながら高値を更新するときに現れるポケットピボットには気をつけるべきである。ゲームストップ（GME）などがその例である（図5.30）。この銘柄の場合、20日移動平均線のすぐ上まで下に窓を空けて下落し、そのわずか2日後の2007年4月23日にポケットピボットが発生してそのまま一直線に上昇しながら高値を更新した。このように一直線に下落したあとにまた一直線に上昇すると、株価は鋭いV字型を描く。3月後半に上に大きく窓を空けてブレイクアウトし、そこからすでに数週間も上昇トレンドを続けていたことを考えると、この鋭いV字型の動きは疑わしかった。通常、株価が上昇した分の調整をするには、もっと長い期間が必要である。それを前提に、5月15日に現れた2つ目のポケットピボットも見てみよう。こちらは、比較的少ない出来高のまま株価が少しずつ下

図5.30 パターンのなかでポケットピボットが2回現れるが、適切なものは1つだけだった（ゲームストップの日足、2007年4～5月）

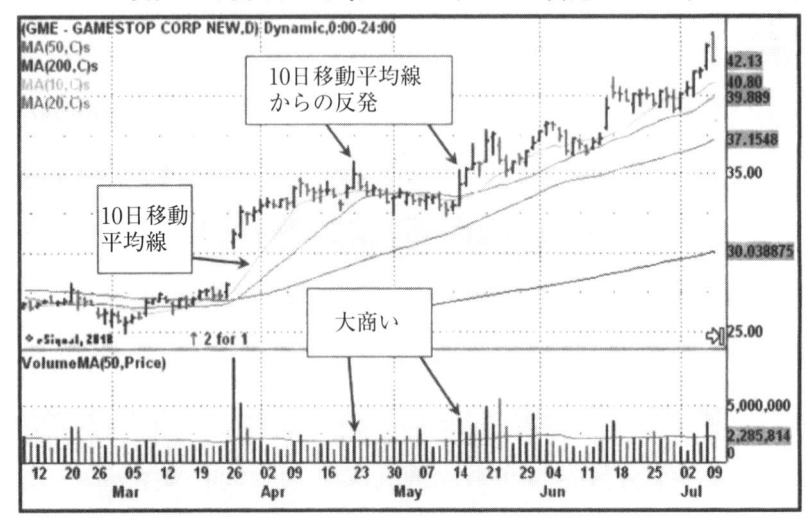

落したあとに、10日移動平均線と20日移動平均線を上にブレイクして上昇している。1つ目のポケットピボットよりは前向きな動きであると言える。

　ポケットピボットが発生した日の株価が、10日移動平均線や50日移動平均線から上に離れすぎたところから上昇していないか、これを判断することも重要である。出来高を減らしながら価格が安値を切り上げて上昇したあとに、このようなポケットピボットが発生することがあるのだ。本来ならば、出来高を減少させながら価格が下落している状態が好ましい。しかしその反対に、価格がジリジリと上昇しながら安値を切り上げていく。これをウエッジと言うが、あまり良好なものとは言えない。図5.31のヤフー（YHOO）が良い例である。1997年4月7日にポケットピボットが発生する直前、ヤフーの株価は安値を切り上げながら上昇していた。その結果、価格はすぐに下落してこのポケットピボットは失敗に終わっている。この銘柄が上昇の準備を整

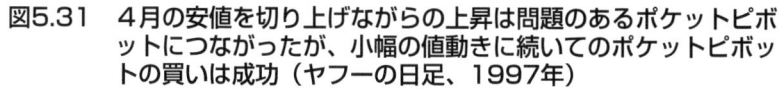

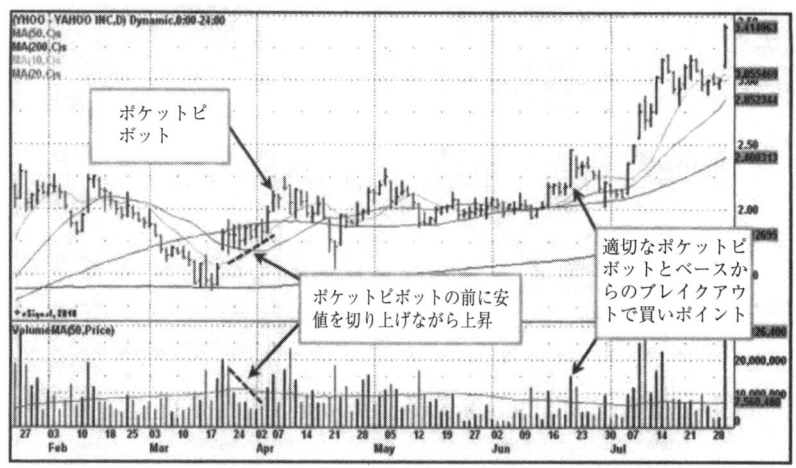

図5.31　4月の安値を切り上げながらの上昇は問題のあるポケットピボットにつながったが、小幅の値動きに続いてのポケットピボットの買いは成功（ヤフーの日足、1997年）

えるにはもう少し時間が必要だったのだ。価格は5月末から6月半ばにかけて狭い範囲で揉み合いながら、上昇の基盤を整えていった。そしてついに6月に適切なポケットピボットが発生した。ここでも全体像を見ることが重要であることが分かる。3月後半から4月上旬の安値を切り上げたウエッジは、4月7日に発生したポケットピボットの基盤を作るものではなかった。しかし5月後半から6月上旬の狭い範囲での揉み合いは、6月20日に発生したポケットピボットポイントの基盤をきちんと作っていたのだ。

同じような状況がゲームストップ（GME）でもみられた（**図5.32**）。2007年1月後半から2月のほぼ全般にかけて、この銘柄はベースのなかで安値を切り上げて上昇し、ポケットピボットの出来高の条件を満たした状態で50日移動平均線を上にブレイクアウトした。しかし、**図5.31**のヤフーと同じように、このポケットピボットの前にあった安値を切り上げる動きはポケットピボットの基盤を作るには弱

図5.32　ヤフー同様、シグナルの前の値動きがポケットピボットの質を左右する（ゲームストップの日足、2007年）

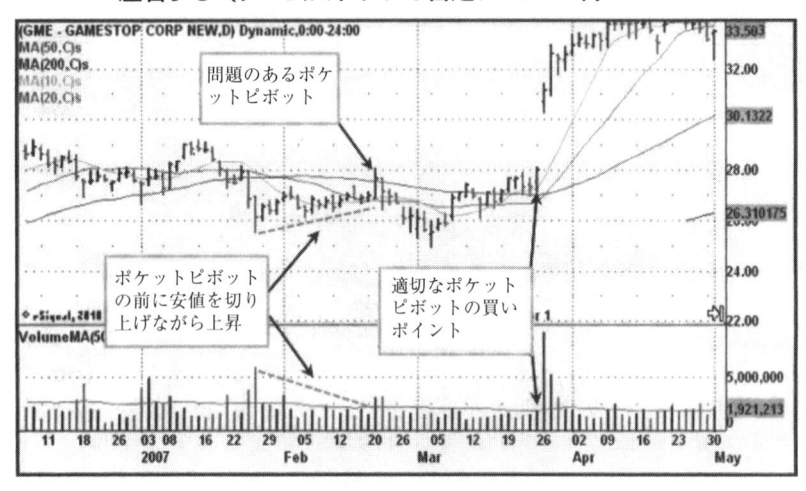

いものだったので、株価は50日移動平均線を切ると崩れるように下落した。その後は時間をかけてベースを形成し、株価は2007年３月上旬にベースの底を付けると３月末にかけて50日移動平均線をブレイクアウトするまで上昇した。そしてついに2007年３月26日に適切なポケットピボットが発生したのである。このポケットピボットは明らかな買いシグナルだった。株価が50日移動平均線から反発して上昇しながら10日移動平均線もブレイクしたときの出来高は、過去10日間に下落したどの日よりも多くなっていた。平均をわずかに超えただけで多いとは言えない出来高だったが、ポケットピボットの条件は満たしていた。つまりこれは、10日移動平均線と50日移動平均線からの反発によって生まれたポケットピボットだった。

　ところが、10日移動平均線の上で現れたポケットピボットは、そのほとんどが上昇しすぎ、つまり買うにはリスクが高すぎるものと考えられる。**図5.33**のゲームストップのチャートを**図5.30**のチャートと合わせて見てみよう。2007年５月15日に適切なポケットピボットが

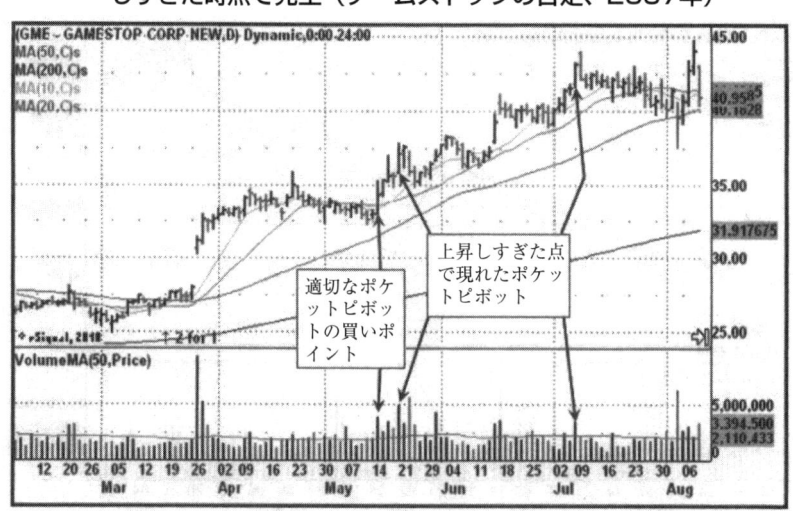

図5.33　問題のある２つのポケットピボットが10日移動平均線から上昇しすぎた時点で発生（ゲームストップの日足、2007年）

現れたことを思い出してほしい。**図5.33**を見ると、その４取引日後の５月21日に発生したもうひとつのポケットピボットは10日移動平均線のずっと上であることが分かる。このポケットピボットは３日後に上昇に失敗して終わった。７月９日、また別のポケットピボットが現れるが、これも10日移動平均線のずっと上で、前回と同じように欠陥のあるポケットピボットだった。これもすぐに上昇に失敗した。

　少し前で2007年のファースト・ソーラーのチャートを見たことを思い出してほしい（**図5.29**）。株価が10日移動平均線から反発して上昇してポケットピボットが発生し、そして結果的に成功に終わった例である。実はこの2007年の銘柄には欠陥のあるポケットピボットも発生していたのだ（**図5.34**）。３月22日と４月16日に発生したポケットピボットはどちらも10日移動平均線のずっと上で現れた。つまり、これは買ってはならないポケットピボットなのだ。では、10日移動平均線からずっと上ではないポケットピボットとはどのようなものだろうか。これはポケットピボットが発生した日の安値を見て判断する。安値が

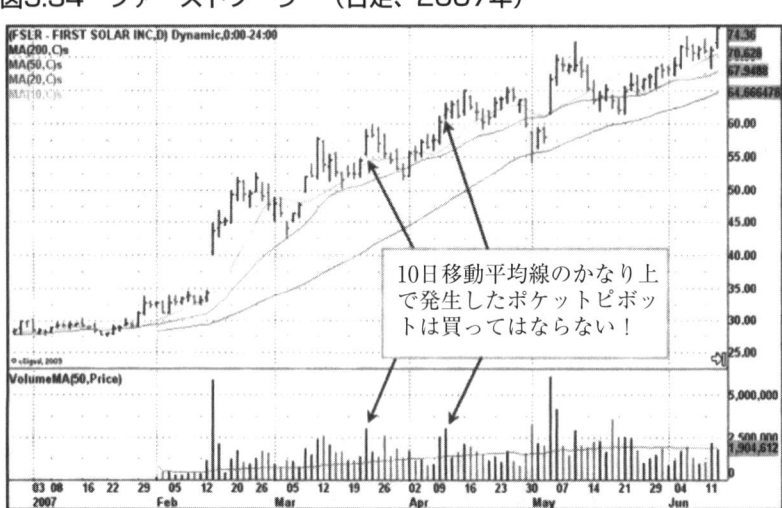

図5.34　ファーストソーラー（日足、2007年）

[チャート内注釈：10日移動平均線のかなり上で発生したポケットピボットは買ってはならない！]

10日移動平均線の真上かすぐ下ならば適切なピボットポイントだと言える。安値が10日移動平均線を明らかに上回っているならば、そのポケットピボットは上昇しすぎであり、買うにはリスクが高すぎると考えて良いだろう。

　同じように、2006年9月のアップル（AAPL）でも明らかに上昇しすぎのポケットピボットが発生している（**図5.35**）。この場合も株価は揉み合いを続け、20日移動平均線を下回り、下落して失敗に終わっている。**図5.28**のアップルの例で見たような特別な理由がないかぎり、一般的には上昇しすぎたポケットピボットの買いポイントは避けるべきである。

　株価が高値から急落したあとにすぐさま上昇を始めて鋭いV字型を描き、V字の右側でポケットピボットが発生する場合も、欠陥のある形である。**図5.36**のリバーベッド・テクノロジー（RVBD）の例を見てみよう。2006年12月前半に10日移動平均線と20日移動平均線の下まで急落し、その後、一気に2本の移動平均線を上回ったところでポ

第5章　トレードの極意

図5.35　アップル（日足、2006年）

上昇しすぎた時点で現れたポケットピボット

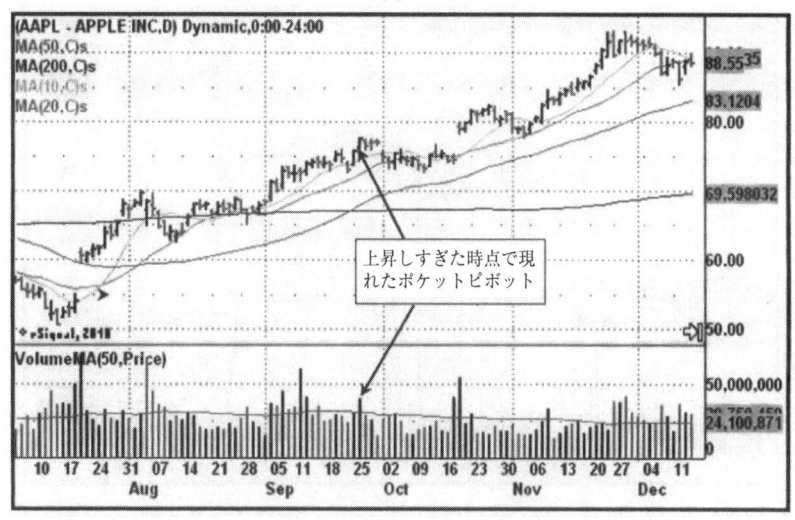

図5.36　V字型の下落は50日移動平均線には届かず、ポケットピボットが成功するための基礎が形成されなかった（リバーベッド・テクノロジーの日足、2006〜07年）

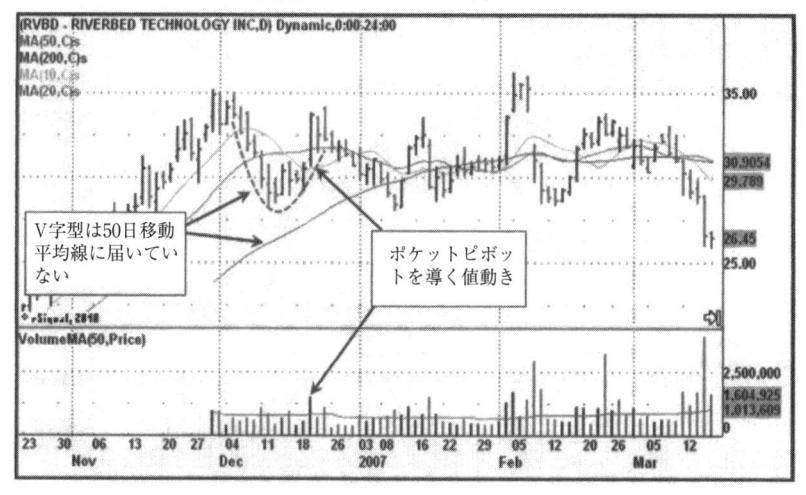

V字型は50日移動平均線に届いていない

ポケットピボットを導く値動き

ケットピボットが発生した。この銘柄の場合、株価がそれまでに上昇した分を調整する時間がもっと必要だったのに、10日移動平均線と20日移動平均線のすぐ下まで一時的な下落をしただけで、十分な調整ができなかったのが大きな問題だった。このようなＶ字型の下落ならば、一般的には50日移動平均線に触れるところまで下落することが望ましい。高値から急激に下落するようなときは、50日移動平均線のほうが支持線としてはより信頼性が高いからである。全体として見ることが重要であることを忘れないようにしよう。このような暴落と回復の値動きは、ポケットピボットが発生する前に見たい良好で静かな値動きとは異なるものなのである。

　直感的に気がついているかもしれないが、念を押しておきたいことがある。上昇トレンドで現れた前向きなベースが少し下落しているときに現れるポケットピボットとは異なり、マーケット全体が下降トレンドにあるときに発生するようなポケットピボットはけっして買ってはならない。バイドゥが良い例である。この銘柄は2008年後半に弱気相場が訪れると大きく下落して下降トレンドに入った。しかしそんななかでも、２回ほど株価を上昇させてポケットピボットらしきものを発生させたのだ（図5.37）。ところが、それらはすべてすぐに失敗に終わった。この例は、下降トレンドに現れるポケットピボットは単純に無視するべきであることを証明している。たとえその下降トレンドが将来、底を付けたあとに上昇を始めて、結局はカップ型のベースの左側だったということになっても、である。ポケットピボットはカップの右側で現れるべきであり、一般的にはベースの下の３分の１よりも低い場所ではなく、ベースの上半分か、あるいは少なくとも50日移動平均線の真上か、そのすぐ上が理想的である。

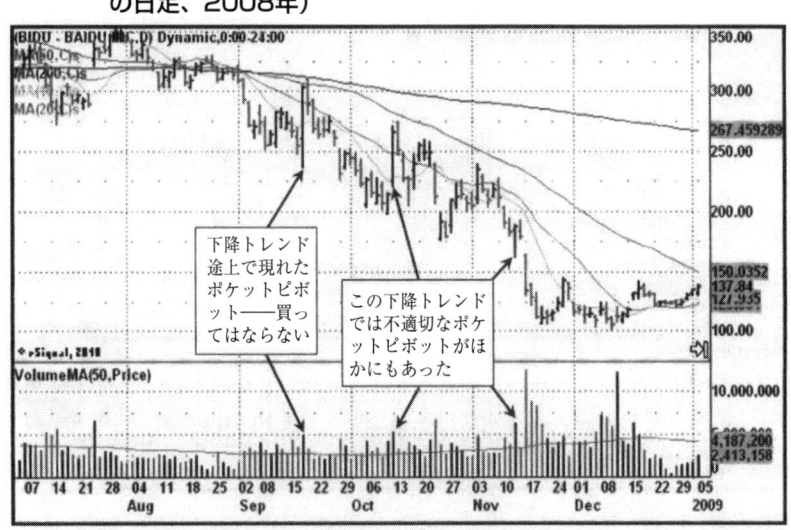

図5.37 下降トレンド途上でのポケットピボットは無視する（バイドゥの日足、2008年）

移動平均線を使った売りシグナル

　株価が上昇トレンドで、少なくとも７週間は10日移動平均線に寄り添うように動いた銘柄は、株価が10日移動平均線を下にブレイクした時点で売りシグナルと考える。それ以外の銘柄は50日移動平均線を売りシグナルの目安にするとよいだろう。この「７週間ルール」を使えば、10日移動平均線を保てないとか、たびたびそれを下回るような傾向がある銘柄を早々に手仕舞いすることがなくなる。逆に、上昇トレンドで最初にポケットピボットが現れたあとに少なくとも７週間は10日移動平均線の上で推移したような銘柄は、10日移動平均線を初めて下に割ったときには売るべきである。ここで言う「割った」とは、株価が10日移動平均線の下で引け、翌日も前日の安値を下回っているような状態である。アップルの例を見てみよう（**図5.38**）。10日移動平均線の上で上昇を続けていた株価は2006年12月初めについに10日移動

図5.38　12月前半まで10日移動平均線の上を動いていたが、突然10日移動平均線の下で引けた（アップルの日足、2004年）

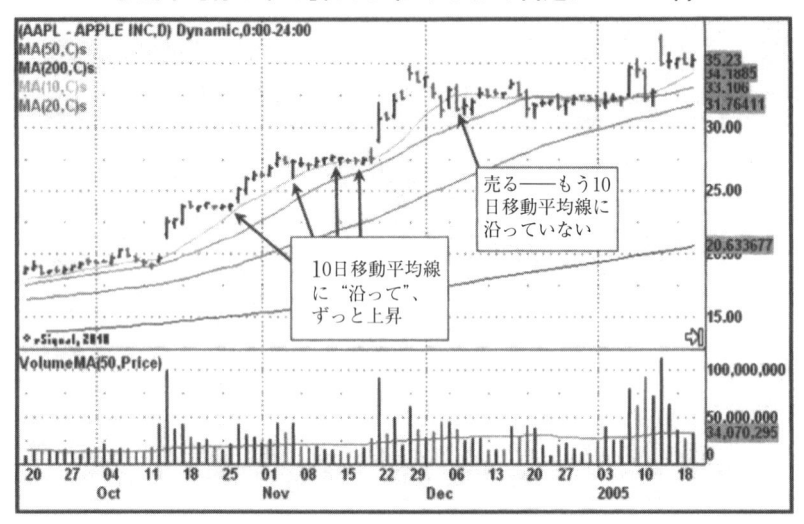

平均線の下で引けた。そして、その翌日も前日の安値の下で推移した。そもそもこの理論は、株価が10日移動平均線の上に７週間以上とどまっているときは上昇トレンドの可能性が高いという前提に基づいている。研究の結果、10日移動平均線を下に割ったときはしばらくその水準にとどまる傾向にあることが分かった。投資家はそこで素早く利食いをすれば、株価が失速して調整に入り、そして再び上昇の準備を整えるまで見守っていることができる。絶好調の銘柄はそのような調整が長く続かないことも多いので、それは柔軟な姿勢で見守る必要がある。そしてそのあとに形成されたベースで新たなポケットピボットが現れたら、すぐに買えるように心の準備を整えておくことが重要である。

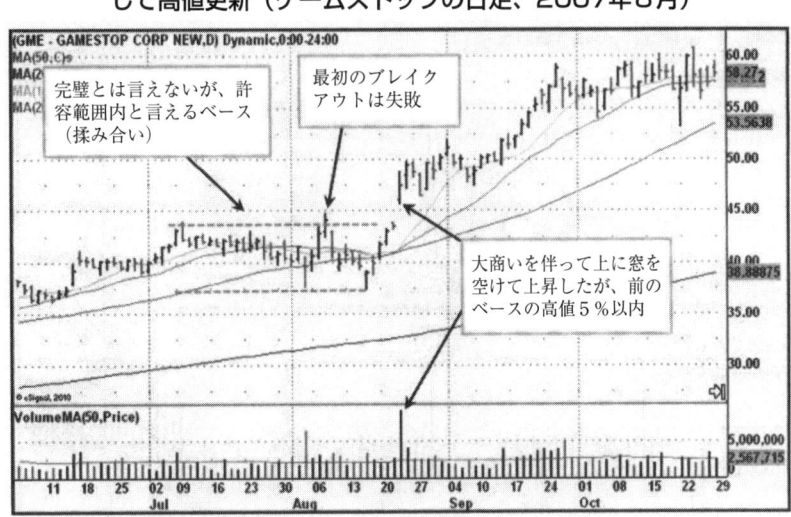

図5.39 大商いを伴って上に窓を空けながらベースからブレイクアウトして高値更新（ゲームストップの日足、2007年8月）

チャート内注釈：
- 完璧とは言えないが、許容範囲内と言えるベース（揉み合い）
- 最初のブレイクアウトは失敗
- 大商いを伴って上に窓を空けて上昇したが、前のベースの高値5％以内

キャッチャー博士の研究室──主導株が上に窓を空けて寄り付いたところを買う

　大商いを伴って上に窓を大きく空けて寄り付いている銘柄というのは、大変に魅力のある銘柄である。しかし現実にはこのような銘柄を見ると、株価が高すぎるように感じてしまい、なかなか買う勇気がわいてこない。たとえそれが大化け株になる可能性を示している場合でも、難しいものがある。しかし、ベースからブレイクアウトしたときにそのように上に窓を大きく空けても、その銘柄の上昇がベースの深さの5％以内に収まっていれば、それだけで買いシグナルとなる。この良い例が2007年8月23日に上に窓を空けて寄り付いたゲームストップである（**図5.39**）。この銘柄は8月初めに高値を試したが、ブレイクアウトが失敗に終わり、その後は下落してベースの安値を試していた。このためベースは締まりのない形になったが、そのような動

図5.40　アップル（日足、2005年7月）

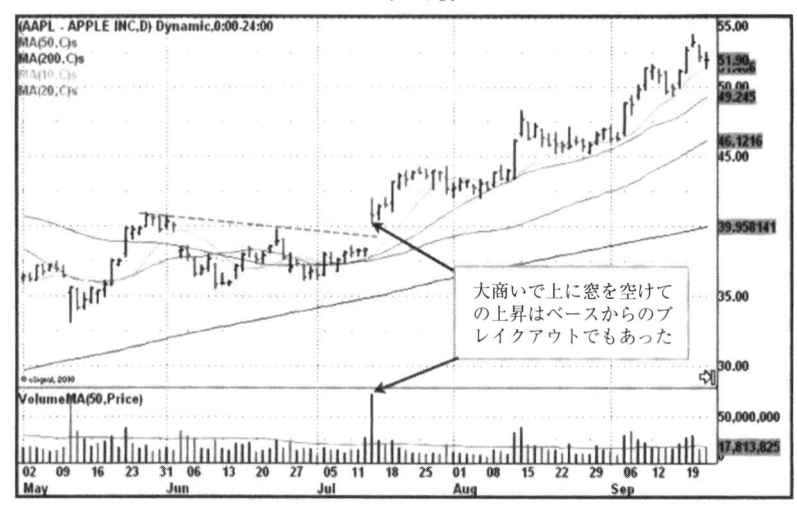

大商いで上に窓を空けての上昇はベースからのブレイクアウトでもあった

きをぬぐい去るかのように株価がついに大商いを伴って上に窓を空けて、ベースからブレイクアウトした。このように力強く上に窓を空けて寄り付くような値動きは、以前のブレイクアウトの失敗のようなベースで見られた弱い動きをすべて無効にする、つまりぬぐい去るものだ。これが上に窓を空けて寄り付いたときのひとつの基本ルールである。ただし、株価が明らかに下降トレンドのときには、いくら窓を空けて寄り付いたとしても買ってはならない。このゲームストップの例はベースからブレイクアウトして高値を更新していたので、明らかに買いシグナルであると判断できた。

　図5.40のアップルも、上に窓を空けて寄り付くと同時に高値を更新してベースからブレイクアウトし、買いシグナルとなった例である。上に窓を空けて寄り付く動きとベースからのブレイクアウトが同時に起こるのは、最も強力なベースからのブレイクアウトのパターンである。これがファンダメンタルズが強い銘柄で起こったら、ほぼ必ず買

うべきと言ってよいくらいである。株価が上昇しすぎている状態から窓を空けてさらに上昇する場合に比べると、ブレイクアウトでの買いは判断が簡単になる。とは言え、ブレイクアウトしたあとに株価がすぐに５～10％以上も上昇してしまったり、上昇トレンドのなかで上に窓を空ける動きが現れたりした場合は、買いの判断が少し難しくなる。しかしそういうときでも、われわれの研究から導き出したいくつかのルールを使えばうまく買うことができる。

　まず、ファンダメンタルズが強い優良な主導株だけに絞ることが、上に窓を空けた銘柄を買うときの最初のルールである。株価が２ドルのバイオ関連銘柄やカナダのウラン鉱業銘柄といった投機的な株を買うのではない。ファンダメンタルズ面が勢いを示していなかったり、そのような力があいまいで分からないようなボロ株は、上に窓を空けて寄り付いても買うのは避けるべきである。買うならば１日の平均売買代金が最低でも500万ドルか、できればそれよりもっと多い銘柄に限定する。

　ベースのなかで株価が窓を空けて寄り付けば、その動きはすぐに見つけられる。その銘柄の日足チャートを見れば、そのような大きな窓はすべて目に付くはずである。大きな窓とは、①過去40取引日のATR（真の値幅の平均）の少なくとも0.75倍は窓を空けて寄り付いているもの（つまり窓を空ける前の数週間の値動きが不安定で窓の空け幅がATRの0.75倍に満たないときは、チャートでその窓がはっきりと確認できないと買わない）、②上に窓を空けた日の出来高が出来高の50日平均の少なくとも1.5倍か150％はあるもの──と定義される。ATRは株価の変動率を測定する指標で、①当日の高値と当日の安値の差、②当日の高値から前日の終値を引いた絶対値、③当日の安値から前日の終値を引いた絶対値──という３つ値のうち最大のものを使って毎日計算されている。直近40日のこの数値を続けて記録することでその値の移動平均線を描いたものが、過去40日間のATRとなる。

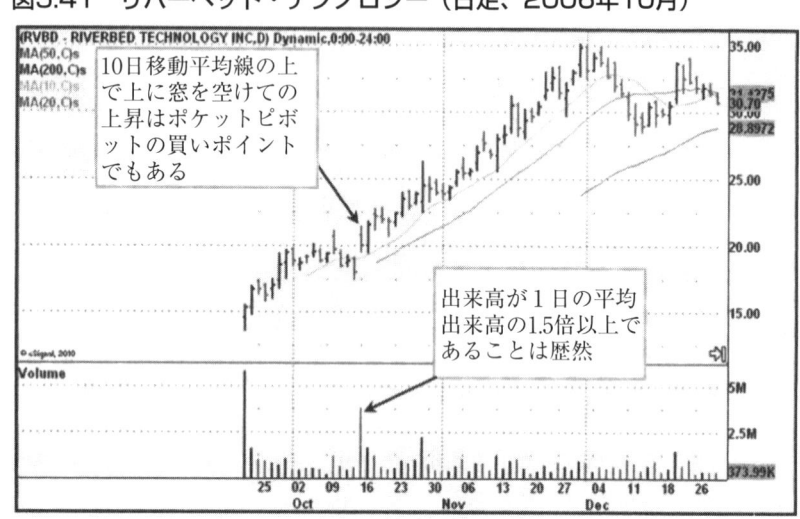

図5.41　リバーベッド・テクノロジー（日足、2006年10月）

　一般に大きな窓と呼ぶ場合、銘柄の変動率を示すこのATRが高いほど、窓も大きくなる必要がある。
　IPO株で過去の取引履歴がほとんどないような銘柄の場合、ATRの40日移動平均線や出来高の50日移動平均線などはない。リバーベッド・テクノロジー（RVBD）がその例である（図5.41）。このような銘柄の場合、じっくりと目視して、ARTや1日の平均出来高の約1.5倍以上に相当するだけの十分な出来高の増加があるかどうかを判断することになる。
　たしかに、このような銘柄を買うのはどこか怖いものである。しかし、優良な主導株に大きな窓が現れたら、株価がその日の安値を下回らないかぎり、ほとんどが買いシグナルである。アマゾン・ドット・コム（AMZN）の例を見てみよう（図5.42）。2009年10月23日に大商いを伴って上に窓を空けた。そして株価はその日の安値を1回も下回らなかった。このときに流れ込んだ買いの多さからも、この窓がど

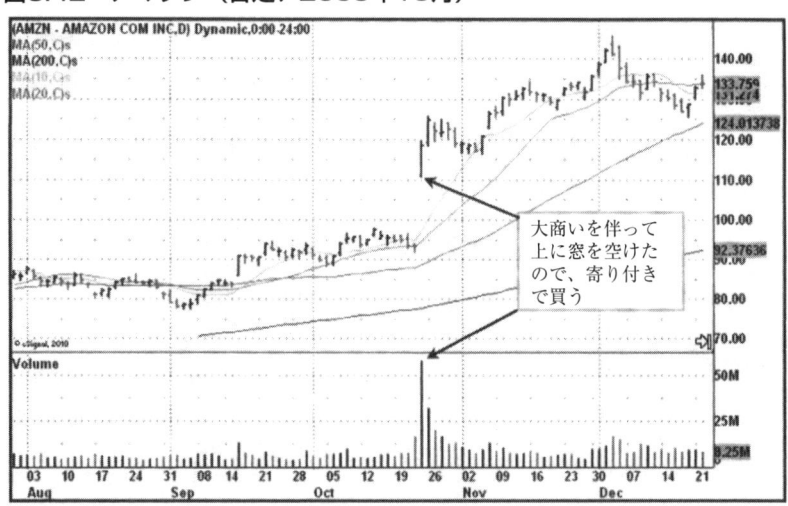

図5.42　アマゾン（日足、2009年10月）

（チャート内の注釈：大商いを伴って上に窓を空けたので、寄り付きで買う）

れほど強力だったかが分かる。さらに株価がその日の高値近くで引けていることに注目してほしい。窓を空けたら寄り付きで買うべきである。というのも、アマゾンなどの大化け株は窓を空けて寄り付いたあとも1日中さらに上昇することが多いからである。窓を空けて高値で引けた日の大引けで買うのも悪くはないが、窓を空けたときのトレードでの売りルールは、損切りまでの幅をなるべく大きく持たせたい（この売りのルールについては本章後半で詳しく説明する）。別の買い方としては、まずは半分のポジションを寄り付きで買い、残りの半分を大引けで買うということもできる。窓を空けたときのトレードで最も難しいのは、買った数日後に株価が下落を始めたとき、どこで手仕舞うかを判断することである。基本的なルールは、窓を空けた日にはその日の安値を下回ってはならない、というものである。しかし窓を空けたあとも順調に上昇した場合には、いつ、そしてどのような基準で手仕舞えばよいのだろうか。その答えはその銘柄の質や、上昇トレン

ドにおける10日移動平均線や50日移動平均線の近くでどのような動きをしているかによって変わってくる。

大きな窓を空けたら、できれば、まずはその日の安値付近でポジションを取りたい。そして、ポジションを取れたら、次のような２つの基本的な売りのルールに従うことになる。

売りのルールその１

10日移動平均線を下回ったら売る。つまり、10日移動平均線の下で引けたあとにその日の安値の下で推移したら売る。例外は、①窓を空けてから７週間たっていないのに10日移動平均線を下回ったとき、②セミコンダクターや小売業、または原油や貴金属などの商品に関連する銘柄のとき、③その銘柄の時価総額が50億ドル以上あるとき——などである。このような例外的な状況のときには、10日移動平均線ではなく50日移動平均線を下回ったときを売りシグナルとしたほうがよい。つまり７週間ルールを適用することで、10日移動平均線の上で推移しそうな銘柄を保有できるのである。７週間持ちこたえた銘柄は明らかに10日移動平均線の上にある。だからそのような銘柄が10日移動平均線を下回ったときには、勢いが失われて何か変化が起こっていると考えて、売るべきなのである。反対に、10日移動平均線を頻繁に下回るが７週間経過していない場合には、50日移動平均線を下回ったときを売りシグナルと考える。７週間持ちこたえられた銘柄の場合は、10日移動平均線を下回ったら少なくともポジションの半分を手仕舞う。そして、さらに50日移動平均線を下回ったら、残りのポジションをすべて手仕舞うのだ。

2009年のインテュイティブ・サージカル（ISRG）の例を見てみよう（**図5.43**）。７月下旬に上に窓を空けて寄り付いたあと、わずか３週間で10日移動平均線を下回り、７週間ルールの条件を満たさなかっ

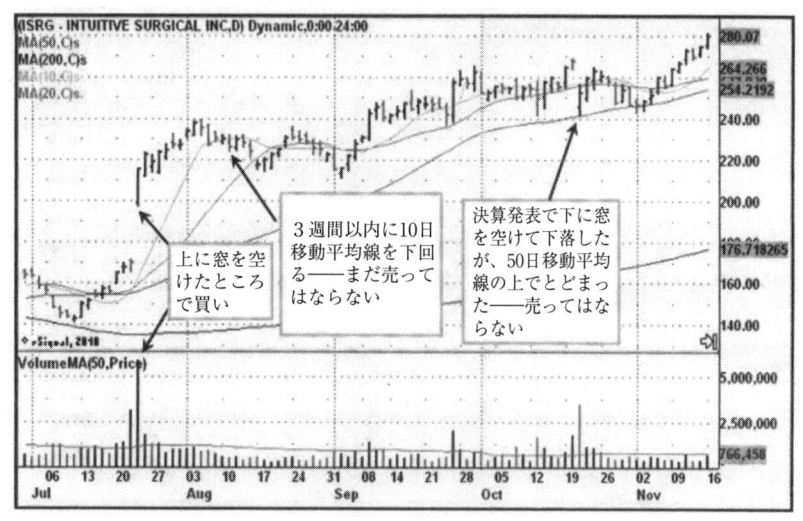

図5.43 大型の主導株で7週間ルールを満たさなかった銘柄なので、10日移動平均線ではなく50日移動平均線を下回るまで保有(インテュイティブ・サージカルの日足、2009年)

た。この銘柄は優良な大型の主導株で、時価総額は軽く50億ドルを超えていた。つまり、この銘柄の売りシグナルは50日移動平均線を下回ったときとする必要がある。決算発表があった翌日の2009年10月21日は下に大きく窓を空けて寄り付いたが、それでも50日移動平均線で支持され、それを下回ることはなかった。そして再び下値を試したあと、高値を更新しながら上昇を始めた。この例からも、この売りルールが正しかったことが証明されている。

次にバイドゥを見てみよう(**図5.44**)。2009年3月4日に窓を空けて寄り付いたあと、10日移動平均線の上で推移している様子が分かる。この銘柄は窓を空けたあと、3カ月間も10日移動平均線を下回らずに推移した。これは最低7週間という7週間ルールの条件をはるかに超えている。そこで7週間ルールに従い、株価が10日移動平均線を下回ったときに窓を空けたときに買ったポジションの少なくとも半分を手仕舞い、そして10月27日に株価が下に窓を空けて寄り付いて50日

図5.44　バイドゥ（日足、2009年）

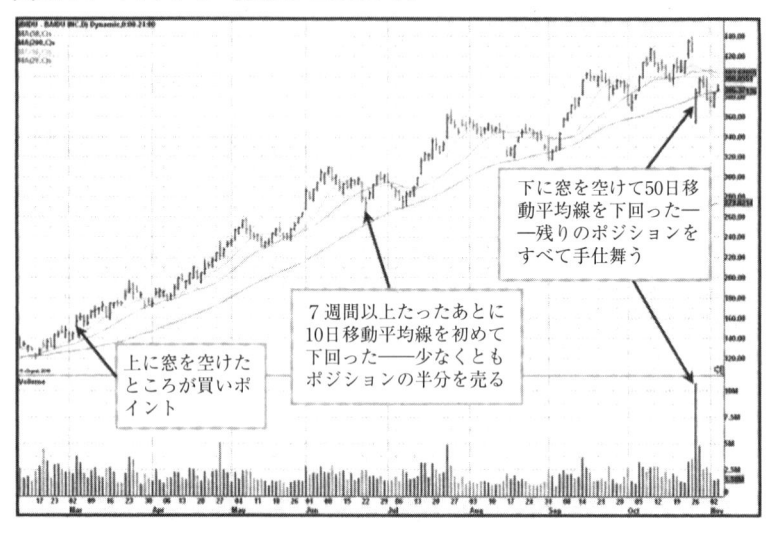

下に窓を空けて50日移動平均線を下回った――残りのポジションをすべて手仕舞う

7週間以上たったあとに10日移動平均線を初めて下回った――少なくともポジションの半分を売る

上に窓を空けたところが買いポイント

移動平均線を下回ったときに残りの半分を売る。もちろん、10日移動平均線を下回ったときにすべてのポジションを売るという選択肢もある。どちらかというと、最初にすべてのポジションを手仕舞ったほうがよいのかもしれない。なぜなら、ポジションを手仕舞っておけば一歩引いたところでポケットピボットなどのリスクの低い買いポイントが再び現れるのを待つことができるからである。捕獲できるか分からないまま眺めているだけの2羽の鳥よりも、すでに捕獲して手中に収めた1羽の鳥のほうが価値がある。バーナード・バルークも「私は早すぎる手仕舞いで資産を作った」と語っている。

売りのルールその2

　上に窓を空けて寄り付き、その日の安値を下回ったら売る。大引けまで待ってから手仕舞いの判断をしてもよいだろう。また、ボラティ

第5章　トレードの極意

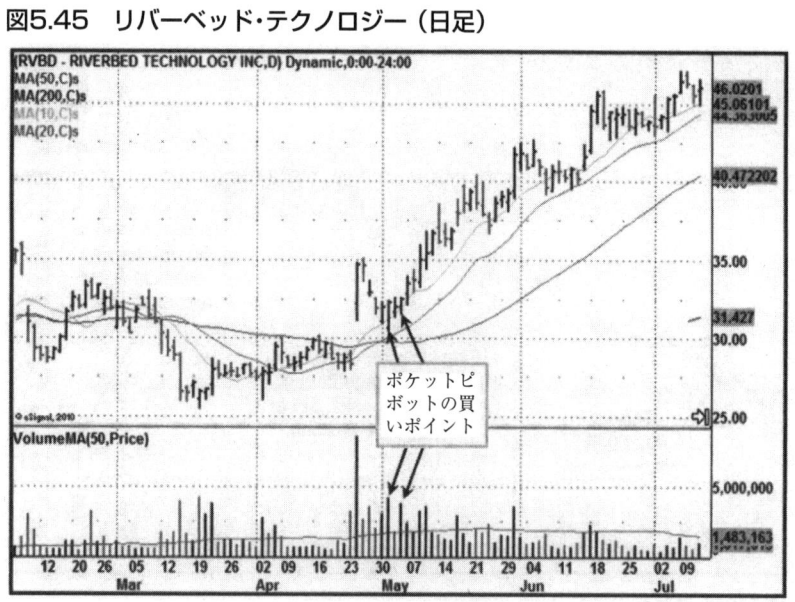

図5.45　リバーベッド・テクノロジー（日足）

（チャート内注記：ポケットピボットの買いポイント）

リティの高い銘柄の場合はボラティリティの低い銘柄よりも少し余裕を持たせてもよい。窓を空けた日の安値に一時的に下落したときの株価が10日移動平均線、50日移動平均線、200日移動平均線に近い場合は、そこで支持されることがあるので気をつける必要がある。

　リバーベッド・テクノロジー（RVBD）の例を見てみよう（図5.45）。上に窓を空けて推移したあとに下落して、窓を空けた日の安値をやや下回った。しかし、その日は上げて引けた。10日移動平均線と20日移動平均線による支持を受けたのである。さらにこの日はポケットピボットも発生した。過去10日間に下落したどの日の出来高も上回る大商いを伴って、10日移動平均線から再び上昇したことで、10日移動平均線からの反発という定義を満たしたポケットピボットとなったのである。損切りの基準に従って強制的に手仕舞うことになっても、それは正しい理由で売っているのでよい。しかし、その銘柄がそのあ

257

図5.46 アップル（日足、2009年10月）

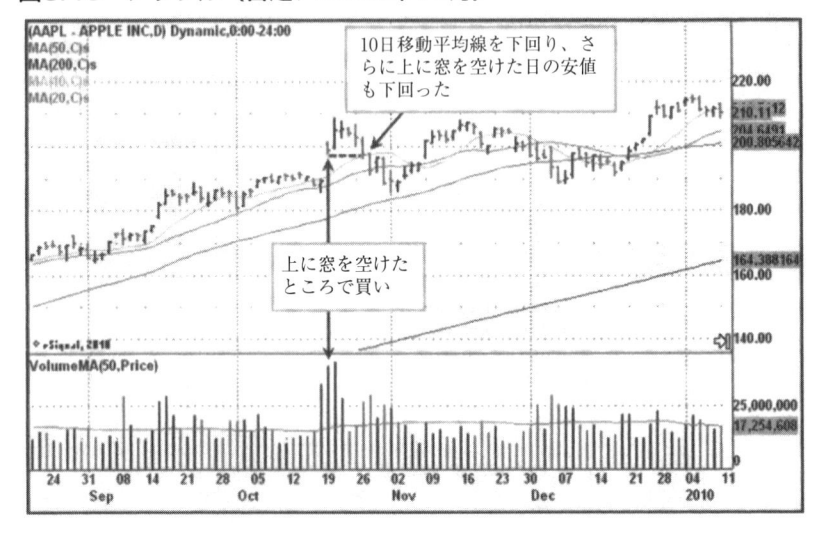

とポケットピボットのような何らかの買いシグナルを発生させることがあるかもしれないので、株価を観察し続けることが重要である。このように、われわれはポケットピボットも含め、自分たちが持つすべてのツールを総動員して窓を空けたときの売買を判断しているのである。

　リバーベッド・テクノロジーとは異なる動きをしたのがアップルである（**図5.46**）。アップルは、2009年10月20日に窓を空けたときの安値を下回ったので売りシグナルが発生した。窓を空けて寄り付いてからわずか6日後に、10日移動平均線を下回って失敗に終わったのだ。アップルは数週間かけて窓を埋め、その後高値を更新するのだが、最初の窓の買いが失敗に終わった時点で、もうこのポジションを保有し続ける理由などなくなっているはずである。だからそれ以上は何も考えずに、比較的少ない損失ですむうちに損切ることが重要である。

第5章　トレードの極意

10日移動平均線と50日移動平均線を使った売りの手法

　観察眼の鋭い読者ならば、ポケットピボットの売りルールが窓での売りルールとまったく同じであることに気がついたかもしれない。これは株を売る目安として10日移動平均線と50日移動平均線のどちらを使うかを判断するときに、同じ7週間ルールをもとにしていることが理由である。7週間ルールを売りの目安にする手法は、銘柄やトレンドにかかわらず使うことができる。時に20日移動平均線を使うこともあるが、損切りやポジションを減らすときの主な目安としてわれわれが使うのは、だいたい10日移動平均線と50日移動平均線である。

　株価が7週間は10日移動平均線の上で推移する傾向がある銘柄の場合、10日移動平均線を下回ったときに必ず売る7週間ルールを何回使っても、何ら不利益はない。反対に、7週間持ちこたえられないような銘柄の場合には、50日移動平均線を下回ったときに売るべきなのである。

　ソフ・ドット・コム（SOHU）の例を見てみよう（**図5.47**）。2003年に2カ月半ほど10日移動平均線の上を推移しながら、3月後半から6月中旬にかけてほぼ3倍に上昇した。しかしそのあと、ついに10日移動平均線を下回った。7週間ルールに従って、これを売りシグナルとした。この銘柄の場合、2003年3月以降に7週間以上も10日移動平均線の上を推移したので、売りシグナルは10日移動平均線を使うべきだと分かる。そこで、株価が10日移動平均線を下回ったところで売った。手仕舞ったあとは一歩引いて、株価がベースからブレイクアウトするか、あるいはポケットピボットの買いポイントが現れるまでじっと待てばよいのである。

　次にクロックス（CROX）を見てみよう（**図5.48**）。この銘柄は2007年5月に上に大きく窓を空けて寄り付いたあとも、順調に上昇を

図5.47　ソフ・ドット・コム（日足、2003年）

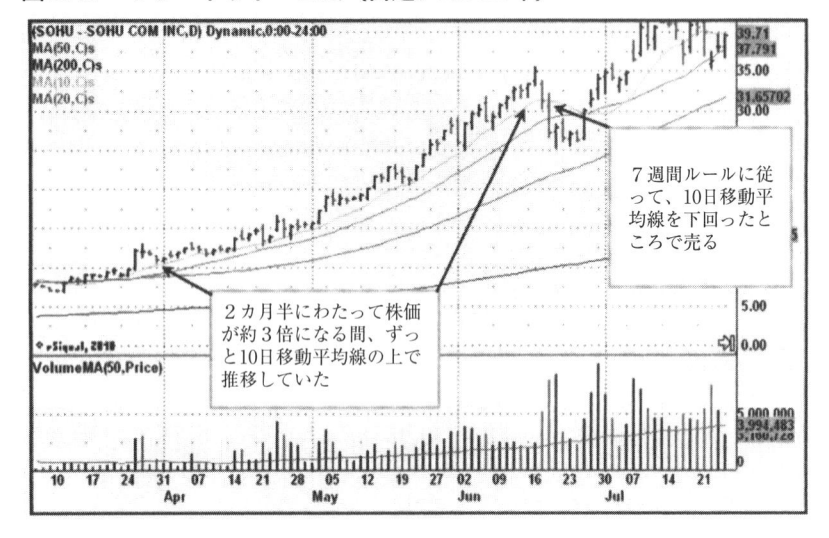

続けた。買いシグナルとなったこの窓のあと、株価は10日移動平均線の上を7週間以上続けて推移したので、7週間ルールに従って売りシグナルは10日移動平均線を使うことになった。そして2007年6月下旬になってようやく株価は10日移動平均線を下回った。ここで使っている「下回った」という言葉の意味は、10日移動平均線の下で株価が引けた翌日に、株価が移動平均線を下回った日の安値をさらに下回ると、初めて移動平均線を「下回った」ことになる、という意味なので覚えておいてほしい。図5.48から分かるように、10日移動平均線を下に下回った翌日は20日移動平均線まで下回っているので、10日移動平均線を「下回った」と確認することができる。

　モザイク（MOS）の例はどうだろうか（図5.49）。2007年8月後半のブレイクアウトのあと、少なくとも7週間以上は10日移動平均線を下回らなかったので、10日移動平均線を売りシグナルとして使うことになった。この銘柄の場合、10日移動平均線の下で引けたことが実

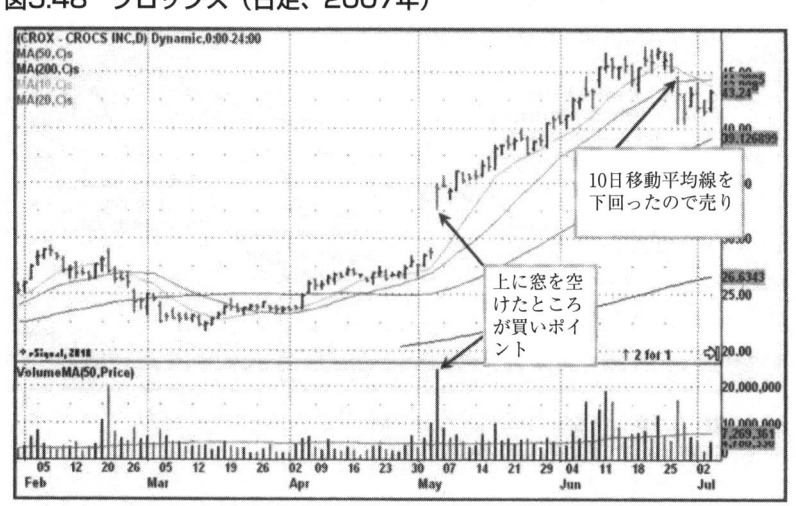

図5.48　クロックス（日足、2007年）

は２回あったことに注目してほしい。ところが２回とも、その翌日は前日の安値を下回らなかったので、移動平均線を「下回った」ことにはならなかった。７週間ルールが適用された銘柄は、10日移動平均線の下で引けた翌日に売りシグナルは出ないことを覚えておくことが重要である。というのも、10日移動平均線の下で引けたら、その翌日は前日の安値を下回るかをまずは見定める必要があるからである。これは７週間ルールに従って10日移動平均線を売りシグナルにする場合の大きなカギである。

　次に2006年10月のAKスチール・ホールディング（AKS）を見てみよう（**図5.50**）。買いシグナルがベースからのブレイクアウトでもポケットピボットでも、買いポイントから７週間以内に株価が10日移動平均線を下回ったら50日移動平均線を売りシグナルとして使う。この銘柄の場合、2007年８月にやっと50日移動平均線を下回った。2006年10月上旬の最初の買いポイントから実に150％の上昇をしたあとの売

図5.49 モザイク（日足、2007年）

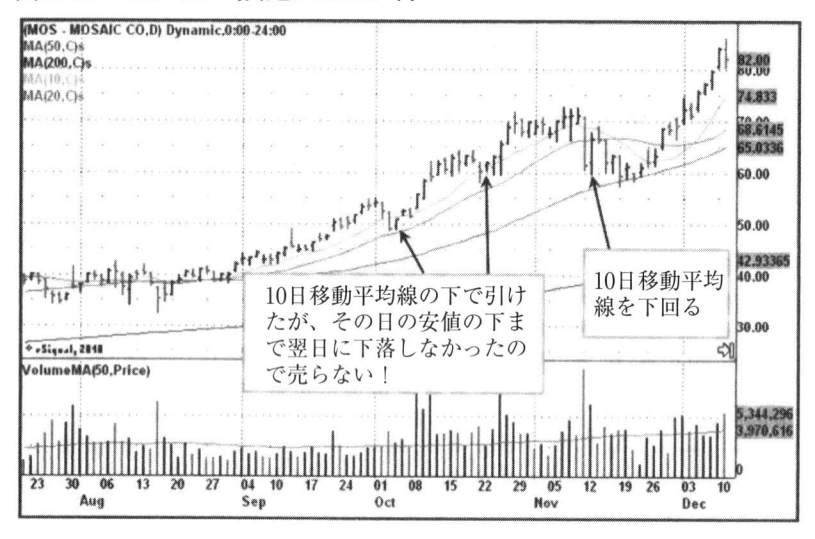

[チャート内の注釈]
- 10日移動平均線の下で引けたが、その日の安値の下まで翌日に下落しなかったので売らない！
- 10日移動平均線を下回る

りシグナルであった。

　７週間ルールはとても分かりやすいだけでなく、成功する確率も高い。基本的に、買いポイントから少なくとも７週間続けて10日移動平均線を下回らなかった銘柄の場合には、もともとの買いポイントがベースからのブレイクアウトでもポケットピボットでも、10日移動平均線を下回ったときに保有ポジションの少なくとも半分か、あるいはすべてを手仕舞う。そしてポジションが半分残っている場合には、50日移動平均線を下回ったときに残りの半分も手仕舞う。反対に、買いポイントから７週間以内に株価が10日移動平均線を下回ってしまったら、50日移動平均線を下回ったときが売りシグナルとなる。50日移動平均線を売りシグナルにする場合には、小さな変則ルールがある。それは50日移動平均線を下回った日の出来高が目に見えて多いときにはその時点ですぐに売ってもよい、というものである。しかし出来高が特に目に見えて多くなければ、50日移動平均線の下で引けた翌日の大引け

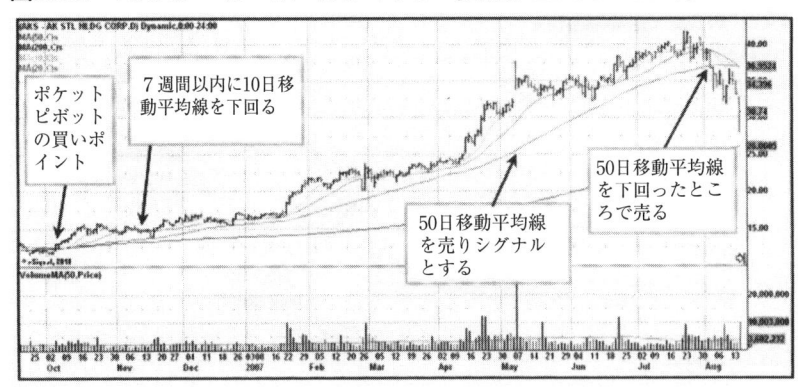

図5.50　AKスチール・ホールディング（日足、2006～07年）

が前日の安値を下回るのを見届けて、50日移動平均線を使った売りのルールの満たされたことが確認できるまでは、売ってはならない。

ここまでのまとめ

　本章の初めに指摘したように、ポケットピボットの買いポイント、上に窓を空ける買いポイント、10日移動平均線と50日移動平均線を使った売りシグナル、そして7週間ルールはそれぞれ個別の手法としては考えていない。これらはどれも実践で役立つことが証明されている技法で、それが相互に関連している。これらすべてを総合して正しく利用することで、大型の主導株から最高の利益を得るための手段として使えるのである。これを証明するために、2009年3月に始まった上昇相場のなかから次の3つの銘柄を選び、それぞれのトレードをシミュレーションしてみることにしよう。

1．アップル（AAPL）
2．サーナー（CERN）

図5.51 アップル（日足、2009年前半）

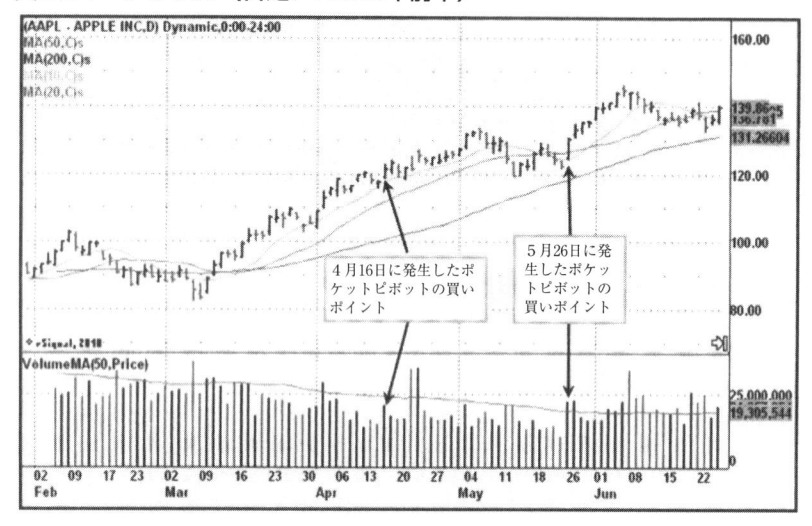

3．グリーンマウンテン・コーヒー・ロースターズ（GMCR）

　われわれのウエブサイト（http://www.virtueofselfishinvesting.com/）でも同じように個別銘柄をリアルタイムで分析しているので、興味がある読者はそちらも参照してほしい。

2009年のアップル

　アップルは2009年４月16日にポケットピボットの買いシグナルを点灯させた（**図5.51**）。これは、マーケット全体がフォロースルー日を記録して新たな上昇トレンドに入ってから、約１カ月後のことだった。このポケットピボットが発生した日の出来高は過去７日間で最も多く、同時に過去16日間のどの下落日よりも多かったことから、最低10日間という適切なポケットピボットの出来高の条件を満たしていた。ポケ

第5章　トレードの極意

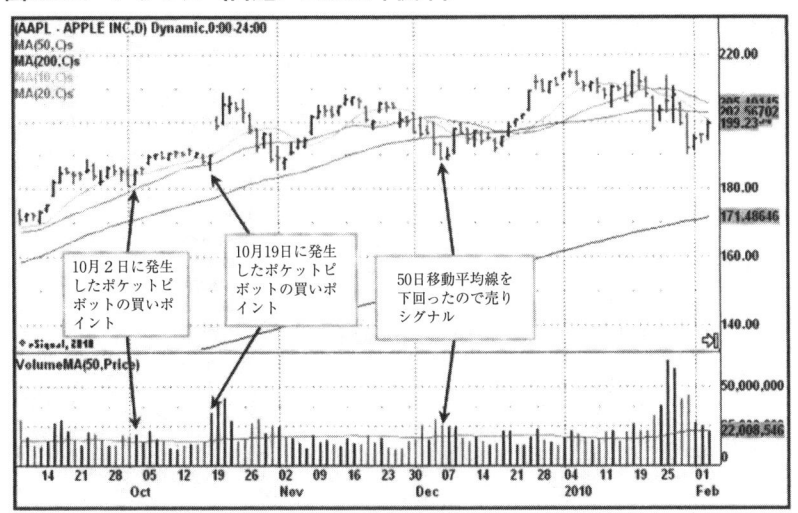

図5.52　アップル（日足、2009年後半）

（図中ラベル）
- 10月2日に発生したポケットピボットの買いポイント
- 10月19日に発生したポケットピボットの買いポイント
- 50日移動平均線を下回ったので売りシグナル

ットピボットが発生したこの日の株価は10日移動平均線にほどよい近さで始まったので、ポケットピボットの買いポイントの条件を満たした。5月26日に現れた2回目のポケットピボットは10日移動平均線のすぐ上で現れたので、この時点でも買って十分な量のポジションを保有することができた。この2つのポケットピボットの買いポイントが発生したあとは、比較的早い時期に株価が10日移動平均線を下回っていることに注目してほしい。これは、50日移動平均線を売りのシグナルにするべきであることを意味している。

　アップルはさらに上昇を続け、2009年10月2日と19日にまた2つのポケットピボットが現れた（**図5.52**）。10月19日のポケットピボットの出来高は明らかに過去10日間で最多であった。10月2日の出来高も過去3週間半のどの下落日の出来高よりも多かったので出来高の条件を満たしていた。10月19日の翌日に、株価が上に窓を空けて寄り付いて買いシグナルが出たが、株価は間もなく窓を空けた日の安値を下

265

回ったので、この時点での買いは損切りを余儀なくされていただろう。そして12月7日に株価は50日移動平均線を下回った。7週間ルールを適用して50日移動平均線を売りのシグナルにしていたため、この時点で手仕舞いとなった。2009年の上昇中、アップルは50日移動平均線まで下落するたびに支持されて、大型の主導株へと成長した。機関投資家が最もお気に入りの成長銘柄としてアップル株を保有し続ける、保険のような銘柄となったのは間違いないだろう。

2009年のサーナー

サーナー（CERN）は2009年にマーケットが上昇しているなか、静かに上昇していた主導株で、出来高はぱっとしないがベースからブレイクアウトをしては高値を更新していた。医療業界におけるハイテク関連の財政支出を大幅に増加させるという政府の公約が、サーナーの上昇の原動力となっていた。ポケットピボットの買いポイントが何回も発生していたので、この銘柄を買うチャンスはいくらでもあった。

最初のポケットピボットは2009年4月24日に現れた（**図5.53**）。6月3日、買いポイントからまだ7週間たたないうちに株価は10日移動平均線を下回ったので、7週間ルールに従って50日移動平均線を売りシグナルにすることが決まった。また、サーナーの時価総額は60億ドルという大型株だったため、これも50日移動平均線を売りシグナルにするもうひとつの理由となった。7月7日、株価はついに50日移動平均線を下に突き抜けたが、出来高が1日の平均の出来高のわずか22％増だったので、翌日の株価がその日の安値を「下回った」ことを確認するまで待つことになった。しかし株価は前日の安値を下回ることはなく、売りシグナルにはならなかった。すると50日移動平均線の上まで再び上昇して、2009年7月23日に別のポケットピボットが現れた。出来高は平均並みだったが、それでも薄商いのなか4日連続下落した

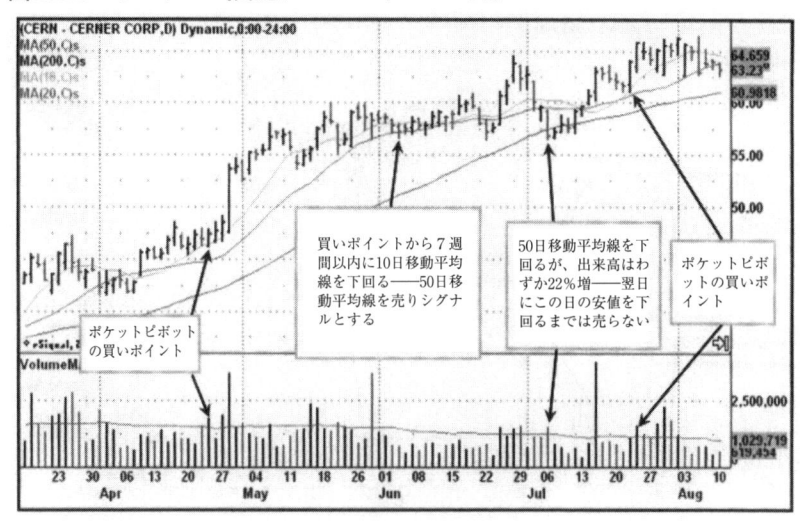

図5.53　サーナー（日足、2009年4～8月）

あとに過去11日間で最多の出来高を記録したことから、適切なポケットピボットの出来高の条件を満たしていた。さらにそのポケットピボットが現れる6取引日前の7月16日、大商いを伴って株価が上昇した日があったのも、この銘柄の強さを示す証拠であった。

2009年9月1日、サーナーは50日移動平均線を下回った。7週間ルールに従うと、これは売りシグナルであった。しかしこの場合に限っては、7月23日と8月8日に明らかになった支持線の水準でもあったことから（図5.54の点線を参照）、例外として売らなかった。

サーナーは11月11日、ついに再び50日移動平均線を下回って正真正銘の売りシグナルを出した。株価は50日移動平均線の下まで一時的に下落したあと再び少し上昇して、12月18日に新しいポケットピボットが現れた（図5.55）。すでにピボットポイントについて説明したとおり、50日移動平均線の下で発生するポケットピボットを買うのはリスクが高い。このときのポケットピボットも50日移動平均線の下で発生

図5.54　サーナー（日足、2009年6～9月）

している。しかし、株価は2010年1月5日にブレイクアウトをして高値を更新するなど順調に上昇した。ところがブレイクアウトは続かずにすぐに下落し、最終的に2010年1月29日に50日移動平均線を下回った。サーナーの場合、最後にベースからブレイクアウトをしたときのピボットポイントである85ドル付近まで株価が下落したときに、ポジションを手仕舞い始めるのが賢明だったのだろう。2010年1月4日に小さなポケットピボットが現れていたが、ブレイクアウトがすぐに失敗に終わったときに同じ売りのルールを適用していたことになる。

2009年のグリーンマウンテン・コーヒー・ロースターズ

　株式市場が史上最悪に匹敵する下落をしたあと、グリーンマウンテン・コーヒー・ロースターズ（GMCR）は2008年11月から2009年2月にかけて好調の兆しを見せていた。主要な平均株価のほうは2008年11

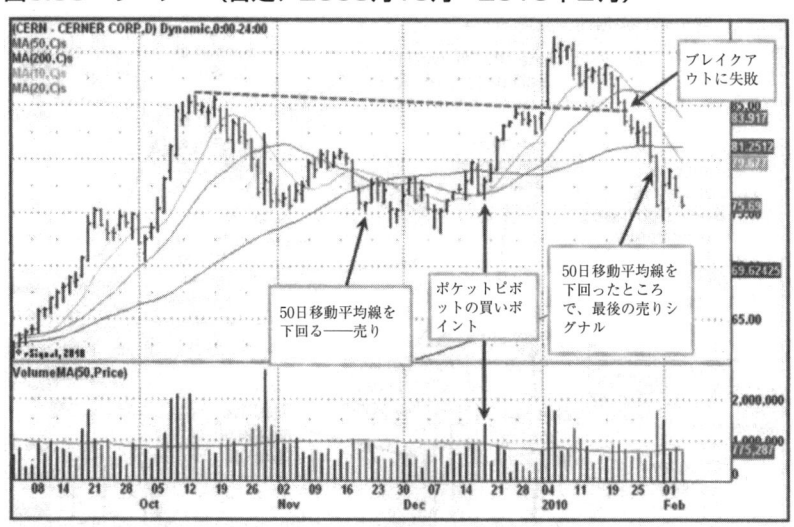

図5.55 サーナー(日足、2009月10月～2010年2月)

チャート内注釈:
- ブレイクアウトに失敗
- 50日移動平均線を下回る――売り
- ポケットピボットの買いポイント
- 50日移動平均線を下回ったところで、最後の売りシグナル

月に付けた最安値をさらに下回ったのだが、この銘柄は株価を維持して、2月のマーケット全体の下降トレンドに引きずられることはなかった。2009年3月12日、マーケットがフォロースルー日を記録すると、キャッチャー博士のマーケットダイレクションモデルから買いシグナルが出た。マーケットダイレクションモデルが構造的に優れている点は、主要な市場指標の価格と出来高の変化だけに焦点を当てているため、ファンダメンタルズがどれほど悪く見えても影響されないということである(これについて詳しくは次章で説明する)。フォロースルー日からわずか2日後の3月16日、グリーンマウンテンはポケットピボットと高値を更新するベースからのブレイクアウトの2つの買いシグナルを同時に発生させた。しかし、出来高が平均と比べてわずか12％しか増えていなかったことから、従来のオニールの手法であるベースからのブレイクアウトとしては出来高の条件を満たしていなかった(図5.56)。それでも、過去10日の下落時のどの出来高よりも多かっ

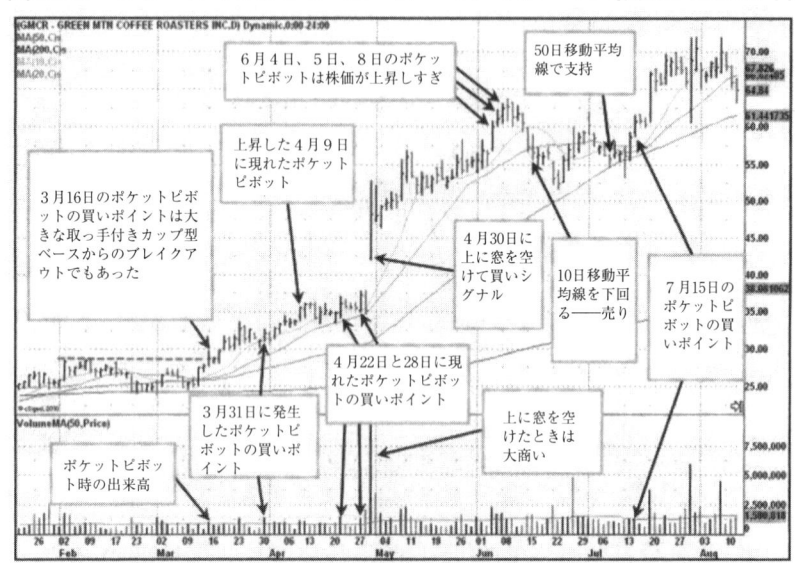

図5.56 グリーンマウンテン・コーヒー・ロースターズ（日足、2009年）

たので、ポケットピボットとしてならば出来高の条件を満たしていた。この日の株価は1日の値幅の中心付近で引けたことからこのシグナルはやや弱いと考えられたが、それでもポケットピボットの条件を満たしていたので、小さなポジションを建てれば良かった。

　2009年3月31日には別のポケットピボットの買いシグナルが発生した。その日の安値が10日移動平均線のすぐ上で、そして明らかに出来高を増やしてその日を終えていることに注目してほしい。さらに、ポケットピボットが発生する前は平均を下回る出来高が続いていたので、健全な調整があったこともうかがえる。4月9日にもポケットピボットが発生したが、これは株価がやや上昇しすぎていたため買いシグナルではなかった。これはチャートを見ればすぐに分かったはずだが、その日の安値が10日移動平均線の上だったことなども、買いシグナルではないことを判断する手がかりとなる。これと対照的なのが4月22日に発生したポケットピボットで、これは買いシグナルだった。この

ときは大商いだったことに加え、その前の値動きが整然としていて4日前から終値が収束していることから、このポケットピボットの背景が非常に前向きだったことがうかがえる。4月28日に現れたポケットピボットも、同じ理由で買いシグナルとなる。

　株価は4月30日に上に窓を空けて買いポイントを発生させた。ポケットピボットでこの銘柄を買い続けていた投資家ならば、このころまでには相当量のポジションを保有していただろう。どれほど多くのポジションを建てられるかは、その投資家のリスク許容度によって違うだろうが、リスクが許す範囲であればここでポジションを足してもよい。まだこの銘柄を所有していない投資家ならば、ここで最初のポジションを買ってもよいだろう。買いの条件を満たす窓が現れたら、その日の寄り付きで買うのが最も良い。というのは、窓を空けたあともその日は引けるまで株価が上昇を続けることが多いからである。寄り付きで買う場合には、マーケットが強気トレンドであること、つまりマーケットダイレクションモデルが売りシグナルを出していないことと、最低限の出来高の条件を満たしていること、下落の兆候を見せていないこと、そしてファンダメンタルズが強い銘柄であることが条件となる。

　さらにチャートを見ていこう。6月4日は買いシグナルとなるポケットピボットではない。これはその日の安値が明らかに10日移動平均線から離れすぎているためである。同じ理由で、6月5日と8日も、4日と同じく大商いではあるが、ポケットピボットの買いポイントにはならない。6月16日、買いポイントから7週間以上たって初めて10日移動平均線を下回ったので、この時点でポジションの少なくとも半分を手仕舞う。7月8日、株価は50日移動平均線に触れるまで下落した。50日移動平均線の付近で株価が弱い動きを見せているときに買うのが好きな投資家は、ここで買ってもよいだろう。上昇トレンドのなかで株価が強さを見せたときに買うか、あるいは弱さを見せたときに

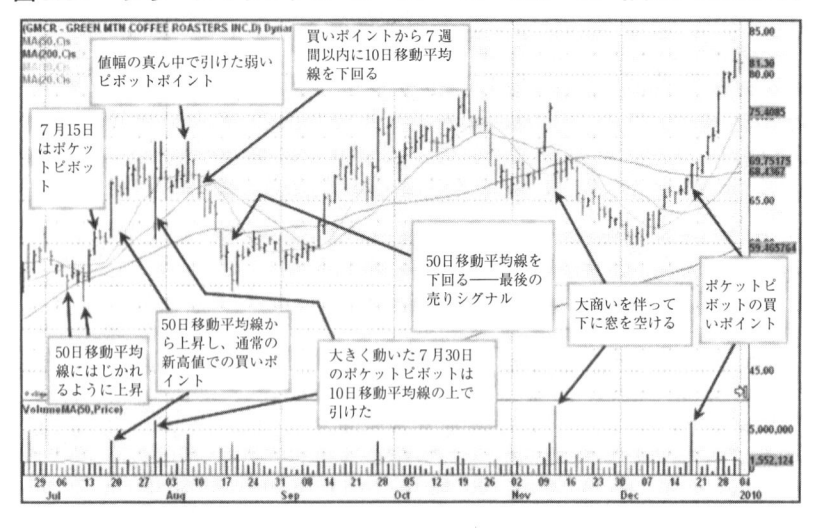

図5.57　グリーンマウンテン・コーヒー・ロースターズ（日足、2009年）

買うかは、投資家の性格次第である。7月15日はポケットピボットの買いポイントである。出来高の条件をギリギリで満たしていることが最初の理由である。もうひとつの理由は、たとえ安値が10日移動平均線の上にあっても、チャート全体で見てみると株価はベースからブレイクアウトをしたばかりなので、上昇しすぎているとは言えないからである。そこで、6月16日に売った分のすべてか、あるいはその一部をここで再び買っても良いだろう。7月15日に買った株価のほうが6月16日に売った株価よりもわずかに高いが、この間ほぼ横ばいだったので、リスクが高くなったというわけではない。

　次に図5.57を見てみよう。グリーンマウンテンの株価は7月20日に50日移動平均線まで下落して、そこから大商いを伴って高値を更新しながら上昇したので、買いシグナルになった。つまり、50日移動平均線から反発したあとに高値を更新した、ブレイクアウトの買いシグナルだったというわけだ。この銘柄は7月30日にも再びポケットピボ

ットを発生させた。株価が10日移動平均線を下回ったあとに、大商いで勢いよく上昇して引けたのである。この日は決算発表で売り注文と買い注文が殺到し、結局その日の終わりには買い優勢で引けたので、長大線となった。その数日後、8月7日になると株価は失速して値幅の真ん中で引けた。これが弱いポケットピボットになった。しかし8月18日、ついに株価は50日移動平均線を下回って、売りシグナルが出た。

覚えておきたいポイント　株価は8月11日に10日移動平均線を下回ったが、これは売りシグナルにはならなかった。なぜなら6月に株価が10日移動平均線を下回ったとき、少なくともその前の7週間は10日移動平均線の上で株価を維持していたことですでに売りシグナルが出ているからだ。そこで、株価が少なくとも3週間のベースを作るか、あるいは50日移動平均線に触れるなどのトレンドの転換があった時点で、再び7週間ルールの判定を行うことになる。グリーンマウンテンが8月に10日移動平均線を下回ったのは、7月13日の週に上昇トレンドが始まってから5週目のときだった。ということは、7週間ルールに従うと50日移動平均線を売りシグナルにすることになるので、8月11日は売りシグナルにはならなかったのだ。

　2009年の後半、この銘柄は9月に再びブレイクアウトを試みるが、それは失敗に終わる。しかし面白いことに、この銘柄はまったく新しいベースを形成し、2009年12月18日にポケットピボットを発生させた。その後、株価は2010年1月まで上昇を続けた。

　7月15日にこの銘柄の最初のポジションを建てて、その後も7月20日、7月30日と続けて買った投資家は、損切りを最大7～8％にしておくべきだったろう。それぞれの大引けで同じ数のポジションを買っていたら、買い値の平均は65.45ドルになっていた。ということは、50日移動平均線を下回った58.13ドルまで損切りをしないでいると、買い値から11.2％の損失を出していたことになる。できればもっと早く損切りするほうが望ましい。とは言え、グリーンマウンテンの

ような銘柄は比較的変動が激しいので、それを踏まえて損切りを10％にするという考え方もあるだろう。いずれにせよ実践では、損失はなるべく少なく抑えることが重要である。

結論

　本章では、ポケットピボットと窓での買いシグナルや、７週間ルールを使った10日移動平均線と50日移動平均線の売りシグナルの概念を総合的に使う手法を学んだ。この手法をオニールの従来のブレイクアウトの買いシグナルと一緒に使えば、同じ銘柄を狙っている大衆よりも有利な価格で買うことができるため、ひとつのエッジを得ることになる。また、これらの手法は上昇トレンドにおける大型株の売買のタイミングを知る重要な判断基準となる。価格が買いシグナルを出したときや移動平均線を下回ったときなどに、ポジションを増し玉するのか、あるいは減らすのかという判断をしながらリスクを調整し、そして最大限の利益を引き出すことができる。本章では、移り変わりの激しいマーケットで大化け株になりそうな銘柄をどのように扱えばよいか、という本質について多く触れた。さらに、大化け株になりそうな主導株を買ったあとに、投資家が必ず直面する「さあ、買ったはいいが次にすることは？」という疑問に具体的に答えている。

第6章

弱気相場に乗る方法──すぐに使える空売りの手法

Riding the Bear Wave : Timely Tools for Selling Stocks Short

　一言で言うならば、われわれの空売りの哲学は強気相場のときの哲学と同じである。強気相場では大型の主導株が大きく上昇するところの利益を狙う。一方、空売りはその銘柄の"ライフサイクル"の後半に焦点を当てるという違いだけである。まだ新しくて起業家精神にあふれている会社というのは、強いファンダメンタルズや新製品やサービスなどを提供して華やかに登場する。そして、投資信託や年金基金やヘッジファンドなどの多くの機関投資家がその銘柄を買うことで、さらに機関投資家の買いが入る。機関投資家がこぞって投資を続けた結果、株価はいや応なしに上昇し、典型的なオニール流の「大化け株」へと変貌を遂げるのである。しかし、企業はやがて成熟する。さらに新しくてもっと効率の良い競合技術やプロセスや概念などが生まれると、その銘柄を取り巻く状況が変化してくる。そして、その銘柄に対する機関投資家の資金の流れも必然的に緩やかになる。なかには動きが鈍りパフォーマンスも優れず、全盛期を過ぎた過去の産物と化してしまう銘柄もある。ところがもっと素早い動きをする銘柄も現れる。革新的で起業精神あふれる新しい企業の株価が上昇していたときには、機関投資家が一斉に資金を投じていたが、その資金を今度は逆にものすごい速さで一斉に手仕舞うことがあるのだ。われわれが最も関心を持っているのはそのような銘柄である。機関投資家がかつての

主導株につぎ込んだ膨大なポジションを手仕舞い始めると、厳しい売り抜けが継続して起こる。そして株価は史上最安値水準まで落ち込んで、ついにその銘柄の役割を終えるのである。

　『オニールの空売り練習帖』（パンローリング）が出版されてから５年以上がたった。そのモラレスが執筆した部分の最初の改訂版が本章だと考えてもらってよいかもしれない。しかし、『オニールの空売り練習帖』がオニール流の空売り手法の素晴らしい入門書であることに変わりはない。まだ読んだことのない読者でも理解できるように本章では解説をしていくが、できれば最初に『オニールの空売り練習帖』を読んでおくことをお勧めする。すると、主に週足チャートで空売りの手法を紹介しているのに、重要なところになると日足チャートを使っていることに気がつくだろう。投資家がどの株価でどのように株を空売りするかを明確に示すことは、空売りの絶好のチャンスをものにして利益を出すうえで最も重要である。そのため本章でも日足チャートを使いながら空売りの明確なタイミングについて詳しく説明していく。さらに新しい空売りのパターンや戦略もいくつか紹介する。空売りに必要な天井のパターンをさらに多く学ぶことができるだろう。従来の空売り戦略は、標準的な「ヘッド・アンド・ショルダーズ型」とその派生型である「後期ステージでのベースの崩壊」という２つのパターンを使ったものである。

空売りの黄金ルール

　オニール流の空売りの手法には哲学的な６つの基本原則がある。空売りの動きを判断する基準ともなるこの原則を「空売りの６つの黄金ルール」と呼んでいる。空売りの候補となる銘柄を探すときの指針となる牽引力や流動性についてのルールから、空売りを実行するタイミングや損切りと利食いの手順までを、明文化したものである。

強気相場で生まれた大型の主導株が天井を付けて下落を始めると、マーケット全体にもその影響が及ぶために、弱気相場の始まりを暗示していることが多い。定説として、マーケットを上昇へと導いた主導株は、資金が流出する弱気相場になるとマーケットの下落も主導することが多い。そのため、空売りの候補として考えるべき銘柄は、過去に上昇した大型株で直前の強気相場で大化けした数銘柄に絞るべきである。強気相場で最も素早く上昇を遂げた銘柄が、弱気相場では最も素早く下落する可能性が高いのである。そこで最初の空売りの黄金ルールは次の２つになる。

1. 空売りは、マーケットが明らかに弱気相場、つまり下降トレンドに入っているときのみ行う。しかも弱気相場のサイクルのなるべく早い段階で行う。いくら弱気相場でも、何カ月も下降トレンドが続いたあとの空売りではすでに手遅れの可能性が高い。弱気相場での遅すぎる空売りは壊滅的な損失を招く恐れがあるため、十分に注意する必要がある。特に、マーケットが天井からすでにかなり下落して、周りの投資家が口をそろえて空売りをしようかと言い出したら、株価が反対に上昇し始めないかを特に気をつけて観察するべきである。

2. 直前の強気相場で大きく株価を上昇させた大型の主導株のなかで、特に重要な天井を付けている銘柄に絞る。そうすると適切な空売りができる候補は比較的少なくなるはずである。

　本章後半で詳しく説明するヘッド・アンド・ショルダーズ・トップのような代表的な天井のパターンは、クライマックストップが付けられてからパターンが完成するまで８～12週間かかることがある。もっと長引く場合もある。しかし、なかには数週間足らずで文字どおり天

から落ちるように下落することもある。空売りをするときに覚えておきたい重要なことがある。それは、かつての大化け株は強気の勢いが長続きすることが多いという事実である。これは心理学的な観点からも理にかなっている。人間の本質というものは、過去も現在もほとんど変わっていない。ロケットのように上昇する銘柄を見つけていながらも買い損ねてしまった投資家は、株価が高値から初めて崩れる様子を見るとその銘柄を手に入れたくなるものである。セルサイドアナリストらも出しゃばって口を出してくる。そしてそのように高値から急落した主導株は「割安」だと判断して買いを強く勧めたりする。このように、かつての主導株には強気の余波なるものが残っている。その銘柄に資金を投じる投資家が残っていれば、株価が再び上昇する要因となる。そのような強気の余波が完全になくなるまでには時間がかかるものである。だから空売りの候補となるような銘柄のほとんどは、適切な天井のパターンを形成して大きく下落を始めるまでに8～12週間か、それ以上の期間が必要なのである。多くの機関投資家が支持しているような大型株は、下落を始めるまでにさらに時間がかかる傾向がある。反対に小型株はもっと早く、だいたいはクライマックストップから12週間以内には下落を始める。

3．空売りは、大きく上昇した過去の大化け株が天井を付けてから8～12週間たったあとにする。

　ほとんどの場合、大型の主導株は1日の平均出来高が軽く100～200万株を超えるほどの流動性を持つ。空売りの候補として選ぶならば、最低でも1日の平均出来高が200万株はあるものがよい。1日の出来高が数十万株しかない銘柄は、自分の資金から考えてかなり少なめのポジションで投資するのではないかぎり、通常は避けるべきである。さらに、1日の出来高が100万株以下と少ない銘柄の場合には、ポジ

ションを建てる限度を平均出来高の0.5％以下までと決めている。例えば、1日30万株の出来高がある銘柄は、よほど空売りの経験が豊富な投資家ではないかぎり、ポジションは1500株までか、あるいは資金の5％に相当するポジション量のどちらか少ないほうまでにすることをわれわれは推奨している。1日わずか数十万株しか取引されないような銘柄は流動性が低く、株価の乱高下が起こりやすい。そのためポジション量が少なくても大きな打撃を受けることになりかねない。そこで、空売りの4つ目の黄金ルールは次のようになる。

4. **1日に最低でも100～200万株、できればそれ以上の出来高がある銘柄に限定する。銘柄の流動性とリスクの高さには相互関係があるため、流動性の低い銘柄は空売りの候補にするべきではない。**

　空売りをする場合には、株価が3～5％ほど上昇したところに損切りラインを設定する。株価が空売りした価格から3％上昇し、出来高も平均を上回っているようならば、3％で損切りをするのが賢明である。もしその上昇の勢いが突然失われたら、そのときに再び空売りをすればよいのだ。また、空売りしている銘柄がポケットピボットのような買いシグナルを発生したら、その時点ですぐに買い戻す。もしも株価が弱々しく上昇しているならば、5％で損切りするか、あるいはさらにそこから1～3％上昇した価格で損切りするとよい。空売りでの損切り基準は投資家のポジションの大きさや投資哲学、そしてリスク許容度などによって変化する。損切りの一例を紹介しよう。増し玉の逆の発想で、空売りをしている株が上昇を始めたら、ポジションの一部を減らしていく手法がある。例えば、株価が空売りした時点から3％上昇したところでポジションの3分の1を手仕舞い、5％上昇したところでさらに3分の1を手仕舞い、7％を超えて上昇したら、残

りの３分の１をすべて手仕舞う、という具合である。この手法の別のやり方として、「３％で半分手仕舞い、５％で残りのすべてを手仕舞う」とか、「５％で半分手仕舞い、７％で残りのすべてを手仕舞う」なども考えられる。空売りの経験を積めば自分に最適な損切りのルールの組み合わせも分かってくるだろう。どのようなルールにしても、空売りをするときには常に最初から明確な出口戦略と損切りラインを決めておくことが非常に重要である。損切りに対して優柔不断になったり躊躇してしまう状態を「フリーズ状態」と言うが、こうなってしまうと非常に危険である。そこで黄金ルールの５つ目は、次のようになる。

5. **損切りは３〜５％の間に設定する。株価が平均出来高を超える大商いで上昇した場合には、厳格に３％で損切りをする。株価が上昇してしまったら、ポジションを減らしながら段階的に買い戻していく手法も有効である。あらかじめ一連の損切り水準を決めておくことである。例えば３％で３分の１、５％でさらに３分の１、そして７％で残りの３分の１としてみたり、あるいは別の組み合わせなどを使うとよい。損切りの基準は、投資家の投資哲学やリスク許容度によってそれぞれ違うので、実践で空売りの経験を積みながらどの組み合わせが最も自分に合っているかを判断するべきである。**

　大きな下降トレンドでも株価が急激に上昇することはよくある。空売りの場合、株価が下落しそうなところで妥当な利益目標を決めておくことが賢明である。通常であれば利益目標は20〜30％が適当である。空売りしたポジションに15〜20％の含み益があるときに、株価が再び上昇してしまえばこれまでの利益はすべてなくなってしまう。そのような場合にはこのルールを調整して、先ほどのポジションを減らす手法を使うとよいだろう。まずは含み益が15〜20％になったところでポ

図6.1　大きな後期ステージでのベースの崩壊で天井を打ち、空売りのシグナルを出した（ファースト・ソーラーの週足、2007〜08年）

（チャート内注記）
- 後期ステージでのベースからブレイクダウン
- この大きくてきれいでない取っ手付きカップは後期ステージの不完全な形

ジションの半分を買い戻し、残りは含み益が20〜30％になったところで買い戻すようにすればよい。

　空売りのポジションにある程度の含み益があるときには、20日移動平均線をトレイリングストップの目安として使うこともできる。天井のパターンから株価が下落して少なくとも数日から数週間は下降トレンドに入っているような株価は適切な空売りのセットアップを経ている。そのような場合、20日移動平均線が基準となって株価が上昇トレンドへ転換することが多い。つまり、この平均線をトレイリングストップとして使うことができるのである。図6.1のファースト・ソーラー（FSLR）を見てみよう。取っ手付きカップのような形の後半で、長期にわたり揉み合っていた株価が下にブレイクしている。長く揉み合っていた取っ手部分には、価格の収束がほとんど見られないことに注目してほしい。これが2008年にファースト・ソーラーが天井を付けたときのパターンである。

図6.2　ブレイクダウンして急速に下降トレンドを描くなか、20日移動平均線がトレーリングストップの目安となっている（ファースト・ソーラーの日足、2008年）

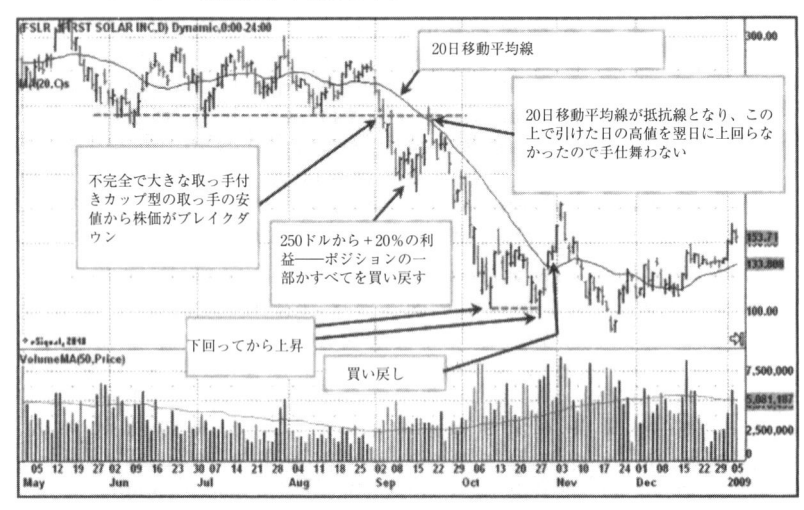

次に**図6.2**の日足チャートを見てみよう。ファースト・ソーラーの株価が下にブレイクする様子がよく分かる。株価は250ドル付近で取っ手の安値にあった支持線を下にブレイクした。これは**図6.1**の週足チャートと一致している。取っ手の安値を一気に抜けた株価はその後、今度は抵抗線になった250ドル付近まで1回は上昇する。しかしここが必ずしも買い戻しのタイミングというわけではない。というのも、①20日移動平均線の上で引けた日の高値を翌日に上回れなかった、②20日移動平均線まで上昇したときに250ドル、つまり大きな抵抗線がある取っ手の安値で頭打ちしてしまった——などの理由があるからである。しかし、この前に株価が250ドルから200ドルに下落して含み益が約20％出ていたので、利益目標を20～30％とするルールに従ってポジションの一部かすべてを買い戻して利食いしていても良かっただろう。その場合、株価が20日移動平均線と取っ手の安値まで上昇し、250ドル付近に強い抵抗線がある可能性が示された時点で、この銘柄

を再び空売りすることができたかもしれない。

　株価はその後、100ドル付近まで下落すると、一度は反発して上昇した。しかし再び100ドルをわずかに下回るところまで下落して安値を試した。このように前の安値を下回ってから上昇したので、これも買い戻して利食いする絶好のタイミングとなった。株価が２回目に安値を試したのをよく観察していれば、ポジションを買い戻すタイミングを判断することができる。このように株価が前の安値を下回る形は、短期（１～２週間前）でも中期（数週間から数カ月）でも起こるダマシの形である。支持線が破られた（だからさらに下落する）と思わせるものだが、あまりにも見え透いた動きなので実際には下落しないのだ。つまり、株価が下降トレンドのなかで安値を下回ってから上昇したら、空売りのポジションを一部かすべて買い戻すタイミングなのである。このことを踏まえて導き出したのが６つ目の黄金ルールである。

6．空売りのポジションに含み益が出始めたら、下落時の利益目標を20～30％に設定するか、ポジションを段階的に減らす手法を使って15～20％の利益でポジションを半分買い戻し、20～30％の利益で残りも買い戻すようにする。別の方法として20日移動平均線をトレイリングストップの目安に使うこともできる。現在の株価の上にある最も近い移動平均線が50日移動平均線か200日移動平均線ならば、それを20日移動平均線の代わりに使うとよい。また、前の安値を下回るような動きは、株価が上昇に転じる可能性を示していることから、ポジションをすべてか、一部を買い戻すタイミングになるので見逃さないように注意することだ。

空売りのセットアップ

　空売りで成功するカギは、絶好のチャンスが訪れるのを待つことに

ある。それには空売りのチャートパターンが完成するのをじっと見つめながら待つ必要がある。「ヘッド・アンド・ショルダーズ・トップ」「後期ステージでのベースの崩壊」「死のパンチボウルのダブルトップ」――この３つは、われわれがよく使う代表的な空売りのセットアップである。それぞれに異なる特徴があるが、時にはこれらのパターンが同時に発生して２種類、あるいは３種類すべてのハイブリッド型のセットアップが現れることもある（これについては本章後半で説明する）。極論を言ってしまえば、特定の天井の形にどの型や名前を当てはめるかというのは、それほど重要な問題ではない。構造的に売り抜けが続く可能性が高いようなパターンのなかで、その銘柄がどのような値動きや出来高の動きをするかのほうが、はるかに重要である。

　これらの天井のパターンや空売りのセットアップに共通する特徴とは、急激な株価の下落と、大商いを伴うブレイクダウンである。これらは株価が数カ月以上にわたり急上昇してクライマックストップを付けたあと、すぐに起こる。上昇トレンドが続いたあとの天井から大商いを伴って売りが始まるときというのは、たいていの場合はマーケットの過去の主導株に最初の売り抜けの波が訪れたことを示している。つまり、この時点でそのような銘柄が何らかの天井のパターンを形成する可能性があるため、空売りの候補と考えて観察を始めるべきである。日足チャートと週足チャートの両方において大商いを伴って下落したような銘柄を見つけることが、売り抜けが始まった空売り候補を見つける最も効率的な方法である。しかし、かつての主導株がクライマックストップから下落したからといって、それがすべて天井のパターンを形成するとは限らないので注意が必要だ。単なる調整で、そして新たなベースを形成して再び上昇を始めることも、主導株にはよくあることである。ヘッド・アンド・ショルダーズ型を選別するための複雑な方式を作ることもできるが、その必要はない。直前の強気相場で大きく価格を上昇させて、大商いを伴ってクライマックストップか

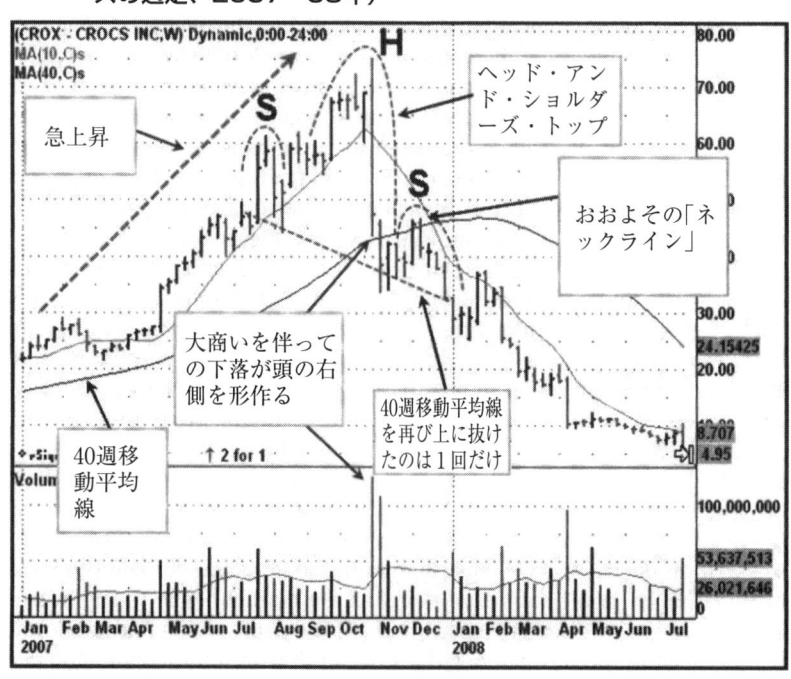

図6.3 ヘッド・アンド・ショルダーズ・トップの現代の見本（クロックスの週足、2007～08年）

（チャート内のラベル）
- 急上昇
- S
- H
- S
- ヘッド・アンド・ショルダーズ・トップ
- おおよその「ネックライン」
- 大商いを伴っての下落が頭の右側を形作る
- 40週移動平均線を再び上に抜けたのは1回だけ
- 40週移動平均線

ら売られたような元主導株の一覧を作っておけば、それで十分である。

ヘッド・アンド・ショルダーズ型のセットアップ

　ヘッド・アンド・ショルダーズ型の基本的な構造を学ぶ最高のお手本が、2007～08年のクロックス（CROX）のチャートである（**図6.3**）。これは数少ない正真正銘のヘッド・アンド・ショルダーズ型の天井パターンである。この銘柄は2006年後半から2007年に13カ月にもわたって顕著な上昇を見せた。そのような上昇が空売りのセットアップや天井パターンの条件である。2007年10月、クロックスはクライマックストップから大商いを伴って一気に売られた。その後、株価は

285

反発して右肩を形成して一時的に40週（200日）移動平均線を上回ったあとに、再び下落した。ヘッド・アンド・ショルダーズ型の右肩が左肩よりも安い位置で形成されていることに注目してほしい。これが銘柄の弱さを示す正しいパターンの構造である。また、右肩がこのパターンの下方で形成されるというのは、左肩が強い抵抗線になっていることも意味している。

　ヘッド・アンド・ショルダーズ型が完成すると、左肩と頭と右肩のそれぞれの安値をつないだ「ネックライン」を描くことができる。クロックスの場合、このネックラインが右下に傾いている「下降ネックライン」になっている。下降ネックラインは水平のネックラインや上向きのネックライン（上昇ネックライン）のときよりも、より弱いことを示しているため、これも理想的な構造となる。株価がネックラインを最初に下回るときは、一時的に反転して上昇し、結果的にダマシとなることも多い。クロックスも右肩を形成したあとにネックラインを下回ったが、2008年１月にネックラインの下で３週間停滞したあとに、10週（50日）移動平均線まで再び上昇している。そしてようやく再び下落に転じて最終的にネックラインの下に落ち着いたのだ。天井のパターンで支持線を突き抜けたときというのは、あまりにも分かりやすい動きなのでダマシとなるのである。また、日足チャートでは下に窓を空けて下落したが、週足チャートではそれが見られないということもあるため、空売りをするならば価格が論理的な抵抗線や50日移動平均線か200日移動平均線に向かって弱々しく上昇しているときにするほうがよいのである（**図6.4**）。

　これらのパターンがどのようにマーケット全体と一致しているかを知るために、まずはもうひとつ同じ時期に現れたガーミン（GRMN）のヘッド・アンド・ショルダーズ・トップ型の例を見てみよう。2007年のガーミンの週足チャートを見ると（**図6.5**）、クロックスとよく似た経緯をたどってヘッド・アンド・ショルダーズ型が形成されてい

図6.4　クロックス（日足、2007年）

大商いを伴って下に窓を空けたこの部分がヘッド・アンド・ショルダーズの頭の右側を形作った

200日移動平均線

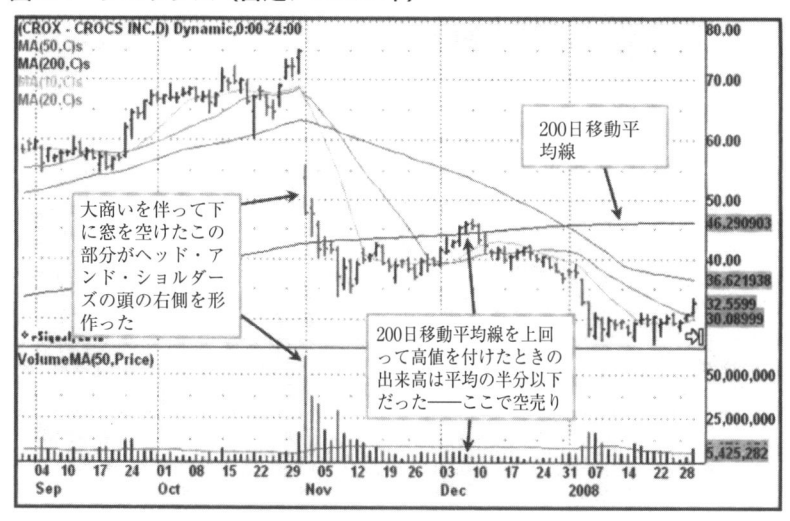

200日移動平均線を上回って高値を付けたときの出来高は平均の半分以下だった——ここで空売り

図6.5　ヘッド・アンド・ショルダーズ・トップを形成（ガーミンの週足、2007～08年）

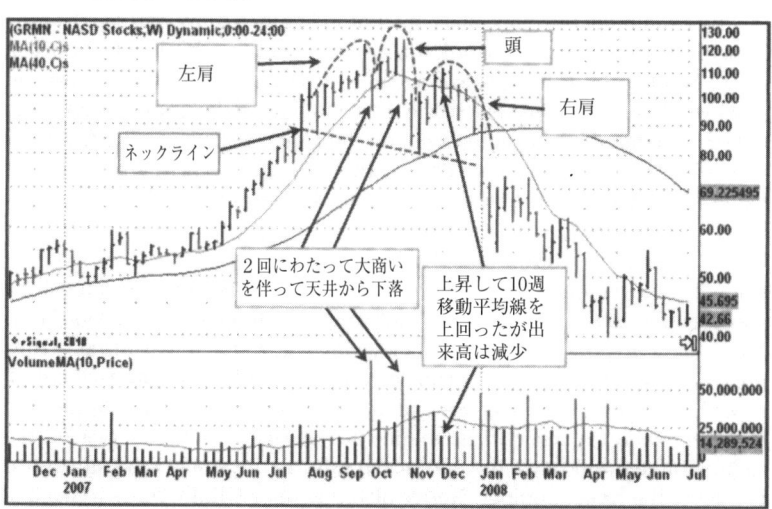

左肩

頭

右肩

ネックライン

2回にわたって大商いを伴って天井から下落

上昇して10週移動平均線を上回ったが出来高は減少

図6.6　右肩の高値ではかなりの薄商いで、最高の空売りのポイントとなった（ガーミンの日足、2007～08年）

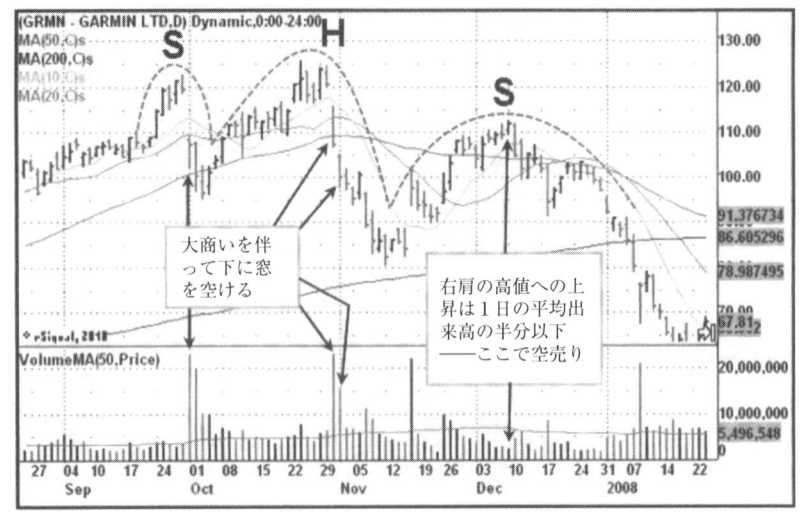

るのが分かる。最初に大きな上昇があり、最後には大商いを伴ってクライマックストップから下落している。ガーミンの例で興味深い点は、左肩の120ドル付近から大商いを伴って急落していることである。これがあったので株価が頭の高値から下落したころには、この銘柄の弱さを示す明確な証拠がいくつも現れていた。2007年後半はマーケットが天井を形成し始めていた。そんななか、ガーミンはその左肩の売り抜けや頭の形などから代表的な空売りの銘柄として選ばれたのである。クライマックストップから２回目の下落で頭の部分を完成させたあと、出来高を減らしながら価格は10週（50日）移動平均線の上まで再び上昇して右肩が形成された。この時点で探しているのは、株価が上昇しているにもかかわらず出来高が減少しているような状態である。このような上昇はその銘柄が息切れ状態になっていることを示しているからである。

ガーミンの日足チャート（**図6.6**）をよく見てみると、2007年11月半ばに始まった株価の上昇が12月初めに50日（週足チャートでは10週）移動平均線に到達して上回っていることが分かる。こうして株価は右肩の高値に達したのだが、そのときの１日の出来高を見ると急速に減っていることが分かる。高値を付けた日の出来高は１日の平均出来高の半分にも満たない。これは上昇していてもその銘柄の需要が減っている事実を強く示唆しているものである。通常、右肩の上昇時の出来高が平均よりも35～40％以上も減少したり、１日の平均出来高が３分の１や２分の１以下となるとチャートを目で見ただけで分かるようになる。この出来高の減少を「ボリューム・ドライ・アップ（Volume Dry-Up）」と呼んでいる。その頭文字のVDUの発音が「ブードゥー（＝呪い）」に近いことから、われわれはこれを「呪いの日」とも呼んでいる。これが発生すると、株価が息切れを起こして下落に転じる確率が上がる。株価が上昇した日の出来高が減ったあとに売り圧力が増加したら、この確率がさらに上がる。空売りの成功例を見ていくと、ほとんどの場合、右肩の高値付近で上昇しているのに商いが薄かった日が最後の上昇日となっている。そして株価は下落に転じて右肩の形を完成させるのである。ガーミンの場合、右肩の高値から下落を始めると一気に50日移動平均線の下まで下落した。それでも薄商いのなか再び移動平均線までなんとか上昇してから、ようやく最後の反転をしてヘッド・アンド・ショルダーズ型のネックラインまで急落している（**図6.6**）。

　空売りのタイミングはマーケット全体の値動きと一致するものである。クロックスやガーミンのヘッド・アンド・ショルダーズ型は単独の現象ではないということを理解しておくことが重要である。これらの銘柄が天井を付けて空売りのセットアップとなるパターンを形成したころ、マーケット全体も天井を付けていたのである。**図6.7**を見てみよう。2007年後半にナスダックが天井を形成し、その後2008年初め

図6.7　マーケットでの天井がクロックスやガーミンなどの代表的な主導株の天井と一致（ナスダックの日足、2007年）

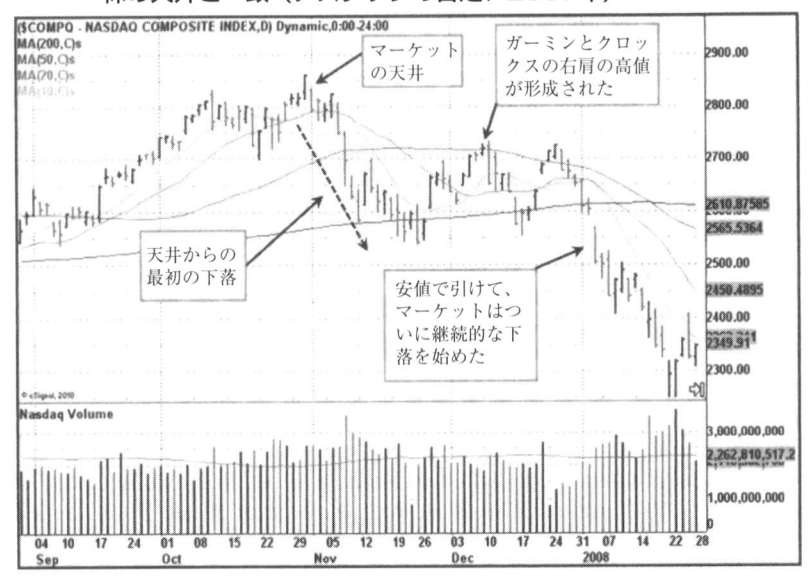

にかけて下落する様子が示されている。このチャートをクロックスの日足チャート（図6.4）やガーミン（図6.6）と比べて見ると、両銘柄のクライマックストップの時期が、ナスダックとまったく同じであることに気がつくはずである。ナスダックは2007年10月に付けた天井から最初の下落を始めたあと、2カ月にもわたり乱高下した。これもまた、クロックスやガーミンのヘッド・アンド・ショルダーズ型の右肩が形成された時期と重なるのである。

　天井のパターンがどのように形成されるかは、マーケット全体に大きく関係している。ヘッド・アンド・ショルダーズ型の場合、通常は最後の上昇の高値が右肩になる。そしてこれは、マーケット全体がクライマックストップから最初に下落をしたあとに一時的上昇するときの高値と一致する。クロックスとガーミンがナスダック、つまりマーケット全体に同調するようにパターンを形成したのと同じである。ヘ

ッド・アンド・ショルダーズ型らしきパターンの右肩を形成しているような銘柄は、マーケット全体との関連性を無視して空売りのタイミングを考えることはできない。そのため、個別銘柄とマーケット全体を見比べながら株価を観察する必要がある。

　クロックスとガーミンの例はヘッド・アンド・ショルダーズ型の天井にあるべき重要な特徴をすべて持つ、素晴らしいお手本である。両銘柄とも右肩はひとつだったが、なかにはそれ以上の右肩を形成する銘柄もある。そのような形が現れるときというのは、マーケット全体がさらなる下落をする前に揉み合っているか、その銘柄を保有する機関投資家の数などが大きく関連している。大型の人気銘柄が下落するにはそれなりの時間がかかるものである。しかし株価が２つ以上の右肩を形成すると、いずれはネックラインを抜けて下落することが多い。そして、それが弱気相場のマーケットが下落する時期と一致するのである。例えば、クロックスやガーミンはマーケットと同時に2007年後半に天井を付けていたが、アップル（AAPL）やバイドゥ（BIDU）のような大型の人気銘柄はまだ天井のパターンを形成している最中だった。これらの銘柄が下落を始めたのは、2007年10月にマーケットが天井を付けてから約１年後の2008年９月のことだった。これはちょうど2007～09年の弱気相場で２回目の大きな下落が始まった時期と一致している（**図6.8**）。マーケットは2007年後半に天井から最初の下落をしたあと、この年の最後の２カ月間は揉み合いを続けた。しかし、ついに大きな下落が始まり、クロックスとガーミンもこれにつられて下落した。2008年はさらに揉み合いが続いたが、2008年９月になると２回目の大きな下落が起こった。この時期に合わせて別の主導株が天井のパターンから下落したのである。これは弱気相場でよく見られる典型的な動きである（**図6.8**）。弱気相場では主導株も次々と下落をするのである。

　本章では、空売りに使えるほかの天井のパターンやセットアップに

図6.8　弱気相場で新たな下落が起こるたびに、「波」のように主導株も天井を付ける（ナスダックの週足、2007～09年）

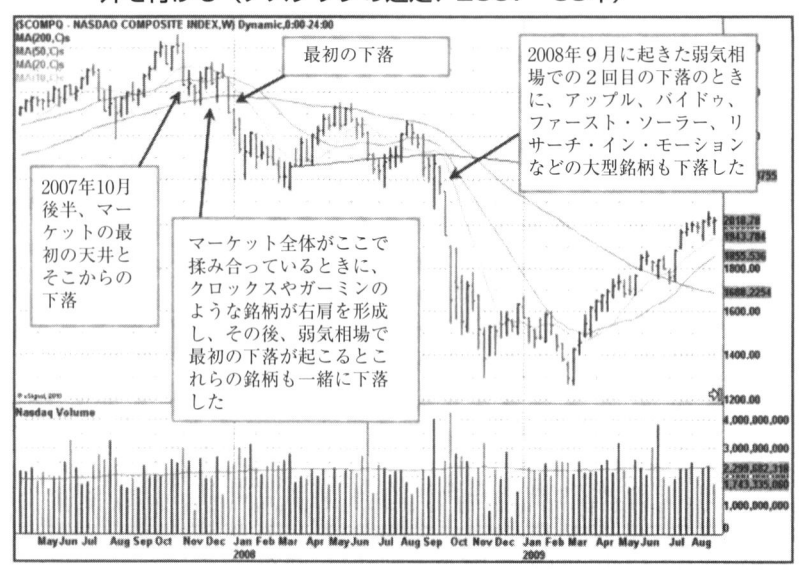

ついても解説していくが、そのときに今述べたこの概念を覚えておくことはとても重要である。弱気相場で起こる大きな下落は絶好のチャンスを意味している。投資家はそのチャンスをつかみすぐにトレードを仕掛けるために、忍耐強く、そして油断せずに待ち続ける必要がある。

　2008～09年のモンサント（MON）も興味深い例である。2007年10月にマーケットが天井を付けて弱気相場が始まったが、そのさなかにヘッド・アンド・ショルダーズ型を形成している。モンサントの天井はマーケットの天井と少し時期がずれている。2008年の夏は、2007年から2009年の弱気相場のなかで一時的に上昇している時期だった。モンサントはそのような状況のなかで、株価を2倍近くも上昇させたのだ。

　しかし、2008年6月に天井を付けると、ヘッド・アンド・ショルダーズ型を形成し始めた。**図6.9**のチャートを見ると、頭の右側に当た

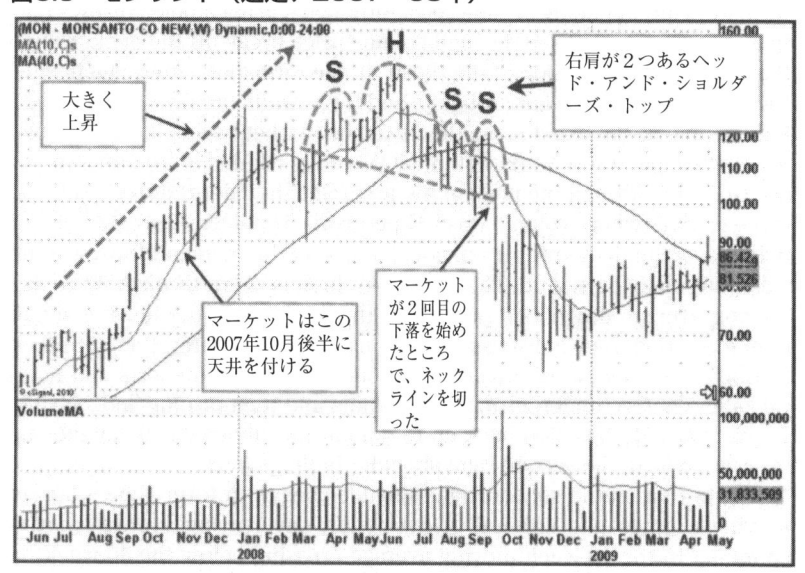

図6.9　モンサント（週足、2007～09年）

（チャート内注記）
- 大きく上昇
- 右肩が2つあるヘッド・アンド・ショルダーズ・トップ
- マーケットはこの2007年10月後半に天井を付ける
- マーケットが2回目の下落を始めたところで、ネックラインを切った

る6月に起きた天井からの下落が大商いだったことが分かる。そしてその後、モンサントはおおよそ2つの右肩を形成した。マーケットが弱気相場になってから2回目の大きな下落を始めると、それに合わせるかのようにモンサントもようやくネックラインを下回って下落した。モンサントの日足チャート（**図6.10**）を見ると、最初の右肩の高値付近で、株価が3日間上昇している。1日の平均出来高と比べると、その3日間の出来高はそれぞれ－45％、－54％、－63％だった。これは、この銘柄に対する需要が枯渇している可能性を示していた。株価はその後、50日移動平均線を下にブレイクして19.5％も下落して、ヘッド・アンド・ショルダーズ型のネックラインまで落ち込んだ。本章ですでに述べたように、ネックラインへの最初の下落はダマシになることが多い。株価は空売りや通常の売りトレードを巻き込みながら下落していくものの、ネックラインを下回る前に上昇に転じるからである。この場合、モンサントは50日移動平均線のすぐ上まで再び上昇し、2つ

図6.10　モンサント（日足、2008年）

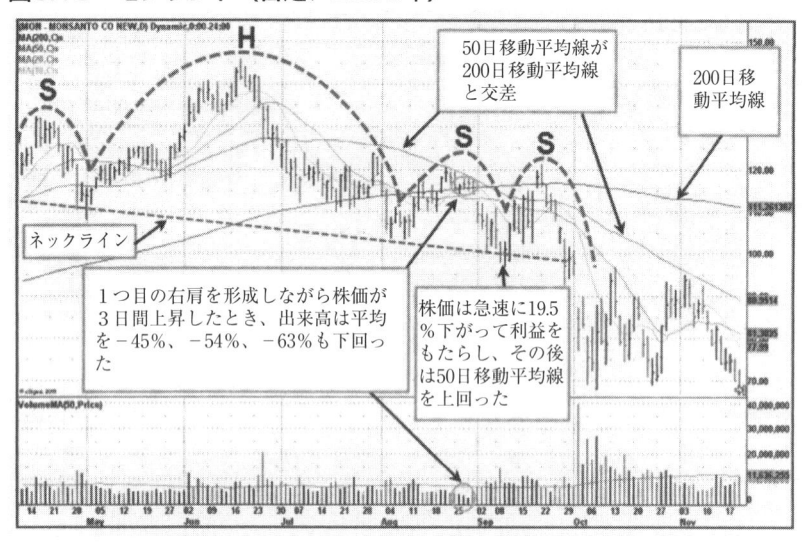

[チャート図：モンサント株価、ネックライン、S-H-S（ヘッドアンドショルダー）パターン、50日移動平均線が200日移動平均線と交差、200日移動平均線の注釈。
注釈：「1つ目の右肩を形成しながら株価が3日間上昇したとき、出来高は平均を－45％、－54％、－63％も下回った」
「株価は急速に19.5％下がって利益をもたらし、その後は50日移動平均線を上回った」]

目の右肩を形成した。

　モンサントが2つ目の右肩を形成しているとき、50日移動平均線が200日移動平均線と交差して下回った。これは弱気の「ブラッククロス」である（週足チャートでも10週移動平均線が40週移動平均線を交差して下回っている）。モンサントは最初の右肩の高値付近ですでに買いが枯渇し始めていた。もしこのときにうまく空売りをしていたら、移動平均線まで最初に下落したときに早くも利益をつかむことができただろう。そして、続いて起きた上昇から次の下落までをゆっくり観察することができたはずである。通常、右肩を形成しているときは50日移動平均線か200日移動平均線のすぐ上まで上昇するので、そこから下落に転じて移動平均線を下回ったところで空売りができる。モンサントの場合は、2つ目の右肩の高値を形成したあとに再びネックラインまで下落し、そこで数日間停滞してから大きく下落した。

　どちらかというと小型株であったクロックスやガーミンのような銘

294

柄は、ブレイクダウンがより早く起こり、ヘッド・アンド・ショルダーズ型の右肩が１つだけになることが多い。しかし、モンサントのような大型の人気銘柄の場合は、２～３個以上右肩を形成することがある。しかし、最後のブレイクダウンは弱気相場のなかでマーケットが下落するのと同時に起こることになる。だからこそ、空売りはマーケット全体の新たな下落と同時に実行しなければならないのである。

後期ステージでのベースの崩壊のセットアップ

　天井での空売りのセットアップで次に重要なのが後期ステージでのベースの崩壊である。これは、ヘッド・アンド・ショルダーズ型よりもよく見られるヘッド・アンド・ショルダーズにならなかった天井のパターンなのだが、まれにヘッド・アンド・ショルダーズ型の一部として現れることもある（これについては本章後半でもう少し詳しく説明する）。この後期ステージでのベースの崩壊というセットアップは、株価がベースの後期に下落したときに現れる。ブレイクアウトに失敗したときや、後期ステージでのベースで揉み合ったあとに下落を始めたときなどである。当然、このパターンが発生する前には、大きな上昇が見られる。主導株の株価が長期にわたって上昇すると、上昇中に形成したベースがだれの目にも明確に見えるようになる。そして、最初のブレイクアウト後に上昇を始めてから数カ月たったころに３つ目以降の後期ベースが形成されると、その銘柄の強さにだれもが気がつくようになり、ダマシのセットアップが出来上がる。

　後期ステージでのベースの崩壊が起こると、株価は急落することが多い。しかし、20日移動平均線や50日移動平均線などの主な移動平均線を一度は下にブレイクしても、たいていはすぐに移動平均線までは上昇する。そして揉み合いながら上下に動いてから初めて大きく下落するのである。この最高の例が2007年のサンパワー（SPWRA）である。

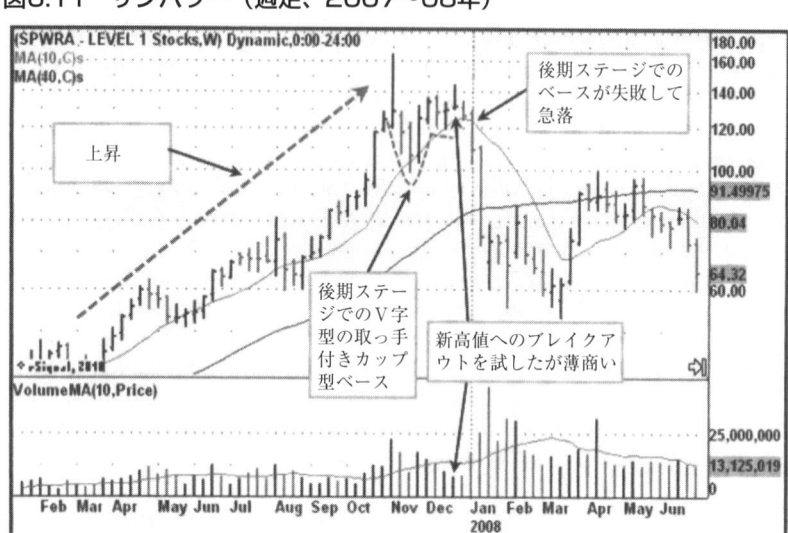

図6.11　サンパワー（週足、2007～08年）

この銘柄は後期ステージのＶ字型の取っ手付きカップ型から急落した（図6.11）。週足チャートを見ると、取っ手付きカップ型からのブレイクアウトを試したときは薄商いに終わっていることが分かる。株価は少し停滞してから下落に転じ、その週の最安値の近くで引けた。2週間後、10週（50日）移動平均線を下回ってものすごい勢いで下落し、わずか3週間ほどで株価を50％も下げる結果となった。

もちろん、日足チャートを見ればブレイクアウトの失敗の様子がより詳しく分かる（図6.12）。株価はカップの左側でクライマックストップに達するように上昇して高値を付けたあと、Ｖ字型の取っ手付きカップを形成している。カップの取っ手部分のブレイクアウトは平均的な出来高だった日に起こっているので、これが最初の下落のサインとなった。その後も出来高が次第に減少するなかで株価は下落していった。

株価は50日移動平均線へ向かって7日間も下落した。その後も、大

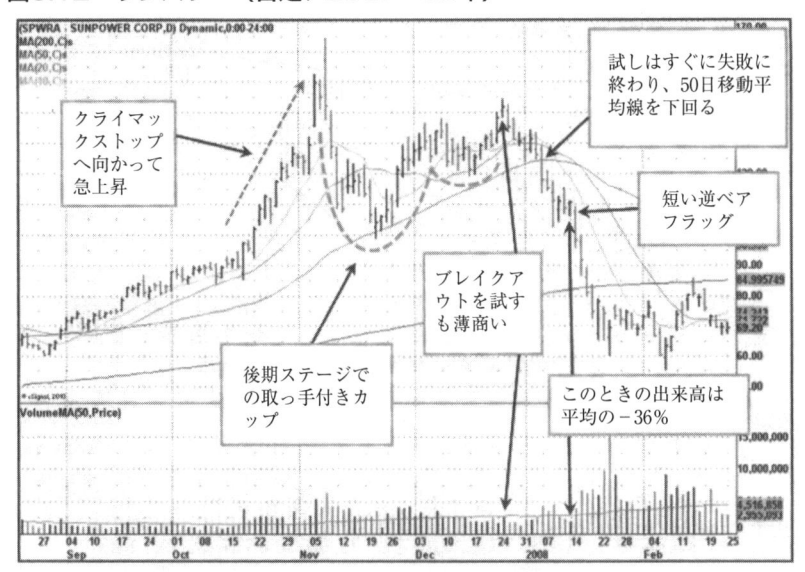

図6.12　サンパワー（日足、2007～08年）

商いを伴って移動平均線を下にブレイクしながら一気に下落した。この場合、50日移動平均線を下回った直後に空売りするのが正しいタイミングであった。株価はそこから比較的素早く下落し、3日間にわたって逆ベアフラッグを形成した。われわれはこれを「板歩き」と呼んでいる（海賊が捕虜を処刑するときに、船体から突き出た板の上を歩かせたことに由来し、まるで板の先には下落が待っているような株価の状態を意味している）。この「板」、つまり逆ベアフラッグの3日目は、出来高が平均の－36％で枯渇した状態になり、「呪いの日」となった。前日の高値を損切りラインにして、ここでさらに空売りを仕掛けることもできただろう。株価はそこから200日移動平均線へと一直線に下落し、ようやく200日移動平均線の下で数週間ほど落ち着いた。サンパワーからは25～30％の利益を素早く得ることができただろう。われわれの利食いのルールからいくと、通常ならばこのくらいの利益を得た時点で買い戻しをするべきだが、その後株価がさらに大き

図6.13　ポタッシュ・コーポレーション・オブ・サスカチュワン（週足、2008年）

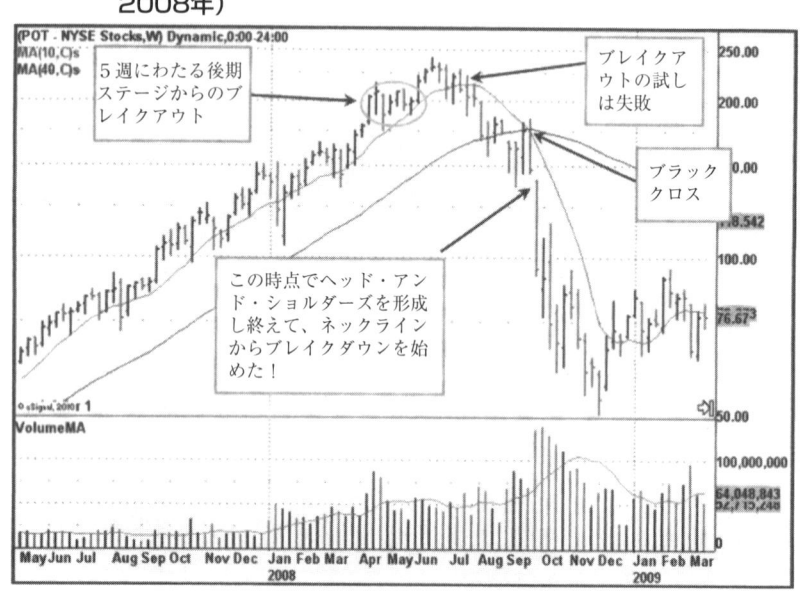

く下落したことを考えると、ここでの買い戻しは明らかに早すぎたと言える。ここで重要になるのは、ブレイクダウンの速度を評価することである。つまり、大商いを伴って下落しても、その勢いが非常に弱ければ、10日移動平均線まで上昇するまで待ってから手仕舞うようにするのである。サンパワーの場合、株価が50日移動平均線を下回ったあとは、10日移動平均線がそのすぐ上にあったことが分かるだろう。

　大型銘柄に成長したポタッシュ・コーポレーション・オブ・サスカチュワン（POT）は、後期ステージでのベースの崩壊からヘッド・アンド・ショルダーズ型へと変形した興味深い例である（**図6.13**）。この銘柄の場合、後期ステージでのベースの崩壊に注目することで、ずっと早い段階での空売りが可能だった。2008年６月に５週間にわたる後期ステージでのベースからブレイクアウトしたポタッシュは、出来高を減少させながら株価を上昇していたが、やがて10週（50日）移

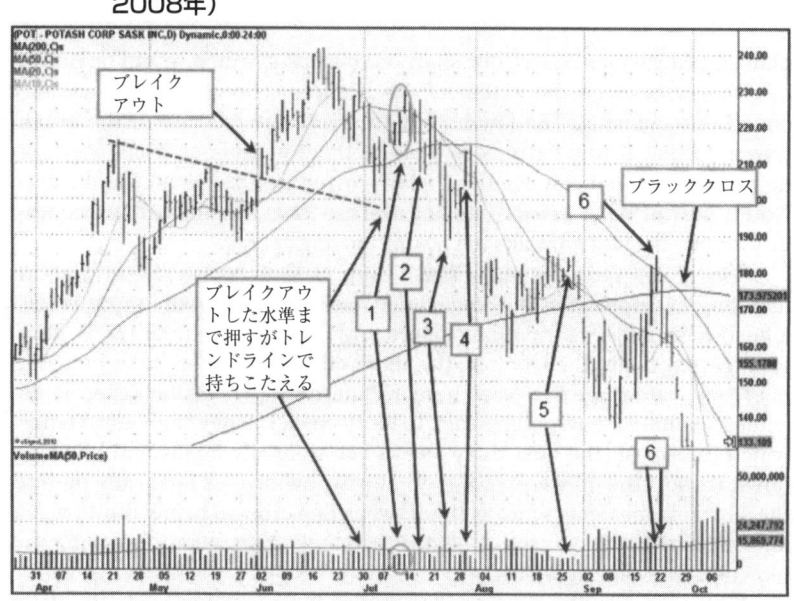

図6.14　ポタッシュ・コーポレーション・オブ・サスカチュワン（日足、2008年）

動平均線まで下落した。それから３週間、上値を試したものの最終的には失敗に終わり、40週（200日）移動平均線を下にブレイクするところまで下落したのである。10週移動平均線が40週移動平均線を下に交差して弱気を示す「ブラッククロス」が起こったあとに、いったん株価は40週移動平均線まで上昇するが、これが最後の上昇となった。その後、株価は４週間で文字どおり真っ逆さまに下落した。

　ポタッシュの週足チャートは単純に見えるかもしれないが、日足チャート（**図6.14**）を見るとやや異なる状況が見えてくる。空売りで成功するには粘り強さと正しいタイミングがどれほど重要かが、このチャートから分かる。まず、５週間にわたる後期ステージでのベースからの最初のブレイクアウトだが、こうして見るとなかなかの出来高を伴った短いトレンドラインからのブレイクアウトだったことが分かる。さらに、比較的大商いで上昇することも何回かあったので、それ

がこの銘柄の強さを示しているようにも見えた。しかし実際には力尽きて、株価はトレンドラインのブレイクアウトの水準、そして50日移動平均線（週足チャートの10週移動平均線）まで下落した（**図6.13**）。一見安定していそうでも実はそう簡単ではなかったブレイクダウンの様子を、**図6.14**に示した番号を追いながら説明していく。①株価は極端なほどの薄商いのなか50日移動平均線から反発し、20日移動平均線のすぐ上まで上昇した。②50日移動平均線を再度試して上昇したが、わずか１日だけ上にブレイクしたあと、再び下にブレイクした。③５週間にわたるベースの支持がこの付近にあることが想像できる。④その理由は、株価が50日移動平均線まで再び上昇したときに平均を下回る出来高で息切れ状態になっていたからである。⑤翌日の日中足チャートを見ると、株価は実際に50日移動平均線に触れているもののかなりの薄商いだった。このことからも、上昇の勢いが失われていたと考えられる。株価はそこから大きく下落し、その後200日移動平均線で支持され、上昇した際のトレイリングストップの目安となる20日移動平均線の近くまで上昇した。どんな出来高でも20日移動平均線を上回ることができず、結局その日は平均を44％も下回る出来高で「呪いの日」となった。⑥そしてマーケット全体が激しく上昇するのに同調するように、再び50日移動平均線まで大きく上昇したが、株価はその後下落して、200日移動平均線を下にブレイクした。

S&P500のチャートに、ポタッシュの①～⑥の番号を重ねてみたのが**図6.15**である。ポタッシュが移動平均線を下にブレイクした時期が、マーケット全体の値動きと同じ時期だったことが分かるだろう。ポタッシュが５週間にわたる後期ステージでのベースからブレイクアウトしたのは、S&P500が天井を付けてから約２週間後のことだった。2008年６月にマーケットが下落を続けると、**図6.14**で見たように、ポタッシュの株価もそれを反映するかのようにブレイクアウトに失敗し始めて、50日移動平均線の近くまで下落した。また、ポタッシ

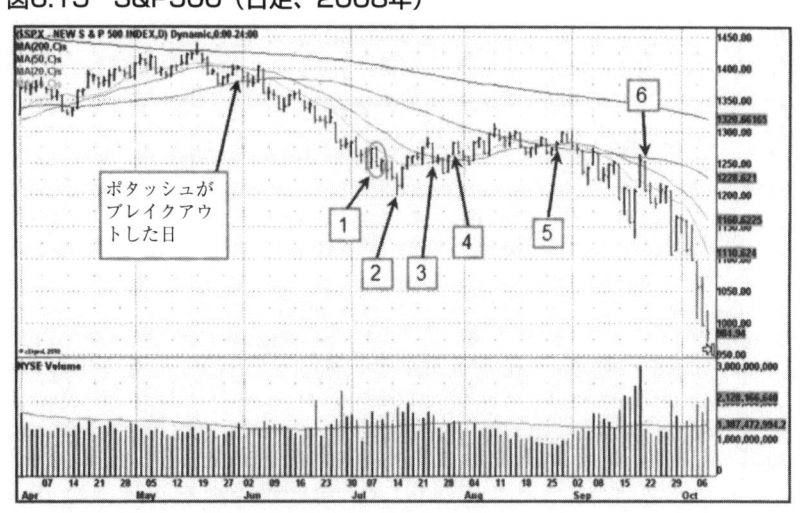

図6.15　S&P500（日足、2008年）

ュの①～④の細かい値動きが、マーケット全体の細かい動きとある程度関係していることも分かるだろう。ポタッシュの⑤～⑥の値動きなど、明らかにマーケット全体と同調している。ポタッシュの日足チャートで見られたギザギザの下落と、⑥へ向かう最後の2日間の上昇が、S&P500のチャートと似ているのは明らかである。⑥は空売りの絶好のチャンスを提供した。

　空売りの対象として個別銘柄を検討しているときにマーケット全体を監視することがどれほど重要かは、いくら強調してもしきれない。ほとんどの場合、個別銘柄の天井のパターンは、多かれ少なかれマーケット全体の天井と同調するように起こるのである。

　すでに述べたが、空売りのセットアップと天井のパターンは重複して現れることがある。天井を付ける過程のなかで、天井のパターンの複合型が現れることも少なくない。2008年のリサーチ・イン・モーション（RIMM）は少なくとも2つの天井パターンが同時に現れた最高

図6.16　リサーチ・イン・モーション（日足、2008年）

の例である。分かりやすく説明するために、まずはリサーチ・イン・モーションの日足チャートから見ていこう（**図6.16**）。2008年の5月上旬と8月後半の間に形成された天井には2つの異なるパターンが現れている。

　最初のブレイクアウトが起こったのは6月半ばで、長期にわたって上昇して高値を付け、4～5週間にわたるベースを形成したあとだった。しかし、株価は6月終わりには下落に転じ始めていた。株価がすでに下落しすぎていたことと、50日移動平均線を大きく下回っていたことを考えると、ブレイクアウトの失敗が明らかになった下に窓を空けたところで空売りをするのは難しかっただろう。しかし、天井で空売りのチャンスが訪れるのは1回きりとは限らない。時には2回チャンスが訪れることもあるのだ。**図6.16**を見れば分かるように、リサーチ・イン・モーションはある程度回復して短い取っ手付きカップ型を形成した。しかし、わずかに下落していく適切な取っ手付きカップ

型（『オニールの成長株発掘法』参照）とは異なり、この取っ手は真横に推移している。取っ手部分を形成し終えたあとはわずかに安値を切り上げながら２日間ほど上昇した。出来高は平均よりも少なく、それぞれ－36％と－37％で、「呪いの日」の特徴的な出来高だった。

　この８月後半に起きた下落がマーケットの下落と同じ時期に起きていることが図6.15から分かる。リサーチ・イン・モーションの後期ステージの取っ手付きカップ型の弱さは、カップ型の左側を形成した６月後半の大商いを伴って下に窓を空けたことから分かっていた。カップの右側の取っ手へと再び上昇したときも、出来高は典型的な減少のパターンになっていた。そして、取っ手の最後の部分を形成しながら最後に「呪いの日」を２日ほど発生させると、その直後に急落した。ここが空売りを仕掛けるポイントとなる。

　リサーチ・イン・モーションの例で最も興味深い点は、２つの後期ステージの崩壊が合わさって、大きなヘッド・アンド・ショルダーズ型の天井を作ったことである。５週間にわたる後期ステージでのベースからのブレイクアウトから、６月の高値を経てブレイクアウトが失敗して１週間下落したところまでが頭の部分である。そして取っ手付きカップ型の取っ手部分が右肩となる。株価はやがてネックラインを下に突き抜けて、大きく下落する（図6.17）。

　リサーチ・イン・モーションの例から重要なことを学ぶことができる。それは、パターンそのものの細かい形や名称などにこだわるよりも、弱さを示す値動きや出来高を見つけることに集中し、安値を少しずつ切り上げるような上昇の動きや、調整中に「呪いの日」を暗示する出来高の動きがないかなどを探すことのほうが重要だ、ということである。空売りのセットアップにはすべて共通する基本的な特徴がある。それらを簡単に要約すると、①数週間から数カ月にわたって大きく上昇したこと、②大商いを伴って株価が天井から50日移動平均線や200日移動平均線などの重要な移動平均線の下へと下落していること、

図6.17 リサーチ・イン・モーション（週足、2008年）

［チャート図：RIMM - RESEARCH IN MOTION LTD, W ダイナミック、0:00-24:00
注釈：
- 2つの後期ステージでのベースの崩壊が組み合わさって短期のヘッド・アンド・ショルダーズが形成
- ヘッド・アンド・ショルダーズのネックライン
- 5週にわたるベースからの後期ステージでのブレイクアウトは失敗
- 取っ手付きカップからの後期ステージでのブレイクアウトは失敗
- 出来高を伴って高値から株価崩壊］

③移動平均線へ向かって継続的に弱々しく上昇していること（呪いの日のことを思い出してここで最適な空売りのポイントを探す）――などである。

「死のパンチボウル」のセットアップ

　株価が後期ステージで上昇に失敗してベースの崩壊を起こすのは、実は長期的な保ち合いを続けた取っ手付きカップ型からのことが多い。カップが50％以上も深い、つまり大きく上昇したのに続いて高値から急落すると、この形は単なる「カップ」とは呼べなくなる。では何かと言うと、率直に言えば「パンチボウル」、つまりくぼみである。われわれはこのような天井での空売りのパターンを「死のパンチボウル」のセットアップと呼んでいる。

304

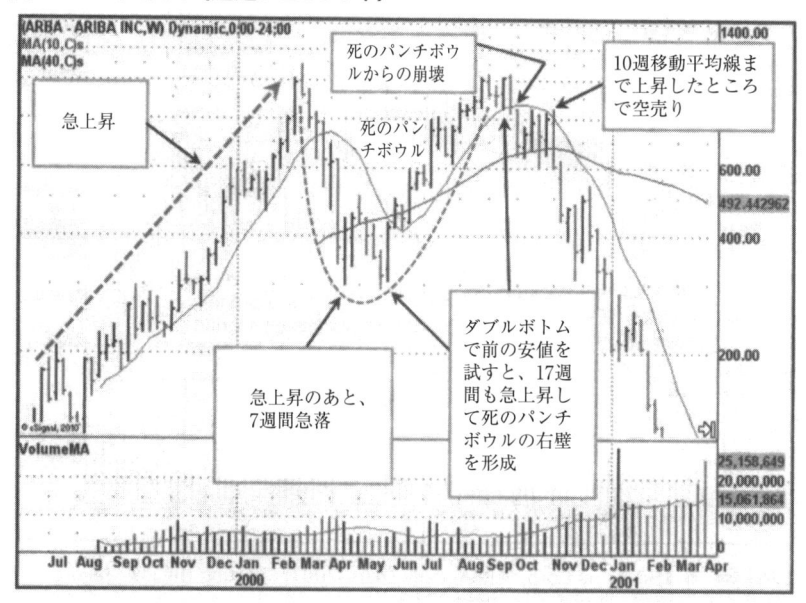

図6.18 アリバ（週足、2001年）

(図中ラベル)
- 急上昇
- 死のパンチボウルからの崩壊
- 死のパンチボウル
- 10週移動平均線まで上昇したところで空売り
- 急上昇のあと、7週間急落
- ダブルボトムで前の安値を試すと、17週間も急上昇して死のパンチボウルの右壁を形成

　基本的に「死のパンチボウル」とは、注目されている主導株が急上昇したあとに、上昇と同じくらい素早く50％以上の下落をすることを指している。そのように急落すると、最初の上昇時にその銘柄を買い損ねた投資家が、この銘柄は非常に「安くなった」と考えて買い始める。その結果、株価は再び元の高値まで急上昇して、巨大なダブルトップを持つカップ、つまりわれわれが「パンチボウル」と呼ぶ形を作るのである。このくぼみの右壁に当たる2回目の上昇には、急上昇しすぎたせいで継続性がないという問題点がある。それが原因で、その後は一気に値を下げる。**図6.18**のアリバ（ARBA）の例のように、くぼみの右側の高値で大商いになっていないという事実が、最終的な下落の始まりを暗示しているのである。

　アリバの場合、株価が10週（50日）移動平均線を大商いを伴って下へブレイクしたあとに死のパンチボウルが作られた。その後は何回か

10週移動平均線まで上昇して、最後の上昇で40週（200日）移動平均線を上回るが、その後は急落に転じた。ほとんどの場合、死のパンチボウルは28〜40週間かそれを少し上回るくらいの短期間で作られるが、この期間は短いほうがよい。アリバに現れた死のパンチボウルは26〜28週だが、このあと見ていくチャールズ・シュワブ・コーポレーション（SCHW）は死のパンチボウルが形成されるまでに1年もかかっている。しかしいずれにせよ、くぼみの右側で急上昇があることが条件である。勢いを失った元主導株が見せる過去の高値への急上昇こそが、死のパンチボウルに欠かせない特徴なのである。これがこのパターンが完成する、つまり下落が起こるかどうかを判断する材料になる。長期にわたって、とりとめのない値動きをしていたり、右側の上昇が緩やかでくぼみと呼ぶほど深くない形では、われわれの求める死のパンチボウルとは言えない。

　アリバの日足チャートを見てみよう（**図6.19**）。死のパンチボウルのあとに起こる下落を狙って空売りする手順は、前に説明したヘッド・アンド・ショルダーズ型や後期ステージでのベースの崩壊と大差ないので分かりやすいだろう。基本的な流れは、次のようになる。死のパンチボウルの右側の高値から大商いを伴って株価が下にブレイクする。その後、株価は50日移動平均線を下回って200日移動平均線で支持を受けるまで下落してから、50日移動平均線まで再び上昇する（①）。そして200日移動平均線を試すように下落したあとに、再び50日移動平均線まで上昇する（②）が、この上昇時の出来高は何日も平均を下回る。①と②のどちらも理論的に良い空売りポイントである。利食いはだいたい200日移動平均線付近で買い戻して、その後、50日移動平均線へ2回目の上昇をしたところ（②）で再び空売りする。この例では、50日移動平均線のすぐ下まで上昇し、そこでしばらく停滞している。また、ヘッド・アンド・ショルダーズ型や後期ステージでのベースの崩壊の空売りのセットアップのように、死のパンチボウル

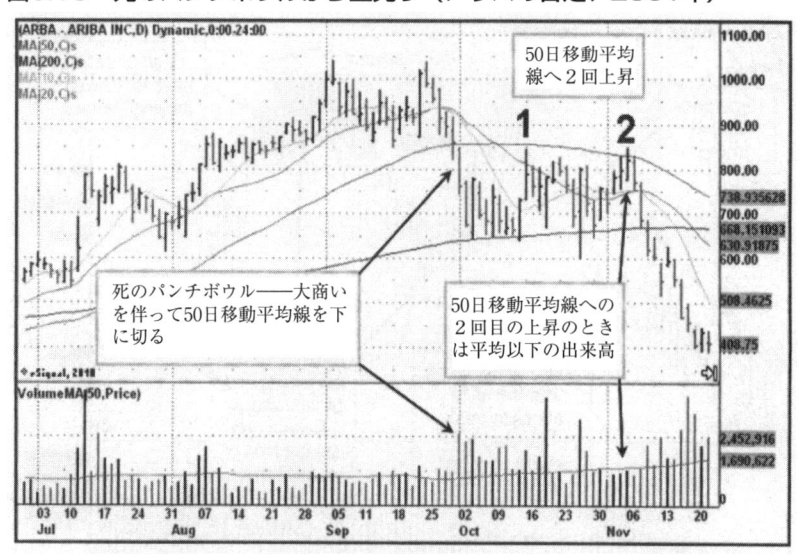

図6.19　死のパンチボウルから空売り（アリバの日足、2001年）

（チャート内注記）
- 50日移動平均線へ2回上昇
- 死のパンチボウル――大商いを伴って50日移動平均線を下に切る
- 50日移動平均線への2回目の上昇のときは平均以下の出来高

の右側でブレイクアウトに失敗したあとにそこにとどまらないで、50日移動平均線のすぐ上まで上昇することも多い。

　死のパンチボウルが1年という長期にわたって続いたのが1999～2000年のチャールズ・シュワブの例である（**図6.20**）。長期にわたって形成された死のパンチボウルの場合には、1年にわたるくぼみの右側に4週間の急上昇が見られることが条件となる。チャールズ・シュワブの場合も空売りの有効なセットアップに必要なその条件を満たしていた。週足チャートで見ると、株価は高値へと近づいてからすぐさま下に窓を空けて約40％も急落した。もしも株価がダラダラとくぼみの右側を上昇していたら、高値から急落することはおそらくなかったであろう。右側で急上昇すると、調整する期間がまったくない。つまり、力のない買い手を排除することで強いベースを作ったり、株価をゆっくりと上昇させて、また別のベースを形成することを後押しできる強い買い手が仕掛ける場所がないのである。急上昇を生み出すのは、

307

図6.20　チャールズ・シュワブ（週足、1999～2000年）

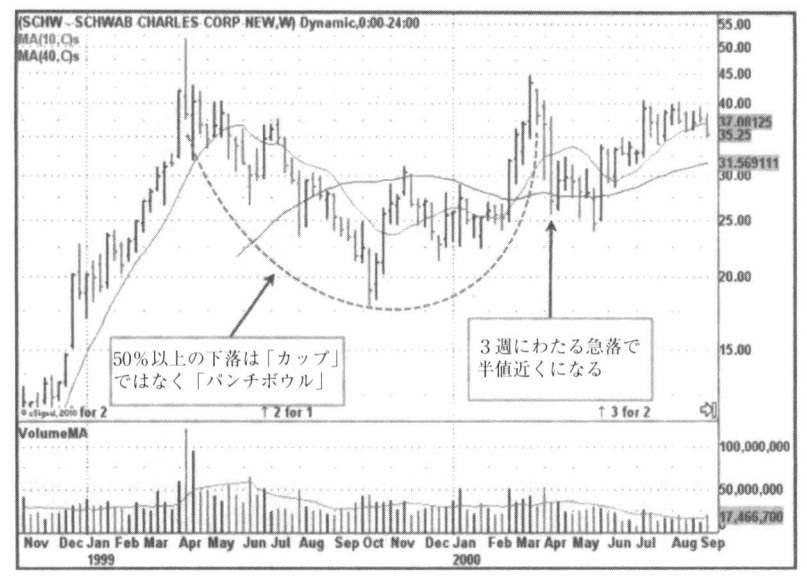

（チャート内の注釈）
50％以上の下落は「カップ」ではなく「パンチボウル」
3週にわたる急落で半値近くになる

　死のパンチボウルの安値で買って大きな利益を狙っている買い手である。また、1999年3月の高値近くで買った投資家がくぼみの左側で損切ったことで、過剰に供給された株を狙って集まった弱い買い手などである。このような理由と、そして2000年3月に天井を付けたマーケット全体の状況が重なり、チャールズ・シュワブの死のパンチボウルは大きく下落し、空売りしていた投資家に大きな利益をもたらした。
　チャールズ・シュワブの日足チャートを見ると（**図6.21**）、死のパンチボウルの右壁を作りながら急上昇し、それに続いて20日移動平均線を下にブレイクするまで下落していることが分かる。これが50日移動平均線までの大きな下落につながったが、その後反発して20日移動平均線のすぐ上まで上昇した。その後、再び20日移動平均線の下まで下落したあとに上昇し、その3日目に出来高が平均の－34％という枯渇の状態、つまり呪いの日を発生させた。ここがこの銘柄を空売り

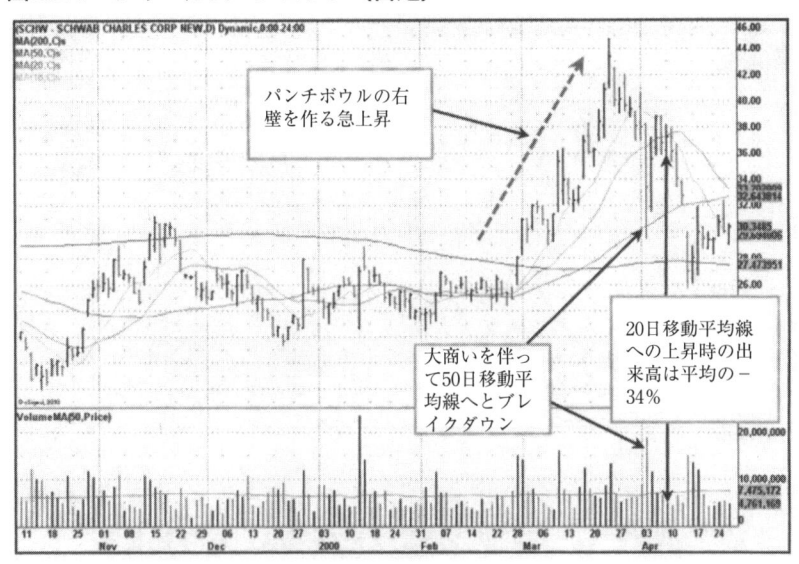

図6.21　チャールズ・シュワブ（日足）

[図中注記]
- パンチボウルの右壁を作る急上昇
- 大商いを伴って50日移動平均線へとブレイクダウン
- 20日移動平均線への上昇時の出来高は平均の－34％

するタイミングとなった。その後、50日移動平均線を下にブレイクしたが、再び50日移動平均線まで上昇して、再び空売りのチャンスを提供した。図6.21の日足チャートの右端の部分である。同じ時期にこのチャールズ・シュワブととてもよく似た値動きをしたのが、1999～2000年のアメリカ・オンライン（AOL）だった。本章ではそのチャートは掲載しないが（AOLはタイム・ワーナーと合併してシンボルがTWXになった）、興味のある読者はぜひとも自分で調べてみてほしい。

　2007年にマーケット全体が上昇した時期は、いつもならば動きの鈍い海運株——つまり大きな船に荷物を乗せて世界中を移動しては消費者にその荷物を届ける企業——が大きく株価を上昇させて大人気となった。当時、そのなかでも突出していたのがドライシップス（DRYS）だった。この銘柄は2007年のほぼ最後まで驚くほどの急上昇をした（図6.22）。2007年10月にマーケット全体が天井を付けると、それに合

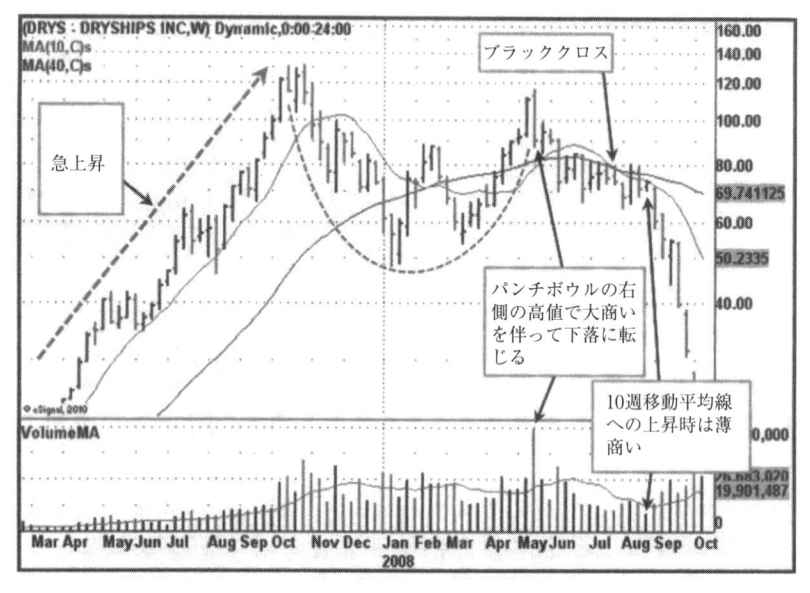

図6.22　ドライシップス（週足、2007〜08年）

わせるかのように強気相場で人気を博していた海運株も天井を付けた。業界全体が暴落するなか、週足チャートからも分かるようにドライシップスも強気相場で付けた高値から50％以上も下落していた。しかし2008年1月に底を付けると、1回は底を試したものの、その後は8週間で急上昇して死のパンチボウルの右壁を形成した。死のパンチボウルの右側の高値に向かうとき、クライマックストップを形成するかのような急上昇を見せているのがこの銘柄の興味深い点である。これは死のパンチボウルの右側を作るときに現れるべき天井のパターンだった。くぼみの右側の高値で最初に大商いを伴って株価が反転したときが、空売りを仕掛ける良いタイミングであった。

　週足チャートで見ると、ドライシップスの空売りのセットアップは1907年にレディング鉄道が形成した死のパンチボウルとほとんど同じ形をしている。著作権の関係でここではレディング鉄道のチャートを掲載することができなかったが、100年も時を隔てた今でも、まった

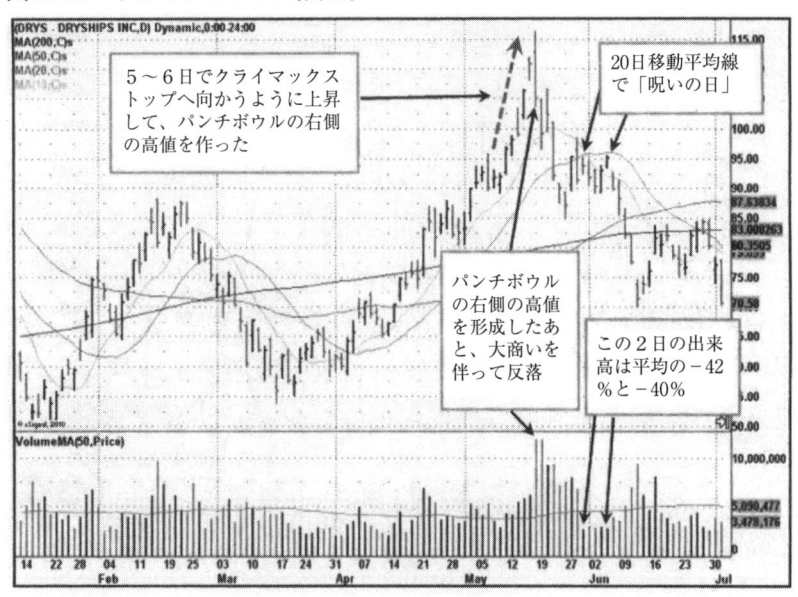

図6.23　ドライシップス（日足）

（チャート内注釈）
- 5～6日でクライマックストップへ向かうように上昇して、パンチボウルの右側の高値を作った
- 20日移動平均線で「呪いの日」
- パンチボウルの右側の高値を形成したあと、大商いを伴って反落
- この２日の出来高は平均の－42％と－40％

く同じチャートのパターンがまったく同じように発生するのを見ると、胸が躍るような気分になる。オニールや先人が言うように、株式市場とは人間の本質が繰り広げる舞台である。だから人間の深層心理が変わらないかぎりは買いでも売りでも同じパターンやセットアップが現れ続ける。今も、そしてこれからずっと先の未来でも、それは変わらない。

　ドライシップスは急上昇して死のパンチボウルの右側を作ったあと、急に燃え尽きたかのように大商いを伴って反転し、10週（50日）移動平均線と40週（200日）移動平均線を下にブレイクするまで下落した。その後11週間は２本の移動平均線を試す動きをしていたが、2008年9月にマーケット全体が下にブレイクすると、この銘柄も完全燃焼したかのように暴落した（**図6.15**のS&P500チャートも参照）。

　ドライシップスの日足チャートを見てみると（**図6.23**）、株価の

動きがアリバやチャールズ・シュワブの日足チャートととてもよく似ていることが分かる。株価は死のパンチボウルの右側の高値から大商いを伴って反転し、20日移動平均線を下にブレイクして下落した。しかし、その後は20日移動平均線を上にブレイクするまで２回ほど上昇した。その上昇日のどちらも出来高が枯渇していたことから、その日が呪いの日だったことが分かる。そして20日移動平均線への２回目の上昇も、ついに下落に転じた。平均出来高の－40％という出来高は当時の需要が大きく減っていたことを示している。そしてその翌日、大商いを伴って下に窓を空けて下落し、そのまま50日移動平均線と200日移動平均線を下にブレイクした。そしてこれらの移動平均線が空売りを仕掛ける水準になった。その後、株価は200日移動平均線まで２回ほど上昇してから2008年７月初めに再び下落へと転じた。死のパンチボウルの右側と左側の２つの高値で問題になるのが、株価の急上昇の有無である。最初の左側の高値は通常の強気相場に起因する上昇で、たいていはその強気相場で注目されている主導株に起こるものである。死のパンチボウルの右側で起こる２回目の上昇はあまりにも素早い値動きなので、その銘柄を保有している弱い投資家を振るい落として強い買い手を呼び込むような時間もない。そのため、その激しい上昇は続かずに終わってしまう。ドライシップスの場合、死のパンチボウルの右側の上昇が止まらず、５～６日かけてやっと高値へと達してから反転して下落を始めている。日足チャートを見ていれば、高値から下落してから初めて大商いを伴って上昇に転じたところで空売りできることも多い。また、ひとたびブレイクして下落したあとは、20日移動平均線まで薄商いで再び上昇したときに空売りをすることもできる。ドライシップスの例でも、20日移動平均線の近くでこのような呪いの日の特徴が見られた。

　死のパンチボウルのもうひとつのセットアップの例が、2007年後半～2008年９月のアップル（AAPL）である。**図6.24**の週足チャート

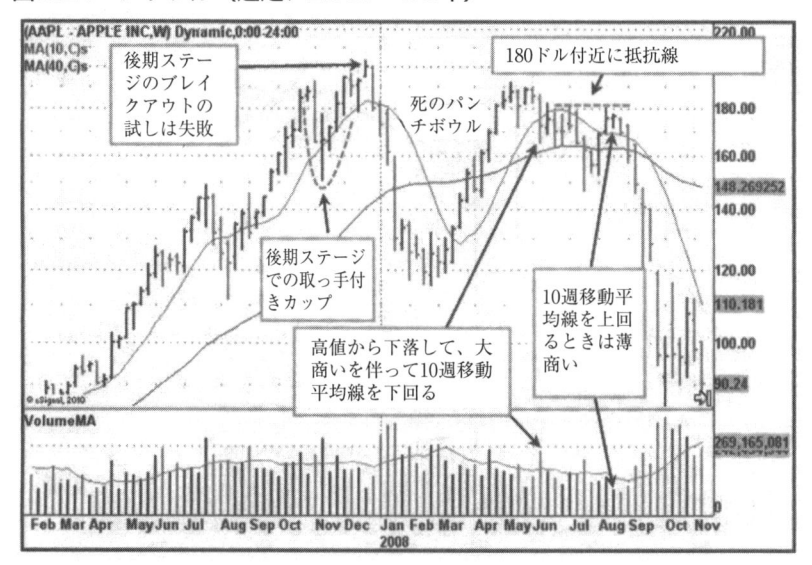

図6.24 アップル（週足、2007〜08年）

図中の注記：
- 後期ステージのブレイクアウトの試しは失敗
- 180ドル付近に抵抗線
- 死のパンチボウル
- 後期ステージでの取っ手付きカップ
- 高値から下落して、大商いを伴って10週移動平均線を下回る
- 10週移動平均線を上回るときは薄商い

を見てみよう。アップルの場合、死のパンチボウルのパターンの始まりは、2007年後半に後期ステージでのベースの崩壊で空売りのセットアップが現れたところからである。アップルがこの死のパンチボウルの天井パターンを形成している間、バイドゥ（BIDU）やファースト・ソーラー（SLR）など2007年後半に終わった強気相場を代表する大型株も、アップルと同調するかのようにそれぞれが天井を形成していた。それらの銘柄については読者自身で確認してもらうとして、ここではアップルに注目してみよう。2007年後半から2008年初期に後期ステージでのベースの崩壊が起こると、アップルはわずか6週間で半分近くまで下落してしまった。12週間後に底を打った株価は上昇へと転じ、わずか8週間という急ぎ足で200ドル付近まで上昇した。アップルは直近の強気相場で人気の大型株だったので、50日移動平均線と180ドル付近にある抵抗線の間を何回も行き来していた。そしてついに、2008年9月のマーケットの下落に連動するかのように、大きく下

図6.25　アップル（日足、2007〜08年）

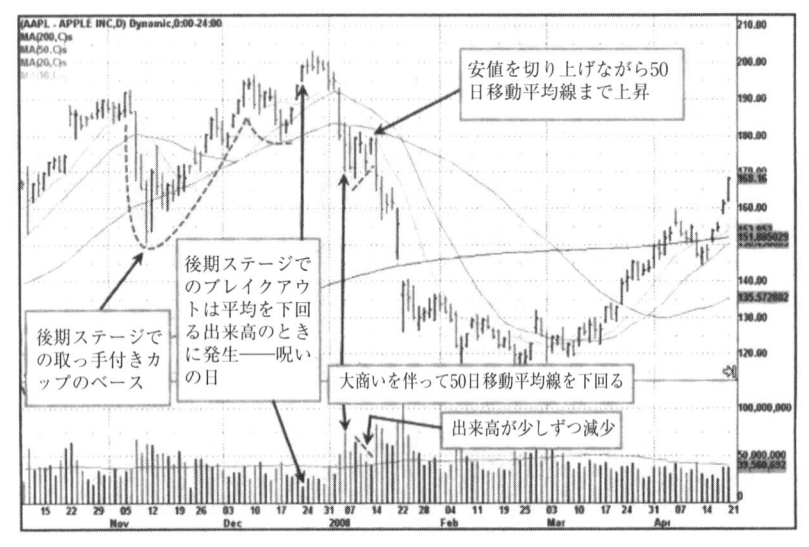

［チャート内注釈］
- 安値を切り上げながら50日移動平均線まで上昇
- 後期ステージでの取っ手付きカップのベース
- 後期ステージでのブレイクアウトは平均を下回る出来高のときに発生——呪いの日
- 大商いを伴って50日移動平均線を下回る
- 出来高が少しずつ減少

落した。

　週足チャート（図6.24）で見た2007〜08年のアップルの価格と出来高の動きを、今度は日足チャートで見てみよう。くぼみの左側（図6.25）と右側（図6.26）の両方でどのようにブレイクダウンしたのかが詳しく分かる。図6.25は、株価が2007年後半に形成した後期ステージの取っ手付きカップから下にブレイクした様子が示されている。さらに、2007年10月後半にマーケット全体が天井を付けているにもかかわらず株価は上昇し、12月後半にようやく天井を打つ様子も示されている。ひとたび20日移動平均線と50日移動平均線の両方を下にブレイクすると、安値を切り上げながら薄商いのなか50日移動平均線までわずか6日で上昇している。この50日移動平均線への上昇が空売りの最適のポイントとなった。もしここで売っていれば、2008年2月まで続いた急落から利益を得ることができただろう。高値へとブレイクアウトした日の出来高が1日の平均の半分以下にあたる−56％で呪

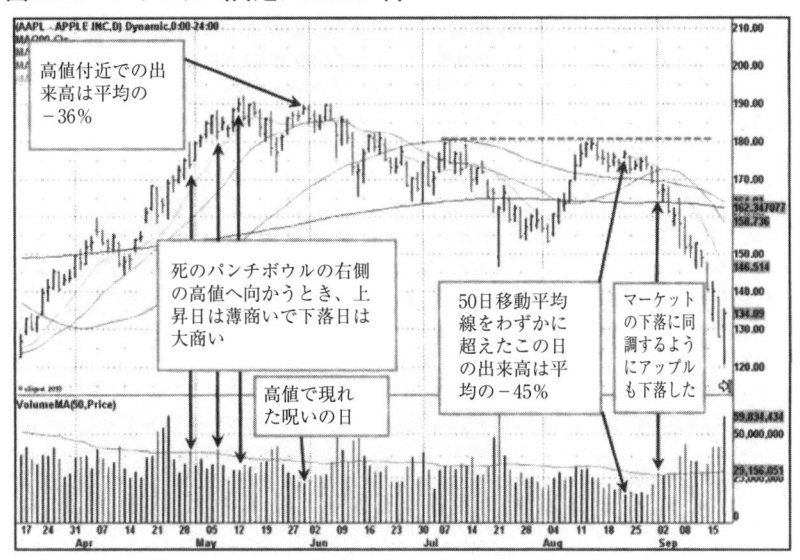

図6.26　アップル（日足、2008年）

- 高値付近での出来高は平均の−36％
- 死のパンチボウルの右側の高値へ向かうとき、上昇日は薄商いで下落日は大商い
- 高値で現れた呪いの日
- 50日移動平均線をわずかに超えたこの日の出来高は平均の−45％
- マーケットの下落に同調するようにアップルも下落した

いの日になっていることも興味深い。これは、アップルの需要が足りないことを示す明らかな事実である。高値を更新したことで大きなニュースになったが、実際にはこの200ドルという水準は長くは続かなかった。

　アップルの200ドル付近での値動きは、1907年にジェシー・リバモアがアナコンダ・コッパーを買ったトレードを思い起こさせる。リバモアはエドウィン・ルフェーブルの『欲望と幻想の市場──伝説の投機王リバモア』のなかでこう語っている──「おれは昔から、相場が初めて100、200、300などのラインを超えるときはけっしてそこで止まることなく、その後もかなりの上昇を見せることを予想していた。したがって大台替わりの時点で買えばほぼ確実に利益を上げられる、という仮説を立てていた」。1907年にアナコンダ・コッパーが初めて300ドルを超えると、その値動きを見たリバモアは、「おれはこの銘柄は300のラインを超えても上昇し、またたく間に340までも到達すると

315

踏んでいた」と言った。ところが、アナコンダは予想とは異なる動きをした。「アナコンダは寄り付きの298から302.75まで上昇したが、すぐに下げ始めた。おれはもしアナコンダが301まで下がれば、これまでの騰勢はダマシだったと考えていた。本物の上昇相場であれば、中断することなく310まで上がるはずなのだ。そうならずに反落するのならば、おれが見ていた過去の例が間違っており、おれは判断を誤ったということになる。誤ったときにすべきことはただ一つ、改めることだ」。アナコンダ・コッパーの現代版とも言えるアップルも、2007年12月後半に200ドルを超えることはできなかった。それは弱い天井を裏づけるさらなる材料となり、結局、株価は急落した。

　2008年2月の安値までアップルは下落したが、3月には反転し、再び上昇してわずか8週間で死のパンチボウルの右側の高値を形成した（**図6.26**）。アップルが天井に達したとき、上昇中の出来高は平均以下だったのに対し、上昇中に売られたときの出来高は2回ほど平均を超えていたことに注目してほしい。190ドル付近で小さなダブルトップ型を形成したが、その2つ目の天井の出来高は平均よりも−36％という薄商いだった。

　アップルが死のパンチボウルの右側から下落し始めると、2008年9月のマーケット全体の下落に時期を合わせるかのように、数週間後には大きく下落を始めた。最後の一息で論理的な抵抗線まで上昇したときが、この銘柄の空売りを始める最適なポイントだった。また、平均の−45％という薄商いで安値を切り上げながら少しずつ上昇したことがあったが、これは呪いの日に現れる出来高の特徴だった。この直後には下落に転じて、マーケット全体が9月に急落を始めると、それを待っていたかのようにわずか数日の間にアップルもすべての移動平均線をブレイクして下落した。6月後半に始まった揉み合いには空売りできるポイントがいくつもあった。それは株価が急落した9月まで続いた。薄商いで主な移動平均線や論理的な支持線（日足チャートの

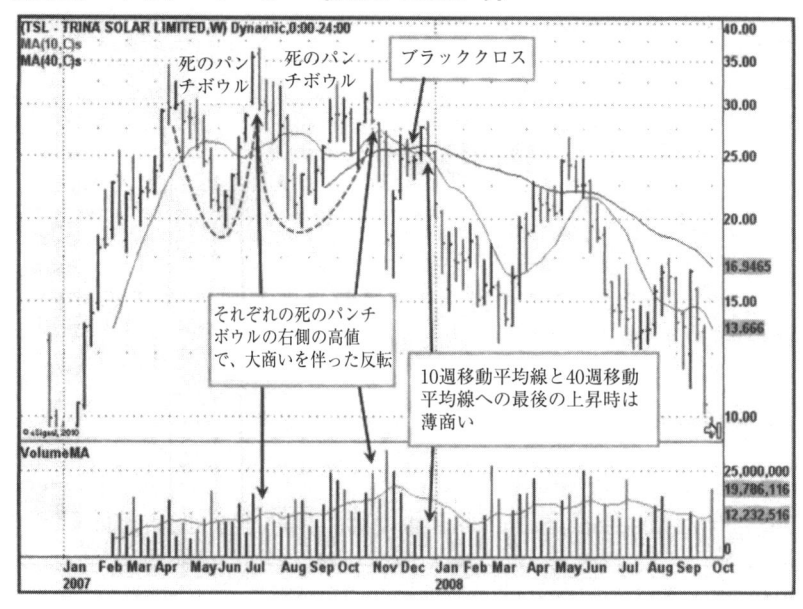

図6.27　トリナ・ソーラー（週足、2007年）

チャート内注釈:
- 死のパンチボウル
- 死のパンチボウル
- ブラッククロス
- それぞれの死のパンチボウルの右側の高値で、大商いを伴った反転
- 10週移動平均線と40週移動平均線への最後の上昇時は薄商い

180ドル）、あるいはそのすぐ上まで上昇したところが、2008年にこの銘柄を売る最高のタイミングであった。

　2007～08年のソーラー銘柄のような人気の高いIPO株は、死のパンチボウル型でも短期間で利益を上げられるトレードになっただろう。人気の高いIPO株は、ある特定のテーマを持っているため、それが投資家の興味を引いて飛ぶように売れるのである。その良い例が1999～2000年のインターネット銘柄や2007～08年のソーラー銘柄である。多くの場合、株価が一気に上昇するような人気の高いIPO株は下落も一気に起こりやすい。2007年のトリナ・ソーラー（TSL）がその良い例である（**図6.27**）。ある特定のテーマに寄せられていた強い関心が冷め始めると起こる現象である。トリナ・ソーラーは2006年後半のIPO直後から大きく上昇したが、その後はIPOの死のパンチボウルを形成し、何回かブレイクアウトに失敗している。このときは一気に上昇し

図6.28　トリナ・ソーラー（日足、2008年）

ては一気に下落し、そしてまた一気に上昇する、というように乱高下した。このような持続性がなく投機的でロケットのような動きは、この手の銘柄に典型的なものである。

　トリナ・ソーラーの週足チャート（**図6.27**）には、空売りのチャンスを２回提供してくれる「死のダブルパンチボウル」という珍しい形が作られた。どちらのパンチボウルも８週間と12週間で形成されていて短く、それぞれの右側の高値で大商いを伴って下落に転じているという特徴を持っている。

　それぞれの死のパンチボウルを２つの日足チャートに分けて見てみよう（**図6.28、図6.29**）。すると前に紹介したアリバやチャールズ・シュワブやアップルのチャートとほぼ同じ構造をしていることが分かるだろう。最初に形成された死のパンチボウルを見ると（**図6.28**）、やはりくぼみの右側の高値は大商いを伴って下落に転じ、上昇の勢い

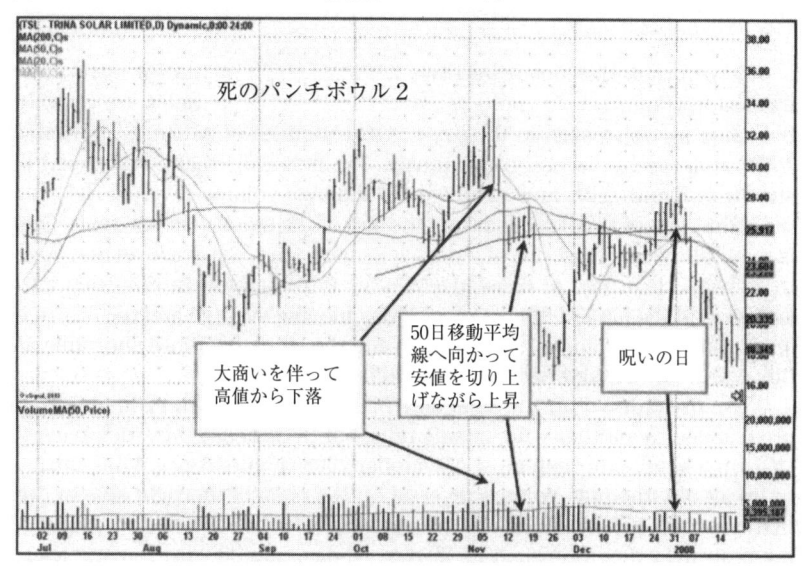

図6.29 トリナ・ソーラー（日足、2008年）

死のパンチボウル2

大商いを伴って高値から下落

50日移動平均線へ向かって安値を切り上げながら上昇

呪いの日

がここで終わっていることが分かる。その後、株価は乱高下しながら32ドル付近まで下がり、ここに抵抗線があることが明らかになる。この20日移動平均線と32ドル付近にある抵抗線へ、3回、4回と上昇したときの出来高を見ると減少し始めている。これがこの銘柄の空売りのポイントであった。このあとの下落はとても速かった。

最初のくぼみの右側の高値から下落したあと、株価は再び大きく上昇したがやや停滞して、2008年10月いっぱいかけて取っ手を形成した（図6.29）。ブレイクアウトを試したものの、右側の高値から大商いを伴って下落に転じ、わずか3日で20日移動平均線と50日移動平均線と200日移動平均線を一気に下回った。その後は弱々しく50日移動平均線まで戻ったが、下に窓を空けて下落した。この例からも、大幅に下落したときに利食いをしておくことが空売りでは重要であることが分かるだろう。11月半ばに下に大きく窓を空けたトリナ・ソーラーは、その後、50日移動平均線や200日移動平均線まで上昇したが、2007年

319

12月末に付けた高値では薄商いとなって呪いの日を発生させて最後の下落となった。

　死のパンチボウルの天井のパターンや空売りのセットアップは大きな利益をもたらす可能性を秘めている。死のパンチボウルの右側で起こる急上昇をうまく見定めて、そしてその高値から最初に大商いを伴って下落するまで空売りを待てるのならば、利益を得る可能性はさらに高まる。これまでいろいろな例を挙げてこのセットアップで大きな利益を素早く得る方法を紹介してきた。右側の高値から株価が下落し始めたら、空売りをできるポイントがいくつもあるということを覚えておいてほしい。

ロケット銘柄の空売り

　われわれはヘッド・アンド・ショルダーズ型や後期ステージでのベースの崩壊や、死のパンチボウルなどのセットアップとは別に「噴射ロケット銘柄」と名づけた高確率で成功する空売りの手法を発見した。ロケット銘柄とは、大商いを伴って上昇を始めてから価格が少なくとも4.5倍になった人気銘柄のことである。1日の平均出来高の2倍以上の大商いを伴って揉み合いからブレイクアウトする場合に、この条件が整うことが多い。このような銘柄はまるで核ミサイルのように猛発進して上昇するため、株価が4.5倍になるのに4週間もかからない。しかしいずれは分解されてしまう核ミサイルと同じように、これらのロケット銘柄も歴史的に見るとたいてい発射から数週間ほどで値崩れを起こす。つまり、正しいタイミングで空売りをすれば、短時間で大きな利益を得る可能性がとても高くなるわけだ。ロケット銘柄を空売りするのは、大商いを伴って天井へと上昇したあとにその日の安値を下回ったとき、つまり天井へと向かう勢いが下火になったサインが最初に現れたときになる。たしかにリスクが高く、先が読みにくい

手法に違いはないが、その見返りとしての成功率は目を見張るものがある。1991～2008年の間にわれわれが実践したロケット銘柄の空売りの勝率は実に95.7％だった。さらにロケット銘柄の空売りセットアップの84.2％が打ち上げ後に付けた高値から少なくとも50％は下落している。この数字を頭の片隅にしまっておけば、株価が天井から50％下落する可能性を予測し、空売りトレードに増し玉していくこともできるかもしれない。

　反対にリスクを考えてみよう。全体の4.3％のトレードがパターンの高値に置く損切り価格に到達して失敗に終わるのである。トレードをする前にどの程度のリスクがあるのかを明確に計算することができるので、リスクの度合いに応じてポジションサイズを決めることをぜひやらなければならない。損切り価格は仕掛け値からかなり離れた水準になるかもしれない。さらに全体のトレードの15.8％は、利益が出る前に17％以上の含み損を抱える可能性がある。しかしそれは逆に考えれば、全体の84.2％のトレードが17％以下の含み損から大きな利益に転じる、ということである。この数字を最後まで信じてトレードするのは難しいことかもしれないが、このパターンの95.7％が利益をもたらすこと、さらにそのうちの84.2％は大きな利益をもたらすことを覚えておけば、少しは自信につながるだろう。

　ほとんどの銘柄は天井から少なくとも50％下落してから大きく反転する、という事実を踏まえて考えると、株価が天井から50％下落したところで買い戻すのが最も安全な策だと言えるだろう。もっと大きな利益を狙いたい場合は、ポジションの半分だけ買い戻し、残りの半分は株価の動きを少し見極めてからにするとよい。

　さらに調べてみると、株価が上昇を始めてから6.5倍以上も上昇したロケット銘柄の場合、66銘柄のうち65銘柄が天井から50％以上も下落している。2000年3月の天井の例も含めればもっとその数は多くなり、77のロケット銘柄のうち73銘柄が天井から50％以上も下落してい

る。

　注意しなければならないのは、だれもが予想しなかった2009年のような状況である。底から上昇を始めた二流銘柄は少なくとも4.5倍は上昇したが、そのほとんどが４週間以上かかっていた。つまり、ロケット銘柄の空売りのセットアップの条件を満たしていないことになる。われわれが求めているのは核ミサイルの持つ強い推進力である。この条件を満たすのは、通常ならば４週間かそれ以下の期間で4.5倍以上に猛スピードで上昇させることができるような銘柄である。実際にはそのような値動きをする銘柄はほとんど見つけることができない――せいぜい１年間に２銘柄だろう。しかし、もしもそのような銘柄を実際に見つけたならば、リスク・リワードはとても高くなる。ただし、そういった銘柄は流動性が低く無名なものが多いので、ブローカーから適切な量だけ借りるということは難しいかもしれない。われわれの経験では、ロケット銘柄の空売りの条件を満たした銘柄のうち、実際にブローカーから借りて空売りができたのはそのわずか半分にすぎない。正しいセットアップが完成して、しかもその銘柄を空売りするために借りることができたならば、それはもう働かずとも利益が生まれる状態を手に入れたのとほぼ同じである。

　ロケット銘柄である1999～2000年のインターデジタル（IDCC）の例を見てみよう（図6.30）。非常に珍しいことだが、株価が上昇を始めてから４週間以内に4.5倍以上も上昇したあと、落ち着きを取り戻して小幅に動きながら揉み合いに入ることがある。ロケット銘柄の打ち上げ前に見たいのは、このような値動きである。1999年11月後半から12月上旬のインターデジタルがまさにこの動きを見せたのだ。揉み合いの時期が２週間続くと、上昇の始まった価格がリセットされる。インターデジタルの場合、11～12月にかけて２週間以上にわたって揉み合いがあった。そこで上昇の始まった価格は5.44ドルではなく、1999年11月に３分の２ほど続いた揉み合いの高値である10.94ドルに

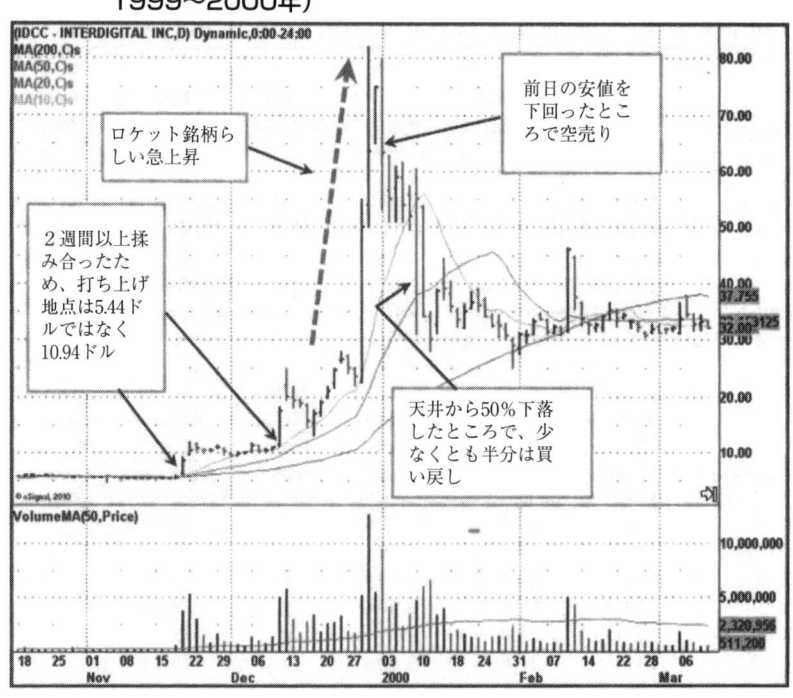

図6.30　ロケット銘柄の空売りセットアップ（インターデジタル日足、1999～2000年）

（図中の注記）
- ロケット銘柄らしい急上昇
- ２週間以上揉み合ったため、打ち上げ地点は5.44ドルではなく10.94ドル
- 前日の安値を下回ったところで空売り
- 天井から50％下落したところで、少なくとも半分は買い戻し

リセットされたのである。

　天井を付けたら、次はそこから下落した最初の日の安値を空売りをする価格に設定する。インターデジタルの場合、天井から下落してから２日後に１日目の安値を下回った。

　われわれがこのロケット銘柄のセットアップに求めているのは強い推進力である。そのような推進力は低位株にも現れることがあるという事実を覚えておいてほしい。つまり、たとえ買いを検討することなどあり得ないような株価であっても空売りのセットアップとしては素晴らしい結果を残すことがある、ということを歴史が証明しているのである。そしてそのような銘柄は大商いを伴って株価を上昇させるため、合法的にその銘柄を借りて空売りを実行することも十分に可能な

表6.1　1998〜2004年に見られた空売りのセットアップ例

例	打ち上げ日	打ち上げ価格	最高値	上昇率（倍）	空売り実行日	空売り価格
IDCC	12/10/1999	10.94	82	7.5	01/03/2000	62.9
OXGN	05/20/2003	2.3	19.4	8.4	06/11/2003	11.25
SIEB	02/01/1999	12.31	70.63	5.7	02/05/1999	42.69
MACE	04/05/2004	2.11	14.8	7.0	04/14/2004	9.61
IDSA	02/06/2004	2.38	23.75	10.0	03/03/2004	19.7
UBID	12/18/1998	36.94	189	5.1	12/24/1998	147.9

例	損切り価格	最大逆行率(1)	実際の逆行率(2)	天井から50％以上下落したか？	天井から50％時点での利益率	50％の利益が出るまでの取引日数
IDCC	82.1	30.52%	25.60%	y	34.8%	7
OXGN	19.5	73.33%	14.60%	y	13.8%	7
SIEB	70.73	65.68%	0.00%	y	17.3%	<1
MACE	14.9	55.05%	0.00%	y	23.0%	<1
IDSA	23.85	21.07%	9%	y	39.7%	54
UBID	189.1	27.86%	8.40%	y	36.1%	12

1＝最初の空売り価格からどれだけ逆行したか、つまりパターンの最高値まで動いたかを示した割合

2＝最初の空売り価格から実際にどれだけ逆行したかを示した割合で、最大逆行率と比べるとずっと低くなる。つまり実践では、これらの空売りのセットアップのリスクは管理可能な範囲となる。このようなパターンは最高値から50％も下落する可能性が高いことを考えると、ぜひとも検討したい手法である

のである。

　表6.1は1998〜2004年の間に現れた、6つのロケット銘柄の空売りのセットアップの結果である。例として挙げたインターデジタルも含まれている。大きな利益を短期間で得ることは可能であるし、その確率も非常に高い。しかし背負うリスクもまた通常よりも高くなるため、早すぎる段階で振るい落とされないように、ポジションサイズを適切な量に抑えておくことを忘れてはならない。

結論

　本章で紹介した数多くの例で見たように、弱気相場で素早い利益を得る手段として空売りは有効である。しかし弱気相場における空売りは、強気相場における買いトレードよりも本質的にリスクが高くなる。弱気相場では全体が下降トレンドでも、一時的に急な戻りを入れることも多い。そのような上昇が起こると、すでに株価は十分下落しているのに空売りを仕掛ける投資家が現れる。空売りを適切なタイミングで行うこと、そしてマーケット全体の下落に合わせて絶好のチャンスが訪れるのを待つことが、強気相場で買うときよりもさらに重要になる。空売りの経験が浅い投資家は、全体の資金のごく一部、最高でも5～10％以内に空売りをとどめておくべきだろう。経験を積めば次第に自信を持って大きなポジションを建てることができるようになる。最初から賢い投資家になろうではないか！

第7章

キャッチャー博士のマーケットダイレクションモデル

Dr. K's Market Direction Model

　マーケット全体について買いや売りのシグナルを発生させるシステマティックなプログラムが、マーケットダイレクションモデルである。このようなモデルを使うのは明らかにオニール流の手法から外れていると感じる読者がいるかもしれない。このモデルが単に買い時や売り時を教えてくれる「タイミングモデル」だと言う人がいるかもしれないが、われわれの考えは違う。タイミングモデルという言葉だけでは、このモデルを使った手法を十分に説明しきれない。単なるタイミングモデルとは異なり、マーケットダイレクションモデルは、今が買いのポジションを建てるべき強気相場なのか、それとも空売りのポジションを建てるべき弱気相場なのかを理解するための重要な手段なのである。本章では、株価が上昇中に現れるフォロースルー日や下落中に現れる売り抜け日などのオニールの基本的な概念に加えて、われわれがこのモデルに組み込んだオニール流手法の改良点などについて説明していく。そうすることでマーケットダイレクションモデルの枠組みを洗練させると同時に、マーケットが方向転換しているときの価格と出来高の特徴的な動きを少しでも分かりやすく分析することを目的としている。このモデルについて質問がある読者はクリス・キャッチャー博士にEメールを送るか（chris@mokainvestors.com）、ウエブサイトを参照してほしい（http://www.virtueofselfishinvesting.com/）。

マーケットのタイミングを計る

　マーケットのタイミングを計るシステムには筋の通った論理が必要である。そして、その論理をもとにシステムを作り上げていく。マーケットでの長年の経験が役に立つのはこのときである。過去の出来事は予想できても、未来を予測できないようなデータをあとから無理やり当てはめただけのブラックボックスを作らないようにするには、経験が必要なのである。残念ながら、インターネットには購読料を支払えば手に入るタイミングシステムがいくつもある。そのような有料のシステムは論理がないにもかかわらず、理論的には高い収益を示している。その理由は、過去のデータを無理にこじつけているからである。そのようなシステムは、過去を予想することには長けているが、マーケットの状況をリアルタイムで検証させてみると実際には何の役にも立たないことが分かる。「タイミングモデル」とか「マーケットのタイミングを計る」という言葉を聞いて懐疑的になってしまう人が多いのは、これが原因かもしれない。しかし、タイミングを計るシステムのほとんどが役に立たないからといって、すべてのタイミングシステムがダメだということではない。ロバート・コッペルが『ブルズ・ベアズ・アンド・ミリオネアズ（Bulls, Bears, and Millionaires）』のなかで、モデルの設計やデータをこじつけることの危険性についてマイク・デバーと語っているので、一読することを強くお勧めする。

　私は1991年以降、リアルタイムでタイミングモデルを実際に使ってきた。1991年に、私は国内の主要な平均株価を大きく上回るパフォーマンスを記録して最初の成功を収めた。私のモデルはナスダックとS&P500の価格と出来高の変化を統計的に分析して数式化したものである。このモデルの基準となる一連のルールは、長年の間、私のトレードの基準となってきた。私の実績は四大監査機関のひとつであるKPMGによって確認されているとおりである。このように長期にわた

って実績を上げられたのも、また買いと売りの両方でこれほどまでにマーケットに投資してこられたのも、このモデルによるところが大きい。このモデルは新たなトレンドが始まりそうなときに中期的なトレンドを捕らえることに優れている。私はそのおかげでマーケットの正しい方向を把握することができている。このモデルがマーケットの大きな下落を見逃したことは一度もなく、それは1999年10月に起こった突然の急落も例外ではなかった。また、いろいろと難しかった2009年にも、3月12日に大きな買いシグナルを発生させた。そのおかげで私は大きな強気相場が近づいていたときにうまく買うことができた。一方で、このモデルにも弱点がある。それは揉み合いやちゃぶついたマーケットで、このモデルのパフォーマンスが不振に陥っているときというのは、たいていマーケットがそのような不安定な動きをしている時期である。幸いにもそのような時期は頻繁にはやってこない。ちなみに、私のこのモデルはウィリアム・オニールのCAN-SLIMの「M＝株式市場の方向」から発想を得ている。CAN-SLIMについては『**オニールの成長株発掘法【第4版】**』（パンローリング）で詳しく記述されているので、以前の版を読んだ読者にも最新版の第4版の一読を強くお勧めする。CAN-SLIMとは、成長株が大化けする前に見せる共通の特徴を探す手法である。CAN-SLIMの「M」はそのなかのマーケットのタイミングを計る部分である。

　長年の間、売り抜け日とフォロースルー日の定義についてはかなりの混乱があった。オニールの資金をトップの成績で運用しているポートフォリオマネジャーの間ですら、ある程度の混乱が見受けられた。オニールの投資セミナーに同行すると、『オニールの成長株発掘法』で売り抜け日とフォロースルー日について学んだ読者が明確な定義についてオニールに質問する、ということが頻繁にあった。

　そのような混乱が起きるひとつの原因に、価格と出来高の変化の組み合わせが多いことがある。例えば、足の形や前日比での終値やフォ

ロースルー日の終値、そしてナスダックやS&P500がどのくらい下落したらフォロースルー日を数え始めるのかなど、考えるべきことはたくさんある。また、明確なルールがないことも混乱が起きるもうひとつの原因になっている。例えば、2009年8月28日はマーケットが－0.2％以上下落しなかったので売り抜け日にはならない、と主張する投資家がいるかもしれない。しかし、実はこの日のローソク足は長い上ヒゲが伸びた形をしていた。これが混乱を招くのである。大商いで長い上ヒゲが出ていて、そしてナスダックは前日とほぼ変わらずに引けたとしたら、これは売り抜け日になるのである。なぜなら、日中には上昇しようとしたにもかかわらず1日の安値で引けたからである。この日の長い上ヒゲは、日中に上昇を試したが売られて失敗に終わったことを示しているので、売り抜け日と定義できるわけである。足の形の意味をよく考えずに、－0.2％以上の下落がないから売り抜け日ではないと決めつけてしまうのは、論理的とは言えない。

　混乱を生むもうひとつの原因は、シグナル発生の頻度が高くなるそのアルゴリズムにある。調整時期や下落時にダマシの売りシグナルが発生する数がどうしても多くなってしまうのだ。数を減らすためのフィルター条件を付ければ、ダマシの売りシグナルを減らすことはできる。しかし、少しは改善されても完全にダマシのシグナルがなくせるわけではない。例えば、マーケットがほぼ上昇トレンドだった2009年は、タイミングシステムが出す売りシグナルに従っていては利益を出せなかった。同じように、マーケットがほぼ下落トレンドだった2008年は、タイミングシステムが出す買いシグナルに従っていては利益を出せなかった。それでも良いタイミングシステムであれば、ダマシのシグナルで出る損失は小さくなり、シグナルが正しかったときの利益が大きくなるものである。だからたとえ難しい時期であっても、ダマシのシグナルで出る損失を十分に補うだけの利益を正しいシグナルから得られるのである。通常は3～5年ほど続く相場サイクル全体とし

て考えれば、素晴らしいタイミングシステムは主要な平均株価を明らかに上回るパフォーマンスを残せるはずなのである。

売り抜け日

　売り抜け日とは、買いの圧力よりも売りの圧力のほうが大きかった取引日、と考えるとよいだろう。それを裏づける証拠として、株価が下落したり、反転のサインや錯綜した売買が現れるなどの弱気な値動きが出来高の増加とともに見られる。通常、20取引日という短期間に5日の売り抜け日があると、売りシグナルが発生する。売り抜け日の条件として出来高は前日を上回る必要があるが、終値が前日の終値を下回っている必要はない。例えば、長い上ヒゲを作ってその日は0.1％以下しか上昇せず、しかもその日は値幅の下25％以下で引けて出来高が増えていたならば、これは売り抜け日となる。このような売り抜け日の例が**図7.1**である。

　また、出来高が大幅に増加した日にわずかしか上昇しなかった場合も、買いよりも売りのほうの多い錯綜した売買による売り抜けを示している。しかし、その日の終値が前日の終値よりもわずかに高いと、その売りの動きに気がつかないことがある。また2009年9月18日のように、大商いになった理由がオプションの満期日や指数の銘柄入れ替えによるものではないことも確認する必要がある（**図7.2**）。もしもこの日の出来高の増加が毎月のオプションの満期日や株価指数の定期的な銘柄入れ替えによるものではなかったとすれば、間違いなく売り抜け日と考えていただろう。しかし、実はこの日はオプションの満期日で出来高が増加していた。さらにマーケットが上昇した日でもあったので、売り抜け日は疑わしいと考えるのが妥当だった。仮にマーケットが不安定で大きく下落して引けていたならば、たとえほかの要因で出来高が増えた可能性があっても、出来高が増加して下落した

図7.1　出来高増と長い上ヒゲを付けてその日の安値で引けているのは売り抜け日（ナスダック）

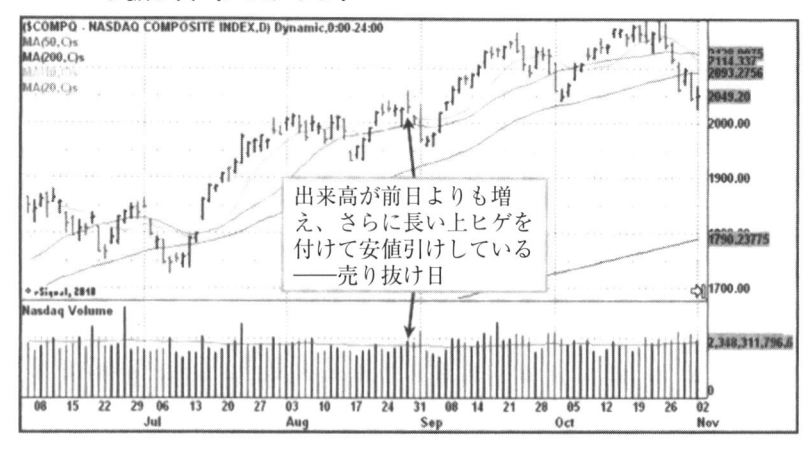

日、つまり売り抜け日と認識しなければならない。**図7.2**のように値幅が小さく錯綜した売買があった場合、これが売り抜け日であるかどうかは明確ではないため、この日を下落日と断定することは難しくなる。もちろん**図7.2**のように、その後の数日間の値動きを観察することでオプションの満期日特有の値動きだったのか、それとも売り抜け日だったのかが明らかになることもある。

　また、前日よりも大商いで株価が下落したのに売り抜け日にならないこともある。株価がその日の値幅の上半分で引けて、さらに下落幅が−0.1％以下のときがこれに当たる。**図7.3**を見てみよう。ナスダックは3月8日に大商いを伴って前日よりも下落して引けた。しかし、下げ幅が−0.04％だったこと、そしてその日の値幅の上半分で引けたという理由から、売り抜け日にはならなかった。それどころか、このような値動きは上昇の兆しと捉えることもできる。少なくともこのときのように、1日の値幅が大きくその上半分で引けた日というのは売り抜け日ではないのである。また、値幅がとても小さかったときや

第7章　キャッチャー博士のマーケットダイレクションモデル

図7.2　ナスダック（日足、2009年9月18日）

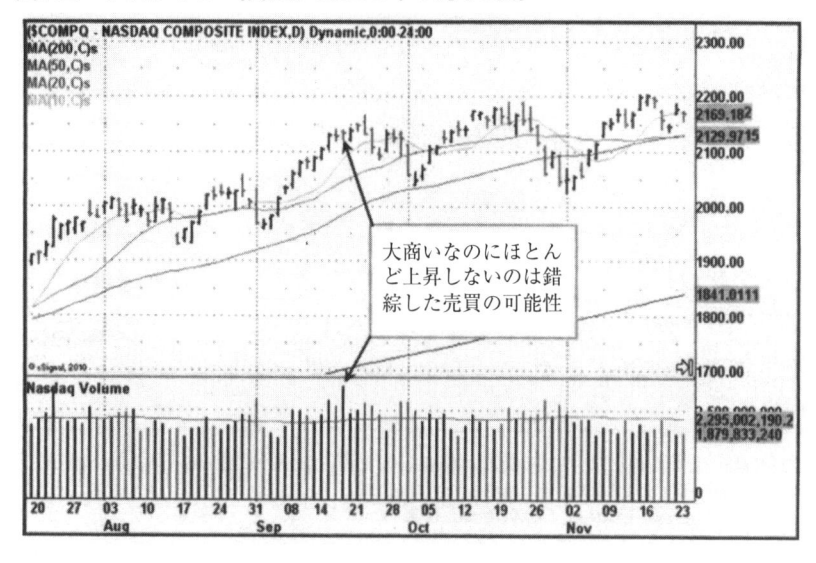

大商いなのにほとんど上昇しないのは錯綜した売買の可能性

図7.3　下落幅が0.1％以下（ここでは0.04％）で引けて長い下ヒゲを付けたので売り抜け日ではない（ナスダックの日足、2006年3月8日）

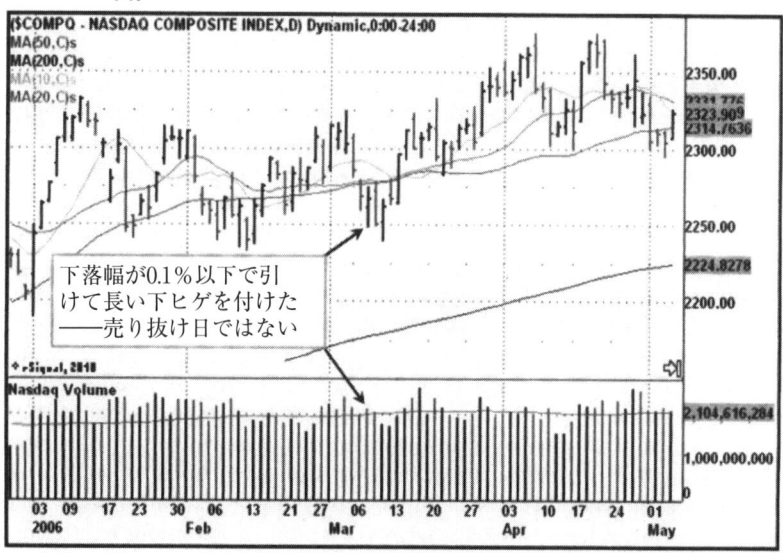

下落幅が0.1％以下で引けて長い下ヒゲを付けた——売り抜け日ではない

ほとんど値動きがなかったとき、また−0.1％以下の下落で引けた場合も、売り抜け日とは考えない。ちなみに、売り抜け日の最低条件を0.2％の下落とするよりも、0.1％の下落としたほうが信頼性が高くなることがこれまでのわれわれの経験から明らかになっている。どちらが正いかなどと争うつもりはまったくない。単にそれが統計で示されているということを理解していただければ、それでよい。

　売り抜け日に関してひとつ重要なことがある。それは売り抜け日を数えるときにはナスダックを使っているということである。この数年間、S&P500の売りシグナルのダマシの回数が増えているというのがその理由である。S&P500はナスダックと比べると、上昇トレンドでの利益や下降トレンドでの損失が少ないという特徴がある。パターンのなかで雑音が多く、それがより多くのダマシを発生させるリスクを高めている。同じ理由でダウも売り抜け日の判定には使っていない。ダウはわずか30種の大型銘柄の平均で、強気相場の主導株を代表しているとは言いがたいことが理由のひとつである。

フォロースルー日

　フォロースルー日とは、通常、4日間の上昇のあとに発生する買いシグナルである。オニールのフォロースルー日の定義は、安値から4〜7日間上昇し、主要な株価指数のどれかひとつが前日よりも大商いを伴って少なくとも1％以上上昇した日（閾値）、というものだった。この上昇というのは、ナスダックやS&P500が調整から抜け出すときに起こるものである。上昇日の数え方は、株価指数が安値を更新したあとに上昇して引けた日を1日目とする。また、株価指数が安値で引けても1日の値幅の中央かそれより上で引けていれば、安値付近で支持されていると見て1日目と数えることもできる。例えば、1998年10月8日は大商いで1日の値幅の真ん中付近で引けている（**図7.4**）。

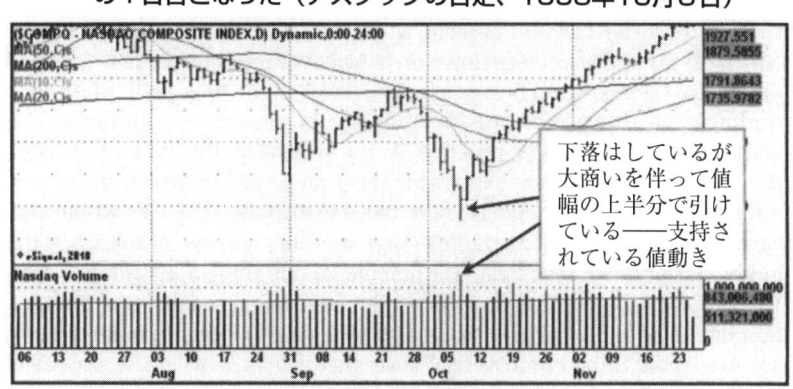

図7.4 大商いを伴って値幅の上半分で引けたのは強い支持があり、上昇の1日目となった(ナスダックの日足、1998年10月8日)

この日は大商いで-0.1％下落して引けているので、大きな売り抜け日と考えてしまいそうだが、実際には上昇を試した初日で上昇を始めた第1日目と数えるのが正しい。株価指数が大商いを伴って値幅の中央で引けるときは、ほとんどの場合が売り抜けではなく買い集めである。

まれにだが、フォロースルー日が上昇の3日目に現れることがある。その場合は、1991年1月15～17日のナスダックのように、3日間すべてで出来高を増やしているか、あるいは1987年1月5日のフォロースルー日が現れるまでの数週間のように、比較的小幅な値動きが少なくとも3週間続くことが条件となる。

閾値

フォロースルー日の条件を満たすには、ナスダックかS&P500のどちらかが安値から4～7日間(これは絶対的な数字ではない)上昇しなければならないが、閾値とはその上昇に必要とされる最低限の割合

のことである。この閾値はナスダックとS&P500の動きに合わせて頻繁に変わる。オニールはこの２つの指数のボラティリティをもとに、閾値を２％か1.7％に設定してきた。指数の動きを数週間ほど見てボラティリティが変わったことを確認すると、オニールはフォロースルー日の条件となる閾値について熟考し、そしてボラティリティの変化に合わせて、その値を調整してきた。指数のボラティリティに合わせて閾値を調整するのは妥当なことであると、われわれも考えている。マーケットのボラティリティとフォロースルー日について、過去にさかのぼって検証してみた。その結果、1974～98年の最適な閾値は２つの指数とも１％だったことが分かった。その後は1998年１月までにボラティリティが明らかに増加し、1998年１月から2002年12月の最適な閾値は1.7％に上昇した。この間、ボラティリティは高い水準で保たれていたが、2003年になると状況が変わり、閾値も1.4％に調整された。

　気をつけるべき点は、閾値がナスダックとS&P500で同じになるとは限らないということである。2004年１月、S&P500はボラティリティが明らかに下がっていたので閾値も1.1％に下げられた一方で、ナスダックの閾値は1.4％のままだった。2008年にマーケットのボラティリティが再び急上昇したときには、ナスダックの閾値を2.1％、そしてS&P500の閾値を２％へと引き上げた。本書を執筆中の2010年現在、ナスダックとS&P500でフォロースルー日の条件を満たす上昇率は、つまり閾値はどちらも1.5％である。つまり現在のフォロースルー日の定義は、ナスダックかS&P500の指数が安値から４～７日間上昇して、前日よりも大商いを伴って少なくとも1.5％は上昇しなければならない、となる。この閾値は今後マーケットの変動率に合わせて変化することを覚えておこう。

安全対策

このモデルには、ダマシのシグナルを発生したときにドローダウンを減らすための安全対策が組み込まれている。これがあるからこそ、このモデルの過去35年以上の最大ドローダウンがわずか15.7％ですんでいるのである。1974年7月から2009年12月までの年間平均利益が33.1％であることを考えると、これは素晴らしい数字である。

システムか、裁量か

このモデルを1974年7月から2009年12月の期間で検証した結果、年間のリターンは33.1％で、最大ドローダウンは－15.7％だった。これらの理論値は、買いシグナルが出たらナスダックを100％買い、売りシグナルが出たら同じくナスダックを100％売り、そして中立シグナルが出たらすべて現金化することで達成されたものである。シグナルはすべて、あらかじめ決められたルールに従って自動的に出されているので、ポジションサイズを変更したり、自分の裁量でシグナルに従わなかったということはない。パワーシェアーズQQQトラストシリーズ1（QQQQ）というナスダック100指数と連動しているETF（株価指数連動型上場投資信託）がある。これはナスダック総合指数の代わりに投資する対象としては最高なのだが、1999年以前にはこのQQQQは存在していなかった。そこで一貫性を保つために、ナスダックをベンチマークにしてこのモデルが自動的に出すシグナルのパフォーマンスを計算することにする。

このモデルには裁量を加えられる部分もある。もしも自動で出されるシグナルを変更するだけの十分な証拠があるならば、この部分を変更することができる。また、どのETFを使うかも投資家が裁量で決めることができる。最近は資金の2倍や3倍を信用取引で投資で

きるETFもある。そのようなETFを使う場合には信用取引を使ったり、ポジションサイズを適度に調整してもよいだろう。このような裁量はシグナルの強さによって行う。例えば、強い買いシグナルが出たときにはプロシェアーズ・ウルトラプロ・ショート・S&P500（SPXU）のような3倍のレバレッジで取引ができるETFを買う、というようにシグナルに合わせた判断を下すのである。

チャートで見るシグナルの例

ここからは、実際にこのモデルが出した買いシグナルと売りシグナルに注釈を加えたチャートを見ていこう。われわれのトレード人生のなかで最も苦労した2008～09年のチャートも掲載したのは、難しいマーケット環境によって大きな試練に直面しているときに、このモデルがどれほど機能するかを示したかったからである。また、世界恐慌が起きた1929～30年の時期も入れたのは、同じルールでこのモデルがまったく異なる時代にどれほど機能するかを示したかったからである。これらのチャートを見ることで、さまざまな種類のフォロースルー日や売り抜け日についても理解が深まるだろう。ここに掲載された内容について質問がある読者はクリス・キャッチャー博士にEメールを送るか（chris@mokainvestors.com）、ウエブサイトを参照してほしい（http://www.virtueofselfishinvesting.com/）。

チャートに関する注意事項

●黒い点は売り抜け日を示している（ただし売り抜け日ではないことを明言している場合を除く）。「B」は買いシグナル、「S」は売りシグナル、「N」は中立――つまり、その直前に出された買いや売りのシグナルが無効になったこと――を示している。

●ナスダックで、①買いシグナルが出た日の安値、②上に窓を空けた場合は窓を空けて買いシグナルが出た前日の終値——のどちらかを下回ると、買いシグナルは無効になる。もちろん、売りシグナルが出たときも買いシグナルは無効になる。ナスダックが買いシグナルを出した日から最低で5日以上日中の高値を更新し、そのあとに反転して下落を始めた場合には、買いシグナルが出た日の終値を下回った時点で買いシグナルは無効になる。
●売りシグナルは、待機日の高値が更新されるか買いシグナルが出たときには無効になる。
●短期間に売り抜け日が現れたら——通常は過去20日間のうち5日——、「売りシグナル保留」状態に入る。売りシグナル保留日の安値を下回った時点で売りシグナルになる。
●買いシグナルの出たあと、買いシグナルの前に買い集められた玉を売り抜ける日が現れるかもしれない。もし買いシグナルのあとで20日以内に売り抜け日が発生すれば、売りシグナルは保留状態になる。ダマシの売りシグナルを減らすために、買いシグナルの出たあとの最初の売り抜け日の売りシグナルは、その売り抜け日に買いシグナルが出た日の安値を下回らないかぎり、有効とはならない。

マーケットダイレクションモデルの分析——2009年前半

図7.5を見ながら、2009年前半のマーケットの動きをモデルがどのように解釈したかを見ていこう。

1. 3月12日。ナスダックが上昇をして3日目。通常ならばフォロースルー日と数えるには早すぎるところだが、S&P500も上昇をして5日目になっていたことから、フォロースルー日と数える。S&P500は2%、そしてナスダックは2.1%という閾値の条件も満

図7.5　ナスダック（日足、2009年）

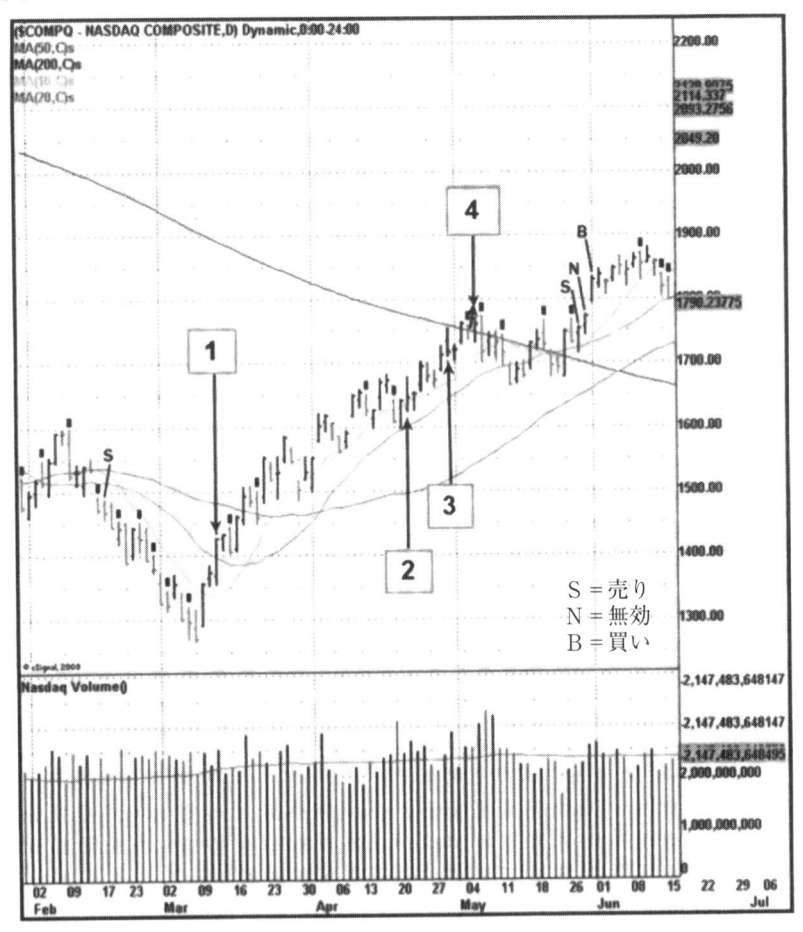

S＝売り
N＝無効
B＝買い

たしている。

2．4月22日。通常、錯綜した売買の日は大商いを伴っても上昇がほとんどないため、売り抜け日になる。しかしこの時点では錯綜した売買と言えるほどの出来高がないため売り抜け日にはならなかった。

3．4月30日。前日の終値から0.1％以上の上昇で引けていること、

さらに上ヒゲの長さが足りないことから売り抜け日ではない。
4．5月6日。大商いを伴ってもほとんど上昇していないが、錯綜した売買はないので売り抜け日にならない。下ヒゲが長すぎる。

マーケットダイレクションモデルの分析──2009年後半

　次に**図7.6**を見ながら、2009年後半にモデルがどのようにシグナルを解釈したかを見ていこう。

1．6月26日。大商いを伴っても錯綜した売買の日ではないし、少ししか上昇しなかったので売り抜け日にはならない。この日はラッセル指数の銘柄変更の日だった。そのため投資家がラッセル指数に加えられた銘柄や外された銘柄を売買したので、全体の出来高が増加し、大商いとなった。
2．8月28日。前日の終値から0.1％以下の上昇で、さらにその日の値幅の下25％で引けて長い上ヒゲを作ったので、売り抜け日となった。
3．9月16日。ナスダックは1.45％しか上昇していなかったが、S&P500は1.53％も上昇したため、少なくともどちらかの指数で1.5％増という閾値の条件を満たした。
4．9月18日。通常、錯綜した売買の日は大商いを伴ってもわずかな上昇しかしないため、売り抜け日となる。また、錯綜した売買の日は１日の値幅が広くなる傾向がある。それを踏まえて考えると、この日は錯綜した売買ではなかったので売り抜け日にならなかった。オプションの満期日で出来高が増加していた。
5．10月6日。ナスダックの下落は６％以下だったため、上昇してからの日数はリセットされなかった。つまり、この時点でまだ上昇が続いているのでフォロースルー日ということになる。これは、

図7.6　ナスダック（日足、2009年）

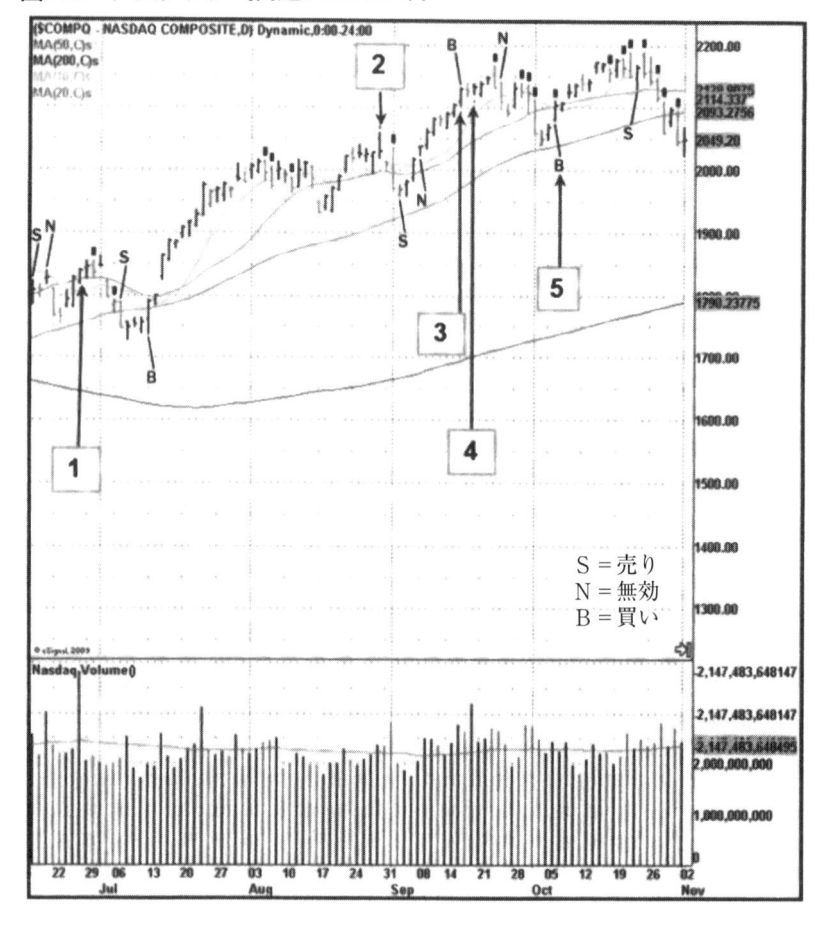

上昇から７日以上たってからフォロースルー日が発生した、まれな例である。

2009年について

オニールは、2009年がこれまでのトレード人生のなかで最も難しか

った年だったと語っている(そのトレード人生とはなんと半世紀を超えるものである)。安値から這い上がってきたくず銘柄がマーケットをリードし、一流銘柄が低迷した年だった。長年機能してきた多くのテクニカル指標が2009年には機能しなくなった。FRB(連邦準備制度理事会)が世界中の中央銀行と手を取り合って、金利ゼロはそのままに多額の流動性を金融システムにつぎ込んで、いわゆる「過剰流動性」でマーケットを操作したことも記憶に新しい。この年の株価は調整に入りそうになると、必ず安定を取り戻して新高値を更新するなど乱高下しながら上昇トレンドを描いた。

ウィリアム・ダーラムが運営する「ディシジョン・ムース(the Decision Moose)」というマーケットタイミングの専門のウェブサイトがある。たしかな実績を持つこのサイトでさえも、2010年1月15日の週間概要に次のように記している。

「振り返って見ると、私が覚えているかぎり、2009年はムースにとって1%増で終わるという最悪の成績だった。特に26%増だったS&Pと比較すればその差は歴然としている。2008年の金融危機のあと投資対象を4つの非現金資産へと移したが、そのうちの2つ(長期国債のTボンドと金)の業績が悪かった。iシェアーズMSCIパシフィック(除く日本)・インデックス・ファンド(EPP)は好成績だったが、iシェアーズS&Pラテンアメリカ40インデックス・ファンド(ILF)はトントンか少しの損失を出して終わった。政府による介入がトレンドを失わせたり、国債の急上昇や金の暴落を招いた。それが通常のマーケット活動にどれほど支障を来すかがよく分かった1年だった。また、極端に不安定な株価動向のせいで、中期のトレンドフォローの構造が一時的に使い物にならなくなってしまうことも分かった」(http://www.decisionmoose.com/

表7.1　トレンドフォローで運用する魔術師たちの2009年の運用成績

ファンド名	運用資産	2009年のパフォーマンス（％）
アブラハム・トレーディング	なし	−5.56%
アスペクト・キャピタル	4億7300万ドル	−9.11%
チェサピーク・キャピタル	なし	+0.41%
クラーク・キャピタル	104.6万ドル	−29.78%
ドゥルーリー・キャピタル	1800万ドル	+9.05%
ダン・キャピタル	1億5100万ドル	−0.58%
エックハート・トレーディング	2億2000万ドル	−4.80%
EMCキャピタル	4億4500万ドル	−14.29%
ホークスビル・キャピタル	2億1200万ドル	−15.32%
ハイマン・ベック・アンド・カンパニー	5100万ドル	+3.96%
ジョン・W・ヘンリー・アンド・カンパニー	4億6200万ドル	−17.28%
マンAHLダイバーシファイド	1800万ドル	−16.40%
ミルバーン・リッジフィールド	141.4万ドル	−8.66%
ラバー・マーケット・リサーチ	113.7万ドル	+6.93%
サクソン・インベストメント	2億2200万ドル	+10.37%
スーパーファンド	1100万ドル	−24.46%
トランストレンド	なし	−11.28%
ウィントン・キャピタル	476.8万ドル	−4.63%

出所＝ジェズ・リバティー（www.automated-trading-system.com）

uploads/2010.01.15.pdf)

　ジャック・シュワッガー著の『**マーケットの魔術師**』シリーズ（パンローリング）やマイケル・コベル著の『**トレンドフォロー入門**』（パンローリング）で紹介されたり、あるいは大きな成功を収めてきた投資家集団タートルズなどのこれまで好成績を収めてきたポートフォリオマネジャーが運用する、トレンドフォロー型ファンドの2009年の運用成績を**表7.1**に示した。タートルズとは、マーケットの魔術師として知られるリチャード・デニスとウィリアム・エックハートが結成した集団で、適切な精神的特質を備えた人物であればトレードで利益を上げるように教育できることを証明するための一大プロジェクトだった。彼らが訓練した多くの投資家が独立して成功を収め、名高い投資

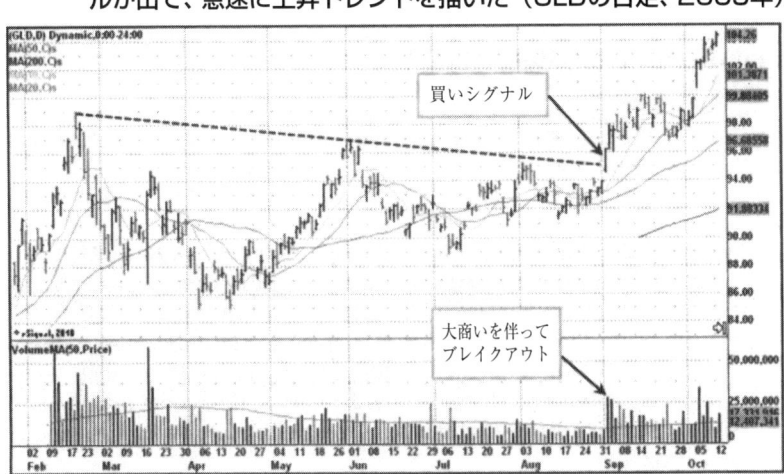

図7.7 2009年9月上旬に金はブレイクアウトして明らかな買いシグナルが出て、急速に上昇トレンドを描いた(GLDの日足、2009年)

家として知られるまでに成長を遂げた。この表を見ると、それまで素晴らしい成績を収めてきた彼らのような投資家でさえも、2009年はかなりの苦戦を強いられたことがうかがえる。

ウィリアム・オニールはいつも、新しい強気相場はすぐそこまで来ている、絶好のチャンスは再び訪れる、と言っていた。われわれにできるのは、それをじっと待ち、目標から目をそらさないことだけである。われわれは2009年6月1日に実際の資金をつぎ込んで「マーケット・ダイレクション・テスト・ファンド」を立ち上げた。このファンドはこの年、手数料を差し引いても30%近くのリターンを記録した。2010年5月31日現在では、手数料を差し引いても53.8%のリターンを記録している。2009年はダマシが多く発生した。しかしそれでも、キャッチャー博士のマーケットダイレクションモデルは正しいシグナルを出したときの利益のほうがダマシで被った損失よりも多くなっている。これは先に述べたように、このモデルに組み込まれた安全対策が功を奏しているからである。

2009年にマーケットダイレクションモデルが発生させた、大きな利益につながる最初のシグナルは金だった。金は完璧なセットアップで2009年9月2日にブレイクアウトした（図7.7）。このブレイクアウトは、2007年9月に金が急上昇を始める直前に見せたポケットピボットとベースからのブレイクアウトによく似ていた。

　われわれは、マーケットダイレクションモデルのなかで裁量で変更できる部分を利用して、買いシグナルの強さやマーケット全体との関係などを考えながら、どのETFを買うかを判断した。そしてマーケット・ベクトル・金鉱株ETF（GDX）やスパイダー・ゴールド・シェア（GLD）のような金に関連する商品を信用取引で買った。また同じように、7月にナスダックとS&P500に買いポジションを建てるために2倍のレバレッジでナスダック100指数に連動するプロシェアーズ・ウルトラQQQ（QLD）や、3倍のレバレッジでS&P500指数に連動するプロシェアーズ・ウルトラプロS&P500（UPRO）を買ったのだが、そのときにもこのモデルは良い成績を残している。つまり、2009年6月1日～12月31日の間、数は少ないながらも正しいシグナルが出たときには素晴らしい成績を残したことになる。それは頻繁に起きたダマシによる損失を十分に埋め合わせるだけの利益だったのである。ダマシから損切りを強いられたときでも、損失は比較的少なかった。そういったことが手伝って、このマーケットダイレクションモデルの2009年6月1日～12月31日までの成績は手数料を差し引いたあとでも＋30％近いリターンとなった。

　もしも2009年に出た買いと売りと中立のシグナルに従って、レバレッジ3倍のディレクシオン・デイリー・テクノロジー・ブル（TYH）に100％買いか100％売りを仕掛けていたらどうなっていただろうか。これについては本章の後半にある「よくある質問」で詳しく説明している。簡単に結論を述べると、2009年3月12日のフォロースルー日から2009年8月24日までを検証した場合、90％のリターンが可能だった

図7.8　ナスダック（日足、2008年）

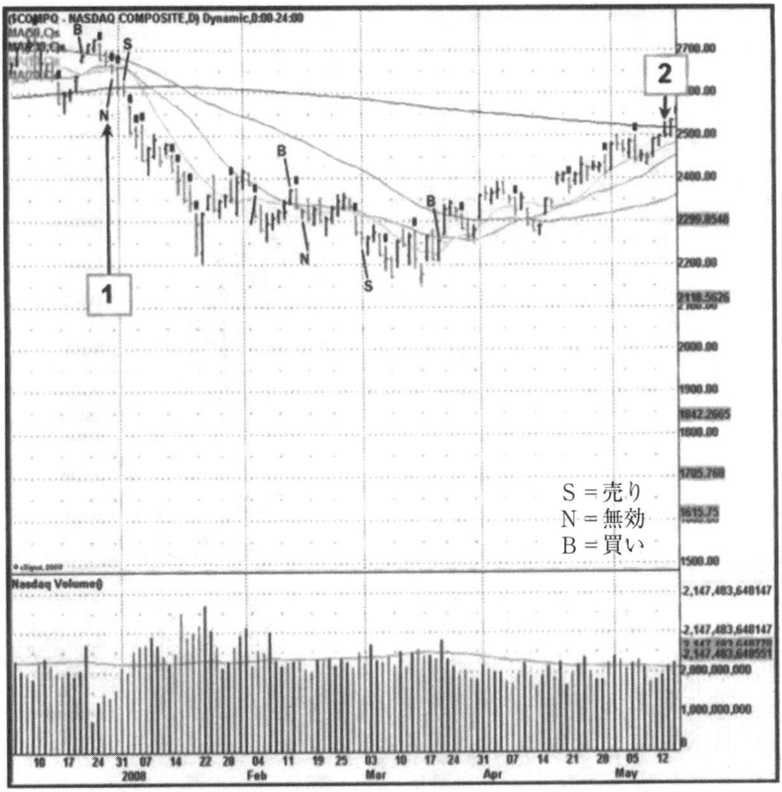

が途中で18.4％のドローダウンに耐えなければならなかった、という結果が出ている（図7.12）。

マーケットダイレクションモデルの分析――2008年前半

次に2008年前半を見ていこう（図7.8）。

1．1月2日。ナスダックで買いシグナルが出ていたが、上に窓を空

図7.9　ナスダック（日足、2008年）

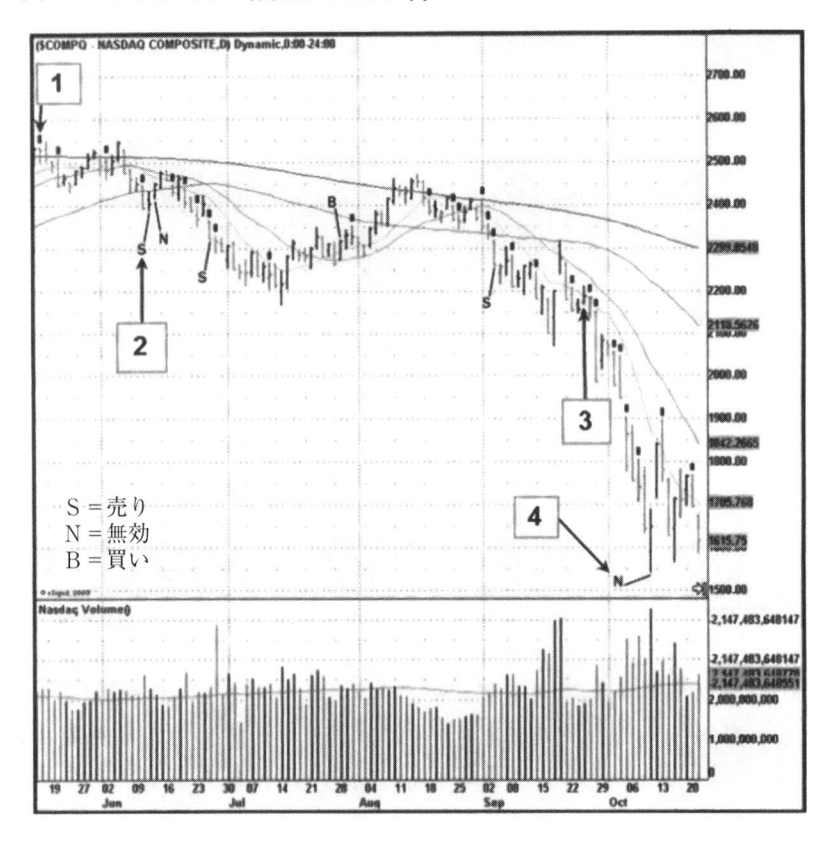

けて寄り付いた2007年12月21日の前日の終値を下回ったのでシグナルは無効にされた（本章の「チャートに関する注意事項」参照）。1月2日は過去20日間で5日目の売り抜け日になったので、売りシグナル待機状態に入った。翌日の1月3日にこの待機シグナルが発生した日の安値を下回ったところで、売りシグナルが出た。
2．5月14日。価格が前日の終値から0.1％以下しか上昇せず、さらにその日の値幅の下25％で引けたことから、売り抜け日となった。

マーケットダイレクションモデルの分析──2008年後半

次に2008年後半を見ていこう（**図7.9**）。モデルは次のようなシグナルを出した。

1. 5月16日。終値が0.19％下落して引けた。0.1％以上の下落だったので売り抜け日となった。
2. 6月12日。この日は売り抜け日ではない。その理由は、①1日の値幅の上4分の3以上で引けている、②0.1％以上の上昇を見せている──からである。しかし前日の安値を下回ったことで、前日に出された売り待機シグナルが売りシグナルに変わった。
3. 9月25日。ナスダックもS&P500も、閾値である1.5％の上昇に満たなかったので、フォロースルー日にはならなかった。
4. 10月10日。記録的な大商いを伴ってその日の値幅の上半分以上で引けたので、売りシグナルは無効になった。

マーケットダイレクションモデルの分析──1929〜30年

最後に1929〜30年では、ダウがどのようなシグナルを出したかを見ていこう（**図7.10**）。

1. 1929年9月25日。長い下ヒゲを持っていることと、0.1％以下の下落で引けていることから、売り抜け日にはならなかった。
2. 1929年10月15日。買いシグナルのあとに現れた最初の売り抜け日にもかかわらず、「売りシグナル待機」状態に入った。その理由は、買いシグナルが出た日の安値を下回ったからである（本章の「チャートに関する注意事項」参照）。
3. 1930年1月16日。買いシグナルのあとに現れた最初の売り抜け日

図7.10　ダウ（日足、1929～30年）

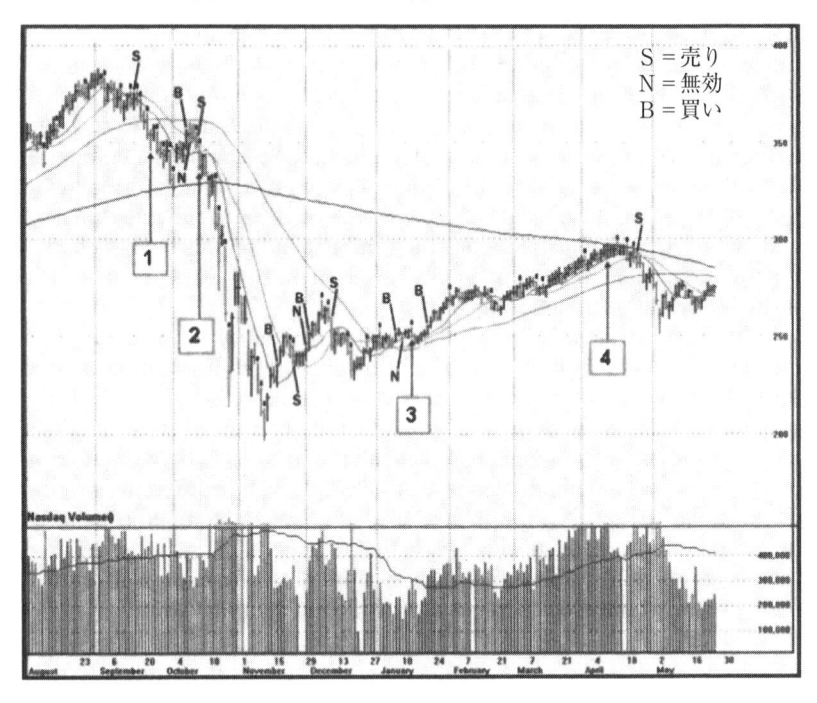

なので、「売りシグナル待機」状態には入らなかった（本章の「チャートに関する注意事項」参照）。
4．1930年4月11日。錯綜した売買で大商いになったので、売り抜け日になった。

モデルの秘密を盗むことはできるか

もし仮に、だれかがこのモデルの解析に成功して多くの人がこのモ

デルを使うことになったとしても、モデルの持つ予測能力にはそれほど影響しないだろう。このモデルのシグナルに従って大勢の投資家が買ったり売ったりしたとしても、流動性の高いETFが数多く存在することを考えれば、このモデルは無数に存在するアイデアのひとつなので、影響を受けることはないはずである。例えて言うならば、広い海辺の砂浜に落ちている一粒の砂と同じである。このモデルはブラックボックスではないので、プログラマーがコンピューターを使ってまったく同じものを作成するのは難しいか不可能に近いだろう。このモデルに組み込まれているルールはナスダックやS&P500の価格や出来高の動きの質によって変化する。したがって、このモデルを構成するルールがいくら普遍的でも、質を評価する部分は変わってくるのである。そして、この質を評価する能力こそ、1989年から20年以上にわたって詳しくチャートを分析してきた経験からしか得られないものなのである。

　それではこの「質」とは一体何だろうか。例え話を使って説明するのが一番よいだろう。われわれはウィリアム・オニールとともに長年一緒に働いてきたが、ベースの本質的な質を読み取るオニールの優れた能力に並ぶ者はほとんどいなかった。このようなオニールの能力は何十年もチャートを分析してきた経験から培われたものだろう。例えば、ベースには、素晴らしいベースや良いベース、そして取るに足らないベースなどがある。さらにそれらの間にもあらゆるレベルのベースは存在するのだが、その違いはそのときの状況と合わせて感じ取るものである。そのわずかな差をコンピューターで「感じ取って」プログラミングするのは、相当な困難を強いられるか不可能に近い。もちろん、コンピューターを使って一定の条件を満たすチャートを集め、それを人間の手によってさらに細かく選別することはできる。しかし適切に作られた銘柄選択のモデルなら、そのほとんどの作業をこなしてくれるのである。

タイミングモデルについて寄せられるよくある質問

　私は長年の経験から、ソクラテス式問答法、つまり質疑応答の形式が最も有効な教育手段であることに気がついた。私のマーケットダイレクションモデルについて、これまでに多く寄せられた質問とその答えを紹介する。さらに質問がある読者はクリス・キャッチャー博士にＥメールを送るか（chris@mokainvestors.com）、ウエブサイトを参照してほしい（http://www.virtueofselfishinvesting.com/）。

モデルが達成している利益と同等の利益を期待してよいか？

　まず、2009年6月1日以前のこのモデルの利益は理論値であること、そして高い利益には普通の投資家の心理的な限界を超えるような高い損失が付き物であることを忘れてはならない。そのうえで、自分のリスク許容度に合わせて、レバレッジが1倍や2倍や3倍のETFを選ぶとよい。実際の資金を投資した検証用ファンドでこのマーケットダイレクションモデルを検証した結果、2009年6月1日〜2010年5月31日の1年間の成績は＋53.8％であった。マーケットに投資していたのは全期間の半分以下である。実際の資金を投資しない別の検証用口座では、ハイテク銘柄を集めた指数に連動するレバレッジ3倍のTYHなどのボラティリティの高いETFを使って検証した。買いシグナルならば資金の100％で買い、売りシグナルならば資金の100％で空売りし、そして中立シグナルでは100％現金化することで、このシステムがどれほどの成績を出すかを調べたのである。このような商品は最近まで存在していなかった。昔なら得られなかったような大きな利益を得るチャンスがわれわれには与えられているのである。この検証の結

図7.11　TYH（日足、2009年）

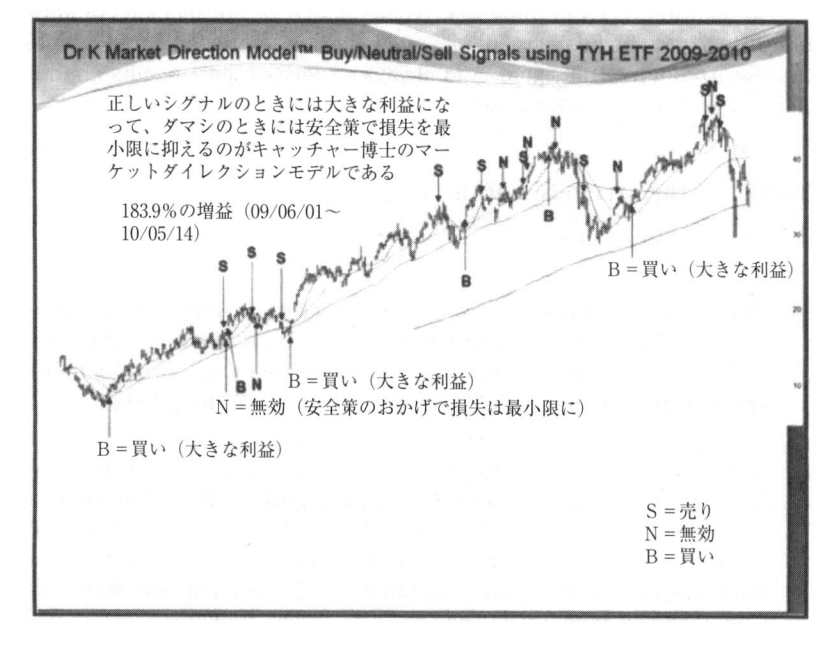

果は、2009年6月1日～2010年5月14日が＋183.9％のリターンであった。2010年5月31日現在は＋215.1％のリターンである。もちろん、この口座は積極的に攻めるためのものなので、ドローダウンも18.5％と高くなった。これは異常なほど高い数字ではない。＋215.1％の利益を得るには必要なリスクだった。もしも1倍のETFに投資していたら、利益も損失もおよそ3分の1になっていたはずである。ナスダックに1倍で投資したときに記録した最大ドローダウンは、1999年の15.7％である。また、1974年7月～2010年1月という長期の検証結果で＋33.1％のリターンを記録したが、これも1倍であるナスダックを使った結果である。ナスダックでおよそレバレッジ3倍の値動きをす

るTYHのようなETFが当初から存在していて、それに投資をしていたならば、利益も約3倍になっていただろう。しかしドローダウンも3倍になっていた、ということを忘れてはならない。

　図7.11を見れば、このモデルがどのように機能したかが理解できるだろう。「大きな利益」と注釈がある買いシグナルではトレンドに乗って利益が膨らんだ。反対にダマシに遭ったときには安全対策が発動して損失を最小限に抑えることができた。

　このモデルはマーケットの正しい方向性を20年近くにわたり教えてくれた。われわれのトレードを成功に導く大きな原動力だったのだ。1974年7月にまでさかのぼってこのモデルを検証した結果、年間リターンは33.1％だった。最後の数年はちゃぶついたトレンドのない難しいマーケットだったので成績も振るわなかったが、それでも2005年1月からは年間リターンは17.3％という優れた結果を記録している。これは主要な指標やタイミングシグナルを知らせる有名なウエブサイトなどのパフォーマンスを上回る結果である。特に2006年半ばから2007年後半にかけては、マーケットをリードする業界のなかから一流の銘柄を選んで買うことで実際に得た利益のほうも大きく増加した。さらにTYHや、ディレクシオン・デイリー・テクノロジー・ベア3x・シェアーズ（TYP）のようなナスダックに3倍のレバレッジで連動するETFが登場したことで、利益も17.3％の3倍である51.9％をたたき出すことが可能となった。またTYHやTYPを使えば、2009年3月12日のフォロースルー日に発生した買いシグナルからこの研究を行った2009年8月24日の間に、90.2％のリターンを出すことも可能だった。しかし、90.2％の利益を上げる途中で18.4％のドローダウンを抱えたことも事実である。そこまで高いリスクを背負うことはできないという投資家は、プロシェアーズ・ウルトラQQQ（QLD）やプロシェアーズ・ウルトラショートQQQ（QID）のようなレバレッジ2倍のETFや、パワーシェアーズQQQトラストシリーズ1（QQQQ）や

プロシェアーズ・ショートQQQ（PSQ）のようなレバレッジ１倍のETFを選択肢に入れるとよいだろう。

また、上記の結果には手数料や税金、受取配当金、そして中立シグナルが出たときに資金を現金化したことでマネーマーケットで発生した利息などは考慮されていない。さらに、過去の結果がそのまま将来の成績になるものではないことも忘れないでほしい。

このモデルの長所は？

このモデルには、主に５つの長所があると考えている。

1. 過去35年間、すべての相場サイクルでナスダックとS&P500を大幅に上回るパフォーマンスを記録している。1974年７月〜2009年12月の年間リターンは33.1％である。このモデルは方向にかかわらず中期のトレンドを見つけることに優れている。
2. このモデルに組み込まれた安全策のおかげで損失を最小限に抑えることができる。この安全策があるためにダマシがより多く出てしまうのだが、ダマシによる損失はだいたい－１％〜－1.5％に収まる。その結果、リスクに対する利益の割合が高くなり、1974年までさかのぼったすべての相場サイクルでモデルのパフォーマンスがマーケットを上回った。過去35年以上という長い年月において、このモデルの最大ドローダウンは15.7％だった。一方で、ナスダックは78.4％もの下落を記録している。
3. このモデルは、ファンダメンタルズの強い銘柄がポケットピボットやブレイクアウトのピボットポイントを発生させると買いシグナルを出す。われわれのウエブサイトにはお勧めの銘柄が掲載されているので、それを参考にしてより大きな利益を狙うこともできる（http://www.virtueofselfishinvesting.com/）。マーケット

が許すのならば、1年に100％のリターンを上げて成功したいと思うのはだれでも同じである。
4．モデルが売りシグナルを出したときには、反対の値動きをするETFを買う（あるいはETFの空売りをする）。
5．特に現在のような難しい経済情勢に直面したら、レバレッジが2倍や3倍のETFを買って利益を膨らませる。

このモデルの弱点は？

このモデルには、主に2つの弱点があると考えている。

最初の弱点はトレンドがなく変動の激しいマーケットである。次のような期間がこれに当てはまる。

1．2009年5月4日〜7月10日——ダマシが4回連続発生した。
2．1999年2〜8月——ダマシが5回連続発生した。そのあとに利益につながったシグナルが1回発生したが、再び5回連続でダマシになった。この結果、35年以上の運用期間のなかで最大ドローダウンの15.7％を記録した。それでも、前に述べたような大きな利益も上げているので、モデル全体で考えるとこのドローダウンは小さいものである。一方で、ナスダックの最大下落率は−78.4％にもなった。

そんな1999年だったが、面白いことに私は個人口座で451％増、そしてオニールの会社の口座で566.1％増と過去最大の利益を達成している。これは買いシグナルが出たときに正しい銘柄を買ったからである。余談になるが、私の個人口座での利益は実際には451％を大きく上回っていた。それはその年に支払う税金分を投資せずに口座にそのまま現金にしておいたからである。税率は全部で（連邦税や州税な

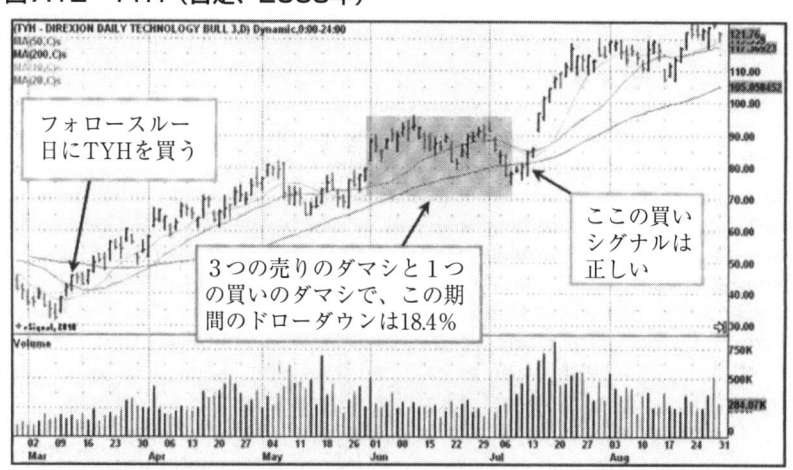

図7.12　TYH（日足、2009年）

（図中注記）
- フォロースルー日にTYHを買う
- ３つの売りのダマシと１つの買いのダマシで、この期間のドローダウンは18.4％
- ここの買いシグナルは正しい

どすべて合計すると）50.5％だったので、1999年を含めた1997～2000年の年初に私が実際に使える資金は口座にあった資金よりもずっと少なかったのである。しかし私の利益を証明するために監査を行ったKPMGが通常の会計方法でこの事実まで計算に入れることはもちろんできなかった。ケビン・マーダーが『ザ・ベスト——カンバセーションズ・ウィズ・トップ・トレーダーズ（The Best : Conversations with Top Traders)』のなかで私の利益が451％以上であったと言っているのは、そのような理由があったからである。

　2009年のような不安定な相場では、ダマシによる損失が通常の１～1.5％から1.5～2.5％にまで増えることが分かっている。

　例えば、2009年３月12日～８月24日（この検証を行った日）にモデルが実際に出したシグナルの結果を見てみよう。上昇トレンドが２回とトレンドのない不安定な相場が１回あった。この間、ダマシが４回

連続で出ている。買いシグナルで100％買い、売りシグナルで100％売り、中立シグナルで100％現金化した場合の結果を表に示した。

	ナスダック	1ドルがいくらに増えたか	TYH（レバレッジ3倍）	1ドルがいくらに増えたか
3/12買い	1426	1.21	45.3	1.63
5/28売り	1728.9	1.18	73.8	1.5
5/29無効	1768.2	1.18	79.9	1.5
6/01買い	1828.6	1.16	88.1	1.46
6/17売り	1795.5	1.14	85.3	1.39
6/19無効	1831.1	1.14	89.4	1.39
7/07売り	1770.1	1.13	81.3	1.33
7/13買い	1793.2	1.27	85	1.90
8/24	2018.0（終値）	**+27%**	121.4	**+90%**

図7.12のチャートはこれを視覚的に示している。

表とチャートにあるとおり、2009年3月12日～8月24日の間にTYHを買った場合、90.2％のリターンとなった。これは素晴らしい結果だが、一方でその利益を得るまでには4回のダマシがあり、ドローダウンは合わせて18.4％になっていたのだ。ナスダックの代わりにQQQQのようなレバレッジ1倍のETFを利用していたら、利益は27％で、ドローダウンは6.6％と少なくなっていた。まずは自分のリスク許容度を決める必要がある。このモデルは1929年1月～1932年12月の期間、および1974年以降のすべての相場サイクルにおいてマーケットを上回るパフォーマンスを記録している。35年以上にわたる運用のなかで損失になったのは1993年と2007年の2年だけである。1974年7月～2009年12月の平均年間リターンは33.1％だった。

このモデルの2つ目の弱点は、一流銘柄がしっかりとしたベースからブレイクアウトしているにもかかわらず、売りシグナルが発生する可能性があることである。非常にまれなことではあるが、アイオメガ（IOM）などの銘柄がブレイクアウトした1996年3月に実際にこの

現象が起こっている。私はこの売りシグナルを無効と判断して、これらの銘柄を反対に買い始めた。幸い、このような現象が起こるのはめったにない。銘柄を選ぶときには、その銘柄を実際に見てどのような行動を取るかを最終的に判断する必要がある。優良銘柄がいくつもしっかりとしたベースからブレイクアウトしていれば買い始める、手持ちの銘柄に売りシグナルが出始めたら躊躇せずに売る、といった具合である。

この難しいマーケット情勢で利益を最大限にしたいが、どのようにインターネットを利用すればよいか？

利益を倍増させるには、ナスダックの代わりになるレバレッジが２倍か３倍のETFを売買することだ。相互に高い関連性を持つETFが数多くあるので、その選択肢は幅広い。ｉシェアーズMSCIブラジル・インデックス・ファンド（EWZ）、ｉシェアーズFTSE新華チャイナ25インデックス・ファンド（FXI）、シンガポール取引所で取引されているMSCIインディアなどのETFもある。われわれのウエブサイトでは好成績が期待できるETFを紹介している（http://www.virtueofselfishinvesting.com/）。ナスダックにできるだけ近い動きをするETFがよいのならば、ナスダック100指数に連動するレバレッジ２倍のQLD（ナスダックと同じ値動き）とQID（ナスダックと反対の値動き）、およびレバレッジ３倍のTYH（同じ値動き）とTYP（反対の値動き）が最高の選択肢になるだろう。

また、初めて国内のマーケットを上回るパフォーマンスを記録した1991年から私が実践してきた方法を使ってもよいだろう。モデルが買いシグナルを出したら、最も好調な業界から最も質の高い銘柄を選んで買うのである。2009年のマーケットの値動きは異常であった。この年に最高のパフォーマンスを記録したのは、質の低い、底から這い上

がったくず銘柄だった。CAN-SLIMで選ばれるような高品質の銘柄はまったく振るわなかった。しかし、2009年3〜5月にシャンダ・インタラクティブ（SNDA）やネットイーズ・ドット・コム（NTES）、バイドゥ（BIDU）、グリーンマウンテン・コーヒー・ロースターズ（GMCR）、STEC（STEC）などの質の高い銘柄をポケットピボットポイントやブレイクアウトで買っていれば、一定の利益を出すことはできた。マーケットが一時的にゆがんでいるという理由だけで二流銘柄を買うような習慣を持ってはならない。

キャッチャー博士のマーケットダイレクションモデルは、タイミングを知らせてくれるほかの投資情報サービスのサイトと比べてどう違うのか？

この質問に答えるために、まずは最低5年間は継続して良い成績を収めているタイミングの投資情報サービスのサイトを2つ選び、その業績を計算してみた。

さまざまなタイミングの投資情報サービスのサイトを追跡しているタイマートラック（http://www.timertrac.com/）によると、少なくとも5年は好成績を収めているウエブサイトが23あった。5年に満たないウエブサイトはすべて除外した。というのも、2008年半ばごろに現れて空売りで膨大な利益を生んだものの、そのウエブサイトが使っているシステムの論理そのものが疑わしく、2008〜09年という特異な期間が終わってしまえばマーケットを下回る可能性があるウエブサイトがいくつか存在したからである。まずは好成績を5年継続した23について、それぞれのウエブサイトが過去5年間で得た合計利益（年換算ではない）を表で示した（2009年6月現在）。

順位	戦略名	利益/損失%	5年間のトレード数
1	サイトレード	128.04%	445
2	マーケット・システムズⅡ-DD	105.81%	634
3	プレミアム・トラストNDXトレーダー	53.75%	153
4	プレミアム・トラストSPXトレーダー	42.41%	135
5	KT QQQ-a	41.71%	504
6	プレミアム・トラストRUTトレーダー	35.10%	109
7	タイミングキューブ	15.93%	23
8	ボナー・ミューチュアル・ファンド・シグナル	13.60%	0
9	パフォーマンス・シグナル・ショート・ターム	13.22%	107
10	ビニー・インデックスVMアロケーション	4.01%	61
11	ファンドスペクトラム	2.20%	15
12	Q5トラッカーLT	-4.80%	21
13	ハイライトQQQQ（プリクローズ）	-10.86%	59
14	Q5トラッカーST	-13.06%	84
15	ハイライトQQQQ（アフタークローズ）	-14.27%	59
16	ハイライトSPDRs（プリクローズ）	-14.72%	62
17	ハイライトDOW（プリクローズ）	-18.33%	56
18	ハイライトSPDRs（アフタークローズ）	-22.22%	62
19	ハイライトDOW（アフタークローズ）	-25.77%	55
20	ビニーS&Pインデックス	-26.95%	35
21	ストックバロメーター・ドット・コムQQQトレーダー	-31.79%	124
22	KTミッド・ターム	-33.78%	91
23	Q5トラッカーIT	-43.20%	34

　詳しく調べてみると、多くのウエブサイトがマーケットのパフォーマンスを上回ることができなかったようだ。これは特に驚くべきことではない。次に、このなかで上位2つのウエブサイトについて表に示した。これら2つのウエブサイトは2008年に素晴らしい利益を上げたことで最上位に浮上し、次の表にあるような年間リターンを記録した。しかし、2008年以前のこれらのウエブサイトの利益は素晴らしいとは言えない。では、年間のパフォーマンスをもとに選び出されたこれら2つのタイミングサイトを、キャッチャー博士のマーケットダイレクションモデルと比べてみよう。

2000/05〜2009/07	サイトレード	年間17.04%	2000/05から	キャッチャー博士のマーケットダイレクションモデル年間20.8%		10万ドルが56万5650ドルに
2003/04〜2009/07	マーケット・システムズII-DD	年間10.4%	2003/04から	キャッチャー博士のマーケットダイレクションモデル年間20.7%		10万ドルが32万4090ドルに

　実は、キャッチャー博士のマーケットダイレクションモデルのほうが最大ドローダウンも少なかった。つまりタイマートラックが調べたタイミングサイトの上位２つのウエブサイトと比べて、利益そのものでも、そしてリスク・リターンの割合でも、キャッチャー博士のマーケットダイレクションモデルのほうが優れていたことになる。比較する際に注意すべき点は、これらの２つのウエブサイトは、シグナルが発生するとリアルタイムでタイマートラックに記録されていたのに対し、キャッチャー博士のモデルのシグナルは理論値である、という違いである。これは、私が投資家として個別銘柄に20年以上投資をしてきた結果を長期にわたり記録した積み重ねである（この記録の正確性はすでに監査済みである）。モデルが出したとする利益は、ナスダックを買いシグナルで100％買い（代わりにQQQQに投資してもよい）、売りシグナルで100％売り（代わりにPSQに投資してもよい）、そして中立シグナルでは100％現金化することで得られた理論値である。

　タイマートラックで調べたあと、長期にわたって安定したパフォーマンスを記録していると私が感じた３つのウエブサイトを調べてみた。「タイミングキューブ」と「ディシジョン・ムース」と『インベスターズ・ビジネス・デイリー』紙の「ザ・ビッグ・ピクチャー」の３つ

期間	ウエブサイト	年間リターン	手法	キャッチャー博士のシステム	キャッチャー博士金増加	キャッチャー博士の賃
2005/01～2009/07	タイミングキューブ	11.5%	100%買いか売りのモデルが最高の結果を出した(ナスダックを100%買いか売りか現金化)	17.3%*	10万ドル増加	10万ドルが20万7680ドルに
2005/01～2009/07	ディシジョン・ムーズ	13.4%	100%買いのみ(EPP、EWJ、ILF、GLDなどのさまざまなETFが100%)	17.3%*	10万ドル増加	10万ドルが20万7680ドルに
2005/01～2009/07	ビッグ・ピクチャー	8.4%	マーケットが上昇中はナスダックを100%買い、調整時は100%売り、下落時は100%現金化*	17.3%*	10万ドル増加	10万ドルが20万7680ドルに
1994/12～2009/07	ビッグ・ピクチャー	14.8%	マーケットが上昇中はナスダックを100%買い、調整時は100%売り、下落時は100%現金化	31.1%	10万ドル増加	10万ドルが518万3788ドルに
1974/07～2009/07	キャッチャー博士のマーケットダイレクションモデル	33.4%*	買いシグナルでナスダックを100%買い、売りシグナルで100%売り、無効シグナルで100%現金化**	33.4%*	10万ドルが莫大な額に増加	オーニールはこうして利益を出した***

* ビッグ・ピクチャーの場合、マーケットがまったく異なる時代でも機能することを確認するために、マーケットが"下落時"に入ったときには現金化しないよりも現金化したほうが利益が上がった。キャッチャー博士のマーケットダイレクションモデルが1974年7月以降に入れた期間が長かったからだろう。米主要指標の最近の値動きを計算に出した利益を年間33.4%となった。年間17.3%だったのは2005年1月以降よりも大きく増えたのは計算に入れた期間が長かったからだろう。米主要指標の最近の値動きも大きな差を生む原因となっているのだろう。反対に、タイミングシステムにとって非常に難しい時期となっている。横ばいやトレンドのない状態が続いたり、2007年には数多くの株価や出来高のシグナルでダマシが発生した。

** 私の作った体系的なルールがまったく異なる時代でも機能することを確認するために、1920年代後半と1930年前半についても無作為抽出してこのモデルを検証してみた。チャートには人間の本質の生写しとでもいうべき統計的な優位性を持って繰り返される、大切なものが埋まっている。システムは日々の価格と出来高の動きから作られるため、人間の本質が変わらないかぎり、これらのパターンを使い続け、多くの相場サイクルを乗り越えることができる。25年以上ものあいだ、たしかな技をあげているレンドフォロー投資家(ジョン・ヘンリーやビル・ダンなど)が数十億ドルという資金を運用するまでに至ったのは、システムを信じて使い続けたからである。

*** オーニールは1958年から自身の財産を増やし続け、チャートを使い続け、自分のシステムを信じて使い続けた。

である。『インベスターズ・ビジネス・デイリー』はいまだに私も利用している素晴らしい情報源である。私が注目したのは、タイミングモデルにとって最も難しい時期だったここ４年半である（2005年１月〜2009年７月）。この期間は揉み合いやトレンドのない状態が続いた。2007年にはダマシが数多く発生している。

　元エンジニアで現在はフルタイムの個人投資家であるマイク・スコットは、マーケットの調査に秀でた、情報を扱う専門家である。そのスコットが1994年までさかのぼって『インベスターズ・ビジネス・デイリー』のマーケット判定をスプレッドシートにまとめたものを私に見せてくれたことがある。「ザ・ビッグ・ピクチャー」が掲載され始めたのは2003年からだが、彼は労を惜しむことなくそれ以前の紙面も読み返し、マーケットの方向性に変化があったことが記された記事を探していった。そのようにして1994年までさかのぼることで計算された『インベスターズ・ビジネス・デイリー』の利益と、「ザ・ビッグ・ピクチャー」欄が掲載されてからの過去４年半以上の利益を合わせて、363ページの表に示した。

　この表には、最も難しかった過去４年半で最高のパフォーマンスを記録したウエブサイトの結果が示されている（2009年８月現在）。

　あらかじめ決められたルールに従ってシグナルを出した私のモデルが「ビッグ・ピクチャー」欄のマーケット判定のパフォーマンスを上回ったのには、次のような理由が考えられる。

- まず初めに、『インベスターズ・ビジネス・デイリー』のマーケット判定がETFのタイミングモデルとして使われる目的で作られたものではないということを覚えておくことが重要である。ここの読者は一般的に、次のような目的でシグナルを利用している――買いシグナルが出たときに正しい銘柄を買うため、マーケットに下落の圧力がかかっていたりそれを示すシグナルが出たときに損切りを早

めにするため、そして売りシグナルが出たら損切りを早めにしたり新たな銘柄を買わないようにしたりするため、である。「ビッグ・ピクチャー」欄は毎日欠かさず読むべきである。私は『インベスターズ・ビジネス・デイリー』こそが世界最高の金融紙だと信じている。キャッチャー博士のマーケットダイレクションモデルが生み出した利益は、ナスダックの買いシグナルで100％買い（代わりにQQQQを買ってもよい）、売りシグナルで100％売り（代わりにPSQを買ってもよい）、そして中立シグナルで100％現金化することで得られた結果である。もちろん、優良な個別銘柄を選んで買いシグナルで買えば、この結果はさらに改善されるだろう。

●私のモデルには、価格や出来高の動きにかかわらず、損失を制限するための安全対策が組み込まれている。

●私のモデルの根幹であるシステム部分は裁量で変更できない。ウィリアム・オニールとともに仕事をした期間から学んだのは、最高の投資家でさえもマーケットにダマされることがあるということだ。オニールほどの経験を持つ投資家でも難しい時期に直面すると判断を誤って損失を被ることがある。それならば、統計的に機能することが証明されている、マーケットの実際の価格や出来高の動きに基づいて作られた体系的なルールに従っているほうがよいのではないだろうか。オニールはいつも、個人的な見解などは関係ない、関係あるのは事実だけである、と教えてくれた。そういう意味では価格と出来高ほど事実に基づいているものはないだろう。とは言え、2009年半ばに私はこのモデルにも裁量で変更できる部分を付け加えた。裁量で変更を加えることで、完全にルールに従うだけで出してきたモデルの利益をさらに向上させることができるはず、と直感したのである。しかし、私の個人的見解などは関係ない。この裁量による変更が本当にモデルのシステムによる利益を向上させることができるかどうかは、時間が答えを出してくれるだろう。私は自分の

能力を信じているが、難しい時期に直面したオニールがマーケットの判断を誤って損失を被ったのならば、それと同じ原因が、私のなかにも必ず存在していると考えるほうが自然である。

補足　ウィリアム・オニールは最高の投資家のひとりと言われるが、それはオニールが新たなトレンドの直前に将来性の高い銘柄を素早く買い、それに増し玉していくからである。それが彼のパフォーマンスを大きく向上させて、長年にわたる3ケタ利益を可能にしているのである。

●このモデルには売り抜け日とフォロースルー日の定義であいまいな点はない。オニールが著書で紹介したタイミング手法は、その手法を実行してみた多くの投資家を困惑させる部分があった。わずかに上昇して引けたが流れ星を形成している場合は？　錯綜した売買が原因で起こった売り抜け日はどのように定義するのか？　どのくらいの期間に売り抜け日が何日あれば売りシグナルになるのか？　フォロースルー日の条件となる閾値の割合は？　出来高が平均よりも大幅に少なくても前日よりも多ければフォロースルー日になるのか？――このような質問が挙がっていた。

キャッチャー博士のマーケットダイレクションモデルは、過去数年間よりも1974～2009年の35年という長期間で見たほうがずっと良い成績を収めているが、それはなぜか？

この数年間はタイミングシステムにとってとても難しい時期だった。揉み合いやトレンドのない状態が続いたり、2007年にはダマシが数多く発生したりした。しかし、そのような難しい時期でも利益を増やすことはできる。ナスダックの代わりにレバレッジが2倍や3倍の

ETFを売買するのである。ETFの多くに相関性があることから、その選択肢は幅広い。しかし、ナスダックになるべく近い値動きをするETFを選びたいのなら、レバレッジが2倍のQIDやQLD、あるいは3倍のTYHやTYPが最も適しているだろう。本章の「このモデルの弱点は？」という質問のなかで、2009年にTYHを使ったときのこのモデルの利益について説明しているので、ぜひ参考にしてほしい。

タイミングサイトのなかには莫大な利益を上げているものがあるが、気をつけるべき点は？

タイミングサイトで素晴らしい利益を出しているウエブサイトを見かけたときには、次のような質問を投げかけてみることが重要である。

●**そのウエブサイトの2005年1月以降の年間パフォーマンスは？**
　ほとんどのウエブサイトがこの期間には十分な結果を出せていない。タイミングサイトにとってここ数年間は最も難しい時期だった。全体で大きな利益を上げているウエブサイトのなかには、2005～07年に不振だったにもかかわらず2008年に異常なほど莫大な利益を上げているものがある。しかし、そのような一貫性のない利益では胃潰瘍を患うのがオチである！

●**売買を何回ほど繰り返したのか？**　ウエブサイトによっては年間75～100回以上の売買を繰り返しているものがある。これでは手数料が膨らむだけである。

●**途中で戦略を変えていないか？**　そのウエブサイトのルールを詳しく読んでみよう。高い年間リターンを報告しておいて、実は戦略が途中で最適化されていると書かれていることがある。つまり、戦略を途中で修正したにもかかわらず結果の見せ方をごまかして、できるだけ高いリターンになるように見せているのである。また、内容

を変更してから実行した戦略なのに、まるで最初からずっとその戦略を実行していたかのように結果を見せることで、リターンを大きく見せていることもある。

●**総リターンが莫大ではないか？**　総リターンは無視しよう。これに意味などないからである。総リターンが莫大になるとそれは驚きの数字になるがこれには裏がある。例えば、1974年7月から毎年33.1％のリターンを出した私のモデルの場合、総リターンは256万467％である。別の言い方をすれば、1ドルが2万5605ドルになったということである。時間さえ十分にかければ、とても強い複利の力が働くのでこのような結果になる。本書が7年間で1万8000％のリターンを出したとうたっているのは、その数字が読者の目を捕らえることを狙った作戦であるが、このような莫大な値も年間リターンにして計算し直すと、もっと納得のいくものになる。7年間で1万8000％のリターンを出した私のモデルの場合、1年間の平均リターンは110.5％になる。余談になるが、私の年間リターンは実際には110.5％を上回っていた。これは毎年支払う税金分を投資せずに口座にそのまま現金にしておいたからである。1997～2000年当時の税率は全部で（連邦税や州税などすべて合計すると）50.5％だったので、年初に私が実際に使える資金は口座にあった資金よりもずっと少なかったのである。しかし私の利益を証明するために監査を行ったKPMGが通常の会計方法でこの事実まで計算に入れることはもちろんできなかった。ケビン・マーダーとマーク・デュペの共著『ザ・ベスト――カンバセーションズ・ウィズ・トップ・トレーダーズ（The Best : Conversations with Top Traders)』のなかで私のリターンが7万％以上であったと書かれているのは、そのような理由からである。

●**そのウエブサイトのシグナルは長年の理論値であり、実践は1年に満たないのではないか？**　これは、われわれのウエブサイト

（http://www.virtueofselfishinvesting.com/）に掲載されているタイミングモデルにも当てはまることである。このモデルのタイミングシグナルが一般に公表されたのは、本書が初めてである。何でも自ら丹念に調査してみよう。そのモデルの作成者の過去のパフォーマンスはどうなのか、あるいはその人物の高い能力を証明するほかの記録はあるか？　モデルの作成者の名前をグーグルなどで検索してみるのも、より明確な状況を把握するための効果的な情報収集の方法である。

　なかには長期にわたって高いリターンを理論値で達成しているとうたっているウエブサイトがある。しかし高いリターンに見せるために、データを無理やり当てはめている可能性もあるので調べる必要がある。本章ですでに述べたことだが、そのシステムの将来の予測価値を説明せずに、過去のデータにばかり必要以上に注目しているときは、無理やりデータを当てはめている可能性が高い。これは多くのタイミングシステムに影響を与えるワナである。これが原因で多くのシステムが十分な結果を出せずに終わるのだ。過去20年間の結果が素晴らしいシステムは、その期間の利益を最大限にするための変数を当てはめているだけかもしれない。そういったシステムには不必要なデータが組み込まれているために、将来にわたり継続して十分な利益を上げることができないのである。

裁量で変更するとはどういうことか、そして変更をこのモデルにどのように適用するのか？

　私のモデルは長年私のトレードにおいて機能することが証明されているため、ルールに従うシステム部分が最も大きな部分となるのは今後も変わらないだろう。しかし、場合によってはわれわれのウエブサイト（http://www.virtueofselfishinvesting.com/）の会員に裁量でシ

グナルを出すことがある。繰り返しになるが、私は直感では裁量での変更がシステムの結果を改善すると信じているものの、マーケットの価格や出来高の動きに基づいたルールに従うべき、というもともとの信念を変えてはいない。豊富な経験を積んだオニールほどの投資家でさえも、トレンドのない難しい時期には損失を被ることがあるのだ。そう考えると、マーケットの実際の価格や出来高に基づいて機能することが統計的に証明されているルールに従っているほうがよいのかもしれない。オニールは常に、個人的な見解などは関係ない、関係あるのは事実だけであると語っていた。そういう意味では価格や出来高ほど事実を反映しているものはないだろう。

それを踏まえたうえで、裁量での変更はどのようなときに適用するのかを見てみよう。

- 十分な数の銘柄がしっかりとしたベースからブレイクアウトしているとき——1996年３月にアイオメガなどの銘柄が新高値を付けてブレイクアウトしたのがその例である
- 信頼性の高い補助的指標が複数同時にマーケットの強さや弱さを示しており、それがモデルの示す方向と反対のとき
- 将来にわたり影響を与えるような極めて珍しい１回きりの事象が起こり、それがモデルのシステムそのものを買えてしまう可能性があるとき

このモデルのシステム部分や裁量の部分を自分のトレードに取り入れるべきか？

システムの部分が機能することは35年以上の歴史が証明している。裁量の部分はポジションサイズを変更したり、ルールを一時的に変更するためにある。実践では、ポジションサイズはシグナルの強さによ

って決める。このモデルを使用する難しさを示すために、損失につながったある一例を紹介しよう。利益につながった多くの例を挙げることは簡単だが、難しい状況から学ぶことは多い。2009年11月9日に弱い買いシグナルが出たので、私は資金の50％を使ってQQQQを買った。売り抜け日が増えていくなか、私のモデルは売りシグナル待機状態に入っていた。2009年11月19日に売りシグナルが出ると、私はすぐにレバレッジ3倍のディレクション・ファイナンシャル・ベア・3x（FAZ）に変更して30％のポジションを建てた。FAZに変えた理由は、金融セクターの不振のせいでマーケットが何カ月も低迷していたから、そしてFAZに30％のポジションを取ることはスパイダー・ファイナンシャル・セクター（XLF）に90％の空売りのポジションを建てることと事実上同じだからだった。その後、ナスダックが2009年11月19日に付けた安値を下回ったときに、FAZに30％を増し玉した。11月27日に再び安値を更新すると、私はTYPにさらに30％を増し玉した。このETFもレバレッジ3倍でナスダックの値動きとは反対の動きをする。つまり、ナスダックが下落するとこのETFは上昇するのだ。ナスダックを空売りする代わりに、反対の値動きをするこのETFを買うというわけである。当時の米国の経済状況を考えると金融セクターがすぐに上昇するとは思えなかったが、それでもレバレッジが3倍もするETFの大きなポジションを保有するようなリスクの高いことはしたくなかった。そこでTYPにも分散して投資することにしたのである。ナスダックとは反対の動きをするレバレッジ3倍のETFに合計で資金の90％を使ってポジションを建てたことで、事実上は資金の270％でナスダックを空売りしているのと同じことになった。さらに買い値も平均すると安くなったので、損切りまでの余裕も十分あったのである。

　実践では、モデルの裁量部分を変更してレバレッジの効いたETFを買うのか、あるいはごく普通にモデルのシステム部分のルールに

従って中立シグナルが出ていないときにはQQQQを100％買いか売りにするだけにするのか、その判断は投資家に任されている。ちなみに2009年11月27日以降、マーケットは再び上昇した。これは2009年3月から繰り返し話題になっていたFRBによる量的緩和がマーケットの上昇を後押ししたからである。11月27日以降はモデルに安全対策が組み込まれたため、利益は減少したが損失も3％以下にとどまり、資金を守ることができた。

シグナルが出ても翌日の寄り付きまでトレードできない投資家はどうしたらよいか？

日中にシグナルが出ても、翌日の寄り付きまでそのシグナルに対応できない投資家もいるだろう。この間にマーケットがさらに下落して日中に買った投資家よりもわずかに有利な価格で買えることもあれば、マーケットがさらに上昇して日中に買った投資家よりもわずかに不利な価格で買うことになることもある。つまり、実践では相殺されると考えればよい。

このモデルのもととなるルールが今後もずっと機能するかどうかは、どうすれば分かるのか？

キャッチャー博士のマーケットダイレクションモデルが使っているのは、われわれが作ったルールでもウォール街のルールでもなく、マーケットのルールである。主要な市場の平均株価を20の相場サイクル（1920年代まで）までさかのぼって統計的に重要な結果を選び出し、さらに主導株や補助的な指標の動きがどのようにマーケットに影響するかを研究した結果が、このモデルのルールなのである。

現在のマーケットは極めてまれな状況にある。高頻度トレードを行

う投資法などが生まれたことで、価格や出来高の動きが今後も同じように続くのか、そしてトレンドフォローがこれからも使えるのか、と疑問に思うこともあるだろう。もちろんこれからも同じように続く、と私は自信を持って答えたい。本章ですでに述べたように、マーケットダイレクションモデルは2009年6月1日～2010年5月31日の間に実際の資金を使った検証用ファンドで53.8％のリターンを記録した。この間、マーケットに実際に投資していたのは半分以下の期間である。もうひとつの検証用口座では、レバレッジ3倍のTYHのような変動の激しいETFを投資対象にして、買いシグナルで100％買い、売りシグナルで100％売り、そして中立シグナルで100％現金化という手法で私のシステムがどれほどの利益を出せるかを確かめた。2009年6月1日～2010年5月14日でこの口座は189.9％のリターンを記録し、2010年5月31日現在は215.1％のリターンを記録している。

　結論として言えることは、現在のような極めてまれな時期であってもトレンドは現れるということである。名作『**トレンドフォロー入門**』（パンローリング）の著者マイケル・コベルに聞いてみるとよい。『トレンドフォロー入門』のなかでコベルは長期トレンドフォローで成功しているジョン・ヘンリーやビル・ダン、そしてエド・スィコータと熱心に対話をしている。たしかに2009年以降、彼らのようなトレンドフォロー投資家は困難に直面している。しかし、彼らは急激な下落を過去にも何度も経験したことがある。25年以上ものトレード人生のなかで、そのような時期に出した損失を十分に取り戻しているからこそ、彼らの長期にわたるパフォーマンスが高い評価を受けているのである。彼らのトレード人生のなかで、トレンドフォローや価格や出来高の動きに基づいたルールなどは古めかしい手法だと言われた時期もあった。しかし彼らは、マーケットが再びトレンドを取り戻すことを信じて、終始一貫して自分のシステムを使い続けた。これが彼らが優れている点なのである。

モデルを作るときに重要なのは、完全に客観的な立場に身を置いて、マーケットが何を語りかけているのかに耳を傾けながら情報を研究することである。モデルを作るときには、エゴや自分の正当性を証明するための場所はない。モデルを自分のトレードの指針とすることを決めたのならば、そのモデルを見捨てることがないように弱点を徹底的に理解することだ。先に挙げた例のように、多くのトレンドフォロー投資家が、マーケットにトレンドがなくなった2004〜06年、1993〜94年、1976〜77年に「トレンドフォローは終わった」と宣言した。しかし、200年も続くマーケットの歴史が証明しているのは、ウィリアム・オニールやエド・スィコータ、ジョン・ヘンリー、ビル・ダンなどが利益を出し続けられるほどトレンドは頻繁に現れているという事実なのである。

マーケットダイレクションモデルのシステム部分はコンピューターでプログラムできるブラックボックスか？

　プログラムできるのは一部だけである。このモデルに組み込まれているルールはナスダックやS&P500の価格や出来高の動きの質によって変化する。したがって、このモデルを構成するルールがいくら普遍的でも、質を評価する部分は変わっていくのである。そしてこの質を評価する能力というのは、1989年から無数のチャートを分析してきた経験からしか得られないものである。
　それではこの「質」とは一体何だろうか。例え話を使って説明するのが一番よいだろう。私はウィリアム・オニールとともに長年働いてきたが、ベースの本質的な質を読み取るオニールの優れた能力に並ぶ者はほとんどいなかった。このような能力は何十年もチャートを分析してきた経験から得たものだろう。例えばベースには、素晴らしいベースや良いベース、そして最低限のベースなどがある。さらにそれら

の間にもあらゆるレベルのベースが存在するが、その違いはそのときの状況と合わせて感じ取るものである。そのわずかな差をコンピューターで「感じ取って」プログラミングするのは、相当な困難を強いられるか不可能に近いだろう。

結論

キャッチャー博士のマーケットダイレクションモデルが使っているのは、われわれが作ったルールでもウォール街のルールでもなく、マーケットのルールである。主要な市場の平均株価を20の相場サイクル（1920年代まで）までさかのぼって統計的に重要な結果を選び出し、さらに主導株や補助的な指標の動きがどのようにマーケットに影響するかを研究した結果が、このモデルのルールなのである。

モデルを作るときに重要なのは、完全に客観的な立場に身を置いて、マーケットが何を語りかけているのかに耳を傾けながら情報を研究することである。モデルを作るときには、エゴや自分の正当性を証明するための場所はない。モデルを自分のトレードの指針とすることを決めたのならば、そのモデルを見捨てることがないように弱点を徹底的に理解することだ。先に挙げた例のように、トレンドフォロー投資家の多くが、マーケットにトレンドがなくなった2004～06年、1993～94年、1976～77年に「トレンドフォローは終わった」と宣言した。しかし200年も続くマーケットの歴史が証明しているのは、ウィリアム・オニールやエド・スィコータ、ジョン・ヘンリー、ビル・ダンなどが利益を出し続けられるほどトレンドは頻繁に現れているという事実なのである。

第8章
オニールの十戒

Our Bill of Commandments

　モーセは神の手によって刻まれた2枚の石板を持って山から下り、石板に書かれていた十戒を人々に伝えたとされている。しかしウィリアム・オニールの十戒はオニールの口から直接発表されたものではない。本章で紹介するオニールの「戒律」は、われわれの主観による部分が大きい。つまり、明文化されていないが好んで使っているルールや、人生や相場の原理などを寄せ集めたものである。本書でもセミナーでもまだ説明されていなかったこれらの考え方を、オニールは日常のトレードを通じてわれわれに伝えてくれた。われわれのトレード日記はこれまでに学んだ大事な教訓で詰まっている。これらの教訓は株式市場だけでなく、人生においてもすぐに応用できるものばかりである。ウィリアム・オニールはウォール街という、世界を相手にする企業の中心地に存在する業界で、50年以上の時間を過ごしてきた。その経験から、人間関係を築く方法やビジネスで生き残る方法、さらに世の中のさまざまな不確定なことをどう取り扱うかなどについて心得ているはずである。それを読者に伝えるために、われわれはオニールの基本的な考え方や概念やルール、そして原理などを選んでまとめ、これを「ウィリアム・オニールの十戒」と名付けたのである。

よくある誤解

　オニールとオニールが経営する企業について誤解や作り話が多くある。どれも理屈に合わないものばかりで、特にオニールとその手法を陥れる目的で広められた話など、なかには度がすぎるものもある。オニールをねたむ感情が根本にある場合もあるが、ほとんどはオニールという人物について何も知らない、あるいは知ろうともしていない無知が生み出した産物である。例えば、2000～02年のインターネットバブル崩壊で厳しい弱気相場の真っただ中にあったとき、あるプロのポートフォリオマネジャーがケーブルテレビの金融番組に登場した。彼はついにこの厳しい弱気相場にも終わりがやってくると思っていた。そして司会者に質問されると、オニールを侮辱するようにこう答えたのだ――「あの勢い任せのモメンタム投資家が発行している『インベスターズ・ビジネス・デイリー』が休刊に追い込まれれば、この弱気相場にも終わりがやってくるはずですよ！」と。

　「知らぬが仏」とはよく言うが、この場合には知らなかったでは済まされない。そのような発言はウィリアム・オニールとその会社に対する大きな誤解を招くからである。オニールの企業は『インベスターズ・ビジネス・デイリー』紙を発行しているだけではない。ウィリアム・オニール・アンド・カンパニーは機関投資家向けに助言と調査のサービスを提供しているし、オニール・データ・システムズはチャートをはじめとするさまざまな印刷物を発行して国内で高い評価を得ている。それ以外にも、さまざまな規模の関連会社が存在している。

　当時のウィリアム・オニール・アンド・カンパニーのポートフォリオマネジャーであれば、2000～08年の弱気相場で最もあり得ない出来事があるとすれば、『インベスターズ・ビジネス・デイリー』が廃刊に追い込まれることだと分かっていただろう。オニールの会社は数多くの事業を展開している。国内有数の印刷会社であるオニール・デー

タ・システムズのように、なかには大きな収益を上げている企業もある。つまり、業績が振るわない会社があったとしても、それを補えるだけの経営状態の良い企業が組織内にいくつもあるということだ。それだけではない。組織の資本金を運用していた社内ポートフォリオマネジャーも素晴らしい仕事をしていた。これはオニール自身も著書の**『オニールの相場師養成講座』**（パンローリング）で証言している――「わたしたちのデータアナリシス持ち株会社で運営されている内部資金管理グループは、2003年までの5年間で1356％の純リターンを達成した」。マーケットでオニールよりも優れた投資家でないかぎりは、ビジネスで彼を打ち負かすことなど不可能なのは明らかである。利益が出なくなって会社をやむなくたたまなければならないような状況に直面しても、オニールの場合は必要な資金や手段を持っていたし、互いを補い合うことのできるさまざまな事業を抱えていた。だから経済や相場サイクルが鈍化しても、『インベスターズ・ビジネス・デイリー』が新規事業の立ち上げ時に直面したような財政問題などが発生しても、困難を乗り越えることができるのである。

　ウィリアム・オニールやその投資会社であるウィリアム・オニール・アンド・カンパニー、そして『インベスターズ・ビジネス・デイリー』紙のことを「モメンタム投資」という言葉で表現するとき、そこには必ず侮蔑的な意味が込められている。オニールとその手法を否定したり、軽視したり、けなしたりするための便利な省略語のように使われているのである。まるで上昇中の勢いのある銘柄を考えなしに買うことをオニールが推奨しているとでも言わんばかりに、侮蔑的にこの言葉を使ってオニールを中傷する。われわれに言わせれば、それは事実とはほど遠い。歴史を100年近くさかのぼってみると25以上の相場サイクルがある。そのなかから、あるひとつの例を挙げてわれわれが正しいことを証明する。

　1999年当時の相場サイクルで最大の成長株のひとつにクアルコム

（QCOM）があった。クアルコムのチャート（**図8.1**）でアミが掛かっている部分は、14カ月も揉み合いが続いた調整時期だった。それが終わると株価は取っ手付きハンドル型のパターンからブレイクアウトし、大きく上昇した。この銘柄を買ったとき、株価は長期の調整からようやく抜けだし始めたところで、モメンタムと呼べるような動きはまだ見せていない。この銘柄が示していたのは、大きな収益や成長率、高い利益率、魅力的な商品、さらに機関投資家による強い後押しなどであった。この銘柄を買ったのはファンダメンタルズ面とテクニカル面で条件が整ったからである。上昇中に増し玉はしているが、株価がどれだけ早く上昇しているかだけを見て買うような、考えなしのモメンタム投資などではないことは明らかである。モメンタム投資の意味するところが、ファンダメンタルズ面で強い銘柄が大手の機関投資家の後押しを受けながら適切な株価調整や横ばいの時期を経て抜け出し、その後大きく株価を上昇させながら利益を出していく投資法、ということであれば、特に何も問題はない。しかし先ほどのポートフォリオマネジャーのように、侮蔑的な含みを持って「あのモメンタム投資家が発行する金融紙」と言うのは、いい加減にもほどがある。

エゴを抑制することが生き残る道

　オニールは投資の世界で生き残りながら、プロとして50年以上の経験を積んできた。その過程でプロの投資家や投資会社が現れては消えていった姿を数多く目にしてきたことだろう。投資の世界で失敗する大きな原因は膨らみすぎたエゴと、あとはお金や感情に流されやすい人が富を得たときに陥る危険な心理状態である。お金が諸悪の根源になることは多々ある。お金を手にすると、そのような状態がずっと続くわけでもないのに、自己中心的な行動を取ってしまうのだ。だから第3章で述べたように、マーケットで大きく成功してその醍醐味を覚

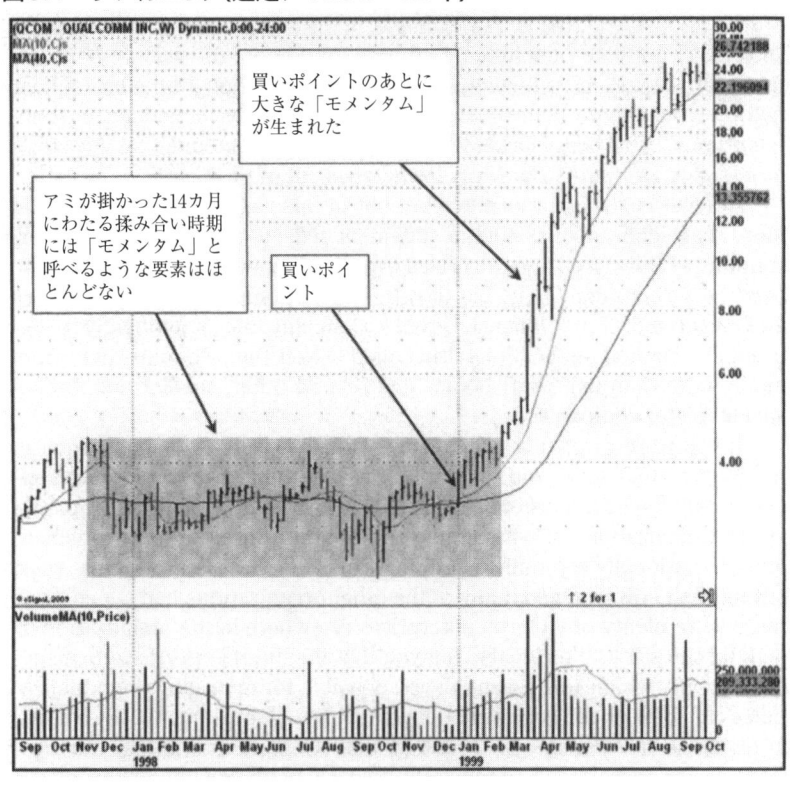

図8.1 クアルコム（週足、1998～99年）

（チャート中の注釈）
- 買いポイントのあとに大きな「モメンタム」が生まれた
- アミが掛かった14カ月にわたる揉み合い時期には「モメンタム」と呼べるような要素はほとんどない
- 買いポイント

えてしまうとそれが致命的な結果につながるのである。

　50年以上の豊富な経験を持つオニールはリスクのとりすぎや愚かな行為について多くの教訓を知っている。われわれにもそのいくつかを教えてくれた。ヘイデン・ストーンでオニールが出会ったあるブローカーは、エール大学出身の頭脳明晰な若者だった。彼はブランズウィックやアメリカン・フォトコピーのような1960年代の急成長株を多く買って大金を手に入れた。ところがそれらの株価が下落を始めると、このほうが確実だとして「長期投資家」に転身した。つまり、彼は保有株が上昇しても黙って眺めていたし、下落に転じてもただ見ているだけだったのだ。そして最後には破産してしまった。オニールの知っ

ている別のブローカーは、1960年代に15万ドルを借りて（当時としては大金だった）そのころ人気だったハイテク銘柄のソロトロンを信用買いした。株価は275ドルで天井を付けたあと、8ドルまで下落した。その間ずっとこの銘柄を持ち続けた結果、このブローカーは職を失い、妻に逃げられ、破産宣告をし、最後には脳卒中で倒れてしまった。こういった話を聞くと、マーケットで当初は成功を収めた投資家がいかに無茶な行動に走り、悲惨な結末を迎えるかが想像できるだろう。

　1999年6月、アメリカ・オンライン（AOL）の最高経営責任者であるスティーブ・ケースが多くの金融誌で取り上げられていた。オニールはケースの写真を見てあることに気がついた。その写真は、アメリカ政府がマイクロソフトに対して起こした独占禁止法の訴訟中に、証言を終えて政府の建物から出てきたケースを捕らえたものだった。ケースは得意気な顔に満面の笑みを浮かべていた。ウィリアム・オニールほど人間の本質を理解している者はいない。特に、めまぐるしいほどの成功を収めて有頂天になった会社経営者の本質を見抜く力はずば抜けている。企業の最高経営者らがあきれるほど有頂天になるのは自信過剰だからである。オニールはケースの顔にそれを見た。そして、AOLの栄光の日々がすでに過ぎ去ったことを正確に予測した。AOLの株価は1999年後半に高値を試したあと、1999年12月に267.76ドルを付け、そこから下落を始めた。そして2002年の弱気相場で24.31ドルの安値を付けた。そのような不名誉な事態からなんとか抜け出そうと、AOLは2000年にタイム・ワーナーを買収して社名を変更した。分別のかけらもないような行動だが、自らを全知全能と思い込んでいる経営陣の間ではそう珍しくない。

　オニールはある考えを持って投資の世界に臨んでいる。この業界で生き残るためには、さらには人生で生き残るためには、きちんとした思考を持つことが必要で、成功や富がもたらす心理的なワナにはまってはならない、というものである。オニールはマーケットで大金を手

にした投資家の心理パターンや行動パターンをよく理解している。そのような投資家はいずれ、富を得るという偉業は魔法のようにいつでも思いのままにできるわけではないことに気がつく(なぜなら大きな利益を得るにはマーケットのトレンドが必要で、それはたったひとりの投資家の力ではどうにもならないからである)。すると彼らはもっとリスクの高いトレードに手を出したり、突然「長期投資家」に転身したり、資産を継続的に増やそうとレバレッジを掛けた作戦を考えたりして、派手な消費パターンを悪化させていくのである。

　オニールの倫理観は企業運営にも反映されている。データ・アナリシスやインベスターズ・ビジネス・デイリー、ウィリアム・オニール・アンド・カンパニー、オニール・セキュリティーズらを初めとする関連会社は、すべて比較的質素でこぢんまりとした場所にある。オニールに実力を認めてもらえればオフィスの古いカーペットの破れを修復するためのガムテープを買ってもらえる、と同僚とよく冗談で話したりもした。ご褒美にカーペットを新調するのはオニール流ではないからである。もちろん冗談で大げさに言っているのだが、生意気な社員が闊歩するグーグルのような派手なオフィスではないことはたしかだ。ウィリアム・オニールの下で働く目的はマーケットで大きな利益を出す方法を学ぶためである。日常的にマッサージをしてもらったりクリーニングをしてもらったりするためではない。オニールが倹約家でいられるのは、世界恐慌の時代に生まれたことと生まれ持った良識があるからだろう。それだけでなく、成功を収めた理性的な投資家がエゴや自信過剰といった投資の世界にある心理的ワナに陥る過程をオニール自身がよく理解しているからだろう。投資の世界で成功を収めたときに利益で新車を買って喜ぶなど言語道断、と言っているわけではない(買う車がフェラーリでは問題だが!)。しかし、常に心の均衡を保ち、質素でいることを忘れてはならないということを、オニールは伝えようとしているのである。すべての投資家がこの教訓を心に留め

ておくべきである。2009年の金融危機は、有頂天になった政府による「万民のための自由とばらまき」とも呼べる政策がその一因であった。アメリカ合衆国という国全体もオニールの教訓から学ぶことは多いはずである。

第一戒──「自己を見失ってはならない」

「自己を見失ってはならない」──オニールは人生全般や株式投資のさまざまなルールや原則を繰り返し教えてくれたが、その第一戒がこれである。富がもたらす幻想やワナに影響されてはならない、というのがその基本的な考え方である。人は自分を見失うと何らかの行きすぎた行動に走ってしまうものである。それが最終的には崩壊を招く。この第一戒はとても重要である。

自分を見失った原因を理解することで失敗や崩壊を免れた投資家は多い。一方で、ウィリアム・オニールの崩壊を予測することに、ある種の自分勝手な満足感を得ようとする人間が多いのもまた事実である。そのような投資家が成功することはほとんどない。本章の初めに、あるポートフォリオマネジャーの暴言を紹介した。『インベスターズ・ビジネス・デイリー』紙が廃刊に追い込まれれば、2000～02年の厳しい弱気相場も終わるだろう──そう予測した彼の言葉は知識に基づかないでたらめであることが証明された。しかし、彼のようなことを言う人間は少なくない。オニールのように成功している人物は、ときに嫉妬という人が持つ否定的な感情の標的になってしまうのである。

このような嫉妬を現す良い例がある。サイマー（CYMI）という世間が注目していたセミコンダクター銘柄があった。あるとき、オニールがこの株で大きな損失を被った、といううわさが流れたのである。それはこの銘柄が暴落したとき（**図8.2**）にオニールが大きな損失を被って痛手を受けた、という内容だった。マーケットがどのような

第8章 オニールの十戒

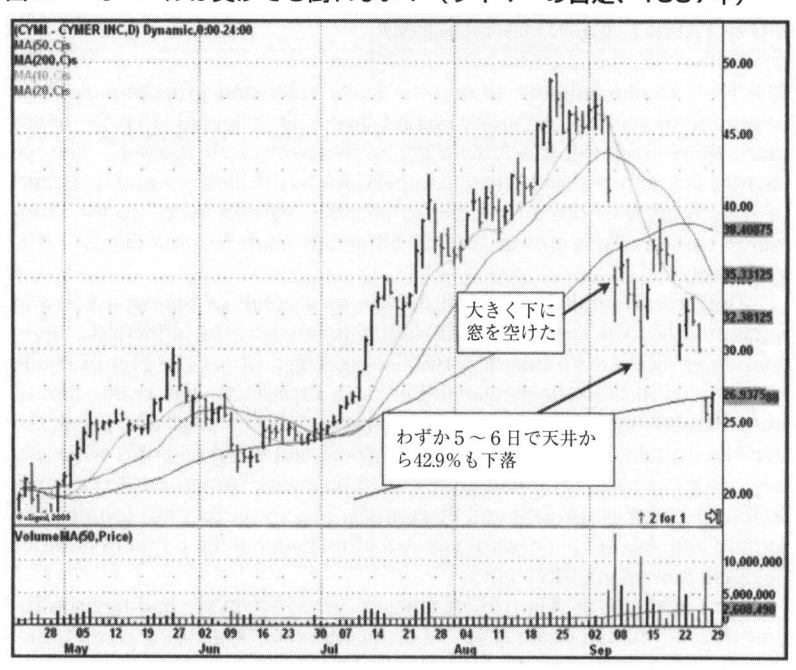

図8.2　オニールは負けても倒れない！（サイマーの日足、1997年）

（チャート中の注釈）
- 大きく下に窓を空けた
- わずか5～6日で天井から42.9％も下落

動きをしてもオニールが集中力を失うことなどけっしてない。このうわさの真偽はオニール本人に聞けば分かることであるが、われわれには分からない。明らかなのは、仮にサイマー株でオニールが本当に損失を被っていたとしても、本人は何の影響も受けていないということである。たとえ大きな「痛手」と思われるような損失だったとしても、オニールならば長年の投資人生のなかですでに経験した程度の損失にすぎないだろう。オニールはこれまで何回もそういった痛手から立ち直っているのである。このうわさが真実なのか、またはオニールの失敗を望んでいる悲しい人間が流した単なる作り話なのかは分からない。しかし確実に分かるのは、このうわさが流れてから2年半たった今でも、オニールとその下で喜んで働く社内ポートフォリオマネジャーは

マーケットで1000％を超える利益を出し続けている、という事実なのである。

第二戒──「恐怖におびえて行動してはならない」

「恐怖におびえて行動してはならない」──オニールは難しい状況でも勇気と忍耐を持ちながら再び利益を回復することで、この第二戒を自ら体現している。損失を被ってしまった、またはほかの過ちを犯してしまった、あるいは自分のリスク許容範囲を超えて心配になってしまった、など不安になる理由はいろいろとあるだろう。しかしマーケットを恐れるということは、不透明で不正確な判断をする状況に身を置いているのと同じなのである。そのようなときにはポジションを調整してそのような恐怖心を取り除く必要がある。マーケットに対して慢性的な恐怖心を持っているということは、投資をする心の準備が整っていないことを意味している。

常に強気で行動するという原則は、オニールのビジネスへの取り組み方にも現れている。オニールの経営する会社はおそらく特殊なものだろう。株式市場とあまりにも密接に結びついているために、われわれは事業の見通しを立てる道具として株式市場を利用しているからである。マーケットが天井を付けて弱気相場が始まると、われわれはマーケットには経済の停滞が反映され始めているのだと理解する。そしてこのようなときは、オニールから各会社の部署に経費を10％カットするようにという通達が出るのだった。業績が悪化する前に先手を打ち、やがて訪れる災難に強気で備えるためである。また、借金を抱えないことも強気で行動することになる。そのためオニールはけっして企業の運営を借金に頼ったりしなかった。キャッシュフローを何よりも重要視しつつ、社内のポートフォリオマネジャーが株式市場での投資に成功していたおかげで、オニールの会社は常に有利な立場に立っ

ていた。気持ちが弱くなっているときには、その気持ちをすぐに切り替えて強気な姿勢を持つ、という原則に従うことが不可欠である。強気で行動するということはそういうことなのである。

第三戒──「敵から学ぶことのほうが友人から学ぶことよりも多い」

「敵から学ぶことのほうが友人から学ぶことよりも多い」──オニールは自分を中傷したり批判したりする人間の否定的な考えを、いつも前向きにとらえることができる。何でも批判する人間や陰口をたたく人間を見ると、われわれはオニールのこの第三戒を思い出すのである。これはオニールの典型的な手法で、否定的な考えを肯定的な考えに変えることで、第三者による批判をある種の学びとして受け入れるのである。あなたを陥れたいがためにあなたの行動を見ながら小さな欠点を探し、それを誇張してうわさするという行動は、敵がすることである。しかしその過程で、あなたは敵から自分の弱点や欠点──オニールが好んだ言い方を使えば「欠陥」──を学ぶことができるのである。あなたの長所を見てもらうのは友人に任せればよい。しかし、自分を高めようとしている者にとっては友人の言葉はあまり役に立たない。オニールが他人の批判をするときは、いつも好意的な中傷者という立場を取り、その人物の成功などには触れずに失敗したことを露呈して、相手をこき下ろす手法を好む。われわれはオニールの下で運用した口座の総利益から一定の割合を報酬として受け取っている。これは自社の資金を運用する事業としては標準的なやり方である。例えば、200万ドルの口座を運用して3000万ドルに増やしたら、その総利益である2800万ドルに対して一定の割合を受け取るのである。1999年当時、報酬に関して言えば、ウィリアム・オニールの下で資金を運用する以上に恵まれた仕事はなかっただろう。1999年に大きな利益を出

したあとは、さすがにオニールが多額のボーナスを差し出しながら、なんて良い仕事をしてくれたんだ、とお世辞や称賛の言葉でも投げかけてくれるかもしれないと淡い期待を抱いたが、それはやはりかなわなかった！　代わりに彼は書き留めておいた自分のメモを読み返しながら、われわれの失敗トレードや愚かな過ちを指摘してくれた。彼は「すべて正しく投資していれば、1000％増の利益を出すことだってできたはずだろう！」と言っていた。

第四戒──「常に自分の犯した失敗を分析してそれを正しながら、学ぶことや自己改善をやめてはならない」

このような経験から、われわれはオニールの第四戒に精通するようになった──「常に自分の犯した失敗を分析してそれを正しながら、学ぶことや自己改善をやめてはならない」。一般的に、株式市場で成功した話はよく聞くが、失敗した話はあまり聞かない。オニールは自分の過ちに目を向けようと努めているのである。

第五戒──「保有銘柄について話してはならない」

「保有銘柄について話してはならない」──第四戒を達成するためにあるのが、オニールのこの第五戒である。マーケットで成功したことを興奮しながら吹聴するのは、オニールが大変嫌う行為である。保有銘柄について絶対に口外しないという簡単な方針に従うだけで、自分の成功を声高に言いふらしてエゴを満たそうとすることもなくなる。このルールを実際に実行してみれば、保有株に対する態度に変化が現れるに違いない。

第六戒――「株価が天井を付けても有頂天になってはならない」

「株価が天井を付けても有頂天になってはならない」――第五戒を守ることができれば、この第六戒も守れるかもしれない。この教えがあるのは、通常、株価が高値や天井を付けたときこそが売り時だからである。

　もしも1種類のチャートしか使ってはならないと言われたら、ウィリアム・オニールは週足チャートを選ぶだろう。少なくとも、オニールはかつてわれわれにそう話してくれた。それにはもっともな理由があった。まず、オニールはニュースや日中の値動きなどの騒音を遮断する。オニールにとって日中足チャートというのは、事実上役に立たない代物である。リアルタイムの取引価格を見るのは邪魔だけ、とオニールは感じている。それは、マーケットよりも20分遅れで行動を起こしても、オニールが使う時間枠であれば何の影響も受けないからである。オニールが追っているのは、機関投資家が多く取引している「大型銘柄」である。なぜなら機関投資家はどの経済成長期でも、常に最先端にいる大きな成長株へと現金をつぎ込むからである。そして数週間から数カ月もかけてポジションを売買するので、その動向が短期の日中足チャートや日足チャートに現れることはほとんどない。このような理由から、オニールは自分の「視覚的道具」として週足チャートを選ぶのである。

第七戒――「最初に週足チャート、そして次に日足チャートを使い、日中足チャートは無視しなければならない」

「最初に週足チャート、そして次に日足チャートを使い、日中足チ

ャートは無視しなければならない」——これが第七戒である。週足チャートは短期の変動などの騒音の多くを取り除くだけでなく、機関投資家による買い集めという重要なサインも示してくれる。

第八戒——「まずは大化け株を見つけ、次にそれを大量に保有する方法を見つけなければならない」

ある銘柄の買い集めを見つけるために週足チャートを使うのは、オニールの手法を抜粋して作ったわれわれ独自の「大化け株の原理」に沿った考え方である。それを実行するために作られた重要なルールが、「まずは大化け株を見つけ、次にそれを大量に保有する方法を見つけなければならない」という第八戒なのである。

第九戒——「一夜をともにする相手を慎重に選ぶこと」

オニールが教えてくれたルールのなかで、おそらく最も重要で、しかも簡単に守れるのが、「一夜をともにする相手を慎重に選ぶこと」という第九戒である。これは恋愛のルールとして作ったつもりはないが、性感染症がはびこる現代においてはその方面でも役に立つ助言かもしれない。ここでは、日常的な営みのなかでだれとかかわるかは慎重に考えなさい、という意味で使われている。2人の人間の間に生まれる信頼関係や思いやりの気持ちは、仕事だけではなく人生全般において最も重要な要素である。それを他人とのかかわり合いのなかで見つけることはなかなか容易なことではないとオニールは強く信じている。特に、投資の世界においてこの第九戒は重要な教えである。投資業界にはバーナード・マドフのように無断で盗みを働く人間や、彼ほど悪賢くないにしても不誠実でインチキで悪巧みをたくらむ人間が大

勢いる。これはどの業界にも共通することかもしれないが、誠実で信頼できる人物は人生をずっとともにする価値のあるパートナーとなる。それはつまり、共通の価値観を見つけることが困難な今の世界で、絶対的な信頼を置ける、いつでも頼れる友人を手に入れることにほかならない。生きていると多くの敵や中傷者に出くわすものである。だからこそ、友人や人生の伴侶やビジネスパートナーを選ぶときには注意深く、そして賢くなければならないのだ！

第十戒──「常に異常なほどの集中力を維持しなければならない」

　マーケットにささげるオニールの献身ぶりと情熱は、彼の持つ素晴らしい特質であると言える。「常に異常なほどの集中力を維持しなければならない」──という最後の第十戒はここから生まれた。ワーカーホリックになれと言っているのではない。頭を空にして仕事に対して一生懸命取り組め、という意味である。自分が情熱を注げるものを見つけることができれば、その情熱を表現する行為として行う「仕事」が「労働」になることはけっしてないからである。だれもが自分の好きなことを仕事にできるという幸運に恵まれるわけではない。異常なほどの集中力を維持しろというのは、裏返せば、常に何らかの方法で生きる情熱を追い求め続けろ、と言っているのと同じである。これこそが人生において生きる価値を生み出すのだ。けっしてあきらめずに情熱を追い続ければ、異常なほどの集中力が養われ、それがやがてはあなたを高い水準の成功へと導いてくれる。オニールは、ただ座ってビールを飲みながらテレビを見たりテレビゲームをしたりというのは、価値のない行為であるばかりか面白くもなんともないものだと考えていた。オニールは常にこう言っていた──「ちょっと手を出すだけじゃだめなんだ、実際に飛び込んでみないと！」。

この言葉を理解するために、オニールの休暇に対する考え方を知ることから始めよう。オニールは休暇の必要性を感じていなかった。休暇は自分の仕事が嫌いな人が取るものである、という理論である。3週間も仕事場を離れて休暇を取ることができるような人は、その仕事場で自分がそれほど重要な存在ではないことを証明しているようなものだというのだ。オニールが最後に休暇を取ったのはいつかと聞いてみると、1982年であることが分かった（1999年当時の話である）。彼はオレゴンの大自然に家族を連れて行き、電話もテレビもない、外の世界と連絡を取る手段が何もない丸太小屋で休暇を過ごした。オニールの息子のスコットと当時の彼の妻から聞いた話だが、オニールはチャートの冊子をいくつか持ち込み、休暇中のほとんどの時間を丸太小屋の「大自然」のなかでチャートに没頭して過ごしたという。ところがわずか数日後にはそれにすら飽きてしまい、予定より早く休暇を切り上げて彼の情熱であるマーケットと文明社会へと舞い戻って来てしまったのだ。これがオニールの「異常なほどの集中力」なのである。彼はどんな素晴らしい大自然にも癒やしを見いだすことができなかった。それは彼の情熱ではなかったからだ。これがアンセル・アダムスのような大自然を撮り続ける写真家であれば話はまた違ったのだろう。カリフォルニア州東部のシエラネバダ山脈にあるヨセミテ渓谷で何週間もキャンプするという行為はアダムスの情熱と共通するため、その行為そのものが彼なりの「異常なほどの集中力」を発揮する場となったはずである。ウィリアム・オニールにとって大自然でキャンプするという行為は、マーケットでトレードすることに比べると「異常なほどの集中力」を見せる場として不足していたということだ。これが、オニールの第十戒の真意である。

結論

　本章で紹介した十戒は、投資家に知られている一般的なルールを超越している。本書やほかの読みものを通して既存のルールをこのように書き換えていくことは、常に純粋さと簡潔さを求めて物事に取り組もうとする基本的な概念の現れである。いろいろな指標を監視して身動きが取れなくなってしまう、というような事態には陥らない。昔のテープリーダーのように、純粋に価格と出来高の変化を信頼して、大きな資金がどこに流れ込んでいるのかをマーケットの状況にかかわらず見定めることができるからである。オニールは自身の事業と研究から、指標のなかには使用できる期間にかぎりがあるものが存在することを知っている。つまり15年という一見長い期間ですら、大きな全体像のわずかひとコマでしかないことを理解しているのである。オニールのシステムは純粋で簡潔なものである。だからささいなことで行き詰まったりしない。彼が使っている指標は、数多くの相場サイクルで使えることが実証されたものばかりである。まったく別の時代である1920年代に機能した指標が今現在でも機能しているのは、それらの指標が普遍的な人間の本質をもとに作られているからである。主導株や主要な指標の価格と出来高の変化を週足チャートと日足チャートで確認すること、そして株価や指標が描くパターンを認識すること、レラティブストレングスの値、高値の更新を視覚的に確認できるレラティブストレングス線、機関投資家による後押し、買い集めや売り抜けの評価、業界の評価、そして50日移動平均線——こういった指標を使ってオニールは投資判断を下している。ウィリアム・オニールの下で働いていると、この簡潔さを目の当たりにすることができる。すると、これまで使っていたマーケットの指標やツールや戦略などは、マーケットで大きな利益を得るうえでどれも必要がないことに気がつくのである。

われわれがオニールの会社を去ってすでに数年がたつ。オニールの「外」の世界で過ごすことで、この十戒に隠された真意が明確に見えてきた。その真意とは、投資家の振る舞いや態度や言動を決める便利な道しるべになることである。読者が集中力を切らさないように、軌道を踏み外さないように、そしてオニールがわれわれに助言してくれたように「面倒なことに巻き込まれないように」、この十戒が一役買ってくれればと願うばかりである。本章で紹介した十戒はすべて、ウィリアム・オニールの下で資金を運用していたときにオニールからわれわれに伝えられたものばかりである。オニールの下で働いた素晴らしい学びの経験については、次の章で詳しく述べるとしよう。

第9章

ウィリアム・オニールと実践に挑んだ日々

In the Trenches with Bill O'Neil

　1998～2005年、特にインターネットバブル崩壊の時期はウィリアム・オニール・アンド・カンパニーで働いている者にとってはワクワクするような時期だった。ウィリアム・オニールだけではなく、知識が豊富で才能にあふれたほかのトレーダーと肩を並べて資金を運用することができたからである。1994年のアメリカ投資チャンピオンシップ大会の優勝者であるリー・フリーストーンを初め、アル・サボヤン、ロス・ヘイバー、チャールズ・ハリス、マイク・ウエブスターなどの名だたる投資家が在籍していた。タイミングがすべてとはよく言うが、マーケットが放物線を描くように上昇した1990年代後半の時期（**図9.1**）にウィリアム・オニール・アンド・カンパニーで資金を運用することができたわれわれは、とても幸運だった。この興味深い時期とそれに続いた2000～02年の弱気相場、さらに2003年に始まった新たな「回復の強気相場」にウィリアム・オニールのすぐそばで働き、毎日彼とリアルタイムでマーケットについて議論を交わしながら細かくその内容を記録した経験は、われわれにとって貴重な勉強であった。本章では、ウィリアム・オニール・アンド・カンパニーに在職中にわれわれ２人が書いたトレード日記の要約を紹介する。それだけで１冊の本として出版できるほどの情報量である。

図9.1 1990年代は放物線を描くように上昇した（ナスダックの週足、1990～2000年）

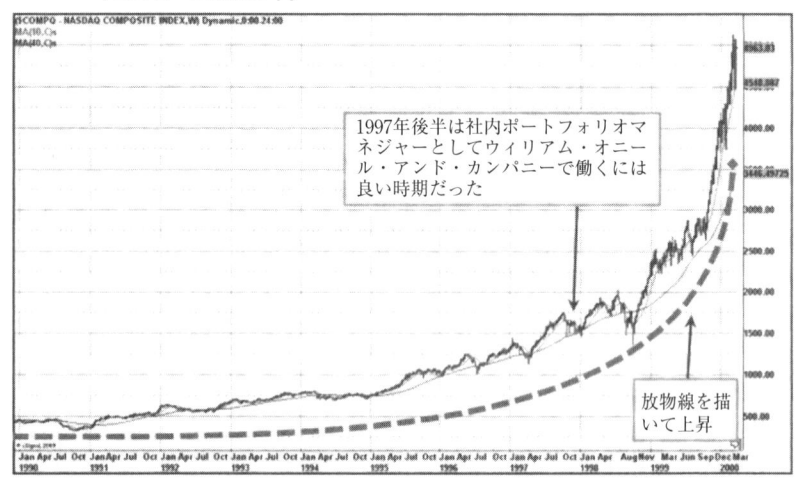

（図中注記）
- 1997年後半は社内ポートフォリオマネジャーとしてウィリアム・オニール・アンド・カンパニーで働くには良い時期だった
- 放物線を描いて上昇

1997～98年

　1997年の後半は、マーケットでわずかな利益を出すことすら難しかった。ダウ平均は1997年10月27日に当時としては過去最大の554.26ポイントという下落を記録し、1998年初めまでにはその急激な下落と調整の時期を経て株価は新たな高値圏内へと進み始めていた。2月の終わりごろ、新高値へと上昇している主導株は、大型株で、安定した収益を生み出し続けている、従来からよく知られている成長株であることにウィリアム・オニールは気がついていた。当時、彼は次のように助言した――「今のマーケットは2つに分かれている。よって、安定した収益のある会社に絞ることだ。機関投資家が買うのはそのような銘柄のはずだ」。有名な大型株で、しかも安定していて、10～15％の収益成長率を記録し信頼性も高く、長期にわたって利益を出しているような銘柄は、大きく成長する典型的なCAN-SLIM銘柄の条件には

当てはまらない。それでも、そういった銘柄は機関投資家に好まれる時期があった。オニールは「大化け株の原理」とあとから名づけた考え方に基づき、1998年のマーケットの状況で機関投資家が買いそうな銘柄を予想した。そのうえで、どのような相場サイクルでも使えるマーケットを牽引している業種を見つける最も簡単で信頼できる方法は、新高値銘柄一覧表を見て、それがどの業種グループに所属しているかを注意深く観察することであると言った。業種の動きの「速さ」をグラフ化した特別なチャートを作る必要も、業種の動きを色分けして示すことも、大局的な視点から個別の銘柄を選んでいくいわゆるトップダウン分析に頼る必要も、何もないということである。

業種の比較は無意味

1998年初めに良い動きを見せていた業種はコンピューターのソフトウエア、サービス関連で、これは家庭用コンピューターメーカーのデル（DELL）の強い値動きを裏づけるものだった。1997年後半にマーケットが安値を付けたあと、デルは1998年4月までに2回ほどブレイクアウトして買いポイントを提供した（**図9.2**）。

デルの上昇トレンドは1995年に始まった一連の上昇の流れをそのまま引き継いで続き、2000年3月にマーケットが天井を打ってようやく終わった。1995年はパソコン関連銘柄が強く、コンピューター・ビジネス・ソリューションズ（CBSL）やコンピュウエア（CPR）やコンピューター・サイエンシズ（CSC）などのコンピューターのソフトウエアとサービスの業種が、デルのようなパソコン関連銘柄の動きに続くように動いた。パソコンが特にビジネスで広く用いられるようになったことで、技術面を含めたパソコンのサービスを提供する企業が成長しやすい環境が作られた。当時のアナリストの多くが1990年代のパソコン銘柄の動きを1950～60年代のモトローラ（MOT）などのテレ

図9.2　デル（週足、1997～98年）

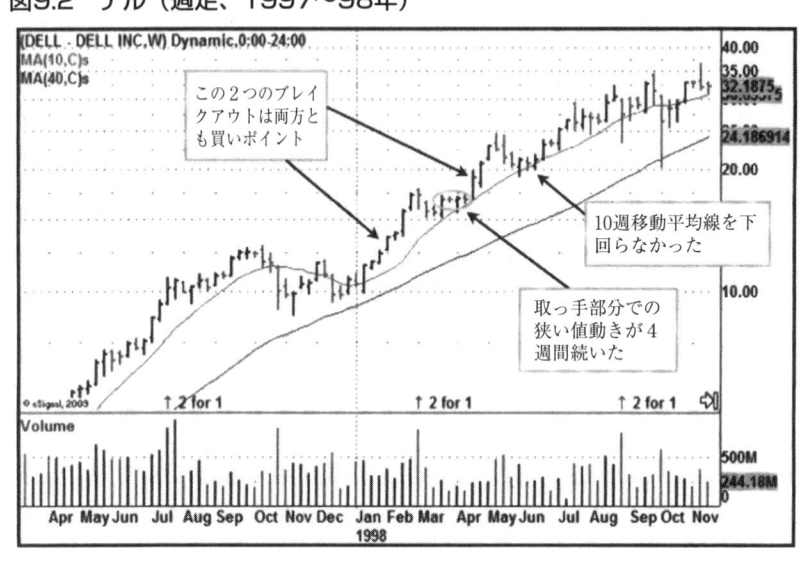

[チャート内注釈]
- この2つのブレイクアウトは両方とも買いポイント
- 10週移動平均線を下回らなかった
- 取っ手部分での狭い値動きが4週間続いた

ビ関連銘柄の動きに似ていると比較した。そして、そのような歴史的な前例を踏まえて、パソコン銘柄は株価の上昇をほぼ終えたと考えたのだ。オニールはこの評価に猛烈に反対した。なぜなら、テレビは純粋にエンタテインメントのみを目的としているのに対して、パソコンはビジネスで効率化を図るための「知識」を提供したり、個々の生活を向上させたりするためのツールとして使われていると感じたからである。この理由から、1950～60年代のテレビ関連銘柄の動きと1990年代のパソコン関連銘柄の動きを比べることはリンゴ同士を比べるような単純なものではなく、有効な比較ではないと考えたのである。

　1998年前半のデルの週足チャートはそのようなオニールの考えを裏づけるものだった。さらに、投資に必要な情報はすべて価格と出来高の変化に示されていることもこのチャートが教えてくれている。また、パソコン銘柄の今後の株価の動きを1950～60年代のテレビ関連銘柄と比較することで、合理的な推測をしようと試みたアナリストたちの意

見が的外れだったことも証明していた。1998年4月当時、われわれはデルのチャートを観察していた。株価はまっすぐ横に推移して小刻みに動き、出来高も減少していた。そして株価は4週間連続して狭い範囲の値動きを見せたあとに上昇を始めた（**図9.2**）。**図9.2**のチャート上で丸で囲んだ4週間のうち2週間は上昇し、2週間は下落している。上昇した2週間の出来高は増加して、10週移動平均線で支持されたが、反対に小さく下落した2週間の出来高は減少している。取っ手の部分が狭くなっていることと10週（50日）移動平均線で支持があることから、このときオニールはこのパターンを取っ手部分で買ってしまってもよいくらいだ、と言っていた。

マーケットの動きに敏感なオニール

1998年、マーケットは2月に始まった順調なトレンドに乗って安定的に3月まで上昇を続けながら4月に入った。オニールはこれを非常に前向きな動きと見て、「狭い範囲で確実な上昇トレンドに沿った安定した動きを見せるのは前向きな材料である」と語った。**図9.3**を見るとダウの確実な上昇トレンドが分かるだろう。ここで重要なのは、この様相が変わるとき、つまり整然としたトレンドから株価が変動の激しいちゃぶついた「トレンド」のない動きに変わるときというのは、何かがおかしいことを強く暗示しているということである。実際、マーケットは1998年の初夏に乱高下を始めた。同年7月中旬にはすべての主要な市場指標が最高値を付けたにもかかわらず、そのブレイクアウトはブルトラップ（強気の落とし穴）と呼ばれるダマシに終わり、天井だったことが分かった。そしてマーケットはすぐに下落へと転じ、1997年のアジア通貨危機による影響をぬぐいきれないまま、10月27日の大暴落を引き起こした。この下落は大きく報道された。

　オニールは何かがおかしいことに気がついていた。5月28日に彼は

図9.3　様相を変えるまでの2月から3月の狭い範囲での着実な上昇はとても前向きな動き（ダウの日足、1998年）

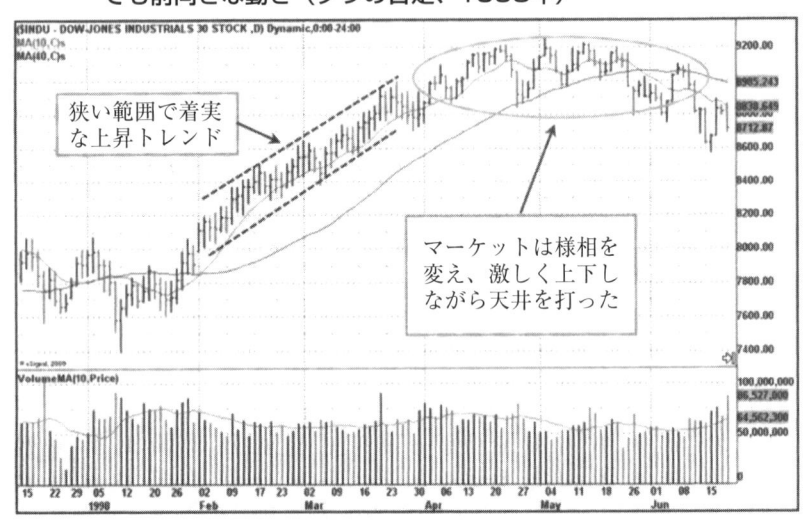

次のように指摘している——「銀行やブローカーが大きな打撃を受けて、これらの銘柄は上昇しなかった。これは金融危機が広がっている可能性を示している。アジア危機は本物かもしれない。報道量が半端ではないからである」。フィリピンやインドネシアだけでなく、アジア大陸の各地で発生している問題がマーケットに波紋を広げていた。さらに興味深いことに、2～3月の「整然とした上昇トレンド」（**図9.3**）が、5月28日に起きたブローカーや銀行の銘柄の下落をきっかけにその様相を変え、マーケットは高値圏内で乱高下を始めたのである。**図9.4**のメリルリンチ（MER）は5月28日に下に大きく窓を空けて下落したが、反発して上昇し、7月初めに再び新高値をブレイクアウトした。しかしその動きはどこか怪しく、オニールはそこに疑いの目を向けていた。メリルリンチやリーマン・ブラザーズ（LEH）やモルガン・スタンレー（MS）などの銘柄が1998年7月初めに新高値へとブレイクアウトを試したが、どれもすべて失敗に終わり、大き

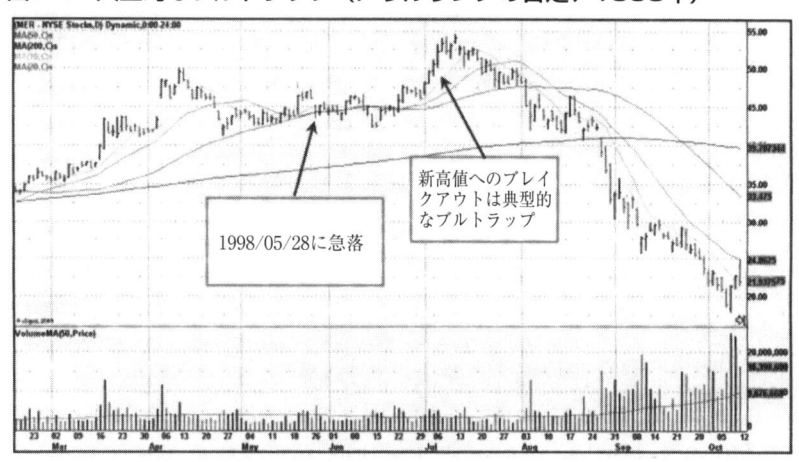

図9.4　典型的なブルトラップ（メリルリンチの日足、1998年）

[図中注釈: 新高値へのブレイクアウトは典型的なブルトラップ／1998/05/28に急落]

く下落して典型的なブルトラップを形成した。メリルリンチが8月後半に200日移動平均線を下回ったことに注目してほしい。2008年3月に起きた金融業界の大暴落を目撃した投資家ならば、1998年の金融業界の暴落にも共通点を見いだすことだろう。

　1998年8月半ばごろ、オニールは最近の歴史を振り返り、1962年、1974年、1987年と12年ごとに相場サイクルが大暴落して終わっていることに気がついた。マーケットが8月に下落へと転じ始めると、オニールは12年のサイクルの終わりに再び大きな下落が起こると考え、次のような予測を立てた――「現在のマーケットが安値である7500ドルをさらに下回るのは避けられないだろう。予想では7000～7500ドル付近まで下落する可能性がある。投資信託は大量の株を抱えていながらもそれを手放すことすらできない。その業績を疑問視する動きが出てくると、安値から回復しないのではないかという恐怖心が投資家の間に生まれてくる。NYSE（ニューヨーク証券取引所）の空売り比率は、現在の下落中の空売りがゼロであることを示している。これは不吉な前兆だ」。

401

昔ながらの「テープリーダー」であるウィリアム・オニールはマーケットの動きを読む嗅覚に優れている。長年の経験と入念な観察から習得した第六感を使って、マーケットに何か変化が起こっていることを鋭く嗅ぎ取る能力を備え持っているのである。オニールはティッカーの動きから不吉な予感を覚え、大きな下落が起こる前兆に違いないと推測したのだ。

　オニールは常に、長期チャートと現在のマーケットの状況を重ね合わせながら株価の下落とその潜在的な規模を見極めようとしている。1998年8月後半にマーケットが下落を始めると、論理的に考えれば下落は1998年前半の安値を下回ったところで終わるはずだとオニールは考えた（**図9.5**）。そして、1998年1月に終値が最安値を記録した日の日中の安値は7500ドル付近だったので、まずはこの水準までマーケットが下落し、そこでしばらく安定してから底を作る可能性が高い、という結論に至った。強い支持のある水準を株価が下にブレイクすると、大衆はそれにダマされるように積極的に株を手放したり空売りしたりする。言うまでもなく、大衆が一斉に同じ方向に動き始めると、マーケットはだいたいその反対に動くのである。

　平均株価などの指標がそれぞれ200日移動平均線の上で落ち着き始めるとオニールは、「200日移動平均線に支持があることはだれが見ても一目瞭然なので、おそらくこの線を下にブレイクするだろう」と考えた。このときオニールはまず株価を観察してからその次に指標を観察し続けること、とわれわれに注意を促した。そのうえで「自分の売りルールを守ることがとても重要である」ということも強調した。常に会話に楽観的な思考と前向きな姿勢が見え隠れするオニールは次のようにも語った――「ひとたび株を買ったならば、それを保持するためのルールを持つことも重要である。例えば、ブレイクアウトで株を買ったら、6週間経過するか8％下落して損切りになるまで持ち続けなければならない」。このときのマーケットの状況には直接関係のな

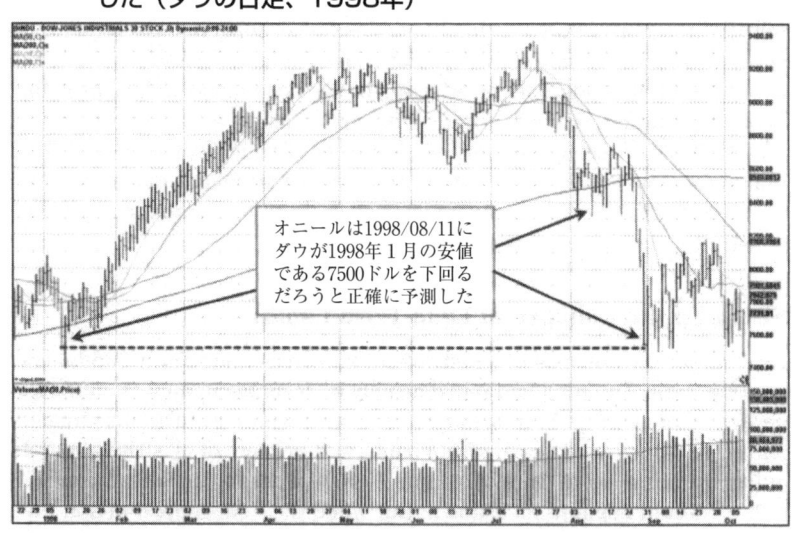

図9.5　オニールは1998年後半のマーケットの下落の規模を正確に予測した（ダウの日足、1998年）

（図中注記：オニールは1998/08/11にダウが1998年1月の安値である7500ドルを下回るだろうと正確に予測した）

いことでも、われわれのトレード日記につづられたこのようなオニールの言葉を読み返すと、永遠の楽観主義者であるオニールらしく常にマーケットの上昇に目を向けていたことが分かる。そしてマーケットが下落して売りのルールに従わなければならないようなときでも、上昇する時間を十分に与えずに早く売りすぎてしまわないかと心配している、そんなオニールの姿が目に浮かぶのである。

　ダウは安値を更新して7500ドル付近で底を付けるだろう、とのオニールの予測は的中した（**図9.6**）。9月初めに付けた最初の安値から5日後、マーケットはフォロースルー日を記録したが、オニールは6週間という短期間に起きた下落のあとなのでまだ上昇に転じるには早すぎると感じていた。それでも、下落の波はおそらく終わっているだろうとして、次のような判断を下した――「わずか6週間という短い下落だったが株価は20％以上も下落しているので、これは弱気相場と呼ぶことができる。株価の調整はすでに終わっている可能性がある

図9.6　6週間で20％の下落は明確な弱気市場である（ダウの日足、1998～99年）

（チャート内注記：
- オニールはマーケットの調整と下落が終わって底を付けたと考えた
- 4日目のフォロースルー日）

が、再び上昇して元の水準まで回復するにはしばらく時間がかかるだろう」。「弱気相場」と呼ぶには、株価がある一定の期間弱い状態を継続しなければならないと考える人が多い。しかし、オニールは十分な規模と恐ろしい勢いを持ってすべての売り手をマーケットから追い出すことのできる下落であれば、容易に弱気相場と呼べるとしている。

LTCMの破綻を見極める

　1998年10月、LTCM（ロング・ターム・キャピタル・マネジメント）というヘッジファンドの破綻が世間を騒がせていた。このファンドは高いレバレッジを利用して運用されており、博士号修得者やノーベル賞受賞者などのお偉方がポートフォリオマネジャーとなって、彼らの投資戦略を実践していた。そのため、あらゆる種類の銀行やブロ

ーカーから多額の資金を借り入れることに成功していた。しかしそのファンドが破綻するとドミノ効果で恐怖心が広がり、世界中の金融制度が崩壊し始めたのである。このLTCMの破綻を受けて、FRB(連邦準備制度理事会)が10月14日に介入を行い、金利を0.25％引き下げると、マーケットはすぐに上昇を始めた。面白いことに、投資家のほとんどがこの恐ろしい出来事に動揺しすぎていて、マーケットがそこまで素早く上昇に転じることなどできるはずがないと信じていたのである。また、ほとんどのマーケットストラテジストは6週間という短い期間と20％の下落という数字は弱気相場と呼ぶには不十分であるという、間違った思い込みをしていた。彼らは、弱気相場はこれからも続いて、この下落が終わったあとにさらなる下落が起こるはず、と予測していたのだ。

　大衆が株価の上昇に懐疑的になっていたにもかかわらず、オニールは持ち前のリバモア流の考えに戻っていた。そして、「現在の基本的な経済状況はほかの弱気相場と比べるとそれほど悪くない」と語り、根本的な状況は前向きを示しているため、マーケットが上昇を試す力は十分にあると主張した。

物議を醸した買い推奨

　ウィリアム・オニール・アンド・カンパニーがクライアントの機関投資家に買い銘柄の一覧を提出するとき、オニールは故意に物議を醸すような銘柄を選んで自己主張することがある。これは当時「オニール・セレクト・リスト」と呼ばれていた一覧表なのだが、オニール信奉者の間では「ニュー・ストック・マーケット・アイデア(NSMI)」という名前で知られていた。機関投資家はこのサービスに6万5000ドル以上もの大金を支払い、買い銘柄と避けるべき銘柄をまとめたこのリストを手に入れるのである。オニールはあるとき、小売銘柄である

図9.7　オニールが３回の下落で底値買いを指南（TJXカンパニーの週足、1998年）

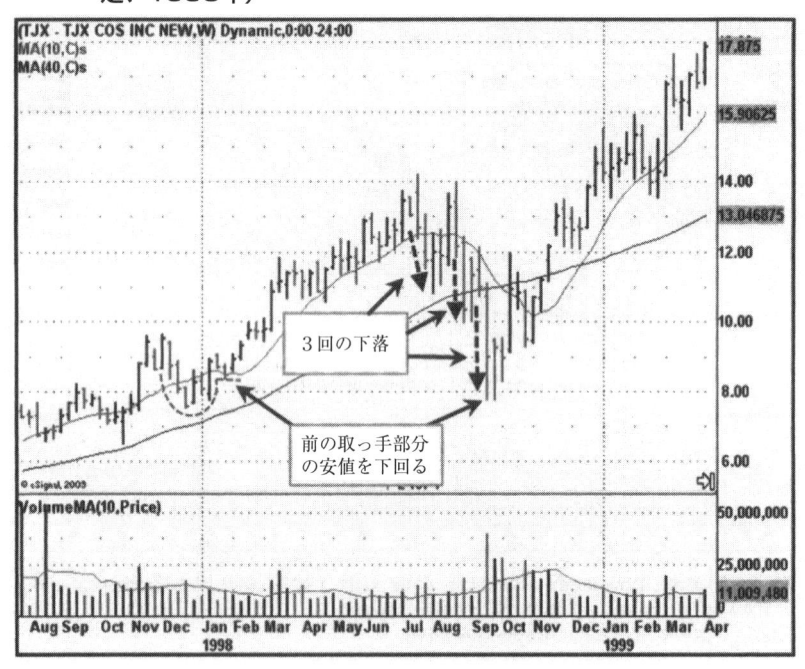

　TJXカンパニー（TJX）をこのオニール・セレクト・リストの買い銘柄に加えた。それは基本的な経済状況が好転していると考えるオニールの自信のほどを示すためで、その勇気は称賛に値する。しかし、この選択は周りの人間にとっては少し驚きのものだった。なぜなら、**図9.7**にあるように、TJXは弱気相場で安値を付けてから上昇に転じたばかりだったからである。われわれの憶測にしかすぎないが、オニールはおそらく当時のマーケットに対する考え方を主張するためにそのような手段に出たのだろう。われわれは彼のこのようなやり方を「典型的なオニールモード」と呼んでいた。オニールは、アメリカ経済が主に消費者主導の経済であることを理解していた。歴史に名を連ねた大化け株が消費者志向であったことを経験から知っていたのだ。

　この銘柄を推奨したのにはもうひとつ理由があった。1998年２月に

オニールがわれわれに語った言葉について、われわれはトレード日記に次のように記録している――「今は消費者（つまり小売り）銘柄に注目するべきである。この４～５年はハイテク業界が活気づいて成長したが、ウォルマートやホーム・デポのような大型の小売業者はただそれを見守るだけだった。だがオニールは経済全般の状態とベビーブーム世代の消費の影響などから、小売銘柄が再び主導株になる時期が訪れたと考えている。小売銘柄がこれから大きく動き出し、しかもそれが1990年代前半に大きく上昇したときと同じくらいの規模になる可能性があると指摘しているのだ。また、小売りブームのなかにはブローカーも入ってくるだろう。チャールズ・シュワブやメリルリンチやモルガン・スタンレーなどは以前と比べて消費者志向になっている。高学歴のベビーブーム世代が将来のための資金運用を重視し始めた今、金融サービスは幅広い支持を集め始めている。ブローカーが消費者銘柄に入ると考える理由はそこにある。最後になるが、インターネット関連銘柄も小売り関連銘柄だと考えられるので、これが小売りブームの訪れをさらに強く裏づけていると言えるだろう」。

　オニールがTJXを機関投資家の買い推奨銘柄に加えたとき、彼がロッキングチェアから落ちて頭を打ってしまったのではないかと騒ぎ立てる者もいた。だがオニールは次のように説明した――「安易な底値買いのように見えるかもしれないが、実は重要な考えに基づいて導いた結論である。まず、TJXはディスカウント小売業の主導株である。そのTJXが３回の下落で50％も下落した。３回目の下落のあとは売りが一目瞭然になっていただけでなく、1998年１月に形成されたカップ型ベースの取っ手の安値を下回った。これは論理的な底値であった。弱気相場では、優良銘柄が直前のベースまで下落することがよくあるのだ」。

　図9.7を見れば分かるが、オニールはロッキングチェアから落ちたわけではなかった。オニールが買いの推奨銘柄に指定してから、TJX

の株価は上昇を続けて2倍近くに成長した。予想どおりの動きをしたことと、さらに底値にあるような銘柄を買う技術をわれわれが持っていることをクライアントである機関投資家に示すことができたことで、この買い推奨は注目された。機関投資家は、株価が下落しているときに買うことが心底好きなのだ。主導株のベースへの安値に大きなサポートがあるのはだれのせいかを考えれば、まあ納得の話である。

機関投資家に学ぶ大量買いの仕組み

マーケットが難しく落ち着かない時期に入ると、オニールが規模の大きな機関投資家と打ち合わせをする回数も増えていった。そのひとつであるボストンを拠点とするフィデリティ・マネジメント・アンド・リサーチ・カンパニーはオニールが獲得した最初のクライアント企業である。1960年代前半、まだ26歳だったオニールはヘイデン・ストーンのブローカーとして働いていた。そして、当時の主力ファンドであったフィデリティ・ファンドのマネジャーであるジェリー・ツァイに電話をして、自分が思いついた株のアイデアのうち成功しているものをいくつも提案したそうだ。ツァイはオニールにまず5000株の注文を出した。これは当時としては膨大な注文量で手数料も大きかった。通常であれば、そのような大口の口座はヘイデン・ストーンの共同経営者が扱うことになるので、オニールはその注文のことをセールスマネジャーに報告した。すると、セールスマネジャーは会社にとって大きなビジネスチャンスを逃してはならないと、その共同経営者には自分があとから話をつけてやるからオニールには注文を売買管理部へ回して執行させるように、と指示したのだ。これはクライアントのジェリー・ツァイが、オニールに手数料が落ちるべきだと主張していたからである。たしかに、共同経営者のアイデアではなくオニールのアイデアがきっかけで得た注文だったので、当然と言えば当然の話である。

1995年、『インベスターズ・ビジネス・デイリー』紙主催のセミナーに参加したとき(オニールの下で働くずっと前のことだ)、オニールは観衆の前に立ち、手のひらを横にして上下60センチほどの幅を両手で作ると、「わが社はフィデリティに毎週こんなに分厚い調査報告を送っています」と言った。最大級の機関投資家にも評判の良いオニールであるから、運用資産が数千億ドル程度のファンドのマネジャーに会いにいくことなどは日常茶飯事だった。通常、オニールがそのような高い地位のファンドマネジャーとの会議に出向くときには、そのときの最大の成長株や最高のアイデアを8〜10種類ほど提案する。このような経験を通して機関投資家のポートフォリオマネジャーが直面する数々の困難や目的などを探ることで、オニールは彼らの考え方を深く理解するようになっていった。オニールは1998年10月に、数千億ドル規模の資産を管理しているファンドマネジャーと会議を持った。会議を終えたオニールは、ここまで大きな規模のファンドだとポジションの3％を売るのに3〜6カ月もの時間がかかるとわれわれに教えてくれた。さらに、マイクロソフト(MSFT)のような大型株が上昇するとS&P500でその株が占める割合が大きいため、S&P500をベンチマークにしてファンドを運用しているマネーマネジャーはその株を増し玉せざるを得ない状況に陥ると説明した。それが株価をさらに上昇させてしまうという原因となるのである。

ウォール街との意見の不一致

1998年12月、オニールは、マーケットがかなりの強気であると考えていた。12月2日にある有名なマーケットストラテジストが独自の報告書を発表した。そのなかでストラテジストは、ほんのわずかの差で新高値が更新されなかったこと、そして30あるダウ平均構成銘柄のうち新高値が更新されたのはわずか6銘柄にすぎないことなどの理由を

挙げて、マーケットは「それなりの上昇」をするがそれも長くは続かないと断言した。そして、マーケットのさまざまな分野がダウの足を引っ張っているうえにヨーロッパ市場がアメリカ市場と同じようには上昇しなかったので、株価が10月の安値を再び試しても驚くことではない、と言った。しかし、オニールはその意見にすぐさま反論した。そしてわれわれの手法では、わずかに新高値は更新されなかったことだけで判断しないこと、そして半社会主義的な経済政策で伸び悩んでいるヨーロッパ市場の動きはアメリカ市場とは関係ないことを指摘した。また、ダウも当時はマーケットを牽引していなかったので関係ないと考えていた（**図9.8**と**図9.9**）。オニールはFRBによる金利引き下げを評価していた。これがわれわれの企業が強気を主張する基礎となっていたのである。

　ウォール街が「ダウ」や「わずかな差」に強くこだわるのは、オニールには理解しがたいことだった。オニールと電話で話をしていると、オニールが断固とした態度で自分の意見を声高に主張することもあった。マーケットで何が起こっているかを教えてくれるのはそれらを牽引している指標である、とオニールはいつも主張していた。そしてその当時、ナスダックがダウを追い越す勢いだったのはチャートを見れば明らかである（**図9.8**と**図9.9**）。これらのチャートには騰落ラインは示されていないが、実は低水準から力強く上向きになり、目覚ましい上昇を遂げているところだったのだ。インターネット接続のスピード化や携帯電話の小型化が止まらない活気に満ちた時代において、ダウという30の「オールドエコノミー」銘柄の動きを心配するなど完全に無意味な考えだとオニールは考えていた。例のストラテジストは経済の奥深さを軽く見ていたのだ。オニールはいつものように自分の考えを確かめるためにマーケットを観察した。そして明らかに水面下で何か強い力が働いていることに気がついたのだ。それはマーケットがものすごい力強さで上昇して急速なトレンドを作ったことからも証明

第9章　ウィリアム・オニールと実践に挑んだ日々

図9.8　ダウが後れを取っている

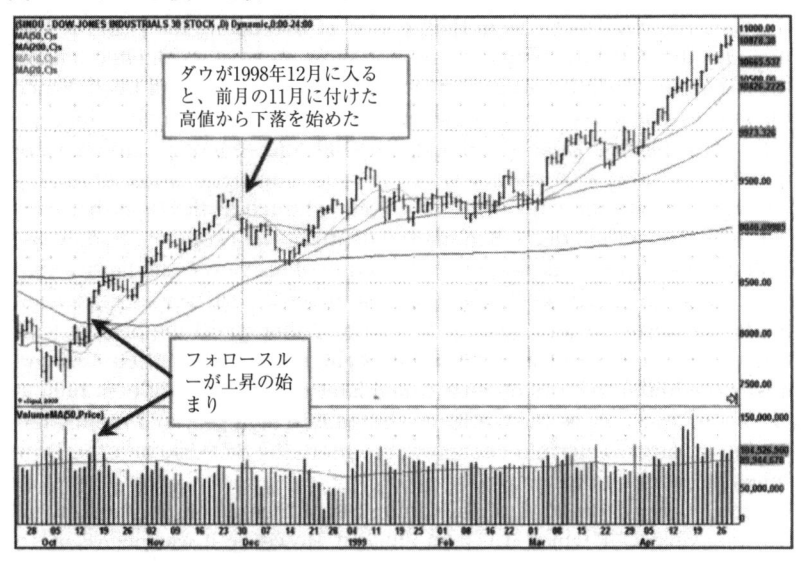

ダウが1998年12月に入ると、前月の11月に付けた高値から下落を始めた

フォロースルーが上昇の始まり

図9.9　ナスダックが市場を牽引している

ナスダックは1998年12月にも上昇を続けて、ダウをしのぐ勢いを見せ始めた

されていた。後知恵になるが、今のわれわれはそれが何だったのか分かっている。それは1999年後半に起こったインターネットバブル市場の初期の動きだったのである。このときのナスダックは大型株を抱える「オールドエコノミー」指標のS&P500とダウを尻目に加速的に急上昇した。

1998年10～12月は「深すぎる」チャートパターンがとてもうまく機能していた。これは少し珍しいことだったが、マーケットがわずか6週間で20％も急落したあとだったので、チャートのベースパターンでもより大きな変動を受け入れる必要があった。過去のマーケットにおいてもこのような状況でパターンが同じように、特に取っ手部分でギザギザの動きをしている例がいくつか見られた。そのひとつがのちにオラクル（ORCL）に買収された1994年のピープルソフト（PSFT）である（**図9.10**）。ピープルソフトは長期にわたる巨大なベースを形成していた。そのベースのなかにはブレイクアウトに失敗した不適切な形のサブベースが2つあった。3回目のベースは、失敗に終わった前の2つのベースに比べると良かったが、取っ手が深すぎるのが気になった。しかし、株価はこのベースからブレイクアウトすると大きく上昇し、結局は最初の適切な買いポイントとなったのだ。1998年にも同じようなギザギザのパターンがあった。アメリカ・オンライン（AOL）や**図9.11**のチャールズ・シュワブ（SCHW）やサン・マイクロシステムズ（1998当時のシンボルはSUNWだったが今はJAVAになっている）などである。初めのうちはオニールもこのようなパターンが何を意味しているのか確信を持てずにいたようだ。しかし1998年12月にはそのような銘柄の多くが良い結果を出し始めていたことから、このような深いベースはわずか6週間に20％もの下落をしたことが原因であると結論づけたのである。

また、ピープルソフトの例は「3のルール」を形成した点でも学ぶことが多い。このルールは、株価が3つの連続したサブベースからブ

第9章 ウィリアム・オニールと実践に挑んだ日々

図9.10 ピープルソフトの取っ手付きカップのベースにギザギザの取っ手があるが、これは「大きなベース」のなかで発生した3つ目のベースである（ピープルソフトの週足、1994年）

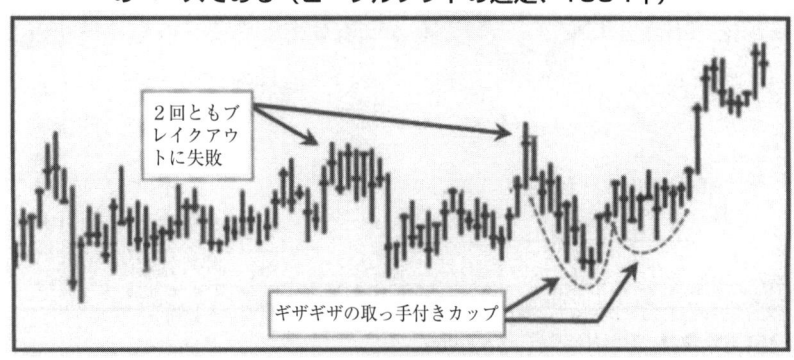

図9.11 「ギザギザ」の取っ手付きカップは3回目のブレイクアウトで成功して「3のルール」を実証（チャールズ・シュワブ）

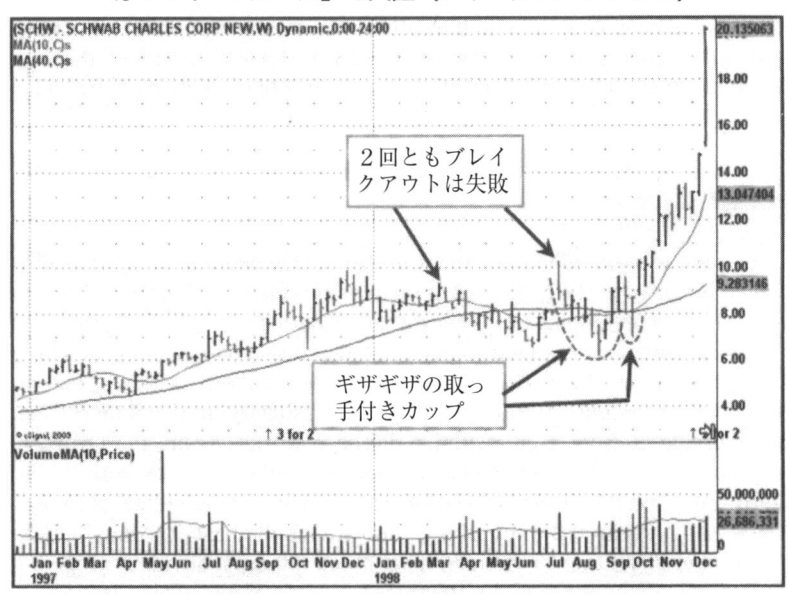

413

レイクアウトを試みる形のことで、最初の２つのベースは失敗に終わり３回目で初めて成功する大きな巨大ベース構造のことである。オニールはこの「３のルール」はたしかに有効だと考えていた。最初の２回のブレイクアウトが失敗に終わると、３回目のブレイクアウトも失敗すると大衆は考える。しかしマーケットというものは常に投資家の思惑とは反対の動きをするもので、３回目のブレイクアウトが実際には成功することが多いのである。チャールズ・シュワブ（SCHW）もこのようなベースを1998年10月に形成している。この銘柄の場合、株価は３回目のベースである取っ手付きカップからブレイクアウトしてどんどん上昇した。ギザギザのＶ字型の取っ手が形成されるのは、マーケット全体が急激な下落をしていることが原因である。しかし、ベースの細かい形に必要以上に注意を払う必要はないことを理解しておくことが重要である。それは、マーケット全体が形成しているパターンと重ね合わせて考えなければならないからだ。もしもマーケット全体が非常に不安定な状態ならば、個別銘柄のチャートにもギザギザで上下幅の大きな動きが現れる可能性が高くなるのである。

1999〜2000年

　観察眼の鋭い読者ならば、前章の初めに掲載した1999年のクアルコムのチャート（**図8.1**）がピープルソフト（**図9.10**）やチャールズ・シュワブ（**図9.11**）の例と似ていることに気がついたかもしれない。2009年のアマゾン・ドット・コム（AMZN）も同じように「３のルール」に似たパターンを形成した（**図9.12**）。この銘柄の場合、巨大ベースのなかで起こった２回のブレイクアウトはわずかながらに上昇トレンドを描いたものの結局はどちらも失敗に終わった。しかし、取っ手付きカップのベースからの３回目のブレイクアウトは成功に終わった。転換期ではよくあることだが、このときも大衆は再びダマシに

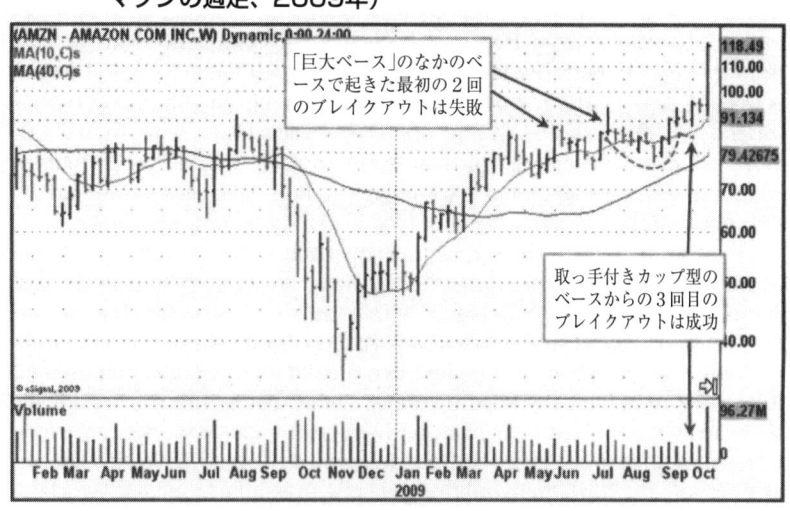

第9章　ウィリアム・オニールと実践に挑んだ日々

図9.12　2009年9月のブレイクアウトで「3のルール」が機能した（アマゾンの週足、2009年）

「巨大ベース」のなかのベースで起きた最初の2回のブレイクアウトは失敗

取っ手付きカップ型のベースからの3回目のブレイクアウトは成功

引っかかったのだ。この銘柄が2回のブレイクアウトに失敗したことで、3回目もまた失敗に終わるに違いないと信じ込んでしまったのである。アマゾンの株価は2009年9月後半に形成した取っ手付きカップの高値を抜けると、10週（50日）移動平均線を1回も下回ることなく、100ドルを超えて史上最高値を付けるほどの上昇を見せた。

　幸い、1994年のピープルソフトの例を見ていたわれわれはこのようなギザギザのベースに直面しても正しい判断を下すことができた。当時、アメリカ・オンライン（AOL）やチャールズ・シュワブ（SCHW）の株価も上昇していた。1999年3月16日、われわれは同じような過去の例だけでなく、利益成長率や今後の収益予測、そしてPER（株価収益率）が上昇する可能性などを分析し、チャールズ・シュワブの価格目標を設定した。株式分割調整後の株価が1株当たり90ドルだったとき、オニールは140ドルまで上昇するだろうという価格目標を掲げた。ほとんどの機関投資家はその予想に懐疑的で、シュワブ株は「素早く上昇しすぎた」と考えていたようだ。つまり、強い力に押し上げられ

415

た株価はすでに上昇しすぎになっていると、またしてもその銘柄を否定的に見てしまったのだ。株式分割調整後28ドルだったシュワブの株価は約4カ月ほどの間に90ドル近くにまで上昇した。しかも上昇はそこで終わらなかった。オニールはある前例に基づいてシュワブの価格目標を設定していた。それはクオトロン・システムズという1979年に注目された銘柄である。この銘柄がシュワブと同じようなベースからブレイクアウトをしていることにオニールは注目したのである。そしてこの銘柄の当時の値動きの規模から、シュワブも140ドルまで上昇する可能性があるという結論を導き出したのだ。シュワブは最終的にオニールの140ドルという価格目標をやや上回る155ドルで天井を付けた。

過去の例を参考にする

　オニールは、自分が保有している優良銘柄がどこまで上昇するかを予測するとき、過去の例を参考にして保有している銘柄の価格目標を設定していた。基本的にチャートパターンとは人間の心理を描き出したものなので、人間の心理が変わらないかぎりはチャートパターンを利用し続けることができる、というのがオニールの信条だった。そのため、保有している銘柄が過去の大化け株と似たような性質をチャートで示しているときは、それを過去の例として現在の保有銘柄の扱い方を判断する材料に使えると考えたのである。チャールズ・シュワブ株は1979年のクオトロン・システムズとチャートの動きが似ていたのだが、それも上の理論に当てはめれば的を射た比較だったと言える。

　オニールは、マーケットを動かしているのが機関投資家であることを理解していた。そして大きなファンドのマネジャーの考え方は皆同じであることから、彼らが取引している銘柄のチャートパターンには彼らの心理状態が現れると考えた。そこでオニールは機関投資家によ

る後押しがある銘柄を探し始めたのだが、その過程であることを発見した。それは、株価が上昇したあとに調整に入って何らかのベースを形成したような銘柄は、最初の上昇分を消化するために通常は５週間以上かけて下落をするということであった。この現象は、機関投資家がポジションをすべて買い終えたり、あるいは株価が上昇したことでポジションの一部を売る必要に迫られたりするために起こる。ポジションを売る必要があるのは、株価が「過大評価」されてしまったことで株価が想定以上に素早く上昇しすぎてしまい、ポートフォリオ内に占める価値が大きくなりすぎてポジションを減らさなければならない場合などである。例えば、ファンドマネジャーのＡ氏は自分のファンドでポートフォリオの最大２％までのポジションを持つことができる。そこでXYZ社の株を２％分買った。ところが株価が２倍に上昇してポートフォリオの４％を占めるまでに膨らんでしまった。そうなると２％になるようにポジションを減らさなければならない。すると株価は調整に入り、この銘柄に注目していた別の機関投資家が株価が下落したところで買い集めを始める、という流れが生まれる。そこでオニールはあるルールを作った。株価が調整に入って、少なくとも５週間にわたってベースを作ったあと、６週間目以降に株価がベースの以前の安値に近づいたり安値を下回ったりしたときにはその銘柄を買ってもよい、というものである。このルールはオニールのルールのなかでも興味深いもののひとつである。５週間以上にわたってベースが作られるときというのは、株価がそれだけ時間をかけて50日移動平均線や10週移動平均線に近づくことを意味している。つまり、これらの移動平均線が重要な支持線になることが多いのである。

　1999年４月末、オニールはマーケットに対して懐疑的だった。マーケットの上昇トレンドは安定せず、ダウは１万1000ドルをなかなかブレイクできずにいた。しかしようやく１万1000ドルに近づくと、今度は大商いを伴って下落するという売り抜けが起こった。主導株の値動

きも怪しかったことから、これらを総合してオニールは「何かがおかしい」と思ったのだろう。われわれのトレード日記に、オニールの次のような言葉が記録されている——「ほとんどすべての大型の主導株が深刻な売り抜けと大量売りに見舞われている。これは大きな問題である。常に安定していると言われる小売業界ですら打撃を受けている」。そしてホーム・デポ（HD）の当時の週足チャート（**図9.13**）を指さしながら、オニールはこの銘柄の問題点を次のように指摘した。「1998年前半に20ドルをブレイクアウトしたあと50ドル付近まで株価は上昇した。そして、1998年の夏から秋にかけて長期にわたる大きなベースを形成した。その後、10月に再びブレイクアウトして60ドルまでわずかに上昇したあとに、55～60ドル付近でもうひとつベースを形成した。2回目のベースの左側を見ると下落した週は2週間しかない。これは不適切なベースの特徴である。ベースの左側には4～5週間の下落が必要だ。株価が再び上昇を始める前に弱い買い手をすべて振るい落とすことで適切なマーケットの状態になるからである。ブレイクアウトする前の3週間も、わずかに安値を切り上げながら上昇している」

注釈 オニールは人の才能を自然に引き出すことのできる生まれながらの教師だった。彼は「マーケット教室」にわれわれを集めては、自身の本やワークショップで取り上げられた概念がマーケットで実際に現れていると、その例をリアルタイムで紹介してくれた。株式市場における最高の指導者のひとりであるオニールから直接学ぶことができるというのは、特権的で特別な経験だった。

オニールの上記の概念は適切なベースの形を理解するのにとても重要である。ホーム・デポだけではなく、ほかの銘柄でも株価が不適切なベースからブレイクアウトして失敗に終わっていることをオニールは気にしていた。これはマーケットの悪い兆しだったのである。ホー

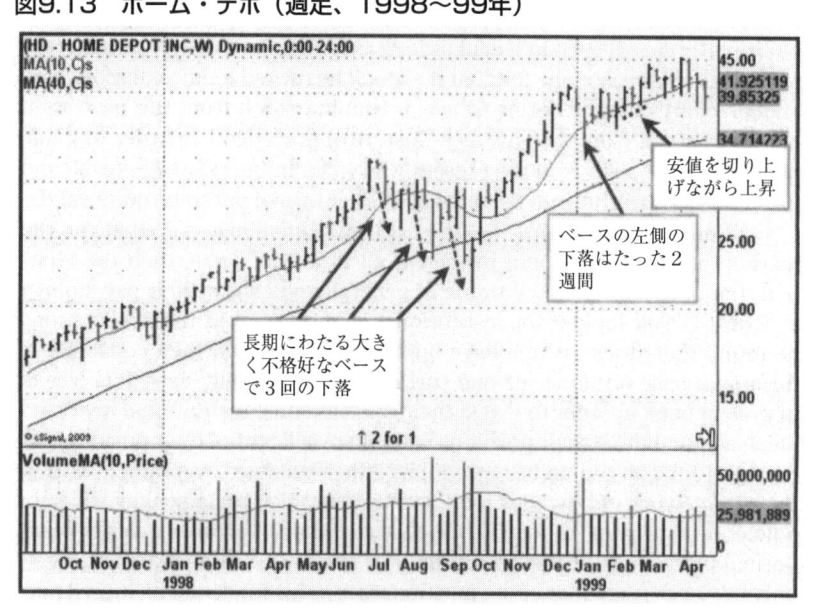

図9.13　ホーム・デポ（週足、1998～99年）

(チャート内の注釈)
- 安値を切り上げながら上昇
- ベースの左側の下落はたった2週間
- 長期にわたる大きく不格好なベースで3回の下落

ム・デポの株価が3回続けて下落している様子に注目してほしい。これは図9.7のTJXカンパニー（TJX）の例にも似ている。1999年前半にホーム・デポが形成したベースは2週間だけ下落して再び上昇を始めている。この点が重要である。2月後半に再びブレイクアウトを試したときには、株価は下落せずに薄商いで3週間ほど安値を切り上げて上昇した。通常ならば、株価は薄商いで少し下落してからベースを抜けて上昇するべきである。ホーム・デポのベースは不完全な形だったため、1999年4月後半に株価は反転してしまった。

1999年は難しい年だったのか？

1999年のマーケットは緩やかなトレンドを描きながら不安定に少しずつ上昇し、新高値をブレイクアウトしては再び下落するといった動

きを1年中繰り返していた。このときのマーケットには弱気にも強気にもなり得る理由があってちゃぶついていたが、個別銘柄のなかにはしっかりとしたベースからブレイクアウトして上昇しては再び別のベースを作るという動きを繰り返す銘柄もあった。このような銘柄は階段を上るようにゆっくりと上昇しながら、年末に放物線を描くような急上昇を迎えることになるのだが、晩春のこの時点ではまだそれを知る者はいなかった。

　5月20日、オニールは新しい主導株のブロードコム（BRCM）とキューロジック（QLGC）の2銘柄について議論するためにわれわれを集め、ブロードコムの目標株価をどのように設定するかについて語った。そして株価が上昇トレンドを描いているときにはPERやそれを発展させた手法を使って目標株価を計算する方法を教えてくれた。ほかにも実際に利用できる方法を2つ教えてくれた。オニールが1979年のクオトロン・システムズを過去の例として使い、同じようなチャートパターンを形成していたチャールズ・シュワブ（SCHW）の目標株価を設定した方法はすでに説明したとおりである。これがオニールが目標株価を決めるときに使う2つ目の方法である。3つ目の方法はもっと簡単だ。この方法についてオニールはブロードコムのチャート（**図9.14**）を使って説明してくれた（次に示す日記の株価はチャートの株価の3倍だが、これはチャートの株価が株式分割調整前だからである）。

　以下はわれわれのトレード日記からの引用である——「ブロードコムを適切に増し玉しながら大量にポジションを保有しているならば、この株価がどこまで上昇するかを考える必要がある。大化け株で利益を出そうとするときはこの判断が難しい。株は買うほうが簡単だ。株価がどこまで上昇するかを予測するには2通りの見方がある。1つ目は1998年7～9月に形成された最初のベースに注目する方法である。株価は40ドル（チャートでは13.33ドル）でブレイクアウトしたあと

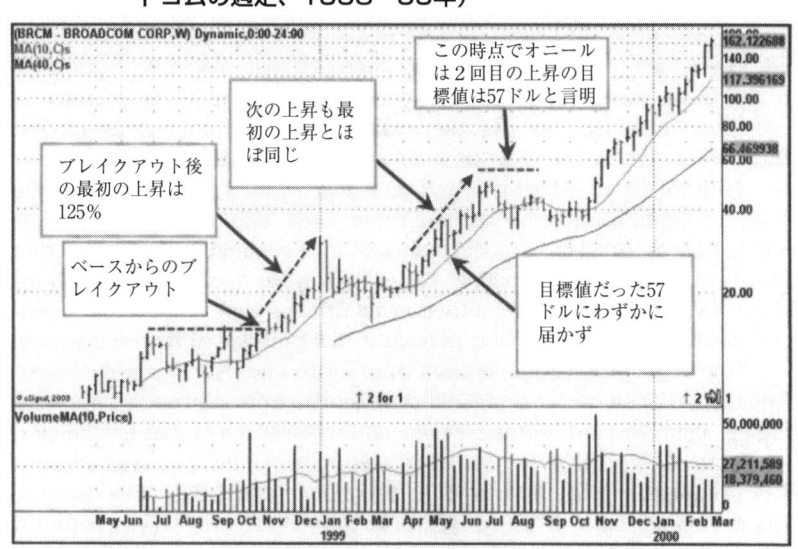

第9章 ウィリアム・オニールと実践に挑んだ日々

図9.14 最初の上昇幅を計算することで、その後の上昇幅を予測(ブロードコムの週足、1998～99年)

90ドル(30ドル)まで上昇し、125％増を記録した。その後、1999年1～4月の間に作られたベースからブレイクアウトしたのが77ドル(25.67ドル)である。今回も同じくらい上昇すると仮定すると、40ドル(13.33ドル)から90ドル(30ドル)になったのだから、77ドル(25.67ドル)の株価は173ドル(57.66ドル)付近まで上昇すると考えられる。もうひとつは上昇にかかった期間に注目する見方である。この場合、40ドル(13.33ドル)から90ドル(30ドル)まで上昇するのに11週間かかっている。つまり、77ドル(25.67ドル)から始まる次の上昇も同じくらいの時間がかかると予想できる。万が一、5週間足らずで株価が目標の57.66ドルに到達しても、ここで売ってはならない。この銘柄はかなりの強さを示している。このような大化け株は5～7週間ほどの上昇で簡単に息切れすることはないからである。大化け株にはその強さに見合うだけの時間を与えなければならない。ただ

し、ブロードコムが機関投資家による大きな後押しのある主導株であること、さらに５週間程度の上昇で息切れしてしまうような流動性の低い株ではないことが前提となる。流動性が低く値動きの激しい銘柄は５週間程度で息切れを起こすだろうが、機関投資家による大きな後押しがある流動性の高い主導株にはそのような現象は起こらない」。

　オニールは同じような過去の例を参考にして目標株価を判断するようにと、繰り返し言っていた。オニールの下で働いていたわれわれは、1880年代までさかのぼって過去の相場サイクルの大化け株を集めた「モデルブック」というものを持っていた。当時保有していた銘柄を評価するとき、参考になるような過去の例を見つけるのにこの資料が非常に役に立った。オニールはこの過程を次のように説明している――「株価がどれくらい上昇するかを予測する３つ目の方法が、モデルブックにある同じような主導株を探すことである。ブロードコムが77ドル（25.67ドル）でブレイクアウトしたあとに５週間で33％上昇したのなら、モデルブックのなかから５週間で33％上昇した主導株を探すのだ。２番手だった主導株を探すのではない。同じようなベース構造を持つ最高の主導株を見つけて、それがブレイクアウト直後にどのような動きをしたかを調べるのだ。似たような特徴を持つ業種になる場合もあるだろうが、それは必ずしも重要ではない」。

　1999年６月６日、すでにマーケットが天井を打ったと考えたオニールは、弱気相場が始まるのを待っていた。オニールは当時の状況についてこのように説明した――「チャールズ・シュワブとAOLが天井を付けた４月にマーケットもすでに天井を付けている。この時点でダウが上昇を始めたのは、出遅れた循環株が買われたからである。マーケットが天井を付ける形は２通りある。１つ目は、新高値を更新しながら上昇し、その過程で空売りを巻き込みながら売り抜け日が起こり、最終的な天井を付けるという形。２つ目は、大型の主導株で売り抜け日が発生しているのに別の指標は上昇を続けて大衆の裏をかく形。

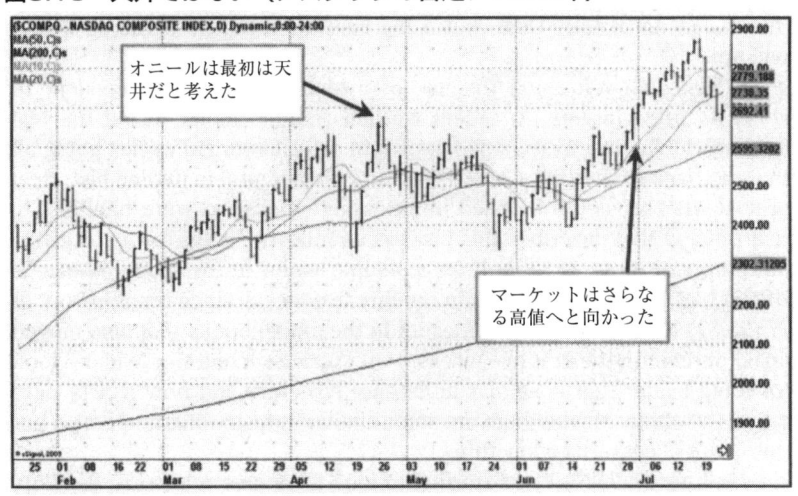

図9.15 天井ではない(ナスダックの日足、1999年)

(チャート内注釈)
- オニールは最初は天井だと考えた
- マーケットはさらなる高値へと向かった

大衆はこのダイバージェンスにダマされて、マーケットの本当の天井を見失ってしまう」。1999年6月のマーケットは弱気を示していたが、ナスダックなどの指標は6月半ばに安定し、その後は再び上昇して新高値を更新した(図9.15)。

第1章でも述べたとおり、1999年は全体的に難しい1年だった。年末にかけて株価は放物線を描くように上昇してバブル市場が始まったにもかかわらず、投資家を振るい落とそうとするネガティブな出来事が多かったからである。当時、われわれはワールドコム(WCOEQ)のポジションを大量に買っていた。しかしこの企業はのちの弱気相場で倒産し、最高経営責任者だったバーニー・エバーズが刑務所送りになるという不祥事を起こして有名になった。この事件が起きたのは2002年に弱気相場が底を付けたころだったが、ワールドコムに何かしらの問題があることを示す兆候は1999年6月の時点ですでに現れていた。当時、われわれがワールドコムを買い始めると、株価は下落を始めた(図9.16)。大量のポジションを保有する銘柄にけっしてあって

図9.16 「かなり重要な抵抗線」に負けた（ワールドコムの週足、1998～99年）

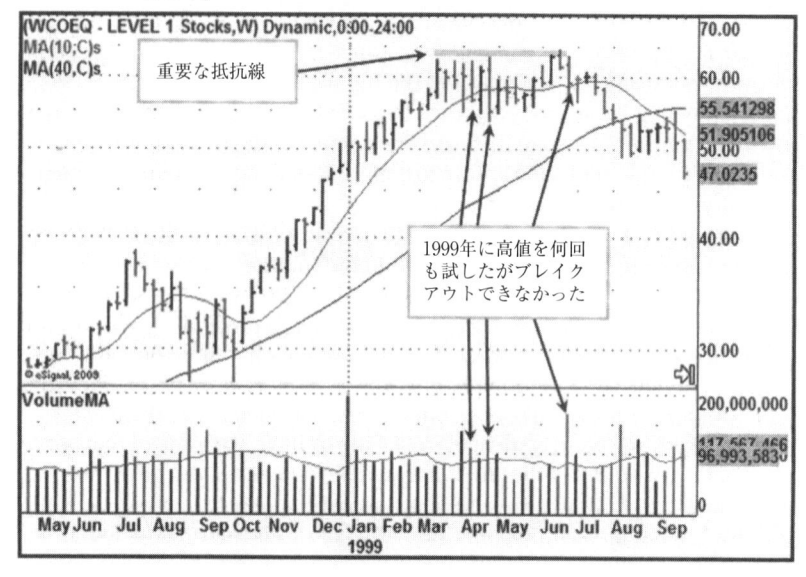

[図中注記]
重要な抵抗線
1999年に高値を何回も試したがブレイクアウトできなかった

はならないこと、とオニールが常日ごろからに忠告していた現象だった。数千という単位の株を買うのはけっして簡単なことではない。しかしだれかがわれわれの買い注文に対してぶつけてきたため、株価は本格的な下落を始めたのだ。約30分後、われわれはトレーディングデスクに買ったばかりの株を損切るように伝えた。株価はすでに買い価格から0.5ポイント下落していたので、持っていたポジションをすべて手仕舞うことにした。オニールがあとから電話で「いったいワールドコムに何があったんだ？」と聞いてきた。そこで、大量のポジションを買おうとしたが注文をしている最中にも株価が下がり続けたことを伝えた。ちょうどそのころ、ワールドコムを含む海底ケーブル業者に対して連邦取引委員会の調査が入ったという報道があったので、おそらくその圧力が株価に影響したのだろう、とわれわれは憶測した。

オニール自身も、ワールドコムがベースからブレイクアウトを試みるたびに売り手が現れて株価が頭打ちしていることに気がついていたらしい。オニールはこの銘柄にはかかわりたくないとして次のように語った——「ジャヌスかどこかの大きな売り手がこの株を売りたがっているのだろう。私が知りたいのは、その理由のほうだ」。

　2002年にはその答えが明らかになったが、価格と出来高の動きを見ているだけでもっと前からこの銘柄に何か大きな問題があることは分かったのである。このときのわれわれは幸運だった。5万株以上を買おうとしている銘柄は買うこと自体が難しいはずである、というオニールの「5万株ルール」を知っていたおかげで、ワールドコムからすぐに手を引くことができたからである。この件はオニールの「最も抵抗の少ない場所」に対する理解がどれほど深いかを示す良い例である。ワールドコムについて言えば、1999年に新高値へのブレイクアウトを何回か試したときの価格は「最も抵抗の少ない場所」ではなく、「かなり重要な抵抗線」だったのだ！

「オニール旋風に注意しろ！」

　オニールの投資法を学ぶ者ならば、たいていは「上昇型ベース」について知っている。しかし、この上昇型ベースにはいくつかの段階があることを知っている者は少ない。これとはギザギザを描きながら上昇する形のことで、細かくは9〜18週間にわたる上昇型ベースのなかで株価が3回下落する状態のことを言う。しかもそれぞれの下落が前の下落の安値よりもわずかに上回るのが特徴である。1998年の第2四半期に上昇型ベースを形成したホーム・デポ（HD）がその良い例である（図9.17）。オニールがこのホーム・デポを大量に買ったころ、われわれはNYSE（ニューヨーク証券取引所）のトレーディングフロアへ行っていた。当時、オニールはトレーディングフロアの1席を所

図9.17　上昇型ベースを形成し、1998年半ばから急上昇を始めた（ホーム・デポの週足、1998年）

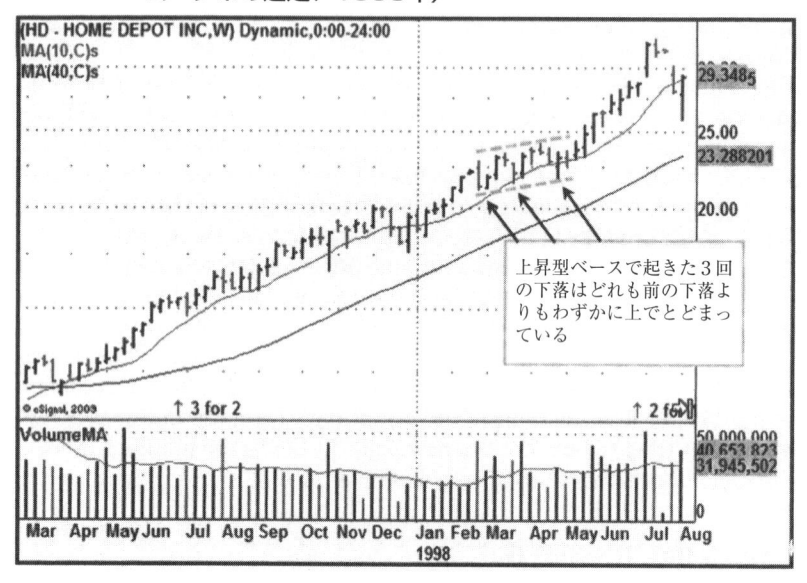

チャート内注釈：上昇型ベースで起きた3回の下落はどれも前の下落よりもわずかに上でとどまっている

有し、もう1席を借りていた。あるときオニールは自分のビジネスを評価してもらおうとコンサルタントを雇ったのだが、そのコンサルタントが2席のうち1席を売りに出してリース契約に切り替えればよいと助言した。オニールはそれについて不満をもらしたことがあった。なぜなら席を売ったあとにその価値がかなり上昇してしまい、大失敗に終わったからである。それ以降、オニールは「コンサルタント」と名の付くものにはすべて不信感を抱くようになった。

　当時のフロアブローカーのルー・サルセンティと取引所の場内を駆け回るのは、面白いだけでなく学ぶことも多かった。われわれがトレーディングフロアを訪れたその日、サルセンティはホーム・デポの「G注文」を通したときのことを話してくれた。G注文というのは取引所の会員企業が独自に入れる注文である。サルセンティはホーム・デポのポストへ行くと、「HD（ホーム・デポ）を5万株買い、G！」と

叫んだ。フロアでのオニールの武勇伝を知るホーム・デポのスペシャリストは目を白黒させて、「また来たのかい？　株価がまだ上がるっていうのか！？」と言ったそうだ。そしてホーム・デポを空売りしていた多くの投資家は、オニールが出した買いのG注文を見て互いに注意を促すのだ——「オニール旋風が来たぞ！　オニール旋風に注意しろ！」と。このように、オニールはトレーディングフロアで一目置かれる存在だったのだが、それは彼のトレードの才能だけでなく人間性に対する評価も高かったからである。かなり前の話だが、周りから「ボブ」と呼ばれて親しまれていたオニールのフロアブローカーがいた。ある週末、彼は自宅の屋根の上で作業をしていたのだが、その屋根から落ちて重傷を負い下半身まひになってしまった。そこでオニールはボブをカリフォルニアに呼び戻し、ボブがロサンゼルスの自宅のオフィスで続けられるような仕事を与えるなどして手厚く配慮した。われわれが取引所のトレーディングフロアに行くと、必ずフロアブローカーのだれかが「ボブはどうしてる？」と聞いてきたものだ。NYSEの会員やフロアブローカーは家族同然だったので、オニールがその家族の一員として親切に世話したことはフロア中に知れ渡っていた。この件を機に、NYSEのフロアではオニールのトレードの武勇伝以上にその人格に対して皆が敬意を示すようになったのだ。

　オニールがホーム・デポを大量買いしたのは、株価が上昇型ベースからブレイクアウトしたからである（**図**9.17）。これが強い買いのパターンであることをオニールは知っていた。オニールがNYSEのフロアでホーム・デポを買うG注文を出すと、株価は上昇していった。それを見たスペシャリストは、オニールが執拗にこの銘柄を買っているのならば自分も売るのは避けたほうがよいと思ったに違いない。売りを考えていたスペシャリストはおそらく考えを変えて、自分の会社の口座用に買い始めたことだろう。

一見つまらないベース

　オニールから学んだ別のパターンのなかに、上昇型ベースに似ているもののホーム・デポのようなギザギザした形ではなく、小さなベースの上に別の小さなベースができる形がある。このパターンは「ブレイクアウトして少しだけ上昇して小さなベースを作り、再びブレイクアウトして少しだけ上昇して別の小さなベースを作る」という動きをする。全体的にはあまり株価が進展していないように見えるので、大きく上昇しない銘柄だろうと見た者が思い込んでしまうのが特徴である。「まったく上昇しないつまらない銘柄、という誤った考えを植え付けるのがこのパターンだ。しかしあとからブレイクアウトして上昇を始めるので、実は気をつけて見ていなければならない」とオニールはわれわれに忠告していた。1999年後半、企業間の電子商取引が盛んになり始めたころ、インターネットの第2次流行の波に乗ったアリバ（ARBA）がこのようなパターンを形成し始めた。階段のような3つの小さなベースはいずれも3～4週間と短く、平底型のベースに必要とされる5週以上という期間に足りていなかった（**図9.18**）。しかし1999年8～11月にかけてアリバはゆっくりと上昇を続け、2000年3月になるころには株価は3倍にも上昇していた。

　このようなパターンに共通しているのは、バネがコイル状に巻かれたあとにはじけ飛ぶような、そんな大きな上昇を遂げる力を秘めていることを暗示している点である。十分に理解したうえでその察知法を知らなければ、継続して上昇するだけの力がない銘柄だと勘違いしてしまう。例えば、ある銘柄を3つのベースを形成する階段型の最初の小さなベースで買ったとする。しかしなかなか勢いよく株価が上昇しないので、しびれを切らせてその銘柄を売ってしまう。少ない利益を手にしただけですぐにこの銘柄のことは忘れてしまい、あとから株価が大きく上昇してもそこで利益を得るチャンスを逃してしまう。これ

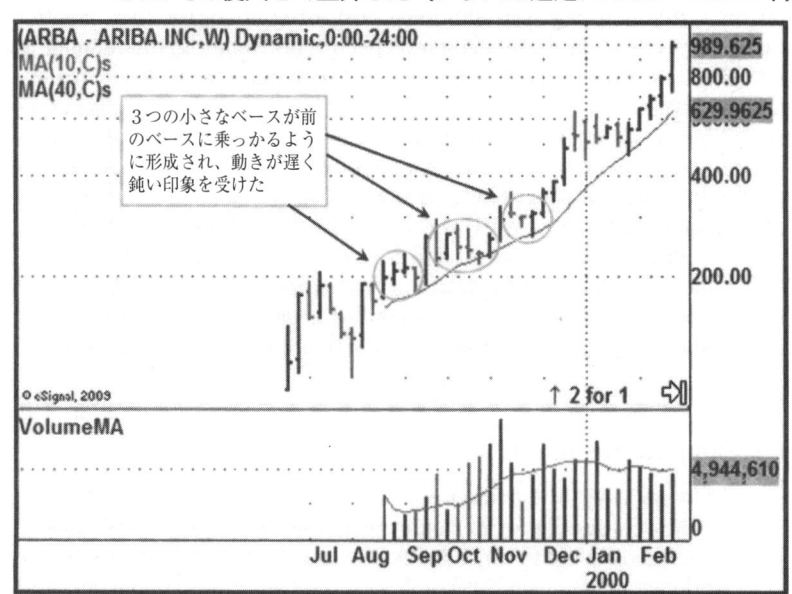

図9.18　はっきりしない動きで階段のような３つの小さなベースが形成され、その後大きく上昇した（アリバの週足、1999～2000年）

（チャート内注記）
３つの小さなベースが前のベースに乗っかるように形成され、動きが遅く鈍い印象を受けた

らのパターンを理解するには、最も抵抗の少ない場所が破られたことを認識して、さらにその株価が飛躍的に上昇する時期を察知する必要がある。上昇型ベースのなかに３つの小さなベースがあるのと同じように、階段型のパターンにも３つの小さなベースがある。そしてそのベースは下落しても前回の下落の安値を下回ることはない。見た目には鈍い動きをしているように見える銘柄でも、実際にはコイルのようにとぐろを巻きながら力をためている。投資家はこのようなパターンを見つけたら注意深く観察するべきである。

　ウィリアム・オニール・ダイレクト・アクセス（WONDA）のようなオンラインサービスが生まれる前は、データ・モニターと呼ばれる商品が機関投資家の間で人気を博していた。これはオニールがそれぞれのクライアントのポートフォリオに合わせてカスタマイズしたチ

図9.19　売り上げ伸び率が弱かったことで急落すると、早期に売りシグナルが出た（ウエイスト・マネジメントの週足、1999年）

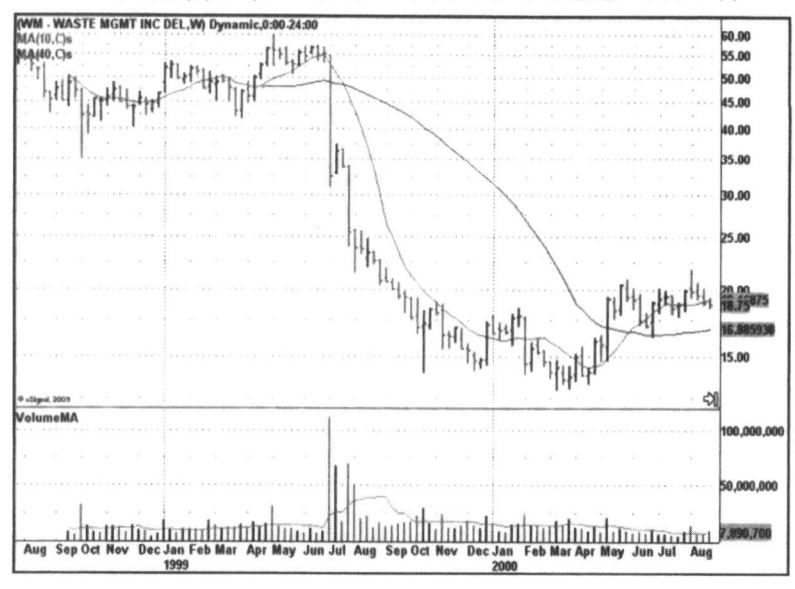

ャート冊子だった。その週のオニール・データ・グラフに加え、左側のページ（任意で追加料金になる）にはそのクライアントが保有している各ポジションの日足チャートも掲載されていた。このような冊子のおかげで、機関投資家のポートフォリオマネジャーは自分のポートフォリオの保有銘柄を素早く見つけては状況を確認し、そして株価の動きを観察することができたのである。データ・モニターの冊子の表紙には注意するべき点を一覧にした表があり、そこには保有銘柄のファンダメンタルズやテクニカル面で見られた否定的あるいは肯定的な変化が掲載された。1999年前半、ウエイスト・マネジメント（WM）が怪しい兆候をいくつも示すようになっていた。通常このようなときには、この銘柄を保有しているクライアントに売りを助言するか、少なくともポジションサイズを考え直すように忠告する。なかにはそういった警告を無視して銘柄を手放さなかった投資家もいるが、そうい

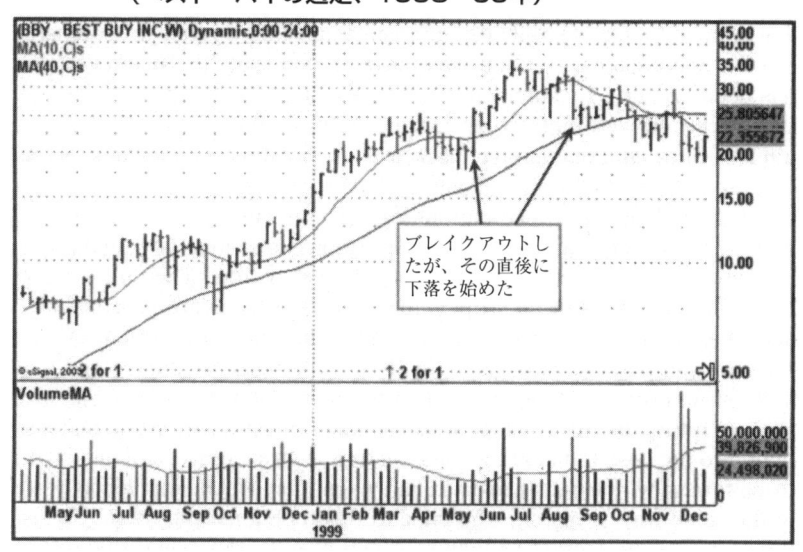

図9.20　新高値へと上昇したが、マーケットが弱含むとすぐに低迷した（ベスト・バイの週足、1998～99年）

（チャート内の注釈：ブレイクアウトしたが、その直後に下落を始めた）

った投資家はそれ相応の報いを受けた（**図9.19**）。

マーケットに従う

　オニールは、マーケットとは投資家の判断をリアルタイムで肯定したり否定したりするフィードバックシステムであると考えている。ある銘柄を買うという決断をしたあとに、その株価が上昇すれば、マーケットはその判断が正しかったことを肯定している。オニールが優れているのは、マーケットがそういったフィードバックシステムであることを完全に受け入れている点である。たとえ自分の下した判断が間違っていたということになっても、マーケットがリアルタイムで示す兆候に従えるのである。その良い例が**図9.20**のベスト・バイ（BBY）だ。この銘柄は7週間にわたるベースからブレイクアウトして、かなり強気の兆候を示していた。そして1週間ほど鈍い動きをしたあとに、

再び4週間にわたる上昇を見せた。ところが株価は停滞し、オニールの予想を裏切るような動きを始めたので、オニールはマーケット全体の状況を疑うようになった。

　9月24日、オニールは「マーケットが逆方向に動き始めた」ことを確信し、「上昇はもう終わった」ときっぱりと述べた。その言葉どおり、FRBが金利の引き上げを決定すると、マーケットは弱含みになった（**図9.21**）。主導株もマーケット全体もオニールの考えが正しいことを裏づける予兆を見せていた。しかしオニールは、マーケットの状況は素早く変わる可能性があると常に認識しているので、一方の立場に固執することなどけっしてしない。これはすべての投資家が学ぶべき重要な教訓である。マーケットにおいて不変なものなどない。マーケットで起こる素早い変化は、投資という勝負の世界には欠かせない大事な要素なのである。現代の土木技師について考えればよく分かる。彼らは地震の揺れやハリケーンの強風などのすさまじい自然の力を前に、影響を受けやすい大型建造物を建設するときにはその自然の力に同調して建物も揺れたり、動いたり、あるいは曲がったりできるような構造を設計していく。そうした努力が崩壊のリスクを減らすためには不可欠であることを知っているためである。投資の世界も同じである。凝り固まった意見に執着し、移り変わりの激しいマーケットの力に逆らおうともがく投資家は、もろい小枝のように真っ二つに折れるリスクを高めているにすぎない。

　マーケットは10月半ばになっても新安値を更新し、下落が終わりに近づいているというたしかな証拠を何も示さなかった。しかし9月に付けた安値を下回ったあとはついに上昇を始め、底から9日目に大きなフォロースルー日を記録した（**図9.21**）。この新たな証拠にオニールはすぐさま反応し、「マーケットが大量に買えと教えてくれているぞ！」ときっぱりと宣言した。買える銘柄はたくさんあった。そのような銘柄の多くがその後上昇してわれわれに巨額の富をもたらしてく

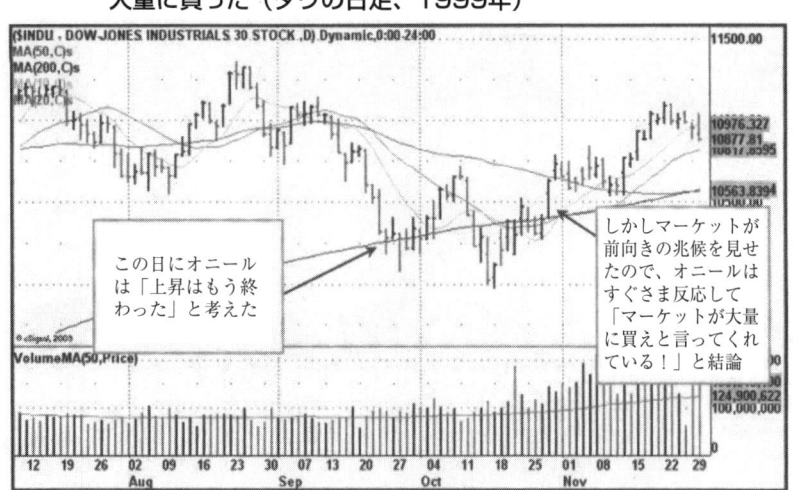

図9.21　1999年10月28日の強いフォロースルーを見て、オニールは大量に買った（ダウの日足、1999年）

（チャート内注記）
- この日にオニールは「上昇はもう終わった」と考えた
- しかしマーケットが前向きの兆候を見せたので、オニールはすぐさま反応して「マーケットが大量に買えと言ってくれている！」と結論

れた。

　しかしその上昇があまりにも急で素早く起こったことで、一部の主導株は急上昇してもすぐに数日間ほど急落し、そして再び反転して新高値を更新する、というようなかなり不安定な動きをした。われわれは「マーケットの勉強会」と称して集まり、急上昇を遂げながらも不安定な動きをしている銘柄をどのように扱うかについて話し合った。オニールはイミュネックス（IMNX）の例を用いてこう助言してくれた。「株価上昇中に起こった下落をすべて振り返ってまとめておくとよい。高値から何％下落したかと、何日下落したかを確認するのだ。そうすればその銘柄が上昇トレンドで通常はどのような値動きをするかが分かるので、急落しても慌てることはなくなるだろう」。この基本的な考えがあったからこそ、われわれは不安定な主導株でも保有し続けることができたのである。イミュネックスの週足チャート（**図9.22**）を見ると、株価が上昇中に下落しても通常は1週間で下落が

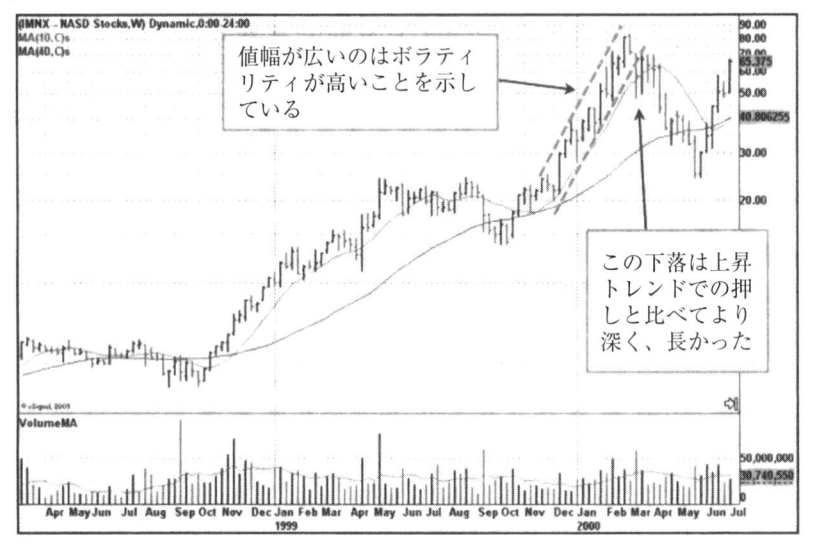

図9.22 イミュネックス(週足、1999〜2000年)

値幅が広いのはボラティリティが高いことを示している

この下落は上昇トレンドでの押しと比べてより深く、長かった

終わっていることが分かる。ところが2000年3月上旬になると、12〜3月の上昇中に起こった下落よりも下落が続く期間が長くなってきた。それはこの上昇トレンドの勢いが失われつつあることを示していた。そして再び新高値を更新するには、少なくとも新たなベースを形成して再び準備を整える必要があることも明らかだった。

「しくじったな!」

2000年2月、この1年間で利益を出した社内のポートフォリオマネジャーにウィリアム・オニールがボーナスの小切手を手渡す時期が来た。プロップ取引を行う企業は、ポートフォリオマネジャーが自社口座で生み出した総利益に対して一定の割合をボーナスとして渡すのが一般的である。われわれも1999年は500%前半のリターンを記録していた。オニールはその数字を見て大絶賛をしてくれたに違いないと思

う読者もいるだろうが、現実はまったく違った。オニールは小切手を持って来てわれわれに手渡すと、当時「オニールのPDA」と仲間内で呼んでいた有名な分厚いメモ帳をパラパラとめくりだした。そこには大量のメモが書き込まれていて、ページの裏側まで埋め尽くすように隅から隅まで何かしら書き込まれていた。

オニールは自分のポートフォリオマネジャーの実績について（特に失敗点について）、アナログ版PDAとも言える自分のメモ帳に頻繁に書き込んでいた。マーケットで好成績を残せる投資家に対しては、オニールは尊敬の念を払うことを忘れなかった。ポートフォリオマネジャーとして彼の信頼を得る唯一の方法は、ほかの連中に負けないように好成績を収めることだった。会社に大きな利益をもたらせばオニールの機嫌は良かったが、大げさに喜んでくれることはなかったし、大きな利益を上げたという心地良い余韻に酔いしれるような時間も与えてくれなかった。彼は失敗を見直すことのほうをむしろ好んでいたので、30ページもあるメモ帳をパラパラとめくっては、そのポートフォリオマネジャーが犯した失敗について書き込んであるページを開くのだった。そして決定的な過ちについて一緒におさらいしたあとは、たとえその年500％増だったとしても、「しくじったな。もしすべてうまくやっていれば、1000％増になっていただろうに」と即座に指摘するのである。

バブル崩壊

2000年2月末になると多くの主導株が天井へ向かうように急上昇し、マーケットは以前にも増してバブルに拍車がかかっていった。また、これまで以上に投機的な銘柄に資金が流れ込んでいた。売り上げもない、収益もない、利益につながる明確な事業計画もない、といったインターネットバブルで台頭してきた大量のIPO（新規公開）株に特に

強く見られる傾向だった。主導株が天井へ向かうと同時にマーケットで投機的な傾向が強まったことから、オニールはそれが陰に危険が潜んでいることを示す明らかな兆候だと考えた。すぐさま株を投げ売ってマーケットから退散しなければならないわけではなかったが、マーケットが天井を付けたことがテクニカル面で確認でき次第、すぐに反応できるように準備を整えておくための厳戒警報ととらえていた。バブルによって買い気が強まっていたが、これはたとえ重要でも小さなパズルの一片にすぎず、それだけでは天井を付けた証拠にはならなかった。しかしやがて、株価は最高値を付けて天井を形成し、そしてマーケットで売り抜けが発生し始めるなどテクニカル面で売りの兆候が現れ始めた。その時点で初めて、いよいよ本格的にマーケットから手を引く時期が訪れたと確信が持てるようになったのである。

　３月17日にマーケットが天井を付けると、オニールは少なくとも３カ月はマーケットに手を出さないようにという賢明な忠告をしてくれた。「大きく成長した銘柄を観察しておきなさい。１回下落したあとに急上昇を試すが、再び下落するだろう。それが最後の上昇になる」ということだった。そして過去の相場サイクルを思い出しながら言った――「２～３種類の『注目銘柄』が妙な動きをすることならあるだろうが、ここ数カ月間はそのような銘柄の数が200～300に上っていた。ということはチューリップ狂、つまりチューリップバブルと同じような状態になっているということだ。これほど大きなバブルでは、相場が落ち着くまでにはかなりの時間がかかるだろう」。

　またオニールは、マーケットの下落があまりにも急だったので、1962年の弱気相場との共通点を見いだし始めていた。そのときは1962年10月にキューバ危機が起こって、ついにクライマックス的な突出安を付けて下落が終わった。2000年６月３日の土曜日にわれわれはハイアットリージェンシーのセントラルステーションというホテルで『インベスターズ・ビジネス・デイリー』紙のセミナーを開くことになっ

ていた。そこでニューヨークへと飛んだのだが、この旅が大きな収穫をもたらすことになるとは、そのときはまだ知るよしもなかった。

100万ドルのアナリスト

　セミナーでのわれわれの役割は、昼食後にデイリー・グラフが提供する投資ツールについてプレゼンテーションをすることだった。まだ新入社員だったマイク・ウエブスターは信頼できる助手として社内ポートフォリオマネジャーだったわれわれに同行していた。3人は水曜日の夜にニューヨークに到着した。そして5番街にあるペニンシュラホテルの一室で週末に開かれるセミナーの準備を始めた。また翌日には丸1日かけてニューヨーク市にあるオニールの機関投資家のクライアントを訪問する予定だったので、その準備も進めなくてはならなかった。翌6月1日の木曜日、われわれはあるクライアント企業を訪問した。そこは、インターネット業界についてなら「何でも知っている」と豪語するやり手のインターネットアナリストを100万ドルで雇ったばかりの企業だった。インターネットバブル市場がすでに天井を打ったあとに高給取りのインターネットアナリストを雇うのは賢い選択とは思えなかったが、われわれは誠意を持ってその会合に臨んだ。

　パークアベニューにあるクライアントのオフィスを訪ねると、彼らは手厚く出迎えてくれた。当時のマーケット状況について軽く冗談を交わしたあと会議室へと案内され、そこで彼らのポートフォリオを構成している保有株を見直すための会議が始まった。われわれ3人と100万ドルのインターネットアナリスト、さらに数人のスタッフが横長の机に座り、机の端に面した壁にはWONDA（ウィリアム・オニール・ダイレクト・アクセス）のチャートがスクリーンに投影された。マイク・ウエブスターはオブザーバーという立場だったので部屋の最後方に座っていた。そして皆で各銘柄を見ていったのだが、新しいチ

図9.23　天井(インフォスペースの週足、2000年)

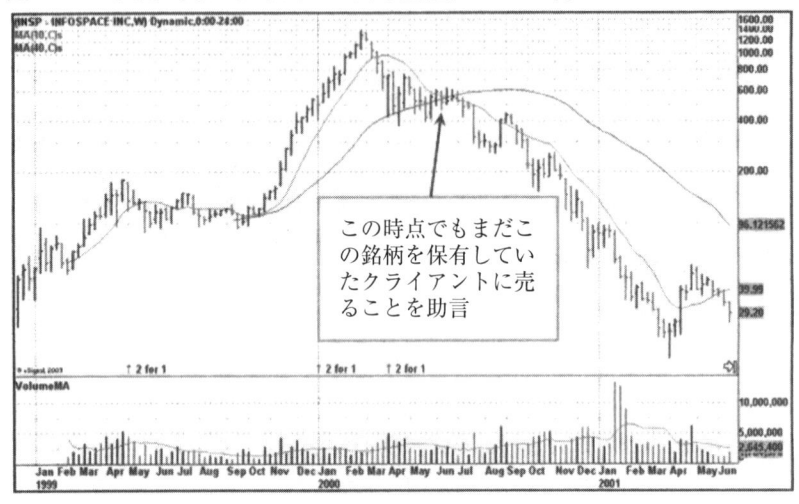

この時点でもまだこの銘柄を保有していたクライアントに売ることを助言

ャートが映し出されるたびにウエブスターが直感的に反応して、同じ言葉を繰り返し小声でつぶやき始めたのだ。それは何か現実離れした、それでいて笑いを誘う光景だった。「あれは天井だ。あれは天井だ。あれは天井だ」。彼は小声で独り言をつぶやいているだけだったのだが、部屋全体が静まりかえっていたので、その声は全員の耳に届いていた。しかもその言葉は簡潔ながらも的を射ていた。100万ドルのインターネットアナリストは自分が愛するインターネット銘柄についてウエブスターのような経験不足の新人が天井を打ったと分析するのを見て、そのたびにわざとらしく咳払いをしてはクスクスと笑っていた。クライアントが保有していた銘柄のなかには、**図9.23**の週足チャートで示したインフォスペース(INSP)などがあった。われわれがこのポジションを売るように助言すると、このアナリストはインフォスペースが過小評価されている理由について長々と語り始めた。

　当時、マイク・ウエブスターはオニールの会社ではまだ新人のポートフォリオマネジャーだった。そんな彼がやり手の100万ドルのアナ

リストよりもはるかに優れた分析をする光景は、あの有名なクレジットカード会社のコマーシャルではないが、「お金で買えない価値がある」ものだった。アナリストは無知で高慢だったが、クライアントの経営責任者のほうはとても礼儀正しく、そしてわれわれに敬意を払って会合に臨んでいた。話し合いの途中、われわれはクライアントに、ナスダックが2500ポイントをブレイクするまで下落して底を付けると予測していることを伝えた。2001年になり、本当にナスダックがその予想どおりに動くと、この経営責任者は機関投資家向けサービスを扱うわれわれの部署に最高級のドン・ペリニヨンを送ってきた。最初は彼も「信じがたい」と思っていたわれわれの予測が見事に的中したので、その祝いの印だった。

買わずに済んだノキア株

6月2日金曜日の朝、われわれは、ウィリアム・オニール・アンド・カンパニーが会員権を持つNYSEのランチョン・クラブで朝食を取ることになっていた。NYSEに到着すると、まずそこでオニールのフロアブローカーのルー・サルセンティと落ち合い、そして朝食を取るために建物の上階へと向かった。同じくフロアブローカーのスティーブ・ポルポラもすぐにわれわれに合流した。彼は、2008年にオニールがフロア業務を閉鎖するまで、2000年代のほとんどの間フロアコメンテーターとしてCNBCに登場していたので、彼のことを知っている読者もいるかもしれない。

午前8時30分、腰を下ろしてユダヤ料理のブリンツやオムレツやカナダ風ベーコンなどに舌鼓を打っていると、その月の雇用統計がメディアを通じて入ってきた。3月に付けたマーケットの天井やバブル崩壊で経済状況は厳しくなるかもしれないという大方の不安をよそに、5月の雇用数は13万1855人増になっていた。雇用統計はマーケッ

トよりも出遅れることが多いのだが、この数字によりマーケットの先行きは強い上昇の気配を見せていることが分かった。同じ場所にいたフロアブローカーのほとんどがトレーディングフロアのある下の階へと向かったため、周りは一瞬でガラガラになってしまった。寄り付きで雪崩のような買い注文が入ることが予想されたので、オニールのフロア責任者だったスティーブ・ポルポラも、まだ朝食を食べていたわれわれを残して下の階へと向かった。ほんの数分前までは大勢のフロアブローカーが健康的な朝食で1日の始まりを楽しんでいたのに、もぬけの殻となってしまったその部屋に座っているのはとても不思議な気分だった。その日、豪華な朝食がいくつもNYSEランチョンクラブのテーブルの上に手も付けられずに残されていた。食事よりも仕事を優先させるNYSE会員らの献身ぶりは敬意を払うに値する。アメフト競技場の半分はあろうかという広さのフロアを、ひとつの持ち場から別の持ち場へと1日中駆け回っていれば、炭水化物が必要になるだろう。しかし考えてみると、NYSEのフロアブローカーでやせている人にお目にかかったことがないのも、また事実なのである。

　いずれにせよ、ひととおり朝食を終えたわれわれはエレベーターに乗ってトレーディングフロアのある階へ下りることにした。しかしその前に男性用トイレに立ち寄った。そこに置かれているくしを土産代わりとしていただくためだった。ランチョンクラブのトイレにはニューヨーク証券取引所と金色の文字で刻印された黒いくしが備え付けの受け皿にいくつも入れられていた。そこで、NYSEで食事をしたあとは必ずトイレに寄ってくしを1本頂くのがわれわれの慣習になっていた。何本くしを持っているかは秘密にしておこう。ようやくフロアに着いたわれわれは興奮の熱気に包まれた。あの当時、注文が電子取引で執行され始める前の時間帯というのは、その日の朝が忙しくなると分かっているときほどフロアの雰囲気が盛り上がるものだった。フロアブローカーが注文の執行に忙しくなるということは、彼らが手数料

第9章　ウィリアム・オニールと実践に挑んだ日々

を稼ぐことを意味していたからだ。同時にスペシャリストもスプレッドで利益を上げながら、需要と供給が1日中変化するのに合わせるように株を供給したり買ったりするのだった。

　取引開始のベルが鳴ると、皆の落ち着いた低い声はすぐさま叫び声に変わった。これはフロアに次々と流れ込んでくる注文が音の洪水に変わるからである。オニールが所有するブースに立っていたわれわれはノキア（NOK）株を買ってみることにした。ブースにある電話を手に取り、わざわざ本社にいるトレード担当者に電話で「ホッジス、ノキアを5万株買ってくれ」と大声で伝えた。そしてフロアブローカーのルー・サルセンティに受話器を手渡した。するとロサンゼルスにいるトレーダーのジャック・ホッジスがわれわれから受けたばかりの注文をサルセンティにそのまま伝える。少々回りくどいやり方である。なぜサルセンティにノキアを5万株買うように直接伝えないのか、と不思議に思うかもしれない。同じオニールのブースで彼のすぐ隣に立っているのだから無理もない。だが、それが注文を出す際の決まり事だったので、それに従わなければならなかった。このようにして正確に「伝えられた」その注文を手に、われわれはノキアのポストへと移動した（図9.24）。

　ノキアのポストでは3〜4人のフロアブローカーが買い注文を片手に立っていた。買いたい量の株がマーケットから供給されるのを待っていたのである。経験豊富なサルセンティは、われわれの左側にいる男が人混みから離れるように立っているのに気がついた。われわれがサルセンティに「さあ、株を買いに行こうじゃないか」と言うと、彼はわれわれを手で制止して、「ちょっと待った。あそこにいる男が見えるかい？　ちょっと見てみろ」と叫んだのだ。その男とはドナルドソン・ラフキン・アンド・ジェンレットのフロアブローカーだった。サルセンティの直感は的中した。その男は突如として人混みに飛び込んで、5万株の売り気配をさらった。人混みのなかで売り手が現れる

441

図9.24　NYSEのフロアで機関投資家の売り抜けが起こるのをこの目で見ることができた（ノキアの日足、2000年）

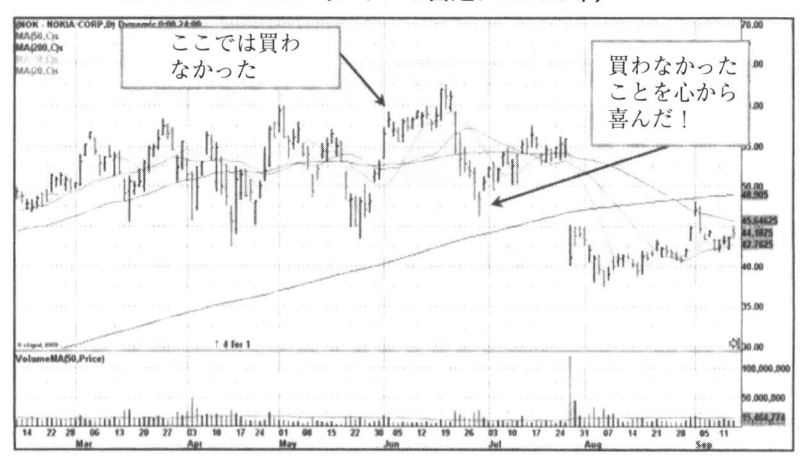

のを待ちながらふんぞり返っていた残りのブローカーは、取り残されないように急いで注文を執行しなければならなくなった。そのときの売り気配で株を買おうと彼ら全員が前に出てくると、そのフロアブローカーは振り向いて、「売った、売った、売ったぞ！」と、全員の買い手を１人１人指さして叫んだ。サルセンティはぶっきらぼうに「もう行こう」と指示した。われわれは反論せずにその場を去り、ノキア株を買うのはほかのブローカーに譲った。サルセンティは愚かな買いからわれわれを救ってくれたのだ。あとから考えれば、この株は適切なパターンを形成しているとは言えなかった。しかし、マーケットが大天井を付けた2000年３月の高値からは振り落とされそうになりながら、史上最高値からわずか３％の下落で持ちこたえていた。不完全なチャートパターンは機関投資家による売り抜けを示していることが多い、という原理を実践で学んだことになる。われわれはNYSEのフロアでこの売り抜けが実際に起こったところを目撃したのだ。2000年６月２日、マーケットはフォロースルー日を記録して、上昇トレンドの

図9.25 2000年４月の安値を下回って底を付けたあと、６月２日にフォロースルー日を記録して、新たな上昇トレンドが始まった（ナスダックの日足、2000年）

（大商いを伴って上に窓を空けるのはフォロースルー日）

（４月の安値を下回る）

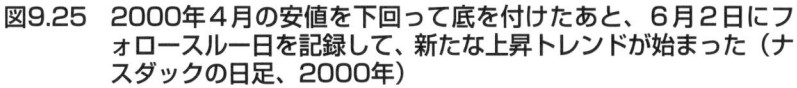

始まりが示された。オニールはすぐさま、このときの前例として1962年10月の弱気相場の底が参考になると判断した。ナスダックが2000年３月に大天井を付けたあとに下落したときと同じくらいの速さで下落した前例を探した結果、1962年の弱気相場で株価が継続的に下落したときが唯一近い例として浮かび上がったのである。ナスダックはインターネットバブル時期での中心的指標だったこともあり、価格は５月後半に付けた安値から強い反発を見せた（**図9.25**）。５月の安値は４月の安値を下回るほどの暴落ぶりだったが、マーケットが反転して上昇したときに空売りを仕掛けていた投資家は裏をかかされた格好となった。５月24日に付けた底から７日後の６月２日に大きく上に窓を空けて寄り付いて前日よりも大商いになった。このことからも、これがフォロースルー日であることは明らかだった。

フォロースルー日を記録したにもかかわらず、適切なベースをブレイクアウトして新高値を更新する銘柄は少なかった。大きく動いたのは2000年３月にマーケットと同時に天井を打ったかつての主導株で、

図9.26　６月２日に発生したフォロースルー日にブレイクアウトした数少ない銘柄のひとつ（コーニングの週足、2000年）

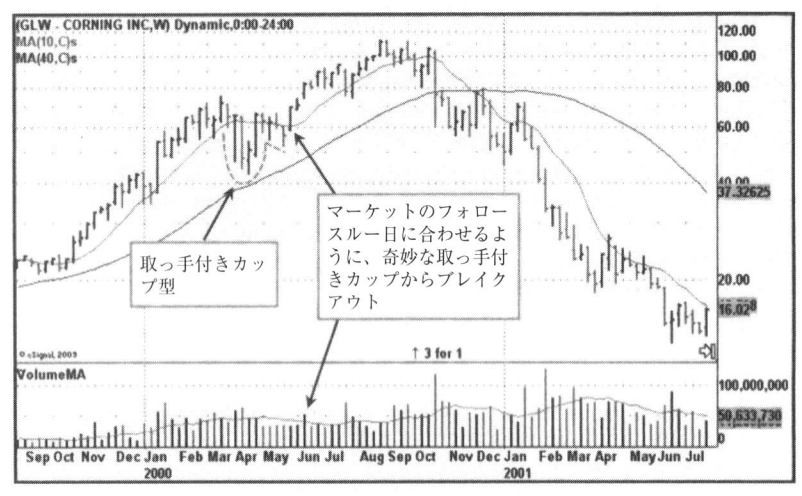

安値から大きく反転して急上昇していた。６月２日のフォロースルー日にNYSEにいたわれわれが何か買える銘柄はないかとノキア株を見つけたものの、結局は買わずじまいに終わってしまったのは先に述べたとおりだ。しかし、実はそんなことをしている間にわれわれはコーニング（GLW）の上昇を見逃していた。コーニングは新しい高速インターネット時代に備えて光ファイバーのケーブルを製造するガラス製造業者だった。われわれがノキアのポストで機関投資家の売り抜けについて学んでいる間、オニールは早くも牛の乳房のような形をした取っ手付きカップ型からブレイクアウトを始めたコーニングに注目していた（図9.26）。

オニールはロックスター

６月３日の土曜日、われわれは上級者のための投資セミナーの準備をするために朝早く動き出した。ハイアットリージェンシーのセント

ラルステーションに到着すると、すでに参加者が大勢集まり始めていた。これまでは多くても200～300人ほどの参加者を前に行う単発のセミナーばかりだったが、あとから計算してみるとこのときは約800人という大勢の参加者がいたらしい。これはオニール主宰の投資セミナーのなかでも過去最多の数字だった。2000年３月に現代のチューリップバブルが天井を打ったことを考えれば、納得できる数字だとあとから思ったものである。ここに集まった人々は前日に発生したフォロースルー日を受けてとても興奮していて、周囲は活気に満ちていた。NYSEでオニールのフロア責任者として働くスティーブ・ポルポラは「まるでオニールはロックスターだな！」と称賛した。

　いつもならばステージを一つ設置するだけなのだが、このときの観衆はものすごい数だったので、部屋の前方に２つのステージが設置された。今思えば、あの日のあの部屋のなかの熱気こそが2000年の弱気相場がまだまだ終わらないことを示す明らかな証拠だったのだ。その日の夜、セミナーを終えてホテルの会議室を出たわれわれは、エスカレーターで階下に向かっていた。すると参加者があとを追うようにすぐ隣の上りのエスカレーターに乗り、エスカレーターの階段を駆け下りながらわれわれに質問を投げかけてきた。タクシーに乗り込むときも、われわれと同じタクシーに乗ろうとする参加者までいた。NYSEでオニールのフロアブローカーとして働くルー・サルセンティはニューヨークに隣接するニュージャージー州出身で、世間慣れしたたくましいイタリア人青年なのだが、ちょうどそのサルセンティと夕食へと向かうところだったので、一緒にタクシーに乗っていた彼がまるでボディーガードのように無理やり乗り込もうとしてきた参加者を食い止めてくれた。われわれは互いを見つめ合って、「よっぽどメジャーな天井だったんだな！」と言うことしかできなかった。

図9.27 ４日目のフォロースルー日からは下落して、高値を切り上げる前に１日目の上昇まで下落した（ダウの日足、2001年）

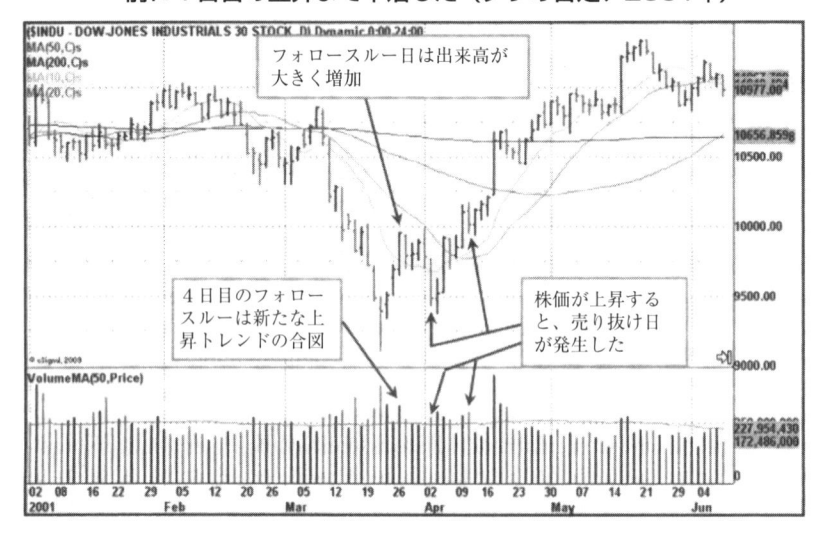

2001〜02年の大不況

　2001年９月、マーケットは再び下落を始め、バブル後の2000〜02年の大不況としては２番目を記録するすさまじい下落ぶりだった。まずは2000年第４四半期〜2001年第１四半期の間にマーケット全体と主導株が足並みそろえてブレイクダウンし、その勢いは2001年３月27日にマーケットがフォロースルー日を記録するまで続いた（**図9.27**）。

　３月27日のフォロースルーは底を付けてから４日目に起こった。「４日目のフォロースルー日」は、通常なら強さを示している。しかしマーケットはそれから数日間かけて下落し、出来高の増加を伴って再び下落して最初の売り抜け日を記録した。これは通常であれば上昇の終わりを示す合図である。しかしフォロースルー日を考えるときにはわずかな差にも目を向ける必要がある。オニールであれば、主要な指標の価格と出来高の変化を見るときと同じように、フォロースルーもそ

のときの強気相場や弱気相場というマーケット全体の状況と照らし合わせて考えなければならない、と言うことだろう。2001年4月にマーケットの弱さがいくつか見られたことから、オニールは次のように指摘した。「強いフォロースルー日のあとに価格が上昇を続けながらも売り抜け日らしきものが現れた場合、それでも上昇が続いたら、それは弱さを示しているとは限らない。弱気のマーケット心理が価格の上昇に反応して下落し、それをマーケットが振り払ったことで1～2日の上昇をする結果になったのだろう」。**図9.27**を見ると、マーケットの上昇中に売り抜け日が2日発生している。それが平均を超える出来高で起こったため、当時はかなり否定的な要素に見えたのも無理はない。

チャートパターンの生き字引

フォロースルー日のすぐあとに売り抜け日が発生するときというのは、マーケットが下落に転じてベースの安値付近で振るい落としが起こっている可能性がある。オニールならば、「銘柄によってはこのような場面で大きく売られる可能性は十分にあるが、これは正常な反応である」と言うだろう。オニールはこのとき、1970年のマクドナルド（MCD）の例を思い出していた。オニールは過去の株のチャートパターンを熟知している生き字引のような人だった。いつも過去の銘柄のチャートパターンを思い出しては、即座にそのパターンの特徴を言うのだ。1970年のマクドナルドについても同じようにしてみせた。「マクドナルドはカップ型の丸い底の部分を形成していた。株価が底から半分くらい上昇したところで、大商いを伴って1週間ほど株価が急落した。その後、株価は反発して3倍になった」。会社に置かれていた1970年代のマクドナルドのチャートを見返してみると、オニールが話したことが事実であることが確認できた。オニールの授業は続い

図9.28 シスコ・システムズ(週足、1990~91年)

(図中注記:1990年の弱気相場の底では安値を下回るほど急落した)

た。「つまり、こういう状況で株価が急落したら、おそらくダマシである可能性が高いということだ。おそらく、株価が下落するときに流れるネガティブな報道のせいで弱気の投資心理が強まるからだろう」。1991年のシスコ・システムズがその例である。力のある主導株がベースの安値付近で急落し、振るい落としが起こるのは、このような弱気の心理状態が原因であることが多い。シスコの場合、イラク軍がクウェートに侵攻したという報道が引き金となり、1990年10月にパニック的な安値を付けた。そしてそれに続くように、投資家の弱気の心理の発露が当時のシスコのチャートによく映し出されている(**図9.28**)。

ちゃぶついた相場から人気に火が付いたドーナツ銘柄

2001年3月に記録したフォロースルーのあとのマーケットの値動きは生ぬるいものだった。オニールもマーケットに力や勢いが何もないことを嘆いていた。「何もうまくいかない。多くのファンドがハイテク銘柄に資金をつぎ込んでいるから身動きが取れなくなっている。ち

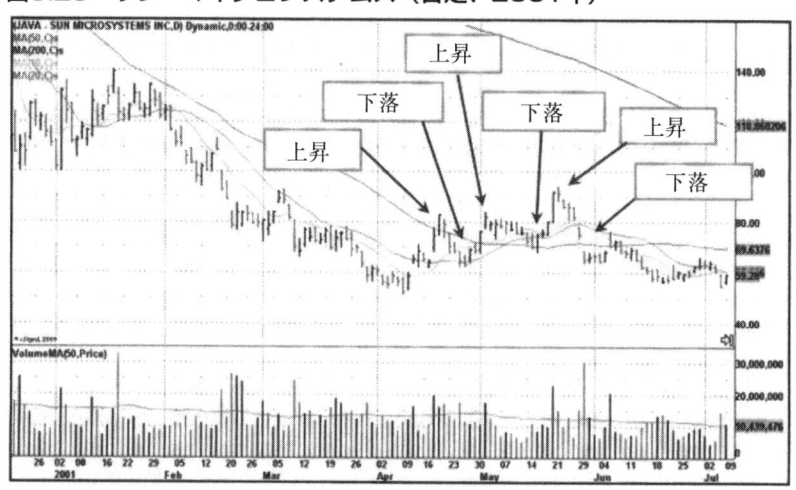

図9.29 サン・マイクロシステムズ(日足、2001年)

ょっとした報道があるだけで、サン・マイクロシステムズ(JAVA)のように株価は上下する」(図9.29)。

2001年はオニールのお眼鏡にかなうような買い銘柄はほとんどなかった。そのため、3月後半にフォロースルー日が発生してマーケットが転換してから約1カ月後にクリスピー・クリーム・ドーナツがブレイクアウトしたときは、さわやかな一陣の風が吹いたような新鮮な印象を受けた(図9.30)。クリスピー・クリーム・ドーナツ株が公開されたのは2000年4月で、マーケットが3月に大天井を付けた直後だった。この銘柄は最初のマーケットの下落時にも短期間の小さなベースを形成して抵抗していた。われわれがこの銘柄に夢中になったのは、2000年の夏もずっと好調を維持していたからだ。その後、ついに高値を付けて26週間にわたるベースを形成し、2001年5月にベースからブレイクアウトした。株を保有したがために体重が増えたのは、あとにも先にもこのときだけである。クリスピー・クリーム・ドーナツ株を保有しているということがそのドーナツを買って食べる言い訳になっ

図9.30　短期の精彩のない上昇のなかで生まれた新しい買い銘柄（クリスピー・クリーム・ドーナツの週足、2000～01年）

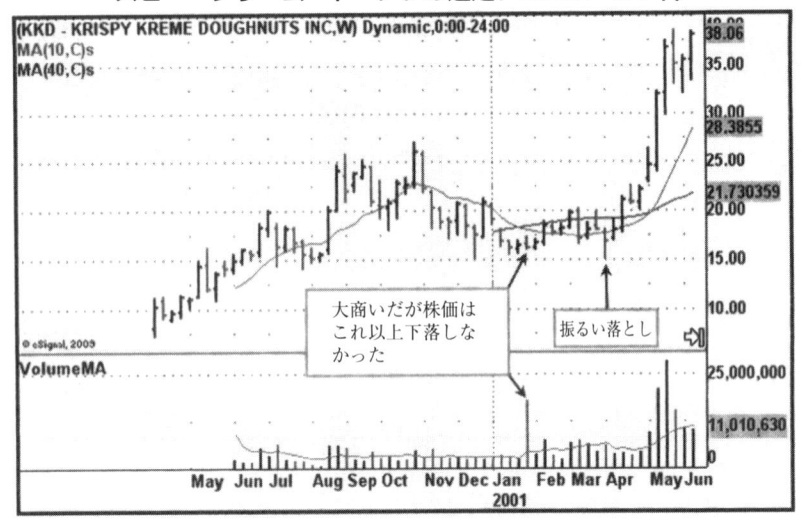

ていた。オニールの機関投資家向けサービス部門に従業員が使う狭い給湯室があったが、そこが何十という数のクリスピー・クリーム・ドーナツでいっぱいになることもしばしばだった。オニールの会社では常日ごろから健康志向の環境作りを進めていたが、このときばかりは面白いことに、それとは正反対の環境になりつつあった。

　味覚という主観に左右されずに考えなければならない、とクリスピー・クリーム・ドーナツ株が26週間にわたるベースからブレイクアウトしたときにわれわれはその将来性をできるだけ客観的に評価する努力をした。この銘柄を保有すべき理由はいくつかあった。オニールがこのような小売り関連銘柄が持つ特徴を重要視するのには理由がある。当時のオニールはその特徴を次のように要約した――「これは強力なブランドと、まだマーケットにわずかにしか供給されていない強力な製品を持つ、れっきとした事業である。TCBYやスナップルを思い出すとよい。一時的な流行だったにもかかわらず株価は大きく上昇した。

クリスピー・クリームもただの流行かもしれないが、まずは大きく上昇する可能性がある。クリスピー・クリームはマーケットに参入する前に"製品不足"の状態を生み出している。まずは１〜２店舗を出店して、客にそこにできる長蛇の列を見せたり高い評価を聞かせたりすることで、次の店舗展開への強い需要を作り出している。これは利益をもたらす株なのでポジションはできるだけ減らさずに維持するべきである。この株価がどこまで上昇するかを計算して予測するのだ。チャールズ・タンディーがかつてこんなことを私に教えてくれた。クリスピー・クリームは、一つの町でマーケットが飽和状態になるには何店舗まで出店できるかという調査をした。そしてラジオ・シャックが飽和状態になるまでには一つの大都市に25店舗まで出店できた、という事実を突き止めた。ラジオ・シャックは最終的に5000店舗まで拡大している。クリスピー・クリームは174店舗だ。これから大きく展開される可能性がある。もしこの企業が安定的に20〜25％の成長率をこの先３〜５年間維持できれば、PERが高くなることも十分に考えられる」。

　クリスピー・クリーム・ドーナツから学んだのは、大衆がいかに惑わされやすいかという教訓だった。2001年３月、多くの投資家がこの銘柄を空売りしていた。その背景には、この銘柄は単なる一時的な流行だからという考えと、IPOのロックアップの時期が終わって既存株主が初めて株を売ることが許されれば、彼らが株を売るだろうという考えがあったからである。しかし株価は飛躍的に上昇し、株価はポケットピボットの買いポイントから２倍になった（**図9.31**）。2001年５月上旬にブレイクアウトしたあとは株価が２倍なったが、40ドルを超えることはほとんどなかった。それでもオニールが小売り関連銘柄に対してどのような考えを持っていたかはこれまでの説明で十分に分かることだろう。クリスピー・クリーム・ドーナツは上昇してなかなかの利益をもたらしてくれた。この株の値動きを最大限に利用できなか

図9.31　ポケットピボットは早い段階での買いポイントとなった（クリスピー・クリーム・ドーナツの日足）

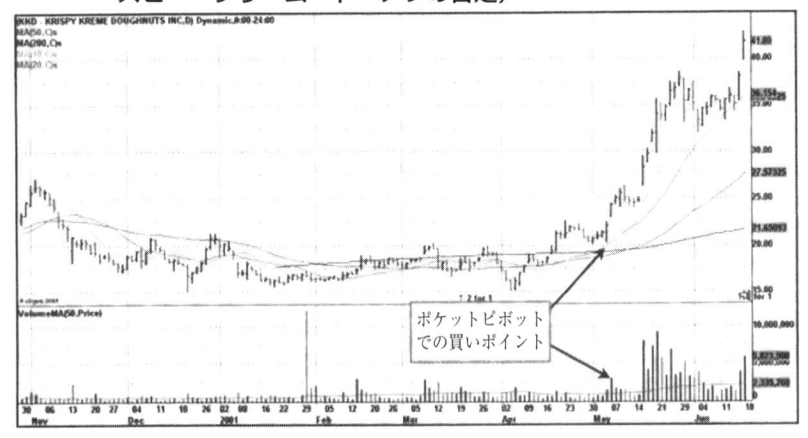

ったのは残念だが、それでもオニールの下で働くわれわれのような強気相場のトレンドフォロワーにとっては、厳しいこの時期に利益をもたらしてくれた優良株だったのである。

フォロースルー日の条件の変更

　オニールはフォロースルー日の条件として１％の上昇を挙げていた。ところが2001年６月ごろ、オニール自身が定めたその重要な値が不十分なのではと考え始めた。「フォロースルー日」とは、市場平均株価が最初に安値を付けてから数日後（できれば４～７日後）に前日よりも大商いで１％以上価格が上昇した日のことを言う。オニールの手法では、マーケットでフォロースルー日が発生すると、理論的に「上昇時期」に入ったということになる。すべてのフォロースルー日が強気相場につながるわけではないが、フォロースルー日なくして強気相場が始まったことはない、とオニールはいつも指摘していた。

　2000年３月以降のマーケットはあまりにも不安定だったので、１％の値動きというフォロースルー日の条件を２％に変える必要性が出て

きた。しかしこの２％という数字はわれわれの当時の観測のみをもとに考えられたものだった。その後、われわれは最適な数値を探すための研究を独自に行い、その結果、フォロースルー日の条件として統計的に信頼できる上昇率は1.7％であることが分かった。これをオニールに伝える機会はなかったが、彼は直感的に１％という数値を変える必要性があることに気がついていた。そして2000～01年に観測した多くの銘柄をもとに、２％という数字が妥当であるという結論を導き出していたのはさすがである。

オニールがフォロースルー日の条件を２％と決めたのは、2001年７月25日の例を参考にしたからである（**図9.32**）。このとき、ダウとナスダックが安値から11日目に、そしてS&P500が10日目にフォロースルー日を記録した。ところがその上昇率を見ると、1.6％（ダウ）、1.28％（ナスダック）、1.61％（S&P500）となっているのだ。当時のオニールは、このような出遅れたフォロースルー日を否定的にとらえていた。「フォロースルー日の基本は上昇への絶大な力である。昨日、新高値を更新した200銘柄を調べてみた。１株当たり利益が72セント以上でレラティブストレングスが80％以上だったのは、200銘柄中わずか16銘柄にすぎない。つまり、この上昇は停滞気味だと言える。けっして強い上昇の値動きではない！」と語っていた。その数日後、マーケットは再び下落に転じて安値を更新したので、フォロースルー日も無効となった。こうして2000～01年の弱気相場はさらに続いたのである。

9.11にも動じない精神

2001年９月11日、ウィリアム・オニール・アンド・カンパニーではいつもと同じ朝を迎えていた。午前５時30分（NYSEでは８時30分）に間に合うように余裕を持って会社に到着し、取引の準備をしたり手

図9.32　7月のフォロースルーは力が弱く、夏の終わりには再び下落した（ダウの日足、2001年）

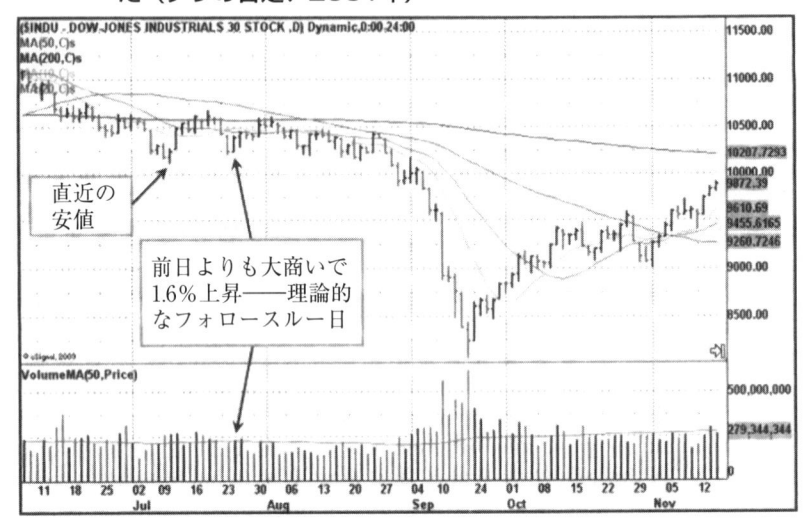

（チャート内注釈）
- 直近の安値
- 前日よりも大商いで1.6％上昇——理論的なフォロースルー日

持ちの空売りのポジションの戦略を練ったりしていた。その日は、マーケットの寄り付きで資金の200％の空売りポジションを持っていた仲間もいれば、100％現金化していた仲間もいた。最初の航空機がワールド・トレード・センターに突っ込み、ノースタワーにぽっかりと大きな穴が空いたとき、「小さな飛行機、おそらくセスナがニューヨーク市で最も高いビルのひとつに誤って衝突した模様」という報道が流れた。われわれはワールド・トレード・センターの規模を知っていたので、そこに空いた穴がセスナの172型のような小型飛行機ではないこと、いや、たとえ仮に372型と呼ばれるような大きな機体が作られていたとしても、セスナでは到底あり得ない規模の衝突であることがすぐに推測できた。マーケットでまず真っ逆さまに下落したのは先物だった。あの朝、200％の空売りをしているのは複雑な気持ちだった。ノースタワーの上層階にいる人々が壊れた窓から飛び降りているような状況なのに、マーケットが開けば株価は大きく下に窓を空けて下落

第9章　ウィリアム・オニールと実践に挑んだ日々

して多大な利益が生まれることが分かっていたからである。

　最初のジェット機が衝突したのはワールド・トレード・センターのノースタワーの93階だった。そのすぐ上の101〜105階にはニューヨークを拠点とするキャンター・フィッツジェラルドがオフィスを構えていた。衝突時、オニールのトレードデスクがちょうど同社のロサンゼルス支店と電話でつながっていた。

　その時点で、われわれはすぐさまNYSEで働くオニールの職員の安否を確認し始めた。本章で紹介した２人のフロアブローカー、スティーブ・ポルポラとルー・サルセンティ、そしてオニールのポストで働く２人の事務員などである。ポルポラはATMで娘に送る小切手を入金しているときにジェット機が衝突するのを目撃したので、すぐさま避難しようとウォール街とブロードウエーの交差点にあるNYSEのビルへ向かったという。ニューヨークで働くオニールの職員４人のうち３人の安否は確認できたが、ルー・サルセンティはちょうど地下鉄のなかにいて、２番目のジェット機が衝突する直前にワールド・トレード・センターのサウスタワーの下に到着した。サルセンティがサウスタワーから出てくると、がれきが雨のように彼の周囲に降り注いできたので、やっとの思いでマンハッタン島の南西部から出るフェリー乗り場までたどり着き、それに乗ってハドソン川を渡って自宅のあるニュージャージー州へと戻ることができたという。この間、われわれはずっと彼の居場所が分からずに心配していたのだが、ニューヨーク時間の11時30分にようやくサルセンティと連絡が取れて安否を確認することができた。

　オニールはその日の出来事にも動じず、いつもどおりの楽観的な態度であった。そしてこれは蓄積されていた問題が表面化したのだと語った。9.11の同時多発テロ事件はクリントン政権時代の反テロ対策の不備が重なった結果起こった惨事であり、今後も高まるテロの脅威に断固たる態度で取り組むためのきっかけになるだろうというのがオニ

455

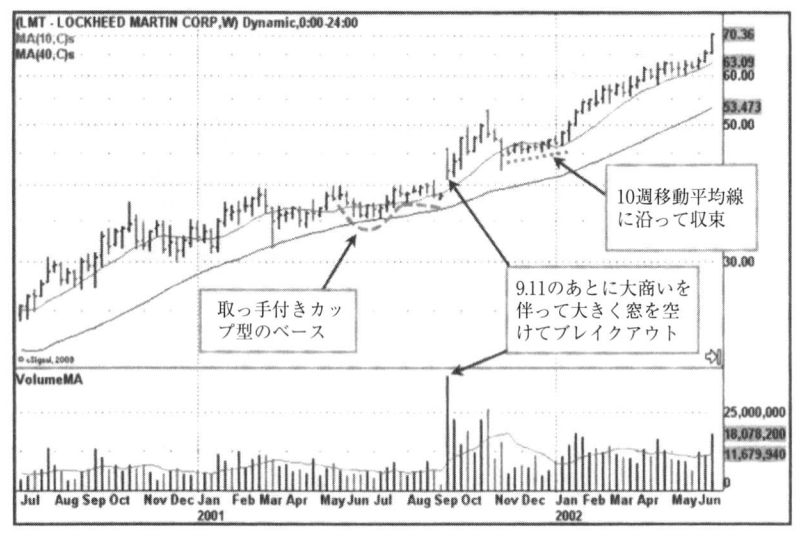

図9.33　ロッキード・マーティン（週足、2001〜02年）

[図中の注記]
- 10週移動平均線に沿って収束
- 取っ手付きカップ型のベース
- 9.11のあとに大商いを伴って大きく窓を空けてブレイクアウト

ールの考えだった。さらにこれは考え得る最悪の事態であるため、マーケットは最初は急落してもすぐに底を付けて、新たな上昇時期に入ると語った。このときのオニールの冷静な態度に影響されてわれわれも冷静さを取り戻し、数日後にマーケットが再び開いたときに何が起こるかを前向きに予測することができたのである。休場していたマーケットがようやく再開されたのは９月17日のことだった。われわれはマーケットが下落から上昇に転じたタイミングで空売りしていたポジションを買い戻し、さらにロッキード・マーティン（LMT）のような防衛関連銘柄を買った（**図9.33**）。アメリカ合衆国はすでに臨戦態勢に突入していたので、宣戦布告の有無にかかわらず、戦時中と同じように防衛産業とその関連銘柄に大化け株を探すべきであることは明確であった。

　最初のうちはCAN-SLIM銘柄に見られるような収益増加率は防衛銘柄には見られなかった。そこでわれわれはオニールのモデルブック、つまり大化け株の記録を集めた研究に頼って、機関投資家がどのよ

うな相場サイクルでも常に所有しているような銘柄を探し出すことにした。不安定な経済状態と2000年3月のインターネットバブル崩壊の影響で成長株のほとんどが揺れ動いていたこともあって、消費者は以前よりも用心深くなっていた。まるで甲羅に隠れた亀のようにおじけづいていたところに9.11事件が起きたので、事態ははさらに悪化した。機関投資家がどの防衛関連銘柄に狙いを定めて大量に買うかを判断することは、この業種の動きを最大限に利用するためには重要なことだった。

　当時、炭疽菌事件などの報道も含めて、9.11事件後の情勢は気が重くなることばかりだった。オニールの機関投資家向けサービスの事務補佐として働くある女性は、受け取った郵便物を社員に配る前に、プラスチック製の手袋と外科手術用マスクを身につけて、手紙や小包の封をひとつひとつ開けて妙な物質が混入していないかを確認していた。このような状況だったので、オニールが激励の言葉を掛けてくれると、われわれはそれに助けられたものだった。彼の楽観主義は不断である。しばらくオニールと時間をともにすると、それが彼の成功の大きな秘訣のひとつであることに気がつく。「悲観論者は成功しない」という古いことわざが正しいことを彼は証明していた。彼はわれわれに電話をしてくると、人間の主な死亡原因の研究を取り上げた記事を読み上げた。そして1番の死因は喫煙、2番目の死因は「日々のストレスの対処法とそれに影響される感情の変化――これは重要な考え方だぞ！」と教えてくれるのである。トレードがもたらす感情的なストレスに否定的な反応をすることは、マーケットの参加者にとって致命的であることをオニールは知っていた。だからこそ、「眠れる程度の量にポジションを減らしなさい」といつも助言してくれたのである。トレードと同じで、人生も自分に何が起こるかではなく、自分に起こることに対してどのように反応するかで決まるものだ、というのがオニールの信条である。つまり、9.11の同時多発テロ事件のような恐ろし

い出来事のあとでも、「分別を持って行動すること」がマーケットや人生で生き残るために最も重要なことなのである。

マーケットの大掃除

　2002年がダラダラと続くうちに防衛関連銘柄の値動きは収束していった。そしてイラクと戦争を始めるか否かの議論が日々の話題を占めるようになると、社会全体に倦怠感が広がり始めた。弱気相場では新安値を更新し、金融サービス業界、特に投資部門は急速に縮小していった。オニールのクライアントのヘッジファンドも至る所で廃業していった。比較的規模の大きかったクライアント企業は投資信託のフロントランニングの問題に悩まされていたか、あるいはさらに大きな金融機関によって吸収されていったかのどちらかだった。弱気相場はまるで本来あるべき場所へと物事を片づけていくかのように、行きすぎていたものを隅々まで一掃していった。オニールは当時、物思いにふけっては「世の中で最高の平等主義者はマーケットだけだ。女房や家族や同僚や国税庁などに歯向かうことはできても、マーケットに歯向かうことはできない。歯向かえば無一文にされるだけだからな。自分の名前や地位などマーケットには一切関係ないのだ！」と言うのだった。ナスダックは2000年初めに付けた強気相場の大天井から78.4％も下落して、2002年10月後半についに底を打った。そのころにはだれもが無一文になっていた。

シスコ・システムズを底で空売りしたオニール

　オニールがいかに前向き思考だったかを知ってもらうには、彼が悲観的になったときのことを話すのが一番だろう。2002年10月、マーケットを悲観視したオニールは弱気相場の安値付近でシスコ・システム

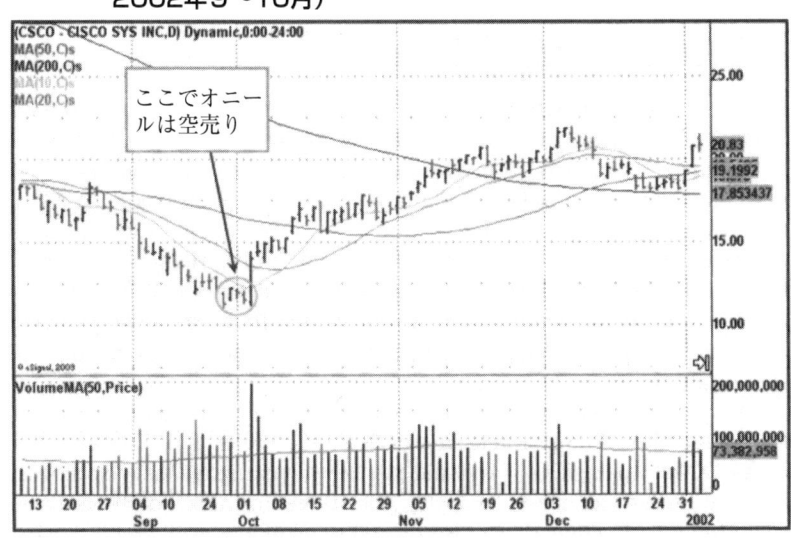

図9.34　オニールは安値でシスコを空売り（シスコ・システムズの日足、2002年9〜10月）

ズ（CSCO）を空売りした（**図9.34**）。われわれがこの事実を知ったのは、彼が電話をしてきて空売りをしたことを教えてくれたからである。マーケットに残る最後の強気投資家が、白旗を揚げてシスコが1株当たり10ドル付近、つまり強気相場の高値から90％以上も下落したところで空売りをし始めたということは、裏返せば株価が底を付けたことを意味しているに違いないのである！　昔からオニールの下で働く別の社員からもこの事実について話を聞いたが、オニールが実際にこのような行為に及ぶのをこの目で見るのはとても興味深いものだった。しかし、シスコが大商いを伴って安値から上昇に転じていることに注目してほしい。この数日前からシスコを空売りしていた投資家のほとんどがこの値動きに反応して空売りのポジションに増し玉をしたか、あるいは我慢強くそのポジションを持ち続けたことだろう。しかしオニールは違った。彼は自分が2日前に考えていたことなどまったく気にもせず、すぐさまシスコの空売りポジションを買い戻し、そし

てイーベイ（EBAY）の買いに転じたのである。イーベイの買いトレードについては、第3章で述べたとおりである。

　国がイラクとの戦争を始める準備をしているころ、マーケットではナスダックが2002年12月に付けた高値から17.6％も下落していた。大衆は最悪の事態を想定していたのである。サダム・フセインが化学兵器や生物兵器を使って報復に出て、戦争が長引くだろうという予想をする向きもあった。また、イラクを攻撃すればイスラム過激派のテロリストを刺激してアメリカ本土でさらなるテロ攻撃が誘発されてしまうのではないか、という不安感も高まっていた。民衆の懸念が実際に大きな壁となっていたのは事実である。しかし1991年1月の湾岸戦争中に多国籍軍が攻撃を仕掛けたときは、クウェートを侵攻していたイラク軍が撤退し、マーケットは急上昇した。2003年3月初めにアメリカ軍が戦闘開始の最終位置へと動くのを見て、オニールは同じようなことが起こる可能性があると考えたのである。

2003～05年の強気相場

　アメリカ軍がイラクへの侵攻を始めてから首都バグダッドを制圧するまでの時間は短かった。その素早さに大衆が驚いていたころ、2003年3月17日にマーケットはフォロースルー日を記録して上昇へと転じ、新たな強気相場の始まりを告げた。われわれは最初に飛び出したアマゾン・ドット・コム（AMZN）を大量に買った（**図9.35**）。マーケットがフォロースルー日を記録すると、アマゾンもそれに同調するように同日の3月17日にブレイクアウトして新高値を付けたが、この時点ではそれほどの強さは見られなかった。株価はその後4週間ほど下落し、ようやく10週（50日）移動平均線に支持され下落を終えた。この下落で出来高が大きく減少したので、われわれはここでアマゾンを買うことにした。

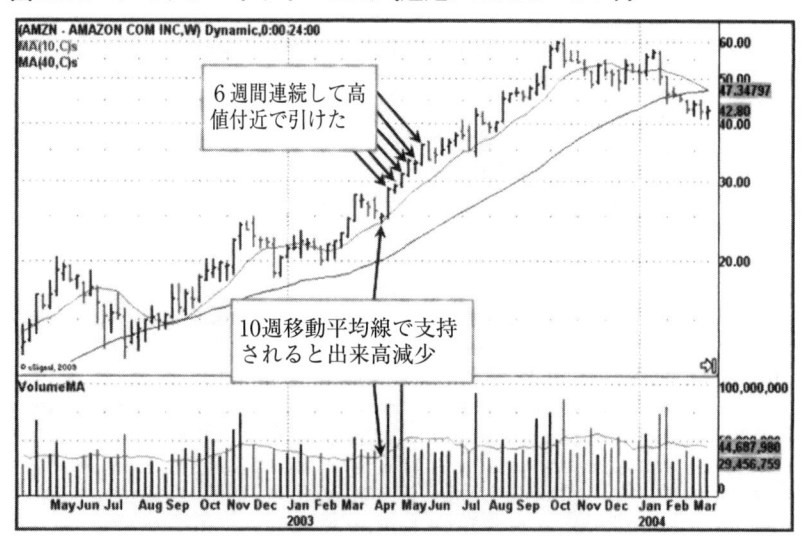

図9.35　アマゾン・ドット・コム（週足、2003～04年）

[図中注記]
6週間連続して高値付近で引けた
10週移動平均線で支持されると出来高減少

　それからの株価は6週間連続でその週の高値で引けただけでなく、6週間のうち5週間は新高値で引けていた。オニールはこれがかなり前向きな値動きであると指摘したうえで、アマゾンがどこまで上昇するかの目標値を計算したら60ドルであったことを教えてくれた。われわれもこの銘柄を保有していたので、ポイント・アンド・フィギュア・チャートの手法を使って61ドルという目標値を導き出していた。これはなかなか興味深い偶然である。ポイント・アンド・フィギュアは、株価がその週の最高値で引けた6週間にどれほど上昇する力があったかを元に価格目標を計算する手法である。アマゾンは最終的に2003年10月に61.15ドルで天井を付け、その後は幅の広く形の悪いベースを形成し始めた（図9.36）。

　アマゾンがベースを形成しているとき、株価は2003年11月19日にベースの左側部分で最初の安値となる47.67ドルを付けた。それから数日間は上昇したが、その後は2～3週間かけて弱々しく下落してから、12月17日に最初の安値（47.67ドル）を下回って47.00ドルちょうどま

461

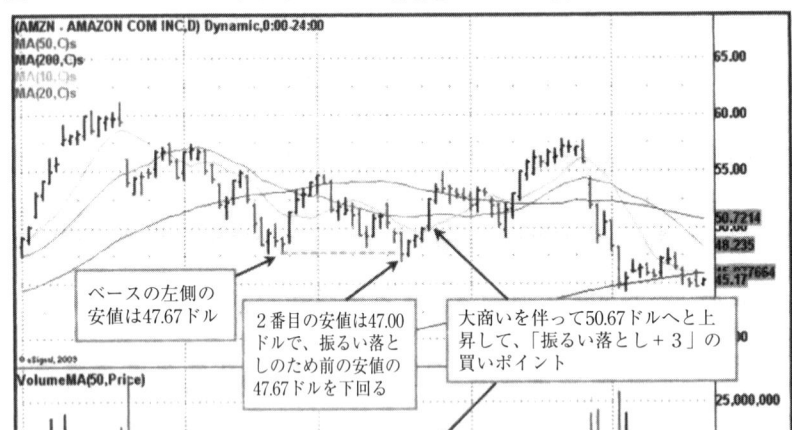

図9.36　アマゾン・ドット・コム（日足、2003年）

- ベースの左側の安値は47.67ドル
- 2番目の安値は47.00ドルで、振るい落としのため前の安値の47.67ドルを下回る
- 大商いを伴って50.67ドルへと上昇して、「振るい落とし＋3」の買いポイント

で下落した。オニールがリバモアの「振るい落とし＋3」手法を使って底値買いをするところを目撃したのは、このときだけである。12月23日、オニールは、アマゾンが「振るい落とし＋3」手法に当てはまる買い銘柄であることを宣言し、11月19日に付けた安値の47.67ドルに3ポイントを追加した50.67ドルが買いポイントであるとした。その日、**図9.36**にあるように、アマゾンは大商いを伴って50.67ドルの買いポイントに到達した。残念ながら、アマゾンの「振るい落とし＋3」の買いシグナルは中途半端な上昇で終わる結果となった。上昇していた株価はやがて反転して2004年1月後半に大きく下落した。

　リバモアが時折使っていた「振るい落とし＋3」の買いルールをオニールが実行したことで、われわれも学ぶことが大きかった。パターン形成中に振るい落としが起こったら直後に株価が反転して上昇を始めるはず、ということなのである。実際アマゾンの例でも、11月17日のパターン形成中に47.00の安値を付けて振るい落としが起こったあと、4日間ほど上昇している。株価が安値を更新したあとすぐに反転

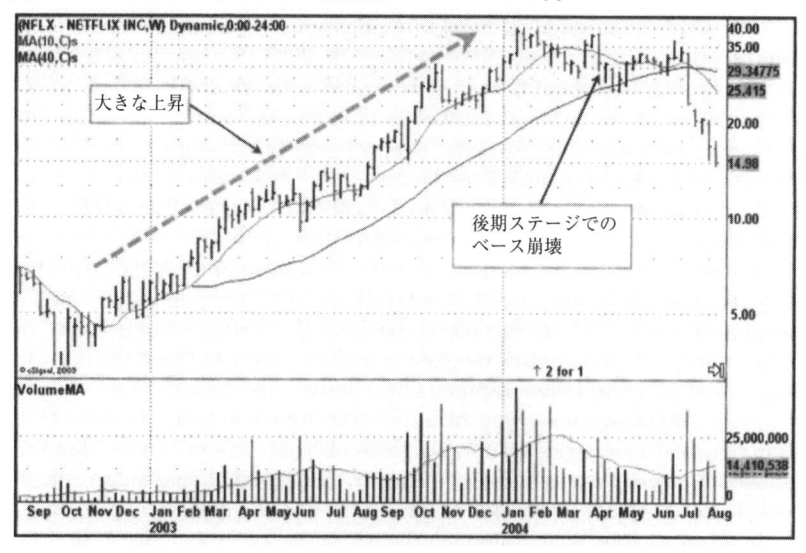

図9.37　ネットフリックス（週足、2003～04年）

(チャート内注記：大きな上昇／後期ステージでのベース崩壊)

して上昇できるということは、その銘柄にそれだけ素早く回復できる能力と株価を押し上げる力があることを意味している。このような強い上昇力を持つ銘柄は素早く水面上——つまりベースの高値——まで上昇することができるのである。

過去は繰り返すのではなく、似た動きをする

　オニールはよく、過去に売買した銘柄にまつわる興味深い話や、それが現在の状況とどのように似ているかという話をしてくれた。2002年5月にネットフリックス（NFLX）が7.50ドルで株式公開された。マーケットはまだ下降トレンドのさなかだったので、ネットフリックスの株価はすぐに下落して2002年12月に2.42ドルで底を付けたが、その後上昇を始めた。アマゾン・ドット・コムやネット通販業界で生き残っていたイーベイ（EBAY）のような銘柄とともに、ネットフリッ

463

クスも上昇した（図9.37）。インターネットを利用して利益を出す方法を考え出した企業が、ハイテク銘柄の第2の上昇の波に乗って一斉に上昇したのである。この新しい波は2002年後半から2003年前半にかけて始まった。ネットフリックスが提供したDVDメールレンタルのサービスは、9.11に起きた同時多発テロ事件の影響で家にこもりがちになっていた消費者にぴったりのサービスだったのだ。

　長期間にわたって上昇を続けたネットフリックスだったが、2004年4月になると後期ステージでのベースの崩壊を起こして天井の兆候を見せ始めた。これらが薄商いで起きていることに注目してほしい（図9.37）。後期ステージでのベースの崩壊が起こるちょうど2週間前、株価は平均よりも少ない出来高でチャートベースの底から一直線に上昇したものの、2週目は極端に薄商いになっている。これは買いの需要が衰え始めていることを示している。映画レンタルの草分け的存在であるブロックバスターも2004年初めにDVDメールレンタル事業に参入したことが、ネットフリックス株に重くのしかかったのである。ブロックバスター参入のニュースが流れたときには、ネットフリックスの株価はすでにかなり上昇したあとですでに上昇トレンドの終わりに近づいていた。オニールはこのとき興味深いことを考えていた。ネットフリックスとブロックバスターを、1960～70年代のキャンピングカーのメーカーであるウィネベーゴと乗用車のメーカーであるゼネラル・モーターズと比較していたのである。「何年も前にウィネベーゴはRV車を作って好調な売り上げを記録し、株価も大きく上昇していた。そこへゼネラル・モーターズが参入して自分たちもRVを作ると発表したが、ゼネラル・モーターズがこの事業で儲けることはなかった。この例は、ブロックバスターがネットフリックスの事業に参入すると発表した状況に似ている」

　結果的に、ブロックバスターはDVDメールレンタル事業では成功せず、ネットフリックスの競争相手にはならなかった。本書を執筆中

の2010年前半の時点で、ネットフリックスは今だ健在だがブロックバスターは破産宣告している。さらに2010年現在、ウィネベーゴもいまだに健在であるのに対して、ゼネラル・モーターズのほうは米国政府に保有され、ガバメント・モーターズ（政府のモーターズ）と呼ばれるようになっている事実も興味深い。世の中には事業を正しく運営する方法を知っている者とそれを知らない者がいる。ネットフリックスとウィネベーゴの例は、たいていの場合は最初の革新者が最終的に勝利を収めるという事実を証明している。

　オニールは、2003年がひとつの相場サイクルの最初の年であると位置づけていた。そして2004年2月がそのサイクルのどの部分に当たるかを注意深く観察していた。「強気相場のサイクルには一定の流れがある。強気相場の最初の年、つまりサイクルの最初の段階では話題の新興企業が動き出す。その後、8～12カ月ほどたった辺りで大企業が相場サイクルに仲間入りして景気循環型の成長株が目立ち始める。そして企業が十分な現金を蓄えると資本設備に投資を始めるので、設備投資関連の銘柄が好調になる。昔は設備投資と言えば機械関連銘柄だったが、今ではハイテク銘柄に変わっている」。2003～04年のマーケットは、マーケットが大きく放物線を描くように上昇した勢いのある1990年代からマーケットが天井を打ってバブルがはじけるまでの2000年3月とはかなり様相が異なっている。オニールは、これがいかに混乱を招きかねないかを十分承知していたので、われわれにこう警告した――「何年も前に私はシンテックスで大きな利益を得たが、そのような大きな成功のあとはなかなか利益を出すことができなかった。保有株が1日に6ポイント上昇しないと、何かがおかしいと考えて早すぎる段階で売ってしまったりした。シンテックスの勢いのある上昇トレンドに慣れてしまっていた私は、動きが遅くても十分利益の出せる銘柄に慣れることができなかったのだ」。2004年も同じである。1990年代後半と比べると動きが遅く急上昇もなかったが、そういった環境

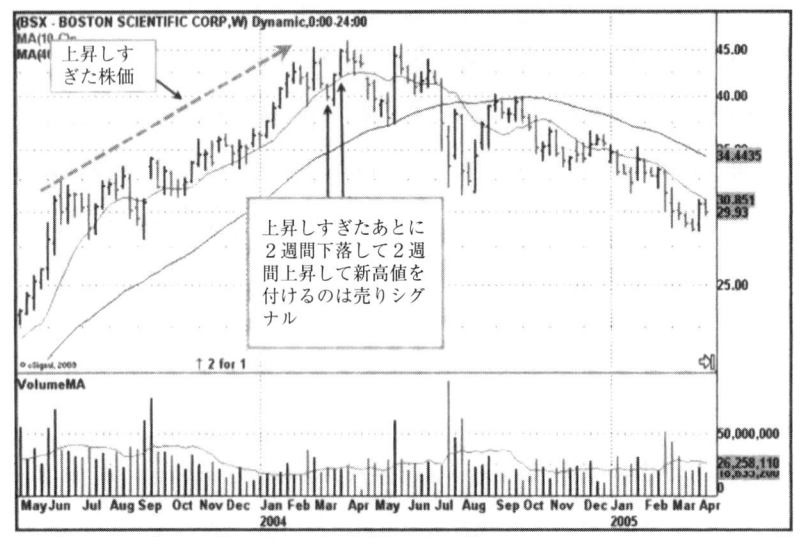

図9.38 ボストン・サイエンティフィック（週足、2003～05年）

[上昇しすぎた株価]

[上昇しすぎたあとに2週間下落して2週間上昇して新高値を付けるのは売りシグナル]

に慣れる必要があったのである。

　2004年初め、典型的な天井の値動きがいくつかあったことをオニールが指摘した。オニールはそういった銘柄の特徴を書き出しながらわれわれに電話をかけてきては、その銘柄について話をしようとよく持ちかけてきたものだ。2004年３月、当時の主導株だったボストン・サイエンティフィック（BSX）が２週間下落したあとに２週間上昇して売りシグナルが出た、とオニールが指摘した（**図9.38**）。株価が新高値を付けたあとにすぐさま２週間下落して、また次の２週間で再び新高値に向かって上昇するという値動きは、株価が上昇しすぎたあとに起こるもので、週足に「２週間下落後の２週間上昇」の形が現れる。これはオニールの昔の売りルールである。誤解されることが多い形だが、この「２週間下落後の２週間上昇」型は典型的な売りシグナルである。ここに示したボストン・サイエンティフィックの値動きがそれをすべて物語っている。

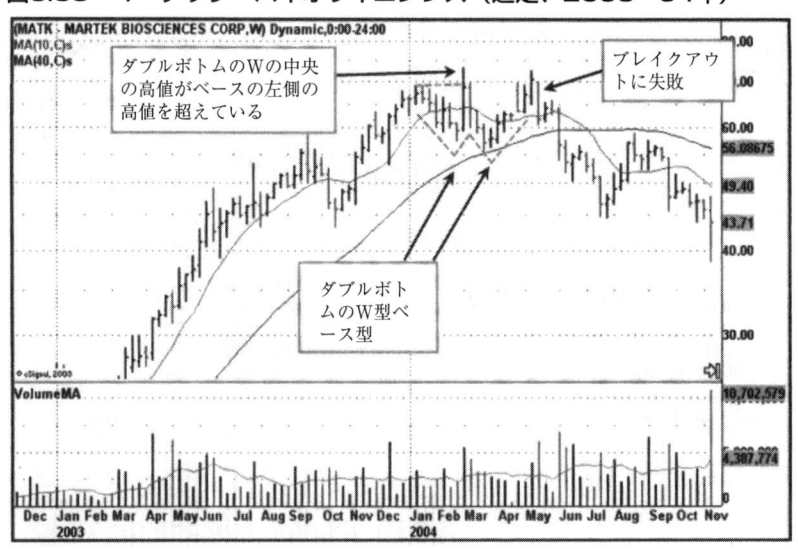

図9.39 マーテック・バイオサイエンシズ(週足、2003～04年)

　2003年にはバイオ技術銘柄の多くが大きく上昇した。そのなかにはギリアド・サイエンシズ(GILD)やセルジーン(CELG)などもあった。この動きに加わったのがマーテック・バイオサイエンシズ(MATK)である。この企業は微細藻類からドコサヘキサエン酸(DHA)とアラキドン酸(ARA)という脳と目の発達に欠かせない2種類の脂肪酸を抽出することに成功した。この成分が次々と乳児用の粉ミルクに使われるようになり、「スーパー粉ミルク」が生まれた。マーテック・バイオサイエンシズは2004年の最初の4カ月で後期ステージでのダブルボトム型のベースを形成した。しかし図9.39が示すように、この「W」パターンの中央の山の部分には大きな欠陥があった。適切なダブルボトムのベースならば、この中央の高値が左の高値を下回っている。しかしこの銘柄の場合、中央の高値が左の高値を上回っている。この銘柄がWの右の高値付近でブレイクアウトを試しているときに、オニールはこの欠陥について指摘した。結局、ブレイクアウトは失敗

に終わり、株価はその後何カ月も下落した。

「IPO株のUターン」型ベース

　ウィリアム・オニール・アンド・カンパニーの機関投資家向けサービス部門では、マーケットや主導株に関する冗談や議論の交わし合いが活発にされていた。また、常にだれかが新しいアイデアを考え出しては、それに気の利いた名前を付けていた。1999年に株価があまりにも常軌を逸した値動きをしたときなどは、急上昇中に奇妙な短期間の下落を見せる現象のことを「空飛ぶ２羽のワシ」とか「IPO株のUターン」などと呼んでいた。そういった名称のなかで今でも使われているのが、機関投資家向けセールスマンのマイケル・ローリーが名づけた「IPO株のUターン」である。当時、「IPO株のUターン」型を形成した最も大きな銘柄は1998年10月のイーベイ（EBAY）と1998年12月のユービッド（UBID）だった。この一躍有名になった「IPO株のUターン」型のパターンは、インターネットバブルの時代に作られた第１ステージでのベースであると同時に、後期ステージでのベースでもあった。こういった現象が起こるのは、インターネット銘柄のIPO株が急上昇しては大きく急落し、また急にUターンして新高値へと上昇する傾向があるからである。インターネット銘柄のIPO株だったグーグル（GOOG）も、2004年８月に第１ステージで「IPO株のUターン」のパターンを形成している（**図9.40**）。

　このグーグルのUターン型についてわれわれがオニールに報告すると、オニールはどうも納得していない様子だった。そこで理解してもらえるように言葉を換えて説明したら、オニールはチャートに目を向けてくれた。実はIPO株のUターン型の重要な特徴は「U」字の形ではなく、IPOの初日に株価が大きく上昇することで作られる「目に見えないフラッグの竿」なのである。グーグルのIPOはダッチオークシ

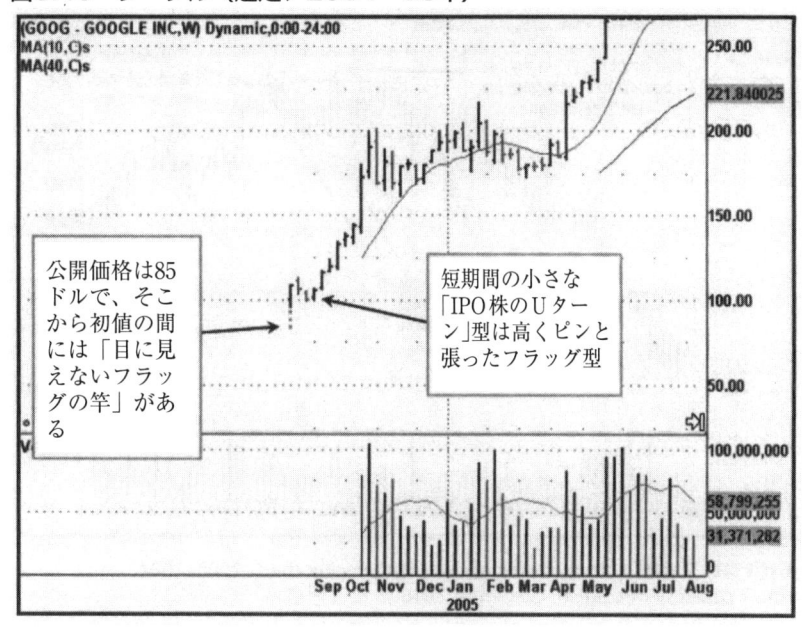

図9.40　グーグル（週足、2004～05年）

（チャート内注釈）
- 公開価格は85ドルで、そこから初値の間には「目に見えないフラッグの竿」がある
- 短期間の小さな「IPO株のUターン」型は高くピンと張ったフラッグ型

ョン（競り下げ方式）で行われ、公募価格は85ドルに設定された。そして2004年8月19日の寄り付き直後の株価は100ドルちょうどだった。その後、数ドル下落してから100.33ドルまで上昇して引けた。次の2日間は、113.48ドルまで上昇してから100ドル付近まで下落し、そしてUターンして上昇を始めたのである。公開初日の寄り付きが100ドルだったので、85ドルからの「目に見えないフラッグの竿」が作られたと考えれば、グーグルのパターンは「高くピンと張ったフラッグ」型とも呼べるものだった。つまり、「IPO株のUターン」型のパターンは公募価格よりもかなり上で形成されることが成功の条件となるだろう。

カギとなる機関投資家の後押し

　われわれはグーグルを111～112ドル付近で買うことにしたのだが、その決め手となったのが公表されたグーグルの大量保有報告書（スケジュール13D）だった。フィデリティ・マネジメント・アンド・リサーチ・カンパニーがグーグル株の13％を取得したことを、この報告書を見た通信社のブリーフィング・ドット・コムが報じたのである。フィデリティのような優れた調査能力を持つ有名な投資信託会社がグーグルのような銘柄をそれほどの大規模で買うときというのは、IPO直後に売るためではなく、3～5年間ほど所有するつもりで買い集めをしているからと考えるのが妥当である。このような機関投資家の後押しがあったからこそ、グーグルはIPO後に「IPO株のUターン」型ベースを形成して大化け株となったのである。

「ショートストローク」型

　投資をしていると新しいベースパターンが生まれるのを目撃することがある。当時は分からなかったが「ショートストローク」型もそのひとつだった。クリスマスが3日後に迫った2003年12月22日、オニールがリサーチ・イン・モーション（RIM）についてどう思うかと電話で意見を求めてきた。この銘柄はベースの株価が収束してきていて、その日の大引け後に決算発表が予定されていた。われわれは、機関投資家向けに提供している注目株の一覧表にこの銘柄を掲載して、機関投資家がその情報に基づいて行動を起こせるようにするべきかどうか、ということについて話し合った。結局、その日の午後の決算発表まで待ってから判断することにした。決算発表でリサーチ・イン・モーションの収益が予想をはるかに上回っていたことが明らかになると、これまで収束しながら6週間にわたる平底型ベースを形成していた株価

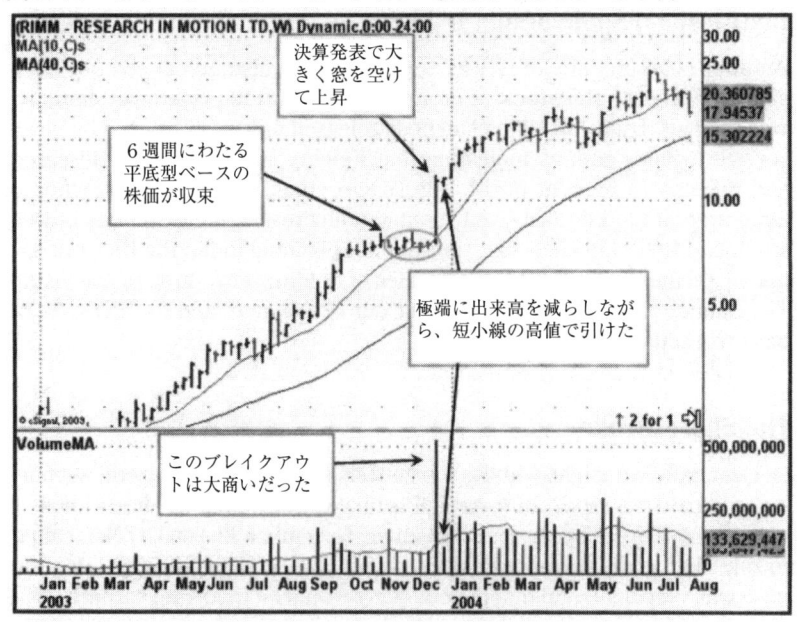

図9.41　リサーチ・イン・モーション（週足、2003～04年）

（図内注記）
- 決算発表で大きく窓を空けて上昇
- 6週間にわたる平底型ベースの株価が収束
- 極端に出来高を減らしながら、短小線の高値で引けた
- このブレイクアウトは大商いだった

は上に窓を空けて寄り付いた（**図9.41**）。これは非常に勢いのある動きだったが、株価はすでに20％以上も買いポイントから上昇していたので、その時点でこの銘柄を買うのは大きなリスクが伴った。

　悩みの種は、大きく上昇する可能性の高い銘柄をどの時点で買うかだった。**図9.41**にあるように、翌週は出来高が瞬く間に減少して株価もあまり動かなかったが、その週の最高値で引けた。このような値動きが示すのは、機関投資家がファンダメンタルズの強いリサーチ・イン・モーション株を売る気などまったくないという事実であった。この週の株価は短小線の高値で引けているうえに、売り手が現れないまま出来高も減少している。このチャートパターンはのちにオニールのセミナーで「ショートストローク」型として紹介されるようになった。音楽の世界では弦楽器の弓を弦に短く触れさせる奏法を「ショー

トストローク」と呼ぶ。オニールは若いころトランペット奏者だった。オーケストラで弦楽器の奏者と共演したこともあるかもしれない。おそらくそういった経験から考えついた名前だろう。統計的にこのパターンが本当に有効かどうかはまだ明らかにされていない。しかしこの形が高くピンと張っている1週間という短いフラッグであると考えれば、「高くピンと張ったフラッグ」型のひとつであると考えることもできるのである。

分類よりも重要なのはマーケットの背景

　すべてのベースの形に名前を付けて分類しようとすると、ベースの条件にそのときの株価の形が「適合しているかどうか」だけを判断する傾向に陥ることがある。オニールは時間をかけてチャートを調べながら株価の動きに名前を付けて分類していくが、株価の動きを読み間違えるのは実にやさしいことだ。例えば2004年10月、われわれはiPodの売り上げで波に乗っていたアップル（AAPL）を大量に保有していた。10月15日に発表されたアップルの決算を受けて、株価は上に窓を空けて寄り付いて20ドルを超えた（**図9.42**）。大商いを伴って窓を空けたことで株価は天井を付けたと多くの投資家が思い込んでしまった。しかし彼らが忘れていたのは、株価が天井を付けたかどうかを見極めるには株価の動きやマーケットのサイクルという大きな視点から全体像を見る必要があるということだった。マーケット全体は2004年8月にフォロースルーを記録して新たな上昇トレンドに突入したばかりだった。つまり、8月の最終週で起きたアップルのブレイクアウトは第1ステージのベースからのブレイクアウトだったのである。通常、株価はマーケット全体が上昇トレンドに入るのと同じくらいの時期に最初にブレイクアウトしてから3～4段階のベースを形成する。マーケットの回復と新しい上昇トレンドを示すフォロースルーと同調するよ

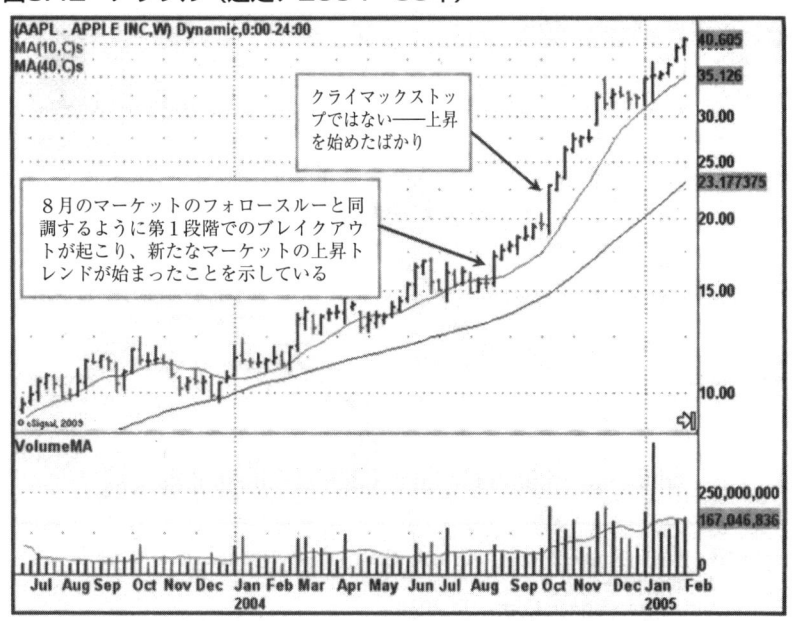

第9章　ウィリアム・オニールと実践に挑んだ日々

図9.42　アップル（週足、2004～05年）

[図中注記]
- クライマックストップではない――上昇を始めたばかり
- 8月のマーケットのフォロースルーと同調するように第1段階でのブレイクアウトが起こり、新たなマーケットの上昇トレンドが始まったことを示している

うに株価が最初のブレイクアウトを見せたならば、それは第1段階のベースである。天井を付けるのは株価が上昇して第3段階〜第4段階以降のベースを作ってから、ということになる。

　社内で多くの人間がアップルが天井を付けていると考えていたとき、われわれは自分たちの口座でこの銘柄を積極的に買っていた。これは興味深い話かもしれない。ポジションの大部分を買ったのは、2004年10月16日の決算発表で株価が上に窓を空けて寄り付いたときである（**図9.43**）。「最も抵抗の少ない場所」が破られたと考えたからだ。第4章で株価が上に窓を空けて寄り付いたときの買い方について述べた。それはこの日のアップルのような出来高の特徴が現れたときは買いシグナルであることを示すためだった。**図9.43**の日足チャートを見れば、株価が上昇したときに出来高も突出していることがはっきり

473

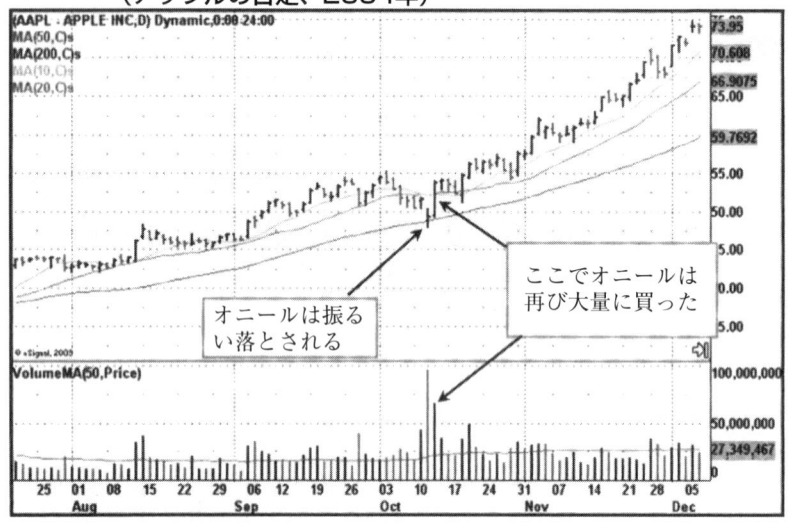

図9.43　10月に上に窓を空けて上昇した動きは明らかに買いシグナル（アップルの日足、2004年）

チャート内注記：
- オニールは振るい落とされる
- ここでオニールは再び大量に買った

と分かるだろう。

　実は、われわれがウィリアム・オニール・アンド・カンパニーの社内ポートフォリオマネジャーとして最後にトレードした大化け株がこのアップルだった。オニールもアップル株を大量に買っていた。われわれが在籍した最後の月となった2005年10月、オニールはアップルの決算発表を受けて彼らしい手法で買いを仕掛けた。われわれがこの目で見た最後のオニールのトレードである。すでに大きく株価が上昇していたアップルは2005年10月の決算発表のあとから売られ始め、ついには下に窓を空けて50日移動平均線を下回るまで下落した。オニールはこの時点で大量のアップル株を損切りせざるを得なかった。その後、株価は50日移動平均線のすぐ上で引けた（**図9.44**）。翌日、アップルの株価は大商いを伴って50日移動平均線から反発して上昇した。これは現在われわれがポケットピボットの買いポイントと呼んでいる動き

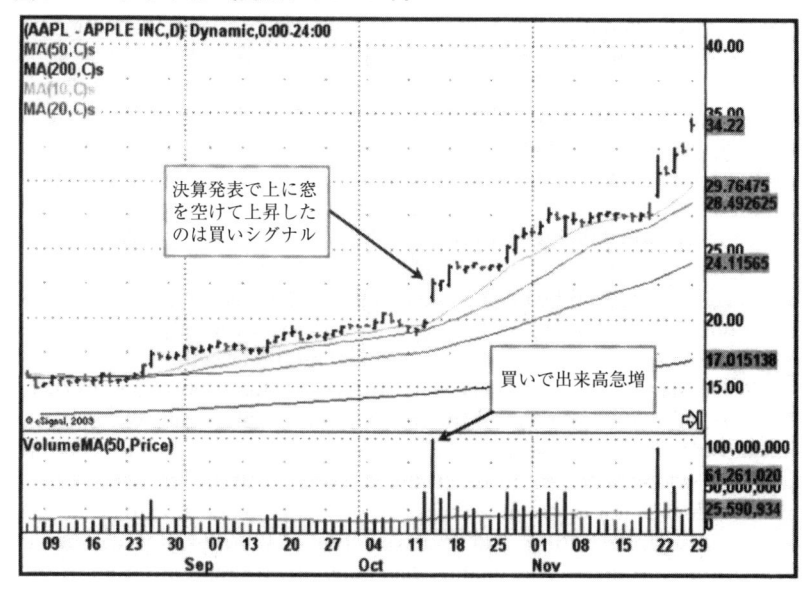

図9.44　アップル（日足、2005年）

[図中注記]
決算発表で上に窓を空けて上昇したのは買いシグナル
買いで出来高急増

である。オニールはそれよりも安値でアップルを売っていたが、そんなことなど気にもせずにすぐにアップルを買い始めた。彼の方針から推測すると、おそらく前回よりも多くの株を買ったのだろう。大化け株で振るい落としにあっても、株価が回復して力強い上昇を見せたならば、損切りした量以上の株を買うことを検討するべきだ、とオニールはよく言っていた。これはオニールならではの決断力と柔軟な反応で、普通の投資家にはあまり見られない行動である。オニールは損切りしたときの株価や再び買うときにそこから何ポイント高くなったかという細かい株価についてあまり神経質になることはなかった。株を買う目的はその上昇の「大部分」の動きを捕まえることである。買った株が以前よりも数ポイント高かろうが低かろうが、あるいは損切りしたときよりも値上がりしていようが、オニールには関係なかったのである。重要なのは、最も抵抗の少ない場所が突破されて大きな値動

きを始めたことを、株価が示しているかどうかなのである。

　振るい落とされて損切りを迫られたという過去の過ちを気にしないで、再び買うという断固とした態度で素早く修正する——それはオニールらしい積極的な行動である。50日移動平均線付近で振るい落とされたときよりも株価が数ポイント高くなっているから、とアップルを再び買うことを躊躇していては、その後のアップルの急成長を取り逃がしていたに違いない。それは**図9.44**にはっきりと現れている。アップルが投資家に2回のポケットピボットポイントを提供していることもまた、注目に値する。

まとめ

　ウィリアム・オニールと働きながらリアルタイムでマーケットを経験したことのある投資家ならば、常に正しくあることが株式市場で指折りの投資家になる道ではないことを理解している。オニールは頻繁に誤った判断を下したが、そもそも最初から正しくあろうというエゴも持ち合わせていなかった。「やってみなければその機会は百パーセント失われる」という考えを常に思い出させてくれるのがオニールである。オニールはたしかにいろいろなことを試していた。しかしそれだけではなく、大量の情報を還元してくれるシステムとしてマーケットを利用して、マーケットの様子が変わるたびに、早すぎもせず遅すぎもしない段階で、それに合わせて動いていた。オニールはこのように何が間違っていたのかを常に考えていた。だから、すぐに間違いを正すための行動を起こすことができたのだ。オニールはよく、株式市場には2種類の投資家がいる、と言っていた——「素早い投資家」と「動かない投資家」である。オニールは常に自分の過ちを素早く認めて、大きな打撃を受ける前に軌道修正をしていた。また彼は鋭い嗅覚を持っており、利益の香りをかぎつけては何か大きな機会が訪れるこ

とを察知していた。大化け株から吸い取れるだけの利益を吸い取る方法を知っていたのだ。この点でウィリアム・オニールに勝る投資家はいないだろう。

　ウィリアム・オニールについてはジャック・シュワッガー著の『**マーケットの魔術師**』(パンローリング)やオニール自身が執筆した書籍を読むことができる。しかし彼が投資家としてどれほど天才的であるかは、実際に目の前で彼がトレードしている姿を見るまでは完全に理解することはできないだろう。また、リアルタイムでオニールと仕事をしていると、彼の成功がけっして魔法などではないことも理解できるようになる。それは規律や努力、細かい観察、不断の研究、そして決断力のある行動――これらすべてが総合されて生まれた結果であり、つまりすべてのトレーダーが達成できることであると気づかされる。オニールほどの豊富な経験を持つ投資家が独自の手法を使って柔軟にかつ毅然とマーケットに挑む姿を、本章で紹介できたのならば、本望である。

第10章

トレードは生きること、そして生きることはトレードすること

Trading Is Life : Life Is Trading

　第9章までの内容は読者のトレードを改善するのに役立つだろうが、それだけではまだ道半ばにすぎない。心のなかに「ずれ」が生じているときは、自分のなかの心理状態が最善の状態になっていないときである。ジャック・シュワッガー著の**『マーケットの魔術師』**（パンローリング）に登場する伝説的な先物トレーダーのエド・スィコータの言葉だが、そのような心理状態では自分の全力を出し切れないか、あるいは最悪の場合、大きな墓穴を掘ることになりかねない。

　スポーツ選手が大会前に気合を入れるのと同じように、トレーダーも常に自分の心理状態を最善の状態にしておくべきである。オニールがいつも言っていたように、恐怖心を抱いて消極的になったり、あるいは逆に積極的になったりするのではなく、常に有利な状況でトレードをしなくてはならないのである。強い心理状態が何よりも重要だ。周知の事実だが、投資で成功するためには自分との心の戦いに打ち勝つ必要がある。リチャード・デニスとウィリアム・エックハートは投資家集団タートルズを養成するための生徒を募集した。第7章の「2009年について」でも少し触れているが、利益を出すトレードを学ぶのに必要な精神的特質を備え持っている人物、というのが彼らの選出条件だった。

　つまり、自分自身の心理状態がトレードの結果にそのまま表れると

考えるトレーダーが多いということである。トレードをしていると奈落の底を見ることになる。そこは自分の長所と短所が1000倍ほどに拡大される世界である。すでに述べたが、過剰なエゴはトレードを破滅へと導く。過去に正しかったことがあるから今回も正しいに違いない、と正しくあること自体に欲を持っているトレーダーは、マーケットが語りかける言葉に耳をふさいでしまっている状態なので、破滅する可能性が高くなる。

エド・スィコータ──世界中のトレーダーを助けたある手法

　エド・スィコータは、個々の心理がどのようにその人のトレードに影響しているかを生涯にわたり研究してきた人物である。ジャック・シュワッガー著の『マーケットの魔術師』での彼のインタビューは一流トレーダーによる最高のものと位置づけられている。トレードはトレーダーの内面で起こっているすべての感情を増幅させるとスィコータは語っている。スィコータのもとで学びたいとやってくるトレーダーにまずスィコータが聞くのは、恋人や配偶者に対して浮気という裏切り行為を働いたことはあるか、という質問だという。トレーダーが自らの倫理観を犠牲にすることがあるかどうかを知ることが重要だと考えているからである。トレードとは関係のない日常の行動がトレードの世界に入り込み、その結果トレードにも影響を及ぼすことがあるからなのだ。日常生活とトレードは心理レベルで密接につながっている。トレードにおいても人生においても、裏切りがないということは美しいものである。自由市場の経済学者であるミルトン・フリードマンの言葉を借りれば、「タダ飯などというものはない」のである。人がだれかを裏切るときは、事実上、自分自身も裏切っているのである。そしてそれは彼らのトレードにも現れ、成績は悪化する。

25年以上もの間、スィコータは弟子を１回に１人だけ選び、素晴らしいトレーダーになる方法を伝授している。彼は弟子になりたいと志願してくるトレーダーの精神を分析することで、成功できるような特徴を彼らが持ち合わせているかどうかを審査する。必要とされる特徴を持たないようなトレーダーは弟子には選ばないのだが、スィコータはそのようなトレーダーのために「トレーディング・トライブ・プロセス」（トレード集団のプロセス）と呼ばれる訓練法を生み出している。これはトレーダーが自身の心理状態を最適化することで弱点をすべて克服するための訓練である。この「トレーディング・トライブ・プロセス」は世界中で大きな人気を博している（http://www.tradingtribe.com/）。実際、スィコータの哲学を実践するために定期的な会合を開いているトレーダーたちが世界各地でトレード集団を次々と立ち上げている。スィコータの哲学は「正しい生き方の実践」という一言に要約することができる。これはウォレス・D・ワトルズ著の『富を手にする「ただひとつ」の法則』（フォレスト出版）にも共通する考え方である。ワトルズは読者に、富ある人生を送るための正しいものの考え方を身につける方法を示している。もちろん、「富」という言葉は金銭的な裕福さだけを意味しているのではなく、友人やそのほかの人間関係の美しさと家族の強いきずな、さらに物事を達成するやりがいなども含んでいる。

「トレーディング・トライブ・プロセス」（詳しくは、http://www.seykota.com/tribe/tt_process/index.htm で説明されている）には３つの段階がある。

第１段階

人が取り乱している理由を見つける。その理由が理解できたとしても、意識的に心がその理由を拒否することがある。言い訳をしたり、他人に責任をなすりつけたり、という別の形で現れることもある。な

ぜならエゴという感情はその存在を守るためならどんなことでもするからである。その結果、エゴに取りつかれた人物は全身の不快感を抱く。しかしエゴが問題となっている部分を覆い隠してしまうため、その問題に効果的に取り組めない状態になる。このまま時間が経過すると、全身の不快感が大きくなっていく。

第2段階

　潜在意識（スィコータはこれを「フレッド」と擬人化して呼んでいる）が意識との伝達を始める。健康な人間であれば、フレッドが意識に送るシグナルはすべて認識される。その最終結果として得られるのが良識である。無意識から意識へとフレッドが送るシグナルを拒否する人間は、否定的なパターンを繰り返して同じ過ちを犯し続けることになる。これを芝居（ドラマ）と呼んでいる。芝居がかった人（ドラマクイーン）という言葉がぴったり当てはまる人間を知っているだろう。そういう人間は、どこに行っても事件を呼び込んでしまうようだ。

　問題は自分の感情を抑制したり、覆いかぶせたり、隠したりすることから生まれる。そういった人は何年も前に親や友人や教師たちから、感情をあらわにすることは間違っているとか悪いことだと教えられたのかもしれない。あるいは感情は危険なものだとその人の意識が判断して遮断してしまうのかもしれない。すると人間の潜在意識のなかにもつれが起こり始める。そしてフレッドは以前よりも激しく意識にそのメッセージを送ろうとする。だから同じような行為が悪化しながら繰り返されるのである。フレッドがメッセージを意識に送ろうとするたびに、同じような想像や悪夢が現れる可能性がある。

　最終的に、フレッドは同じ経験を再現することでメッセージを送り続ける。つまりその人物は同じ行為を何回も何回も繰り返すのである。さらに、そのような行動は繰り返されるたびに脳のなかで強化された神経経路によって増幅していく。強化された神経経路のせいで同じ行

動を繰り返してしまう。これは整備された神経経路を通ることを脳が好むからである。しかし、ひとたび意識がフレッドのメッセージを完全に認識すると、すべてのことが突然理解できたかのようなすがすがしい気分になる。この素晴らしい瞬間は、ある場所にぴったりとものが収まったときの爽快感に似ていると言われることがある。通常、この感情は肉体的な緊張から解放されてこれまで押さえ込まれていた感情が流出してくるときにわき出てくる。

　スィコータの「トレーディング・トライブ・プロセス」はフレッドと意識の間の流れを作ることを促進している。このプロセスが完全なる効果を上げるには集団で取り組まなければならないので、１人では行わないことが重要である。多くの人間は、特にトレーダーは自立しているため、この点が問題になる。何でも自分でやろうとする文化では集団での交流を避ける傾向にあるため、自身の持つ最高の潜在能力を引き出すことができなくなる。しかし、集団のなかに入ったからといって自立できないわけではない。「トレーディング・トライブ・プロセス」で多くのことを学ぼうと願うのならば、１人で行うよりも集団で行ったほうが最高の経験を得ることができる。過去のどんな起業家も、他人の協力なくして大企業を作れたことなどないということを思い出してほしい。

　「トレーディング・トライブ・プロセス」の哲学は本章で紹介するほかの教えと似ている点がある。つまり、われわれはすべてどこかでつながっていてひとつである、という考えだ。そこには境界線などなく、この美しく、そして入り組んだ相互関係こそが、自己実現と自己啓発の最初の一歩となる。この段階の自己啓発を「ゼロ地点へ立つ」とスィコータは呼んでいる。ゼロ地点とは今を生き、現在を生き、そして「集中して」生きている状態である。この状態について作家で哲学者のエックハルト・トールは、人々に大きな影響を与えた著書の『さとりをひらくと人生はシンプルで楽になる』（徳間書店）や『ニュー・

アース──意識が変わる　世界が変わる』(サンマーク出版)のなかで詳細に語っている。また、こうも言っている──「これは喜びのなかで思うがままに踊ることである。つまり泥水に手で触れて水しぶきを上げて、その経験を楽しむことである。トレードをしたら、マーケットや自分自身だけでなく価格や利益や損失、そしてモニターに映るきれいな色なども含めたプロセス全体の魅力を楽しむことである」(http://www.seykota.com/tribe/TT_Process/index.htm)。

第3段階

　人間が自らの心理状態に生じたもつれをほどき続けていると、長期にわたって存在していたものや繰り返し起こっていたこと、そして破滅的な行為は消滅していく。過剰に身構えてしまうような不安感からだんだんと解放され、将来を期待する健康的な予期的感情が芽生えてくることに気がつくはずである。その結果として表れるのが感情と論理の良いバランスや完全に集中している心理状態、さらには創造力の上昇や肉体的健康の向上、友人やそのほかの人間関係の改善、そしてトレードでの成功なのである。

エックハルト・トール──最高のトレードをして最高の人生を送るには心の平穏と充足感が不可欠である

　エックハルト・トールは現代屈指の精神的指導者である。『さとりをひらくと人生はシンプルで楽になる』は世界中の人々に好影響を与え、15の言語に翻訳されている。トールの教えの本質は「現在を生きなさい──現在がすべてだからである」という単純なものである。しかし、実際には多くの人間が何か不当な思いをしただの、過ちを犯しただのと言って過去に執着しすぎて、この教えを守ることができない

でいる。
　トレーダーならば次のような心理状態になったことがあるのではないだろうか。

● 「あの銘柄を買値よりも安く売ったなんて最悪の結果だ。また買いのセットアップになっても、この銘柄はもう買わないぞ。だまされたのが１回きりならだましたほうが悪いが、２回目になるとだまされたほうが悪いと言うじゃないか」——このトレーダーは感情に邪魔されて合理的な思考ができなくなっている。素晴らしい買いポイントが現れた何の問題もない優良銘柄だとしても、１回痛い目に遭ったからという理由で偏見を持って否定的に考えてしまっている。
● 「このポジションをこんなに長く持ち続けることになるとは参ったな。仕方がないから、少なくともトントンで手仕舞えるように株価が買値まで回復するのを待つことにしよう」——こんなふうに待っている間にも新しい買い銘柄が現れる。しかし、そこに目を向けることができないので利益を得る機会を見逃してしまうのだ。

　過去に執着するばかりでなく、将来を心配してしまうことも多い。例えばこのような例である。

● 「私が買った株はずいぶん値を下げてしまった。これから上昇することに期待しよう」——期待感を持つよりも株価がさらに下がる可能性を考えて株を売るべきである。
● 「もうこれだけ株価が上昇したから、この銘柄はこれから下落するんじゃないかしら。だったら今売って利食いしたほうがいいわ。利益を得ていれば無一文にはならないんだから」——その銘柄に何も問題がなく適切な値動きを続けているかぎり、上昇しすぎたからという理由で株を売るのは正しい考え方ではない。その銘柄が良い値

動きを続けて株価がさらに上昇をすることを願いながら、その銘柄を所有し続けるべきである。
- 「この株価がトントンまで回復してくれなかったら、どうやって生活費を工面すればいいのだろう？」――オニールも言っているように、不安な気持ちを抱えてトレードをしてはならない。恐る恐る勝負に出ても勝てはしないからである。

　過去に執着したり将来におびえたりしている間に現在のことまで考えられなくなるのが人間だが、トールは戦略を練って将来の計画を立てる「時間」というものはまた別にあると言っている。トールが警戒しているのは、過去の出来事のせいで足止めを食らったり将来のことを常に心配したりしてしまうというような「心の中の時間」である。過去や未来に気を取られていると、現在について考えることができなくなってしまう。周りの状況について考えるばかりで、段階的な進歩を遂げるための行動を今起こさなければ、何をしても失敗に終わる可能性が高くなる。アメリカンフットボールの選手は敵のディフェンスの小さな穴を見つけて、そこをうまく走り抜けながらゴールであるエンドゾーンまで到達する。オニールであれば、常に努力をすること、進歩は段階を踏む必要があること、そして進路を見つけたらそこを一気に走り抜けることを教えてくれるに違いない。

　生きるということはめまぐるしく変わる環境に身を置くことである。しかしそのなかで現在のことを考えながら直面する問題に取り組んでいけば、心の平穏と調和を保つことはできる。「人間は海である」という良い比喩がある。人生とはその海面で起こることである。ときには海面が荒れ狂い不安定になることはあるが、それは海面や海面付近のみで起こっていることである。本当の自分はその海面のずっと深い場所にいて、そこはかき乱されることもなく、世界中の海とつながっている。だからどのような困難や挫折に直面しようとも、その海の深

さが本当の自分の姿であることを知り、その深さを認めてそれに集中していれば荒波に負けることはない。これを知っていれば、人生で困難に直面しても最善の状態でその問題に対処できるのである。何千年も生き続ける巨大なアカスギの木のように、心配ごとなど考えず、どっしりと自然の成り行きに任せて生きることができるのである。

　心配ごとや異常なほどの執着心は元をたどればエゴから生まれている。エゴに凝り固まっている人はひとつの考えに執着して集中力を失ってしまい、現在のことを考えられなくなってしまうのである。今を生きるのであれば、エゴを捨てることが何よりも効果的である。トールは次に何か悪いことが起こったら、あまり感情的になりすぎずに第三者になったつもりで自分自身の考え方を観察してみると良い、と言っている。こうすることで、頭のなかに渦巻くさまざまな思考が本来の自分の姿ではないことや、直面する困難が一過性の事象にすぎないことに気がつくことができる。自分の心の中に「心の静寂」と呼べる快適な場所を作り、今起こっている事柄から自分自身を隔離するのである。あるマーケットの魔術師は、マーケットがまったく予期しない動きをして口座に大きな損失をもたらしそうな場合でも、冷静に「面白いじゃないか」と言ってその状況を眺めることができる。そしてその状況がどこへ向かうのかを静かに観察しながら、今現在取るべき行動を取っていくのである。この心の静寂こそが現在に自分をとどめておく力になる。そして現在に集中し続けることができるようになれば、最善の行動を取ることができるのである。この心の静寂こそが真の自尊心なのだ。エゴに惑わされてこれを忘れるようなことがあってはならない。また、ひとたびエゴを捨てることができれば肩書などに執着することもなくなるので、他人に批判されても心が傷つかないようになる。

　真のあなたは心の静寂のなかにいる。それは海の深さと似ている。この心の静寂という空間から流れ出したあなたの言葉や行動は、あら

ゆる普遍的な力に支えられることになる。なぜならば、あなたの精神状態次第であなたが引きつけるものも現すものも変わってくるからである。大気中へ放出される電波のように、あなたが放つさまざまな種類のエネルギーは、あなたのそのときの感じ方によって変化する。そのような気持ちのことを「振動状態」と呼んでいる。振動状態が高いときというのは喜びや高揚感や情熱などの現れであり、振動状態が低いときというのは倦怠感や絶望や怒り、または自己憐憫などを表している。これについては本章のエスター・ヒックスの項でより詳細に述べるが、簡単に言うとヒックスは、振動状態が高ければ高いほど人はより前向きな状況を人生に引き込むことができる、としている。つまり、自分に起こることを何でも認めて受け入れることが重要になるということだ。なぜならば、そうすることで最も強い精神状態を保ち、問題に対応する最善の心構えを持てるからである。例えば、悲しいことが起こったあとは、その事実を心から受け入れたときに初めて心の回復が始まる。これはスィコータのトレーディング・トライブ・プロセスに似ている。フレッド（潜在意識）が意識に語りかけていることをトレーダーが心から受け入れたとき、つまりトレーダーの意識がフレッドのメッセージをすべて認識したときに、「なるほど！」と思える瞬間が生み出されるということだ。トレーディング・トライブ・プロセスは基本的に、悲劇が起こったときに感じる拒絶や怒りや交渉そして絶望という感情の段階を短くしようとする試みである。トールは著書の『人生が楽になる　超シンプルなさとり方』（徳間書店）のなかでこう述べている──「思考は痛みをもとに『被害者アイデンティティ』を作りだそうとしますが、そうさせてはなりません。自分を哀れんで、『かわいそうなわたし』の話をすると、自分で自分を、苦しみという檻のなかに閉じ込めてしまうからです。痛みから逃げることはできないため、痛みを変える唯一の方法は、痛みのなかに入り込むことです。そうしなければ、なにも変わりません」。エド・スィコー

タがトレーディング・トライブ・プロセスで助言しているように、トールもまた、つらい感情を見つめてそれを受け入れ、それに屈服することを提唱しているのである。そうしなければ、潜在意識の力で同じことを繰り返したり同じような問題を何回も再現してしまう可能性があるからだ。何が起こったのかを本当の意味で受け入れるということは、意識がフレッドのメッセージを完全に認識する行為に似ている。

　否定的な知らせや悲しい出来事を真に受け止めるという行為を、否定的な心構えや悲観的な態度を持つことと混同してはならない。否定的な感情や悲観的な感情は毒である。オニールは、常に否定的な態度でいる者はクビにする、と社員に伝えていた。否定的な心理状態になるのは、その人物がエゴで凝り固まった考え方をしているからである。エゴは否定的な感情や不安感をあおったり、あるいは固執した考えを生むことがある。トールは否定的な考え方を捨てる方法を『さとりをひらくと人生はシンプルで楽になる』のなかで簡潔に教えている──「捨てればいいんです。熱い石炭を手に持っていたら、どうやってそれを捨てますか？　必要のない、重い荷物を背負っているとしたら、どうやってそれを捨てますか？　もう痛みで苦しみたくない、もう重荷なんかいらない、と分かったら、あとはそれをポンと手放すだけです」。

　トールの『人生が楽になる　超シンプルなさとり方』から、役に立つ心の訓練法をいくつか紹介しよう。

●自分の考え方や感情、そしていろいろな状況に対する反応の仕方に気をつける。過去や未来のことばかり考えてはいないだろうか。暗闇が光から逃げることができないのと同じで、そのような考えは意識という光を当ててやることで消えていく。心のなかに否定的な感情が生まれていると感じたら、そのような考えをやめて今を生きるように自分自身に言い聞かせるのだ。トレード日記を作り、株式市

場の日々の紆余曲折に対応しながら何を考え感じたのかを書き留めるとよいだろう。

- 今やっていることがなんであれ、それに集中する。いつ利益が出るのか、あるいは出た利益のことなどを考えて集中力を切らしてはならない。取引口座にある資金を勘定したり、まだ手に入れていない利益でぜいたくをしたりすることもやってはならない。リアルタイムで判断を下すこと、そしてマーケットが実際に何をしているのかを読み取ることに焦点を絞り、マーケットの動きについて自分の考えを当てはめようとしたり、あるいはマーケットの今後について恐れたり希望を持ったりするのはやめることだ。

- 自分をよく観察して、精神状態や感情を監視する。自分の体の外で何が起こっているかではなく、心の中で何が起こっているかに興味を示すべきである。心の内側が整理されていれば、外側もそれに合わせて落ち着いていく。罪悪感やうぬぼれ、敵意や怒りや後悔の念、自己憐憫などを感じることはあるか？　もしあるならば、それは誤った自分を増強させ、過去という名の倉庫を思考のなかに作り上げることで自己の老化を早めている。このような否定的な感情は、当面の問題、つまり全身全霊で今を見つめる必要があるトレードという問題から目をそらす原因となる。

- 待つ、という心理状態にならないこと。ただ存在し、そしてそれを楽しむのだ。今を生きていれば、何も待つ必要はない。「いつかマーケットで大金を稼いで大きな家を買ってやる」などと考えてはならない。人生とは今を生きることなのだ。

- トレードをしながら自分の呼吸に耳を傾けてみる。これは集中力を取り戻すのに役に立つ。万人によく効く技法で、特に瞑想をする人に効果てき面である。心を「空」にするとおのずと答えが見えてくる。これは矛盾しているようだが、心の中に存在する静寂にたどり着くことができるためである。また、体に集中することも、思考か

ら気をそらすための有効な手段である。「私の体は生きているか? 手のひらに、腕に、足に、つま先に、命とエネルギーを感じることができるだろうか?」と自分に問いかけてみる。呼吸をするときに、下腹部がゆっくりと膨らんではへこむ様子を観察する。体の内部のエネルギーを感じることができたら、頭の中にある具体的なイメージをすべて消し去り、気持ちだけに集中する。そして、その気持ちと一体化することで、自分自身と自分の体を隔てる境界線、つまり自分の内側と外側の境界線、そして自分とすべての存在の境界線がなくなる。そしてあなたはすべての存在とひとつになる。意識を自分の体内へと向ければ向けるほど、振動の周波数が高くなる——調光器のつまみを上げると光が明るくなるのと同じである。この状態になれば、この高い周波数を反映する前向きな気持ちが起こりやすくなる。そして今現在という場所に船のいかりを下ろしている状態になり、外の世界やエゴに流されることがなくなる。

●ある問題の答えを探す必要があるときや、創造性に富んだ解決法を探しているときには、考えること自体をやめてみる。少なくとも数分間は内なる自分に集中してみるのである。その間に答えが見つかることがある。たとえ見つからなくても、元の仕事に戻ってみると頭の中が新鮮で創造性が豊かになっていることに気がつくだろう。われわれも創造性に富んだトレードや研究のアイデアのいくつかをこのようにして考えついた。夢に見て生まれたアイデアもある。

●人生に抵抗してはならない。楽に、気を抜いた状態でいるべきである。マーケットが自分の思いとは反対に動いても、リラックスしていれば最善の行動を起こすことができる。常に明瞭でいること、そして物事がある一定でなければならないなどと思わないこと。外側の形に依存するのはやめよう。矛盾しているようだが、気を抜いた状態になれると人生を取り巻く状況、つまり外側の形が大きく改善される傾向にある。もちろん、どんなに素晴らしいこともいつかは

必ず終わるときが訪れる。しかし形に依存していなければ、何も恐れることはなく、人生が楽に流れていく。

●だれかに侮辱されたり傷つけられたりしても、それに対抗したり、防衛的になったり、あるいは背を向けたりというように無意識に反応するのではなく、そのままやり過ごすようにする。逆らってはならない。相手にそのような態度は受け入れることができないと伝えるのはかまわないが、自分の心の状態は制御できている状態にしておく。そうすれば、他人や自分のエゴの言いなりにならずに自分自身が心の支配権を握ることができる。防衛的になっている自分がいないかに気をとめてみる。自分のなかでエゴが自己防衛に走っていないだろうか？　防衛的になっている部分を見つけることで、そこに住む自分を追い出すのである。するとそこにある意識がこの防衛心を消し去ってくれる。人間関係を破壊するような議論や権力争いの心理ゲームですら消えてなくなる。これは他人とのかかわり合いに関係する問題だが、過去に他人との意見の相違があったことが自分の頭の中にわだかまりとして残っていると、集中力が一時的に失われ、トレードそのものにも波及してくることがある。

●矛盾しているようだが、平穏を探し求めてはならない。心穏やかではないときは、つまり、過去に執着していたり未来を不安がったりしているのならば、自分自身を許してやることが必要だ。心穏やかでいないことを認めてそれを受け入れることで、今の状況を受け入れることができる。これは今を生きるためには必要不可欠である。これができると一瞬一瞬が最高の瞬間となる。それは最も純粋で本質的な「悟り」の境地なのである。身をゆだねることは重要な変化をもたらす。トールの言う『ゆだね』とは、人生で直面する困難をあきらめることや立ち向かうことをやめることを意味しているのではない。そうではなく、何をする必要があるかを明確に見極めて、それをひとつずつ集中してこなしていくことを意味しているのであ

る。トールは『人生が楽になる　超シンプルなさとり方』のなかで次のように述べている──「『手放すこと』は、人生の流れに逆らうよりは、それに身を任せるという、シンプルでありながら、とても奥の深い『知恵』なのです。人生の流れを実感できる場所は、『いま、この瞬間』しかありません。『手放すこと』は、『いま、この瞬間』を、何の不安も抱かずに、無条件に受け入れることです。『すでにそうであるもの』に対する心の抵抗を、捨て去ることです」。マーケットで自分の値洗いが急速に悪化したとき、そのような緊迫した状態でポジションをそのまま塩漬けにするトレーダーがいる。そして、その株価が反発して元に戻るように願ったり、もっとひどいのはその状況を否定したり目をそらしたりする。しかし、そのようにして自分を裏切る必要はないのである。自分を取り巻く状況をすべて受け入れる。そして、その状況を修復するために自分ができることをすべてするのである。それは複数のポジションを損切りすることかもしれない。たとえそうであっても、損失というものは多かれ少なかれ膨らむものなので、なるべく早く取り組むほうが賢明なのである。

最後に、人々に大きな影響を及ぼしたトールのベストセラー作『ニュー・アース──意識が変わる　世界が変わる』から、力強い一節を紹介しよう。

「人生のどこかで悲劇的な喪失に出合い、その結果として新しい次元の意識を経験した人は多い。持ち物のすべてを失った人もいれば、子供や配偶者を、社会的地位を、名声を、肉体的能力を失った人もいる。何に自分を同一化していたにせよ、何が自分自身という意識を与えていたにせよ、それが奪い去られた。そこでなぜか分からないが、当初感じた苦悶や激しい恐怖に代わって、ふいに『いまに在る』という聖

なる意識、深い安らぎと静謐と、恐怖からの完璧な自由が訪れる。あなたが自分を同一化していた形、自己意識を与えてくれた形が崩壊したり奪い去られたりすると、エゴも崩壊する。エゴとは形との同一化だからだ。もはや同一化する対象が何もなくなったとき、あなたはどうなるか？　まわりの形が死に絶えた、あるいは死にかけたとき、あなたの『大いなる存在』の感覚『私は在る（I Am）』という意識は形の束縛から解放される。物質に囚われていたスピリットが自由になる。

あなたは形のないあまねく存在、あらゆる形や同一化に先立つ『大いなる存在』という真のアイデンティティの核心に気づく。自分を何らかの対象に同一化する意識ではなく、意識そのものとしての自分というアイデンティティに気づく。あなたという存在の究極の真実とは、私はこれであるとかあれであるとかではなくて、『私は在る』なのだ。

抵抗せずにあるがままを受け入れると、意識の新しい次元が開ける。そのとき行動が可能か必要であれば、あなたの行動は全体と調和したものとなり、創造的な知性と開かれた心、つまり条件づけられていない意識によって支えられるだろう。状況や人々が有利に、協力的に展開する。不思議な偶然が起こる。どんな行動も不可能ならば、あなたは抵抗の放棄とともに訪れる平安と静謐のうちに安らぐだろう」。

エスター・ヒックス──引き寄せの法則

エスター・ヒックスは、真の成功とは人生を生きるなかで感じる喜びの多さである、と定義している。感じる喜びが多いほどその人の振動の周波数が高くなる──それは万有引力の法則のような普遍的な法則であると述べている。そして振動の周波数が高くなると、それだけ早く望みを具体化することができる。この高い振動周波数はだれでも習得可能である。前向きな思考が生み出す力については聞いたことがあるだろう。ヒックスは、前向きな感情や前向きな行動によって生ま

れた力がその人の振動周波数を高めると言っている。ヒックスは著書の『引き寄せの法則――エイブラハムとの対話』(ソフトバンククリエイティブ)や『運命が好転する――実践スピリチュアル・トレーニング』(PHP研究所)のなかで、振動周波数を高めるための頭の体操の実践方法を教示している。愛する人の死や失業というような非常に困難な状況では、失ったものが大きいので前向きな気持ちで立ち向かうことはほぼ不可能に近い。しかし、前向きな行動は人々の考え方を変える力を持っているので、人は癒やしの精神状態に移行してやがてはその状況と折り合いを付けることができるようになるのである。しかしトールも言っているが、行動を起こしたいと考えたり実際に行動を起こすそのまえに、まずはその損失や悲劇を認めて受け入れる必要がある。つまりそれは、悲しみや絶望、そして喪失感といったものを認めて受け入れることを意味している。これをしないと重いうつ状態から抜け出せなくなり、何もできない、否定的なことしか考えたり感じたりすることができない、といった状態に陥ってしまう。

　悲劇はいつ襲ってくるか分からない。しかし元F1ワールドチャンピオンのマリオ・アンドレッティは自分がめったにクラッシュしない理由について自己分析をした。そして車両が制御不能になって横滑りしているときにほとんどのドライバーはパニックを起こして壁のことばかり考えているものだが、彼は自分が進みたいと思っているコースのことを考えている、と語った。これはたとえ大きな困難や災いの可能性に直面しても、自分の目標を達成するためにしなければならないことは何なのかを教えてくれる素晴らしい一例である。

　トールとヒックスの教えを総合すると、悪い知らせを受けたり大切なものを失ったり、あるいは大きな災難に見舞われたりしたときには、次のような戦略が有効だと考えることができる。

第1段階　損失を認めて受け入れ、悲劇に身を任せる

第2段階　すると前向きな行動力が生まれる
第3段階　そして前向きな感情も生まれる
第4段階　それが前向きな思考につながる

　この4段階を経ることで、高い振動が生み出される。すると、人生で欲しいと望むものが自分に引き寄せられてくるのである。重要なのはその人の振動の状態である。第1段階、第2段階、第4段階はすべて第3段階につながっている。前向きな感情が生まれることで振動周波数が高められ、やがてはその人のトレードに前向きな影響を及ぼすのである。

ジャック・キャンフィールド──自分の能力を最大限に引き出す方法

　NASAが行ったある有名な実験によると、人間の脳が新しい配線を作るには30日かかるという。NASAは宇宙飛行士たちに視界全体が180度逆さになる特殊なゴーグルを装着させた。数日たつと彼らはようやく上下逆さまという新しい環境に慣れてきて、効率的に移動することができるようになった。そして30日後には脳に新たな配線が作られた。その後は通常の視界に戻っても、上下逆さまになるゴーグルを付けるとすぐに何も問題なく動き回ることができたという。同時に逆さまに見えるゴーグルを付けてから15日しかたっていない飛行士がゴーグルを外して数日間を通常の視界で過ごしてみた。そして再びゴーグルを付けてみると、その飛行士は逆さまの世界で動き回る方法を最初から学び直さなければならなかった。30日間ゴーグルを付けっぱなしだった飛行士のようには動き回ることができなかったのである。つまり、脳が新しい配線を完成させるのに30日という日数を要したことが証明されたのだ。この発見には大きな意味がある。どんな分野にお

いても、大きな変化に対応する能力を人間は持っている。しかし、それを永久的に定着させるには30日間休まずに実践しなければならないということである。ほとんどの人が変わりたいと思っても、30日間連続で休まず実践することはない。しかし実際にはそれだけの時間が必要なのである。逆に言えば、変わりたいものが何であれ、それを30日間続けて生活に取り込めば、だれでも前向きな変化を起こすことができるのである。

『こころのチキンスープ――愛の奇跡の物語』（ダイヤモンド社）など数多くの注目すべき書籍を執筆したジャック・キャンフィールドは、まずは小さめのカードに、30日間続けて自分の目標を書き出すことを勧めている。そのとき、目標を心に描きながら、未来を想像して、その目標にたどり着くことを想像し、そしてその目標をすでに達成したときの「感情」までを思い描く。そうすることで自分自身と感情的に向き合うことができるため、それを現実にするためにやらなければならないことを考えることができるのである。これは人間の頭脳の85％を占める潜在意識をプログラムするための効果的な方法である。電波のように人間の脳は脳波を送り出している。だれかが何かを考えたときには、ほかのだれかがその考えを潜在意識で感じ取っている可能性があるのだ。このようにして、自ら前向きな考え方を放出することで、ほかの人々をあなたに引き寄せることができるのだ。だから、ドキュメンタリー映画『ザ・シークレット（The Secret）』が伝えるメッセージには力があるのである。自分の目標を思い描き、その目標を達成したときの感情を実感するとき、あなたは力強いメッセージを世界に送り出す。それを達成するための方法はさまざまなところから現れて、あなたがたどるべき道筋を示してくれる。例えば、あなたの周りの人は潜在意識であなたの前向きな考えを感じ取るだけではなく、あなたのしぐさや癖やエネルギー、そして態度などにも変化を見いだし、あなたの手助けをしてくれるようになるかもしれない。だからこそ、頭

の中の考えを最適化することが必須なのである。否定的な報道ばかり見るのはやめよう。「なんてひどいんだ」と同情ばかりするのもやめるのだ。否定的なことばかり言ったり、いつも不満ばかりもらしたりしている人が周りにいるならば、そういった人たちとは距離を置くようにしよう。元気が出るような本や伝記、いろいろな指導者の考え方が学べる本などを選んで読むとよい。また、恐怖心に負けて目標を見失ってはならない。自分の恐怖心を受け入れて、何が何でもやり遂げるのである。

ドキュメンタリー映画『ホワット・ザ・ブリープ・ドゥー・ウィー・ノウ？（What the Bleep Do We Know?）』に登場した高名な科学者のディーン・ラディンは、コンピューターが選ぶランダムな数字に人々の思考が大きな影響を与えることを観測した、という興味深い事実について語っている。この実験では、ひとつの部屋に集められた人々が一斉に集中して「０」か「１」のどちらかの数字を思い描く。そしてコンピューターはそのどちらかの数字をランダムにはじき出す。集団が「０」と考えると、コンピューターはより高い頻度で「０」をはじき出した。統計学的に見て確率に大きく影響している、というのである。つまり、目に見えずとも電波が大気に広がっていくのと同じように、人間の思考は外部に影響を及ぼしてコンピューターがランダムにはじき出す数字に影響を及ぼしているということである。もしこれが本当であれば、常に前向きな思考を持つべきであるという考え方に根拠が生まれる。悲観的な考えを持つ人と彼らが放つエネルギーには注意しよう！

心理チェックリスト──自分自身に問いかけるべき質問

人生を送るなかで確実に前進していくためには、心理チェックリス

トを作っておくことをお勧めする。自分に問いかけるべき質問をリストにしたり、日ごとあるいは週ごとの「やることリスト」を作ったりしておくのも効果的かもしれない。ここでは脇道にそれず最高の心理状態を維持するために問いかけるべき質問や日々実践するべき練習などをまとめた。

充足感と欠乏感

　他人の不幸を心のなかで喜んでいる人間は欠乏感を抱えている状態である。この欠乏感から生まれるのがねたみである。哲学者として名高いアイン・ランドは、随筆書『ジ・エイジ・オブ・エンビー（The Age of Envy）』のなかで、金持ちやスキャンダルの的になるような人と進んで結婚するアメリカ文化はねたみの一種である、と説いている。そのような人々は不幸な人を見ることで自己の安心感や満足感を得るのである。

　自分が欠乏感や物足りなさを抱いているのか、それとも充足感を得ているのか、これを自分自身に正直に問いただしてみる必要がある。その答えを見つけるためにはまず、自分よりも成功している、あるいは裕福なだれかが落ちこぼれる姿を見たときに、ほんのわずかでも満足感を得るかどうか、と自分に聞いてみることである。これは競争相手に対する健全な闘争心とは違う。もし充足感で満たされているのであれば、他人の成功や富や財産を見ても心から幸せな気持ちになれるはずである。彼らの達成したことに敬意を表して自分自身の目標にしているのであれば、それはあなたが充足感に満ちていることを示す良い兆候だと言える。この世界は無数の機会であふれていると考えることができれば、あなたの求めているものが冒険や富でも、目標達成でも、あるいは相互扶助のできる実りある人間関係でも、世界はあなたのものである。

優越感と劣等感

他人の尊敬を得て大きな影響力を持つには、賢くあったり正しくあったり、あるいは富を誇示することが必要だと一般的に信じられている。なかには最高級の服を身につけたり、外見に執着して美容整形手術を受けたりして、できるだけ自分をよく見せようとがむしゃらになる人もいる。格好を整えたり自分が達成したことを誇りに思うこと、そしてその達成を他人に伝えて共有するという行為自体には何の問題もないが、それを見せびらかしたり、あるいは自慢するために行っているようでは問題である。その一線を越えていないかどうかを自分自身に問いかける必要がある。自慢や誇示という行為は不健全で膨れ上がったエゴか優越感以外のなにものでもない。自分の車や家、銀行口座、買った株数、成績、服装、外見の美しさなどを自慢するのは、その人物がその裏に不安を抱えていたり自信を失ったりしているからなのである。この正反対の感情で劣等感を抱く場合もまた、その人物が自信を失っていることを暗示している。

真の意味で悟りを開いた人々というのは、他人に尊敬されたり好かれたりする必要もなければ自慢する必要もない。なぜなら、細胞レベルでは人類はひとつであり、そしてすべての人間が互いにかかわり合いながら常に無限の可能性と静けさと無限の深さでつながっていることを知っているからである。

目的を持つ

日々のなかで自分の目標を確認し、自分の才能を確認し、人生でうまくいっていることすべてに感謝の気持ちを持つようにしてみよう。そして雑念を払うために瞑想し、どのようにして自分自身と、そして自分の周りの人が進化できるかを考え、自分ができる良いことを考え

よう。退屈で嫌な仕事をしていても、その仕事に対する視点を変えることですべての作業を楽しもう。そして次のような質問を自分に投げかける習慣を持とう。「何か自分に手伝えることはないだろうか？」「どうしたら他人に良い影響を与えられるのか？」「マーケットで得た利益の一部を、どのように周りの人や良さそうな慈善活動に還元できるだろうか？」。感謝の気持ちを一言口にしてみたり、あるいは心を込めてじっと相手の目を見つめたりするだけで、他人を元気づけることだってできるのである。これは真の力である。真の力とは、だれにも奪われることのない力である。富や地位や外見の美しさなどはすぐに消えてしまう。しかし心の美しさはあなたのものであり、永遠にあなたが分かち合えるものである。こういったことを実践していけば、あなたの振動周波数が高まるだけでなく、脳内に強くて前向きで力強い神経の連結が生まれる。そうすることで周りの人々を元気づけられると同時に、自分自身も目標を達成することができるようになるのである。

　悲しい出来事に見舞われたとき、特にそれが大きな損失や悲劇だったりしたときには、トールが言ったようにまずはその出来事を受け入れる必要がある。それが内なる平穏を得ることにつながり、次第に自分の周りにも静かな安心感や内なる静寂が訪れるのである。心の平穏は幸福感という一時的な心理状態よりもはるかに大きく深い存在である。心の平穏を作り出すことで、自分のなかにある深い海にキラキラと輝くエネルギーとつながることができる。それがあなたを最高の状態にしてくれる。そして普遍的なエネルギーがあなたの望みをかなえるように動き始めると、あなたは常に最高の結果を残すことができるようになるのである。

賢人に共通する教え

　エド・スィコータの教えは、必ずしも投資の世界について話しているのではないエックハルト・トールやエスター・ヒックス、ジャック・キャンフィールド、ボブ・プロクター、ウォレス・D・ワトルズら著名な作家の教えと、見事なまでに共通している点がある。われわれはこれまでに彼らの教えを実践してきた。

　『ザ・シークレット（The Secret）』『ホワット・ザ・ブリープ・ドゥー・ウィー・ノウ？（What the Bleep Do We Know?）』『ザ・モーゼス・コード（The Moses Code）』などのドキュメンタリー映画もまた、素晴らしい情報源である。どれも他人に自分の考え方ややり方を押しつけようという教えではない。そのような布教活動的なことは何もない。つまり、他人を改宗させて彼らの信念や信仰を信じさせ、何を信じるべきかを教えるという行為はしていないということである。彼らが教えているのは自分の信念ではなく、人々が最高の能力を出し切ったり、その人独自の信条を見つけたりするためのプロセスなのである。教えたいことを信条そのものとして信じ込ませようとしても、その教えは元来の目的を失うだけである。

　世の中には「金持ちになれる方法」だの、「満足感を得られる方法」だのを約束するような広告やスパムメールがあふれている。しかし、それをかなえる最も効果的な方法は、誠実で役に立つ助言を得ることである。本章で紹介した書籍やウエブサイトをまだ読んだことのない読者はぜひそういったものを読んでみることをお勧めする。とは言え、重要なのは学んだことを実践することである。本やセミナーに熱狂することではない。良い気分になれるのでこういった本を買って読むことが好きだと言う人や、良い刺激を受けることができるセミナーに通うのが好きだと言う人もいる。しかし、不思議とそういった人に限って金銭面や感情面や精神面のどこにおいても一向に状況が改善しない

ものなのだ。

　2001年にニューヨーク市でオニールとウィリアム・オニール・アンド・カンパニーのセミナーを開催した。約800人にも上った観衆をざっと見渡して、われわれが教える情報を常に丹念に利用するのはこのうちのわずか一握りほどしかいないのだろうな、と考えたものだ。われわれが教えた情報を適切に利用するには、それを学び、実行し、規律を持ち、そして勤勉になる必要がある。しかも数カ月という期間ではなく、永久的にである。ほとんどの人がここで挫折する。重要なのは、得た知識を上手に利用することで、短期や長期という限られた期間ではなく、永続的に一貫した行動を取ることだ。こういったセミナーでは気持ちが高ぶっているので大きな誓いを立てることは簡単だ。しかし本当の正念場は数カ月後、あるいは数年後に訪れる。

最後に

　われわれは今、トレーダーとしてだけではなく人類という大きな分類として進化の道をたどっている。われわれのなかで百パーセントの真の悟りを開いている者はほとんどいない。しかし、完璧なトレードをすることが不可能に近いのと同じように、人生とは自分自身が進化しながら周りの人間の進化も手助けする、という学びと成長の過程なのである。そこから得る利益は２倍である。なぜなら他人を高めることで自分自身の振動状態も高めることになり、それが結果として目標達成につながるからである。

　経験上われわれが言えることは、オニールのようなトレードの達人から直接学ぶことよりも、他人に教えることで学ぶことのほうが多いということだ。教えることによって、ある概念をたしかなものに固めることができるだけでなく、他人がその概念を理解し、そこから利益を得る手助けをすることに喜びを感じることができる。人生全般につ

いても同じである。人生で本当に打ち込めることを見つけることが重要であるのと同じように、自分自身のなかで深く共鳴できる大義を見つけ、それについて行動を起こして世の中を変えようとしている人々は、そうでない人とくらべるとより充実した人生を送っている。

　トレードは人生であり、人生はトレードである。人生のように、マーケットでわれわれはさまざまな状況に直面する。そして人生のように、マーケットには困難がつきものである。充実感と空虚感、成功と失敗、喜びと失望──これらの差がどこで生まれるかというと、それは今を生きる能力、つまり冷静に状況を判断し、エゴを持たず、目の前で起こっていることに楽々と反応していく力なのである。あなたはこれからも成長し進化していく。自分自身のためだけではなく、あなたが出会うすべての人に良い影響を与えて、彼らの立派な手本となるために。

付録──キャッチャー博士が選ぶ50冊

　読者の皆さんにぜひとも紹介したい書籍をここに載せた。「トップ50」のほうは、マーケットの機能を理解するための本や、トレーダーとしての投資心理を理解するための本、また独自の投資手法を編み出したり手直ししたりするのに役に立った本などの一覧である。9.9などの数字はそれぞれ書籍の質や関連性を考えて私なりに1～10で（10が最高）ランク付けしたものである。「投資以外の本」のほうは、私の心理状態を整えるのに役に立ったもの、つまり成功への道を開いてくれた本の一覧である。

　1960年より前に執筆された書籍は年号も示した。まったく異なる時代に書かれた本を読むと、人間の性というものが変わっていないことが分かるのでとても興味深い。しっかりとした投資手法が何十年、何百年と廃れないのはこのためである。

トップ50

9.9

ウィリアム・オニール著『**オニールの成長株発掘法**』（パンローリング）
ウィリアム・オニール、ギル・モラレス著『**オニールの空売り練習帖**』（パンローリング）
マイケル・コベル著『**トレンドフォロー入門**』（パンローリング）

9.8

ジェラルド・ローブ著『**投資を生き抜くための戦い**』（パンローリング）

エドウィン・ルフェーブル著『欲望と幻想の市場——伝説の投機王リバモア』(東洋経済新報社)

9.7

ジョン・ボイク著『**黄金の掟　破産回避術**』(パンローリング)
ジャック・シュワッガー著『**新マーケットの魔術師**』(パンローリング)
ジャック・シュワッガー著『**マーケットの魔術師**』(パンローリング)
ジェシー・リバモア著『**孤高の相場師リバモア流投機術**』(パンローリング)
ジェイク・バーンスタイン、ナンシー・トグライ著『ザ・ウィニング・エッジ（The Winning Edge）』(『ザ・ウィニング・エッジ4』は『**NLPトレーディング**』［パンローリング］)
ロバート・コッペル著『ブルズ・ベアズ・アンド・ミリオネアズ（Bulls, Bears, and Millionaires）』
アルペシュ・B・パテル著『ザ・マインド・オブ・ア・トレーダー（The Mind of a Trader）』

9.6

ノーマン・フォスバック著『ストック・マーケット・ロジック（Stock Market Logic）』

9.5

ケン・フィッシャー著『**チャートで見る株式市場200年の歴史**』(パンローリング)
ニコラス・ダーバス著『**私は株で200万ドル儲けた**』(パンローリング)

ハンフリー・B・ニール著『ジ・アート・オブ・コントラリー・シンキング（The Art of Contrary Thinking）』（1954年）

リチャード・ワイコフ著『ウォール・ストリート・ベンチャーズ・アンド・アドベンチャーズ（Wall Street Ventures and Adventures）』（1930年）

ロバート・ケーブル著『ザ・モメンタム・ギャップ・メソッド（The Momentum-Gap Method）』

ロバート・コッペル著『マネー・トークス（Money Talks）』

ハリー・デント・ジュニア著『2000年資本主義社会の未来』（PHP研究所）

9

マイケル・ルイス著『**ライアーズ・ポーカー**』（パンローリング）

ハンフリー・ニール著『テープ・リーディング・アンド・マーケット・タクティクス（Tape Reading and Market Tactics）』（1931年）

フレデリック・アレン著『オンリー・イエスタデイ──1920年代・アメリカ』（筑摩書房）

リチャード・スミッテン著『世紀の相場師ジェシー・リバモア』（角川書店）

ポール・サーノフ著『ジェシー・リバモア・スペキュレーター・キング（Jesse Livermore Speculator King）』

マーティン・フリードソン著『ハウ・トゥ・ビー・ア・ビリオネア（How to Be a Billionaire）』

ドン・ギヨン著『ワン・ウエー・ポケッツ──ザ・ブック・オブ・ブックス・オン・ウォール・ストリート・スペキュレーション（One-Way Pockets: The Book of Books on Wall Street Speculation）』（1917年）

ヘンリー・クルーズ著『トゥエンティ・エイト・イヤーズ・イン・ウ

ォール・ストリート（Twenty-Eight Years in Wall Street）』（1888年）

ケネス・スターン著『シークレッツ・オブ・ザ・インベストメント・オールスターズ（Secrets of the Investment All-Stars）』

8.8

ハロルド・ビアーマン著『コージズ・オブ・ザ・1929・ストック・マーケット・クラッシュ（Causes of the 1929 Stock Market Crash）』

8

ビクター・スペランデオ著『**スペランデオのトレード実践講座**』（パンローリング）

マーティン・ツバイク著『**ツバイク　ウォール街を行く**』（パンローリング）

アレキサンダー・エルダー著『**投資苑**』（パンローリング）

ジョン・マーフィー著『**市場間分析入門**』（パンローリング）

チャールズ・マッケイ著『**狂気とバブル――なぜ人は集団になると愚行に走るのか**』（パンローリング）

ビクター・スペランデオ著『トレーダー・ビック――メソッズ・オブ・ア・ウォール・ストリート・マスター（Trader Vic--Methods of a Wall Street Master）』

デビッド・フェルドマン著『ジ・アップス・アンド・ダウンズ・オブ・ア・ウォール・ストリート・トレーダー・デューリング・ザ・デプス・オブ・ザ・グレート・ディプレッション・オブ・ザ・1930（The Ups and Downs of a Wall St. Trader during the Depths of the Great Depression of the 1930s）』

ゲイリー・スミス著『スタティスティカル・リーゾニング（Statistical

Reasoning)』

レナード・レビンソン著『ウォール・ストリート——ア・ピクトリアル・ヒストリー（Wall Street : A Pictorial History）』

エドワード・アングリー著『オー・イヤー？（Oh Yeah?）』（1931年）

スティーブン・リーブ著『マーケット・タイミング・フォー・ザ・ナインティーズ（Market Timing for the Nineties）』

ロバート・コルビー、トム・マイヤーズ著『エンサイクロペディア・オブ・テクニカル・マーケット・インディケーションズ（Encyclopedia of Technical Market Indications）』

ジョン・トレイン著『新ファンド・マネジャー』（日本経済新聞社）

7

トーマス・マイヤーズ著『ザ・テクニカル・アナリシス・コース（The Technical Analysis Course）』

ベネット・グッドスピード著『ザ・タオ・ジョーンズ・アベレージズ（The Tao Jones Averages）』

マイケル・ルイス著『マネー・カルチャー』（角川書店）

マーク・ハルバート著『ザ・ハルバート・ガイド・トゥ・ファイナンシャル・ニュースレターズ（The Hulbert Guide to Financial Newsletters）』

そのほかの傑作

7

スタン・ウエンスタイン著**『ウエンスタインのテクニカル分析入門』**（パンローリング）

ジェームズ・オショーネシー著『**ウォール街で勝つ法則**』（パンローリング）

ビクター・ニーダーホッファー著『ジ・エデュケーション・オブ・ア・スペキュレーター（The Education of a Speculator）』（ニーダーホッファーのファンドは1997年10月に破綻）

ピーター・リンチ著『ピーター・リンチの株で勝つ』（ダイヤモンド社）

『インベストメンツ（Investments）』（カリフォルニア大学バークレー校の経営学修士号の授業で使われた教材

S・マーシャル・ケンパー著『インサイド・ウォール・ストリート（Inside Wall Street）』（1920〜42年）

ナンシー・ダンナン著『ダン・アンド・ブラッドストリーツ・ガイド・トゥ・ユア・インベストメンツ・1991（Dun & Bradstreet's Guide To Your Investments 1991）』

ジョセフ・デ・ラ・ベガ著『コンフュージオン・デ・コンフュージョネス（Confusion de Confusiones）』（1800年代）

アンドリュー・ラニー著『コンフェッションズ・オブ・ア・ストック・ブローカー（Confessions of a Stock Broker）』

チャールズ・D・エリス著『クラシックスⅡ（Classics II）』

バーナード・バルーク著『バーナード・バルーク――マイ・オウン・ストーリー（Bernard Baruch : My Own Story）』

アラン・ルーベンフェルド著『ザ・スーパー・トレーダーズ（The Super Traders）』

ジャスティン・マミス著『ザ・ネイチャー・オブ・リスク（The Nature of Risk）』

ラルフ・ビンス著『ザ・マスマティックス・オブ・マネー・マネジメント（The Mathematics of Money Management）』

ジェームズ・メッドベリー著『メン・アンド・ミステリーズ・オブ・ウォール・ストリート（Men and Mysteries of Wall Street）』（1878年）

ナンシー・ダンナン、ジェイ・パック著『マーケット・ムーバーズ（Market Movers）』
ウィリアム・ノードハウス著『エコノミクス（Economics）』（教材）

5

ラルフ・ビンス著**『投資家のためのマネーマネジメント』**（パンローリング）
ジェフ・クーパー著**『ヒットエンドラン株式売買法』**（パンローリング）
スタンレー・クロール著『ザ・ニュー・テクニカル・トレーダー（The New Technical Trader）』
ジョセフ・ウェッシュバーグ著『マーチャント・バンカーの内幕』（日本経済新聞社）
ジェフ・クーパー著『ザ・ファイブ・デイ・モメンタム・メソッド（The Five-Day Momentum Method）』
ダイアナ・ハリントン、フランク・ファボツィ、H・ラッセル・フォグラー著『ザ・ニュー・ストック・マーケット（The New Stock Market）』
ルイス・エンゲル、ブレンダン・ボイド著『ウォールストリート流株式投資必勝法』（ティビーエス・ブリタニカ）
フランク・ファボツィ著『ハンドブック・オブ・ファイナンシャル・マーケッツ（Handbook of Financial Markets）』
リー・デイビス著『ザ・コーポレート・アルケミスツ（The Corporate Alchemists）』

投資以外の本

エックハルト・トール著『さとりをひらくと人生はシンプルで楽にな

る』（徳間書店）

エックハルト・トール著『ニュー・アース――意識が変わる　世界が変わる』（サンマーク出版）

ウォレス・D・ワトルズ著『富を手にする「ただひとつ」の法則』（フォレスト出版）

エスター・ヒックス著『運命が好転する　実践スピリチュアル・トレーニング』（PHP研究所）

エスター・ヒックス著『引き寄せの法則　エイブラハムとの対話』（ソフトバンククリエイティブ）

ジャック・キャンフィールド著『こころのチキンスープ――愛の奇跡の物語』（ダイヤモンド社）

フィル・ジャクソン著『シカゴ・ブルズ勝利への意識革命』（PHP研究所）

アルベルト・アインシュタイン著『ザ・ワールド・アズ・アイ・シー・イット（The World As I See It）』

ジョン・ウッデン著『ウッデン（Wooden）』

ベンジャミン・フランクリン著『フランクリン自伝』（岩波文庫、中公クラシックス、ほか）

ウィリアム・F・バックリー・ジュニア著『ライト・リーズン（Right Reason）』

ドナルド・トランプ著『トランプ自伝　不動産王にビジネスを学ぶ』（筑摩書房）

リチャード・ニクソン著『指導者とは』（文藝春秋）

クリストファー・ワイナンズ著『マルコム・フォーブス――ザ・マン・フー・ハド・エブリシング（Malcom Forbes--The Man Who Had Everything）』

グレン・シーボーグ著『ジ・エレメンツ・ビヨンド・ウラニウム（The Elements Beyond Uranium）』

■著者紹介
ギル・モラレス（Gil Morales）
www.GilmoReport.com の執筆者兼発行者。www.VirtueOfSelfishInvesting.com の共同執筆と発行も行っている。ウィリアム・オニール・アンド・カンパニーの元社内ポートフォリオマネジャー兼主任マーケットストラテジスト。現在はモカ・インベスターズの常務取締役を務めている。また、オニールと共著で『オニールの空売り練習帖』（パンローリング）も出版している。スタンフォード大学で経済学の学士号を修得。

クリス・キャッチャー（Dr. Chris Kacher）
www.GilmoReport.com に寄稿しながら、www.VirtueOfSelfishInvesting.com の共同執筆と発行も行っている。ウィリアム・オニール・アンド・カンパニーの元社内ポートフォリオマネジャー兼リサーチアナリスト。現在はモカ・インベスターズの常務取締役を務めている。カリフォルニア大学バークリー校で化学学士号と原子物理学の博士号を修得。

■監修者紹介
長尾慎太郎（ながお・しんたろう）
東京大学工学部原子力工学科卒。日米の銀行、投資顧問会社、ヘッジファンドなどを経て、現在は大手運用会社勤務。訳書に『魔術師リンダ・ラリーの短期売買入門』『タートルズの秘密』『新マーケットの魔術師』『マーケットの魔術師【株式編】』（いずれもパンローリング、共訳）、監修に『バーンスタインのデイトレード入門』『高勝率トレード学のススメ』『フルタイムトレーダー完全マニュアル』『新版 魔術師たちの心理学』『ロジカルトレーダー』『コナーズの短期売買実践』『システムトレード 基本と原則』『脳とトレード』『ザFX』『一芸を極めた裁量トレーダーの売買譜』『FXメタトレーダー4 MQLプログラミング』『裁量トレーダーの心得 初心者編』『裁量トレーダーの心得 スイングトレード編』『内なる声を聞け』『ラリー・ウィリアムズの短期売買法【第2版】』『コナーズの短期売買戦略』など、多数。

■訳者紹介
スペンサー倫亜（すぺんさー・ともえ）
高校時代に交換留学でアメリカ生活を体験したのち、独協大学外国語学部で英語を専攻。その後、再渡米し、社内翻訳者としてエンターテインメント系の雑誌翻訳に従事。仕事のかたわらヒューストンにあるIT専門学校に通い、ウエブデザイン学科を卒業。帰国後はフリーランス翻訳者としてビジネス分野の翻訳を幅広く手掛けながら、現在に至る。訳書に『FXトレーダーの大冒険』『コナーズの短期売買入門』『オニールの成長株発掘法【第4版】』（パンローリング）などがある。

```
2012年10月2日  初版第1刷発行
2019年6月1日   第2刷発行
```

ウィザードブックシリーズ ⑲⑧

株式売買スクール
――オニールの生徒だからできた1万8000%の投資法

著　者	ギル・モラレス、クリス・キャッチャー
監修者	長尾慎太郎
訳　者	スペンサー倫亜
発行者	後藤康徳
発行所	パンローリング株式会社
	〒160-0023　東京都新宿区西新宿7-9-18-6F
	TEL 03-5386-7391　FAX 03-5386-7393
	http://www.panrolling.com/
	E-mail　info@panrolling.com
編　集	エフ・ジー・アイ（Factory of Gnomic Three Monkeys Investment）合資会社
装　丁	パンローリング装丁室
組　版	パンローリング制作室
印刷・製本	株式会社シナノ

ISBN978-4-7759-7165-9

落丁・乱丁本はお取り替えします。
また、本書の全部、または一部を複写・複製・転訳載、および磁気・光記録媒体に
入力することなどは、著作権法上の例外を除き禁じられています。

本文 ©Spencer Tomoe／図表　© PanRolling　2012 Printed in Japan

ウィリアム・J・オニール

証券投資で得た利益によって30歳でニューヨーク証券取引所の会員権を取得し、投資調査会社ウィリアム・オニール・アンド・カンパニーを設立。顧客には世界の大手機関投資家で資金運用を担当する600人が名を連ねる。保有資産が2億ドルを超えるニューUSAミューチュアルファンドを創設したほか、『インベスターズ・ビジネス・デイリー』の創立者でもある。

ウィザードブックシリーズ179

オニールの成長株発掘法
【第4版】

定価 本体3,800円+税　ISBN:9784775971468

大暴落をいち早く見分ける方法

アメリカ屈指の投資家がやさしく解説した大化け銘柄発掘法！投資する銘柄を決定する場合、大きく分けて2種類のタイプがある。世界一の投資家、資産家であるウォーレン・バフェットが実践する「バリュー投資」と、このオニールの「成長株投資」だ。

目次

第1部 勝つシステム——CAN-SLIM
- 第1章 銘柄選択の極意
- 第2章 プロのチャート読解術を身につけ、銘柄選択と売買タイミングを改善する
- 第3章 **C**(Current Quarterly Earnings＝当期四半期EPSと売り上げ)
- 第4章 **A**(Annual Earnings Increases＝年間の収益増加)——大きく成長している銘柄を探す
- 第5章 **N**(Newer Companies, New Products, New Management, New Highs Off Properly Formed Bases＝新興企業、新製品、新経営陣、正しいベースを抜けて新高値)
- 第6章 **S**(Supply and Demand＝株式の需要と供給)——重要ポイントで株式需要が高いこと
- 第7章 **L**(Leader or Laggard＝主導銘柄か、停滞銘柄か)——あなたの株は？
- 第8章 **I**(Institutional Sponsorship＝機関投資家による保有)
- 第9章 **M**(Market Direction＝株式市場の方向)——見極め方

第2部——最初から賢くあれ
- 第10章 絶対に売って損切りをしなければならないとき
- 第11章 いつ売って利益を確定するか
- 第12章 資金管理——分散投資、長期投資、信用取引、空売り、オプション取引、新規株式公開、節税目的の投資、ナスダック銘柄、外国銘柄、債券、そのほかの資産について
- 第13章 投資家に共通する二一の誤り

第3部——投資のプロになる
- 第14章 素晴らしい成功銘柄の事例
- 第15章 最高の業界、業種、川下業種を選ぶ
- 第16章 マーケットを観察してニュースに素早く反応する
- 第17章 投資信託で百万長者になる方法
- 第18章 年金と機関投資家のポートフォリオ管理を改善する
- 第19章 覚えるべきルールと指針

ウィザードブックシリーズ93
オニールの空売り練習帖

定価 本体2,800円+税　ISBN:9784775970577

売る方法を知らずして、買うべからず
「マーケットの魔術師」オニールが
空売りの奥義を明かした!

正しい側にいなければ、儲けることはできない。空売りのポジションをとるには本当の知識、市場でのノウハウ、そして大きな勇気が必要である。空売りの仕組みは比較的簡単なものだが、多くのプロも含めほとんどだれも空売りの正しい方法を知らない。オニールは本書で、効果的な空売り戦略を採用するために必要な情報を提供し、詳細な注釈付きのチャートで、最終的に正しい方向に向かうトレード方法を示している。

ウィザードブックシリーズ71
オニールの相場師養成講座

定価 本体2,800円+税　ISBN:9784775970577

キャンスリム(CAN-SLIM)は一番優れた運用法だ

何を買えばいいか、いつ売ればいいか、ウォール街ではどうすれば勝てるかを知っているオニールが自立した投資家たちがどうすれば市場に逆らわず、市場に沿って行動し、感情・恐怖・強欲心に従うのではなく、地に足の着いた経験に裏付けられたルールに従って利益を増やすことができるかを説明する。

利益を増やすことができるルール

- 最高の銘柄だけを最適なタイミングでだけ購入する
- 上下への大きな値動きを示唆するチャートパターンを見きわめる
- 売り時を心得る
- リターンを最大化するようにポートフォリオを管理する

フィリップ・A・フィッシャー

1928年から証券分析の仕事を始め、1931年にコンサルティングを主としたフィッシャー・アンド・カンパニーを創業。現代投資理論を確立した1人として知られている。本書を執筆後、大学などでも教鞭を執った。著書に『株式投資で普通でない利益を得る』『投資哲学を作り上げる／保守的な投資家ほどよく眠る』（いずれもパンローリング）などがある。なお、息子であるケネス・L・フィッシャーは、運用総資産300億ドル以上の独立系資産運用会社フィッシャー・インベストメンツ社の創業者・会長兼CEO、フォーブス誌の名物コラム「ポートフォリオ・ストラテジー」執筆者、ベストセラー『ケン・フィッシャーのPSR株分析』『チャートで見る株式市場200年の歴史』『投資家が大切にしたいたった3つの疑問』（いずれもパンローリング）などの著者である。

ウィザードブックシリーズ 238

株式投資で普通でない利益を得る

定価 本体2,000円+税　ISBN:9784775972076

成長株投資の父が教える
バフェットを覚醒させた20世紀最高の書

バフェットが莫大な資産を築くのに大きな影響を与えたのが、成長株投資の祖を築いたフィリップ・フィッシャーの投資哲学だ。10倍にも値上がりする株の発掘法、成長企業でみるべき15のポイントなど、1958年初版から半世紀を経ても、現代に受け継がれる英知がつまった投資バイブル。

本書の内容

- 会社訪問をしたときにする質問（「まだ同業他社がしていないことで、御社がしていることは何ですか」）
- 周辺情報利用法
- 株を買うときに調べるべき15のポイント
- 投資界の常識に挑戦（「安いときに買って、高いときに売れ」には同意できない）
- 成功の核
- 株の売り時（正しい魅力的な株を買っておけば、そんなときは来ないかもしれない）
- 投資家が避けるべき5つのポイント
- 大切なのは未来を見ること（最も重視すべきは、これからの数年間に起こることは何かということ）

ウィザードブックシリーズ235
株式投資が富への道を導く

定価 本体2,000円+税　ISBN:9784775972045

バフェットの投資観を変えた本!

本書はフィリップ・フィッシャーが1958年に書いた『株式投資で普通でない利益を得る』（パンローリング）の続編である。上の最初の高名な著書は、スタンフォード大学経営大学院で基本書として使われ、ウォーレン・バフェットをはじめ多くの読者の投資観を一変させた。まさしく、バフェットがベンジャミン・グレアムの手法と決別するきっかけとなった本である。

ウィザードブックシリーズ236
投資哲学を作り上げる／
保守的な投資家ほどよく眠る

定価 本体1,800円+税　ISBN:9784775972052

ウォーレン・バフェットにブレイクスルーをもたらした大事な教えが詰まっている!

フィッシャーは全部で4冊の本を執筆したが、本書はそのうち3冊目と4冊目を収録している。1冊目の『株式投資で普通でない利益を得る』（パンローリング）は20世紀に発売された投資本のなかでベスト3に入る名著であり、フィッシャーの最高傑作であることに間違いはない。

ケン・フィッシャー

フィッシャー・インベストメンツ社の創業者兼CEO。同社は1979年設立の独立系資金運用会社として、世界中の年金、基金、大学基金、保険会社、政府、個人富裕層などを顧客に持ち、運用総資産額は400億ドル（約4兆円）を超える。株価売上倍率（PSR）による株式分析、また小型株運用の先駆者として知られる。

ウィザードブックシリーズ182
投資家が大切にしたいたった3つの疑問
行動ファイナンスで市場と心理を科学する方法

定価 本体3,800円+税　ISBN:9784775971499

投資の"神話"に挑戦し、それを逆手にとって自らの優位性にする考え方を徹底解説!

深い洞察力、アドバイス、投資秘話が満載で、あなたの心をひきつけて話さないだろう。

マーク・ミネルヴィニ

ウォール街で30年の経験を持つ伝説的トレーダー。数千ドルから投資を始め、口座残高を数百万ドルにした。1997年、25万ドルの自己資金でUSインベスティング・チャンピオンシップに参加、155%のリターンを上げ優勝。自らはSEPAトレード戦略を使って、5年間で年平均220%のリターンを上げ、その間に損失を出したのはわずか1四半期だけだった。

ウィザードブックシリーズ213

ミネルヴィニの成長株投資法
高い先導株を買い、より高値で売り抜けろ

定価 本体2,800円+税　ISBN:9784775971802

高い銘柄こそ次の急成長株！

一貫して3桁のリターンを得るために、どうやって正確な買い場を選び、仕掛け、そして資金を守るかについて、詳しく分かりやすい言葉で説明。株取引の初心者にも、経験豊かなプロにも、並外れたパフォーマンスを達成する方法が本書を読めば分かるだろう！

目次

- 第1章 トレーダブルな戦略とは何か
- 第2章 バックテストと同様のパフォーマンスを示す戦略を開発する
- 第3章 トレードしたい市場で最も抵抗の少ない道を見つける
- 第4章 トレードシステムの要素──仕掛け
- 第5章 トレードシステムの要素──手仕舞い
- 第6章 トレードシステムの要素──フィルター
- 第7章 システム開発ではなぜマネーマネジメントが重要なのか
- 第8章 バースコアリング──新たなトレードアプローチ
- 第9章 「厳選したサンプル」のワナに陥るな
- 第10章 トレードの通説
- 第11章 マネーマネジメント入門
- 第12章 小口口座のための従来のマネーマネジメントテクニック──商品
- 第13章 小口口座のための従来のマネーマネジメントテクニック──株式
- 第14章 大口口座のための従来のマネーマネジメントテクニック──商品
- 第15章 大口口座のための従来のマネーマネジメントテクニック──株式
- 第16章 株式戦略と商品戦略を一緒にトレードする

ウィザードブックシリーズ 265

株式トレード 基本と原則

マーク・ミネルヴィニ【著】

定価 本体3,800円+税　ISBN:9784775972342

生涯に渡って使えるトレード力を向上させる知識が満載！

本書はミネルヴィニをアメリカで最も成功した株式トレーダーの1人にしたトレードルールや秘密のテクニックを惜しみもなく明らかにしている。

株式投資のノウハウに本気で取り組む気持ちさえあれば、リスクを最低限に維持しつつ、リターンを劇的に増やす方法を学ぶことができるだろう。ミネルヴィニは時の試練に耐えた市場で勝つルールの使い方を段階を追って示し、投資成績を向上させて素晴らしいパフォーマンスを達成するために必要な自信もつけさせてくれるだろう。

ウィザードブックシリーズ 240

成長株投資の神

マーク・ミネルヴィニ【著】

定価 本体2,800円+税　ISBN:9784775972090

4人のマーケット魔術師たちが明かす戦略と資金管理と心理 これであなたの疑問は解決！

実際にトレードを行っているあらゆるレベルの人たちから寄せられた、あらゆる角度からの130の質問に、アメリカ最高のモメンタム投資家4人が隠すことなく赤裸々に四者四様に答える！ 今までだれにも聞けなかったけれどぜひ聞いてみたかったこと、今さら聞けないと思っていたこと、どうしても分からなかったことなど、基本的な質問から高度な疑問までを、あらゆるレベル投資家にやさしく分かりやすい言葉で答えてくれている！

ウィザードブックシリーズ 136

成長株投資の公理
株で資産を築く8つの法則

ルイス・ナベリア【著】

定価 本体2,200円+税　ISBN:9784775971024

成長株投資で成功する秘訣！
利益を極大化する成長株投資の奥義！

ルイス・ナベリアは現在最も注目されている成長株投資家のひとりである。彼は27年間にわたって成長株投資で目を見張るような利益を手にしてきたほか、市場平均を25%も上回るリターンを投資家に上げさせてきた。ルイス・ナベリアは健全な成長株に投資することによって生計を立ててきた。彼はこの投資法によって経済的な夢を現実のものとしたのである。分かりやすい言葉で書かれたこの本には、ウォール街の証券会社などにはだまされず、今のマーケットで真の富を築く具体的なアプローチが示されている。

ウィザードブックシリーズ 147

千年投資の公理
売られ過ぎの優良企業を買う

パット・ドーシー【著】

定価 本体2,000円+税　ISBN:9784775971147

1000年たっても有効な
永遠不滅のバフェット流投資術！

バフェット流の「堀」を持つ優良企業の発掘法。本書を読めば、今日の投資家でもこの素晴らしい投資法を自信を持って実践することができるようになる。堀こそが投資分析ツールの欠かせない重要な要素であることが理解できれば、この手法を使って、高いリターンを上げる銘柄だけであなたのポートフォリオを埋め尽くすことができるだろう！

マーク・ダグラス

シカゴのトレーダー育成機関であるトレーディング・ビヘイビアー・ダイナミクス社の社長を務める。商品取引のブローカーでもあったダグラスは、自らの苦いトレード経験と多数のトレーダーの間接的な経験を踏まえて、トレードで成功できない原因とその克服策を提示している。最近では大手商品取引会社やブローカー向けに、本書で分析されたテーマやトレード手法に関するセミナーや勉強会を数多く主催している。

ウィザードブックシリーズ 32

ゾーン 勝つ相場心理学入門

定価 本体2,800円+税　ISBN:9784939103575

「ゾーン」に達した者が勝つ投資家になる！

恐怖心ゼロ、悩みゼロで、結果は気にせず、淡々と直感的に行動し、反応し、ただその瞬間に「するだけ」の境地…すなわちそれが「ゾーン」である。
「ゾーン」へたどり着く方法とは？
約20年間にわたって、多くのトレーダーたちが自信、規律、そして一貫性を習得するために、必要で、勝つ姿勢を教授し、育成支援してきた著者が究極の相場心理を伝授する！

ウィザードブックシリーズ 114

規律とトレーダー
相場心理分析入門

定価 本体2,800円+税　ISBN:9784775970805

トレーディングは心の問題であると悟った投資家・トレーダーたち、必携の書籍！

相場の世界での一般常識は百害あって一利なし！
常識を捨てろ！手法や戦略よりも規律と心を磨け！
本書を読めば、マーケットのあらゆる局面と利益機会に対応できる正しい心構えを学ぶことができる。

マーク・ダグラスの遺言と
トレーダーで成功する秘訣
トレード心理学の大家の集大成！

相場心理学の大家による
集大成！

最後の
相場心理学講座

ゾーン 最終章

四六判 558頁　**マーク・ダグラス, ポーラ・T・ウエッブ**
定価 本体2,800円+税　ISBN 9784775972168

　1980年代、トレード心理学は未知の分野であった。創始者の一人であるマーク・ダグラスは当時から、今日ではよく知られているこの分野に多くのトレーダーを導いてきた。

　彼が得意なのはトレードの本質を明らかにすることであり、本書でもその本領を遺憾なく発揮している。そのために、値動きや建玉を実用的に定義しているだけではない。市場が実際にどういう働きをしていて、それはなぜなのかについて、一般に信じられている考えの多くを退けてもいる。どれだけの人が、自分の反対側にもトレードをしている生身の人間がいると意識しているだろうか。また、トレードはコンピューター「ゲーム」にすぎないと誤解している人がどれだけいるだろうか。

　読者はトレード心理学の大家の一人による本書によって、ようやく理解するだろう。相場を絶えず動かし変動させるものは何なのかを。また、マーケットは世界中でトレードをしているすべての人の純粋なエネルギー ── 彼らがマウスをクリックするたびに発するエネルギーや信念 ── でいかに支えられているかを。本書を読めば、着実に利益を増やしていくために何をすべきか、どういう考え方をすべきかについて、すべての人の迷いを消し去ってくれるだろう。

マーク・ダグラスのセミナーDVDが登場!!

DVD「ゾーン」
プロトレーダー思考養成講座

定価 本体38,000円+税　ISBN:9784775964163

トレードの成功は手法や戦略よりも、心のあり方によって決まる────

ベストセラー『ゾーン』を書いたマーク・ダグラスによる6時間弱の授業を受けたあとは安定的に利益をあげるプロの思考と習慣を学ぶことができるだろう。

こんな人にお薦め

◆ 安定的な利益をあげるプロトレーダーに共通する思考に興味がある
◆ 1回の勝ちトレードに気をとられて、大きく負けたことがある
◆ トレードに感情が伴い、一喜一憂したり恐怖心や自己嫌悪がつきまとう
◆ そこそこ利益を出していて、さらに向上するためにご自身のトレードと向き合いたい
◆ マーク・ダグラス氏の本を読み、トレード心理学に興味がある

DVD収録内容
1. 姿勢に関する質問
2. トレードスキル
3. 価格を動かす原動力
4. テクニカル分析の特徴
5. 数学と値動きの関係
6. 自信と恐れの力学
7. プロの考え方ができるようになる

購入者特典 1
書き込んで実践できる あなただけのトレード日誌
付属資料
約180ページ
※画像はイメージです

購入者特典 2
マーク・ダグラス著『ゾーン』『規律とトレーダー』オーディオブック試聴版 
MP3 音声データ
※特典ダウンロード

◀ サンプル映像をご覧いただけます
http://www.tradersshop.com/bin/showprod?c=9784775964163

アリ・キエフ

精神科医で、ストレス管理とパフォーマンス向上が専門。ソーシャル・サイキアトリー・リサーチ・インスティチュートの代表も務める博士は、多くのトレーダーにストレス管理、ゴール設定、パフォーマンス向上についての助言を行っている。

ウィザードブックシリーズ107

トレーダーの心理学
トレーディングコーチが伝授する達人への道

定価 本体2,800円+税　ISBN:9784775970737

人生でもトレーディングでも成功するためには、勝つことと負けることにかかわるプレッシャーを取り除く必要がある。実際、勝敗に直接結びつくプレッシャーを乗り越えられるかどうかは、成功するトレーダーと普通のトレーダーを分ける主な要因のひとつになっている。
トレーディングの世界的コーチが伝授する
成功するトレーダーと消えていくトレーダーの違いとは？

トレード心理学の四大巨人
不朽不滅の厳選ロングセラー

マーク・ダグラス　ブレット・N・スティーンバーガー　アリ・キエフ　ダグ・ハーシュホーン

トレーダーや投資家たちが市場に飛び込んですぐに直面する問題とは、マーケットが下がったり横ばいしたりすることでも、聖杯が見つけられないことでも、理系的な知識の欠如によるシステム開発ができないことでもなく、自分との戦いに勝つことであり、どんなときにも揺るがない規律を持つことであり、何よりも本当の自分自身を知るということである。つまり、トレーディングや投資における最大の敵とは、トレーダー自身の精神的・心理的葛藤のなかで間違った方向に進むことである。これらの克服法が満載されたウィザードブックを読めば、次のステージに進む近道が必ず見つかるだろう!!

ブレット・N・スティーンバーガー

ニューヨーク州シラキュースにある SUNY アップステート医科大学で精神医学と行動科学を教える客員教授。2003年に出版された『精神科医が見た投資心理学』（晃洋書房）の著書がある。シカゴのプロップファーム（自己売買専門会社）であるキングズトリー・トレーディング社のトレーダー指導顧問として、多くのプロトレーダーを指導・教育したり、トレーダー訓練プログラムの作成などに当たっている。

ウィザードブックシリーズ126

トレーダーの精神分析
自分を理解し、自分だけのエッジを見つけた者だけが成功できる

定価 本体2,800円+税　ISBN:9784775970911

性格や能力にフィットしたスタイルを発見しろ！

「メンタル面の強靭さ」がパフォーマンスを向上させる！
「プロの技術とは自分のなかで習慣になったスキルである」
メンタル面を鍛え、エッジを生かせば、成功したトレーダーになれる！
トレーダーのいろいろなメンタルな問題にスポットを当て、それを乗り切る心のあり方などをさらに一歩踏み込んで紹介。

ウィザードブックシリーズ168

悩めるトレーダーのための
メンタルコーチ術

定価 本体3,800円+税　ISBN:9784775971352

不安や迷いは自分で解決できる！

トレードするとき、つまりリスクと向き合いながらリターンを追求するときに直面する難問や不確実性や悩みや不安は、トレードというビジネス以外の職場でも夫婦・親子・恋人関係でも、同じように直面するものである。
読者自身も知らない、無限の可能性を秘めた潜在能力を最大限に引き出すとともに明日から適用できる実用的な見識や手段をさまざまな角度から紹介。